FZI-Berichte Informatik

Herausgegeben vom Forschungszentrum Informatik an der Universität Karlsruhe (FZI)

G. von Bültzingsloewen

SQL-Anfragen

Optimierung für parallele Bearbeitung

Springer-Verlag
Berlin Heidelberg New York
London Paris Tokyo
Hong Kong Barcelona
Budapest

Herausgeber

Forschungszentrum Informatik an der Universität Karlsruhe (FZI)
Haid-und-Neu-Straße 10-14, W- 7500 Karlsruhe 1, BRD

Autor

Günter von Bültzingsloewen
Forschungszentrum Informatik an der Universität Karlsruhe (FZI)
Haid-und-Neu-Straße 10-14, W- 7500 Karlsruhe 1, BRD

ISBN-13: 978-3-540-54252-0 e-ISBN-13: 978-3-642-76760-9
DOI:10.1007/978-3-642-76760-9

Satz: Reproduktionsfertige Vorlage vom Autor
Druck- u. Bindearbeiten: Weihert-Druck, Darmstadt
45/3140-5 4 3 2 1 0 – Gedruckt auf säurefreiem Papier

Vorwort

In relationalen Datenbanksystemen werden Benutzeranfragen in der Regel in einer deskriptiven Anfragesprache formuliert, wobei SQL heute die Standard-Sprache ist. Damit wird nur das gewünschte Ergebnis charakterisiert, aber kein Algorithmus angegeben, nach dem sich das Ergebnis gewinnen läßt. Von herausragender Bedeutung für die Effizienz eines Datenbanksystems ist daher die Anfrageoptimierung, die zu einer Anfrage einen möglichst günstigen Bearbeitungsplan zu bestimmen hat.

Die vorliegende Arbeit befaßt sich mit der Anfrageoptimierung in parallelen relationalen Datenbanksystemen. Genauer gesagt geht es um die Frage, wie die in den letzten Jahren entwickelten Techniken zur parallelen Anfragebearbeitung (Fragmentierung und Verteilung von Relationen, parallele Join-Algorithmen usw.) in optimaler Weise zur parallelen Bearbeitung komplexer SQL-Anfragen eingesetzt werden können. Dieses Optimierungsproblem läßt sich in naheliegender Weise in zwei Teilprobleme zerlegen: die Bestimmung günstiger nicht-paralleler Bearbeitungspläne und die Parallelisierung solcher Pläne.

Für die Optimierung von SQL-Anfragen in nicht-parallelen Datenbanksystemen gibt es bereits eine große Anzahl von Techniken, die jedoch in den unterschiedlichsten Darstellungsformen formuliert sind und deren Zusammenwirken oft unklar ist. Darüber hinaus werden nicht in jedem Fall Pläne erzeugt, die auf mengenorientierten algebraischen Operationen beruhen, wie es für die Parallelisierung erforderlich ist. Um diese Probleme zu lösen, wird für den ersten Optimierungsschritt eine erweiterte relationale Algebra entwickelt, in die sich, wie gezeigt wird, SQL-Anfragen relativ direkt übersetzen lassen und auf deren Basis die bekannten Optimierungstechniken integriert und soweit notwendig ergänzt werden können. Besonderes Gewicht wird dabei auf den formalen Korrektheitsnachweis gelegt, da die bisherigen Techniken aufgrund einer informellen Darstellung insbesondere bei der Auflösung geschachtelter SQL-Anfragen häufig fehlerhaft sind. Die damit vorliegenden Ergebnisse sind auch bei jeder sequentiellen SQL-Implementierung von Nutzen.

Das Problem bei der bisher nur sehr eingeschränkt untersuchten Generierung paralleler Bearbeitungspläne ist die große Anzahl der Möglichkeiten zur Parallelisierung durch Node Splitting oder Pipelining, die eine zielgerichtete und effiziente Suche nach dem günstigsten Plan unabdingbar macht. Für den zweiten Optimierungsschritt wird daher eine Technik entwickelt, mit der unterschiedliche parallele Bearbeitungspläne auf effiziente Weise generiert und bewertet werden können. Grundideen sind dabei zum einen die abstrakte Beschreibung paralleler Bearbeitungspläne durch Meta-Datenflußprogramme, zum anderen die Bewertung von Plänen durch Konstruktion von Parallelitätsprofilen. Es wird gezeigt, wie sich auf der Grundlage dieser Techniken sinnvolle Parallelisierungsstrategien formulieren lassen.

Dieses Buch ist die leicht überarbeitete Fassung meiner Dissertation, die im Rahmen des KARDAMOM-Projekts am FZI entstanden ist und am 18.7.1990 von der Fakultät für Informatik der Universität Karlsruhe angenommen wurde. In diesem Zusammenhang möchte ich mich ganz herzlich bei allen bedanken, die zum Gelingen der Arbeit beigetragen haben. Mein Dank gilt insbesondere Herrn Prof. Dr. P.C. Lockemann für die intensive Betreuung der Arbeit; ihm wie auch Herrn Prof. Dr. J. Calmet für die zahlreichen konstruktiven Anmerkungen zu früheren

Versionen der Arbeit und die zügige Erstellung der Gutachten; und meinen Kollegen am FZI, insbesondere den KARDAMOM-Mitarbeitern R. Kramer, R.-P. Liedtke und M. Schryro, für das angenehme Arbeitsklima, die zahlreichen Diskussionen und das weitgehende Freistellen von der Projektarbeit in den Monaten vor der Promotion. Nicht vergessen will ich die zahlreichen Studenten, die im Rahmen von HiWi-Tätigkeiten, Studien- und Diplomarbeiten wichtige Beiträge erbracht haben; besonders danke ich hier den beiden ehemaligen Diplomanden C. Kilger und D. Theobald für ihre engagierte und konstruktive Mitarbeit.

Karlsruhe, im Juni 1991 Günter von Bültzingsloewen

Inhaltsverzeichnis

Kapitel 1

Einleitung

1.1 Einführung des Optimierungsproblems

In relationalen Datenbanksystemen werden Benutzeranfragen in der Regel in einer deskriptiven Anfragesprache wie SQL (System R, SQL/DS), QUEL (Ingres) oder dem relationalen Kalkül (Pascal/R) formuliert, wobei SQL heute die Standard-Sprache ist. Damit wird nur das gewünschte Ergebnis charakterisiert, aber kein Algorithmus angegeben, nach dem sich das Ergebnis gewinnen läßt. Um seine Aufgabe zu erfüllen, muß das Datenbanksystem für solche Anfragen einen möglichst effizienten Bearbeitungsplan bestimmen. Hierbei ist ein Optimierungsproblem zu lösen, das sich allgemein folgendermaßen formulieren läßt [JaKo84]: Optimiere eine *Zielfunktion* für eine gegebene *Anfrage* oder *Menge von Anfragen* in einer gegebenen *Systemumgebung.*

1.1.1 Anfragen

In dem ursprünglichen relationalen Datenmodell werden Anfragen im relationalen Kalkül oder in der relationalen Algebra formuliert, welche die gleiche Mächtigkeit haben und definitionsgemäß *relational vollständige* Anfragesprachen sind [Codd72].

Die Mächtigkeit von SQL, das heute die Standard-Sprache ist, geht über relationale Vollständigkeit hinaus: Aggregatfunktionen, arithmetische Operationen, Duplikate im Ergebnis einer Anfrage, Umgang mit Nullwerten und Vorgabe einer Sortierordnung sind in relational vollständigen Sprachen nicht vorgesehen.

In vielen Arbeiten zur Anfrageoptimierung wird hingegen sogar nur eine eingeschränkte Klasse relationaler Anfragen behandelt, die konjunktiven Anfragen. Sie sind im Kalkül dadurch charakterisiert, daß Prädikate nur konjunktiv verknüpft werden dürfen und keine Quantoren auftreten. Ihnen entsprechen in der relationalen Algebra solche Anfragen, die sich allein mit Hilfe der relationalen Operatoren Selektion, Projektion und Join formulieren lassen. Durch die Einschränkung auf konjunktive Anfragen wird der Optimierungsaufwand reduziert.

Wir legen in dieser Arbeit die Anfragesprache SQL zugrunde, da dies heute die Standard-Sprache ist. Dies ist notwendig, um nicht nur rein theoretische, sondern praktisch verwertbare Ergebnisse zu erhalten. Zu jeder SQL-Anfrage gibt es einen Bearbeitungsplan, der das Ergebnis der Anfrage auf einer gegebenen Datenbank in polynomialer Zeit bezüglich der Größe der Datenbank berechnet [ChHa82].[1] In [Will84] wird darüber hinaus gezeigt, daß sich bei einer um-

[1] Ein anderes Maß für die Anfragekomplexität erhält man, falls die Datenbank fest und die Anfrage Teil der Eingabe ist. Das Entscheidungsproblem *"Liefert eine gegebene Anfrage bei Auswertung auf der Datenbank ein nichtleeres Ergebnis?"* ist bezüglich der Länge der Formulierung der Anfrage bei relational vollständigen Anfragen (also auch bei SQL) PSPACE-vollständig, bei konjunktiven Anfragen NP-vollständig [ChMe77]. Dieses Maß ist hier jedoch nicht relevant, da im Rahmen der Anfrageoptimierung die Datenbank nicht festliegt, also vielmehr die Komplexität des Bearbeitungsplans zu einer Anfrage interessiert.

fangreichen Klasse praktisch relevanter Anfragen das Ergebnis in quasilinearer Zeit berechnen läßt.

1.1.2 Parallele Anfragebearbeitung

Wachsende Anforderungen an die Datenhaltung, die aus ansteigenden Datenvolumina und erhöhter Komplexität der Anwendungen resultieren, lassen sich nur durch eine Parallelisierung der Anfragebearbeitung erfüllen. So liegt die typische Datenbankgröße bei kommerziellen Anwendungen (DB2) heute bereits in der Größenordnung von 100 GB – 1 TB [Gray90]. Wenn die Anfragen sehr einfach sind, das heißt normalerweise nur auf einige wenige Tupel der Datenbank zugreifen, ist dies noch relativ unkritisch. Probleme entstehen jedoch bei komplexeren Anfragen, die auf einen größeren Anteil der Datenbank zugreifen und ggf. aufwendige Verknüpfungen durchführen. Dies gilt bereits bei Anfragen, die sich in linearer Zeit bearbeiten lassen: Um eine Datenbank der angegebenen Größe ohne den Einsatz von Parallelität mit heutiger Technologie (Leserate 1 MB/s) auch nur einmal zu lesen, wird beispielsweise bereits eine Zeit von 28 Stunden bis 12 Tagen benötigt. Bei Anfragen mit einer höheren Zeitkomplexität ist eine Parallelisierung der Anfragebearbeitung um so mehr erforderlich, und dies bereits bei weniger umfangreichen Datenbanken. Dieser Fall tritt insbesondere in technischen Anwendungen auf, bei denen Lösungen mit herkömmlichen Datenbanksystemen ohne Parallelverarbeitung vergleichbaren Lösungen mit Dateisystemen oft deutlich unterlegen sind (Faktor 5 und mehr [BeMW82, Eber84, Fisc83, GuSt82]).

Daher wird seit geraumer Zeit und in einer ganzen Reihe von Projekten untersucht, wie sich Parallelität in Datenbanksystemen zur Leistungssteigerung einsetzen läßt. Aufgrund des hohen Aufwands zur Entwicklung spezieller Hardware nutzen die meisten der aktuellen Ansätze universell einsetzbare Parallelrechner oder Multiprozessorsysteme. Hierzu gehören sowohl experimentelle Datenbankmaschinen wie ARBRE [Lori89], BUBBA[AlCo88,Bora90, CABK88], GAMMA [DeWi86,DeWi90] und KARDAMOM [Bült89] als auch kommerzielle Systeme wie TANDEM und TERADATA. Parallelität wird dabei auf mindestens zwei Ebenen genutzt. Zum einen können Anfragen unterschiedlicher Benutzer parallel bearbeitet werden, um den Durchsatz des Systems zu steigern. Zum anderen werden einzelne Anfragen parallelisiert, um Anwortzeiten zu verkürzen.

Um eine Anfrage parallel bearbeiten zu können, muß sie in einen parallelen Bearbeitungsplan transformiert werden. Dieser läßt sich in Form eines Datenflußprogramms darstellen, eines azyklischen gerichteten Graphen, dessen Knoten Operationen und dessen Kanten den Fluß von Daten zwischen Operationen repräsentieren [Chan76, BoDe82]. Bei der bisher überwiegend untersuchten Parallelisierung relationaler Anfragen implementieren die Operationen mengenorientierte algebraische Operatoren wie Selektion, Projektion und Verbund (Join). Aus einem solchen Datenflußprogramm ergeben sich drei Möglichkeiten zur parallelen Anfragebearbeitung:

- *Unabhängige Operationen:* Operationen, die auf unterschiedlichen Pfaden des Datenflußgraphen liegen, können parallel zueinander bearbeitet werden. Um diese Form der Parallelität zu ermöglichen, dürfen nicht nur lineare Folgen von Operationen betrachtet werden, wie dies in konventionellen Datenbanksystemen beispielsweise für Anfragen mit mehreren Verbund-Operationen oft der Fall ist (z.B. System R [Seli79]).

- *Node Splitting:* Eine Operation kann in mehrere unabhängige Teiloperationen aufgespalten werden. Bei Operationen, die auf Relationen der Datenbasis zugreifen, ergibt sich diese Aufspaltung aus der Aufteilung der Relationen in Fragmente, von denen jedes auf einem bestimmten Hintergrundspeicher abgelegt ist. Zusätzliche Aufspaltung von Knoten ist durch Verwendung paralleler Algorithmen für relationale Operatoren wie Verbund

und Aggregierung möglich, deren Operanden von vorhergehenden Operationen geliefert werden.

- *Pipelining:* Aufeinanderfolgende Operationen können parallel zueinander bearbeitet werden, wenn die Vorgängeroperation einen kontinuierlichen Strom von Tupeln (bzw. Tupelpaketen) liefert, der von der Folgeoperation fortlaufend weiterverarbeitet werden kann. Pseudoparallele Bearbeitung solcher Operationen ist bereits auf nur einem Prozessor sinnvoll, da hierduch der Hauptspeicherbedarf für Zwischenergebnisse verringert und damit eine Auslagerung auf Hintergrundspeicher vermieden werden kann.

Leistungsuntersuchungen zeigen, daß diese Techniken zur Verringerung der Anwortzeiten von relativ einfachen Anfragen wie denen des Wisconsin-Benchmarks [BiDT83] (Selektion auf einer Relation, Verbund zweier Relationen) gut geeignet sind, sofern die Relationen hinreichend umfangreich sind [DeWi87, RiLM87, ScDe89]. Bisher kaum untersucht wurde dagegen die Parallelisierung komplexer Anfragen mit einer größeren Anzahl von Teiloperationen und das Antwortzeitverhalten parallelisierter Anfragen im Mehrbenutzerbetrieb.

Wir legen in dieser Arbeit eine Systemumgebung zugrunde, welche die aufgeführten Möglichkeiten zur parallelen Anfragebearbeitung nutzt. Dabei wird nicht beabsichtigt, eine neue, bessere Systemumgebung zu entwickeln, sondern die bekannten Bearbeitungstechniken möglichst optimal einzusetzen.

1.1.3 Optimierungsziel

Ein Datenbanksystem wird üblicherweise in einer Umgebung eingesetzt, in der laufend Anfragen unterschiedlicher Benutzer zur Bearbeitung anstehen. Die Anfragen können dabei interaktiv formuliert werden oder aber vorab bekannt sein und von einem Anwenderprogramm aus aufgerufen werden. Im zweiten Fall ist es möglich, eine Anfrage einmal in einen Bearbeitungsplan zu übersetzen, der anschließend wiederholt ausgeführt wird. Eine derartige Vorübersetzung führt zu einer deutlichen Leistungssteigerung, da der nicht unerhebliche Aufwand zur Übersetzung und Optimierung nur einmal erbracht werden muß. Die Optimierung gestaltet sich insofern einfacher, als der Zeitaufwand für die Optimierung bei der Formulierung der Optimierungsziels nicht berücksichtigt werden muß, wovon im folgenden ausgegangen wird.

In einer solchen Mehrbenutzer-Umgebung, in der primär vorübersetzte Anfragen auszuführen sind, können unterschiedliche Leistungsanforderungen gestellt werden:

- *Minimiere die mittlere Antwortzeit:* Die Antwortzeit einer Anfrage ist die Zeitdauer vom Eintreffen der Anfrage im System bis zur Lieferung des Ergebnisses. Sie setzt sich aus Wartezeit und eigentlicher Bearbeitungszeit zusammen.

- *Maximiere den Durchsatz:* Der Durchsatz eines Datenbanksystems wird in Anzahl bearbeiteter Transaktionen pro Sekunde gemessen. Hierzu muß festgelegt werden, was eine typische Transaktion ist, das heißt aus welchen Lese- und Änderungsoperationen sie besteht.

- *Einhaltung von Realzeitbedingungen:* In einer Realzeitumgebung sind vorgegebene Zeitschranken für die Bearbeitung einer Anfrage einzuhalten. Dies wird oft dahingehend abgeschwächt, die Überschreitungen dieser Zeitschranken zu minimieren.

Diese Leistungsanforderungen können auch gemischt auftreten. Eine denkbare Forderung wäre, für interaktive Anfragen eine bestimmte Antwortzeit einzuhalten, während ansonsten der Durchsatz maximiert wird. Die Erfüllung dieser Leistungsanforderungen hängt nun nicht nur von den durch die Anfrageoptimierung konstruierten Bearbeitungsplänen, sondern auch von der aktuellen Systemlast und den Strategien zu ihrer Handhabung (Lastkontrolle, Lastverteilung, Synchronisation) ab. Die Anfrageoptimierung schafft also durch Bestimmung eines hinsichtlich einer geeigneten Zielfunktion optimalen Bearbeitungsplans nur die Voraussetzungen dafür, daß mit zusätzlichen Maßnahmen die übergeordneten Leistungsanforderungen möglichst gut erfüllt werden können. Dabei wird üblicherweise eines der beiden folgenden Optimierungsziele verwendet:

- *Minimiere die Bearbeitungskosten:* Die Bearbeitungskosten für eine einzelne Anfrage oder eine Menge von Anfragen ergeben sich als gewichtete Summe von CPU-Aufwand, I/O-Aufwand und Kommunikationsaufwand, die bei der Bearbeitung entstehen. Der Aufwand wird dabei durch die Zeitdauer, während der das jeweilige Betriebsmittel belegt ist, gemessen.

- *Minimiere die Bearbeitungszeit:* Die Bearbeitungszeit einer Anfrage oder einer Menge von Anfragen ist die Zeitdauer für die Anfragebearbeitung in einem leeren System ohne konkurrierende Anfragen.

Das am häufigsten verfolgte Ziel ist die Minimierung der Bearbeitungskosten einzelner Anfragen. In zentralisierten Datenbanksystemen werden hierbei I/O-Aufwand und CPU-Aufwand berücksichtigt [JaKo84]. In verteilten Datenbanksystemen werden oft – vor allem in theoretischen Arbeiten – nur die Kommunikationskosten berücksichtigt [YuCh84]. In praktisch realisierten Systemen werden dagegen in der Regel auch CPU- und I/O-Kosten mit einbezogen (System R* [Dani82], Distributed Ingres [EpSW78]).

Die Bearbeitungszeit für eine Anfrage ergibt sich nicht allein als Summe von I/O-Aufwand, CPU-Aufwand und Kommunikationsaufwand. Vielmehr ist die Parallelität bei der Nutzung der einzelnen Betriebsmittel zu berücksichtigen. In Einprozessor-Systemen haben wir nur Parallelität zwischen CPU und I/O, die sich nicht durch die Anfrageoptimierung beeinflussen läßt, sondern durch die Softwarearchitektur, insbesondere die Realisierung von Zugriffspfaden, vorgegeben ist. Bei einer festen Systemumgebung ist daher die Minimierung der Bearbeitungskosten im wesentlichen identisch mit der Minimierung der Bearbeitungszeit. Mittlere Antwortzeit, Durchsatz und Einhaltung von Realzeitbedingungen lassen sich hier noch durch die Wahl einer geeigneten Bearbeitungsreihenfolge der anstehenden Anfragen sowie eine Lastkontrolle beeinflussen.

In einem parallelen Datenbanksystem ist dagegen auch die parallele Nutzung mehrerer Prozessoren relevant, die sich durch geeigneten Einsatz von Node Splitting und Pipelining beeinflussen läßt. Eine Steigerung des Parallelitätsgrads hat zwei direkte Ausirkungen:

- Die Bearbeitungszeit für eine Anfrage wird verringert.

- Die Bearbeitungskosten für eine Anfrage steigen aufgrund höherer Kosten für Verarbeitung, Steuerung und Kommunikation.

Wie stark der Anstieg der Bearbeitungskosten ist, hängt von der Systemumgebung, vom Grad der Parallelisierung und von der Komplexität der Anfrage ab. Leistungsuntersuchungen zeigen, daß in Systemen mit effizienter Kommunikation bei komplexen Anfragen bis zu einem gewissen Parallelitätsgrad kein nennenswerter Anstieg der Bearbeitungskosten auftritt, während eine stärkere Parallelisierung die Bearbeitungskosten ansteigen läßt [VaGa84, DeGe85, Quad88, DeGS88]. Reduzierte Bearbeitungszeiten und ansteigende Bearbeitungskosten beeinflussen mittlere Antwortzeit, Durchsatz und die Einhaltung von Realzeitbedingungen:

- Die mittlere Antwortzeit wird durch verringerte Bearbeitungszeiten positiv und durch erhöhte Bearbeitungskosten sowie hohen Durchsatz (hohe Auslastung) negativ beeinflußt.

Aufgrund erhöhter Bearbeitungskosten werden Betriebsmittel insgesamt in größerem Umfang belegt und stehen während dieser Zeit für andere Anfragen nicht zur Verfügung. Die Zeit, die eine Anfrage bis zu ihrer Bearbeitung warten muß (bis die für ihre Bearbeitung benötigten Betriebsmittel bereitstehen), erhöht sich hierdurch. Dies gilt auch, wenn wir die Auslastung des Systems steigern. Bei hoher Auslastung des Systems kann sich durch die Parallelisierung die mittlere Antwortzeit sogar erhöhen [Smit89]. Um die mittlere Antwortzeit durch Parallelisierung wirksam minimieren zu können, muß also die Auslastung des Systems niedrig gehalten werden und dürfen keine hohen zusätzlichen Bearbeitungskosten entstehen.

- Voraussetzung für eine Maximierung des Durchsatzes ist die Minimierung der Bearbeitungskosten. Darüber hinaus muß durch eine geeignete Lastverteilung eine gleichmäßige Auslastung der Betriebsmittel sichergestellt werden.

- Ist die Einhaltung von Realzeitbedingungen gefordert, kann die Anfrageoptimierung die Voraussetzung dafür liefern, daß die vorgegebenen Zeitschranken eingehalten werden können, indem sie die Anfrage gezielt so stark parallelisiert, daß die Bearbeitungszeit unter der Zeitschranke liegt. Die Auslastung des Systems muß ebenso wie bei der Minimierung der mittleren Antwortzeit relativ niedrig sein, da die sonst auftretenden Wartezeiten die Einhaltung von Zeitschranken unmöglich machen. Daneben ist hier, ebenso wie in Einprozessor-Systemen, die Wahl einer geeigneten Reihenfolge bei der Bearbeitung der anstehenden Anfragen wichtig.

Zusammenfassend läßt sich sagen, daß es in einem parallelen Datenbanksystem keinen Bearbeitungsplan gibt, der für alle Leistungsanforderungen optimal ist. Insbesondere muß bei Auswahl eines geeigneten parallelen Bearbeitungsplan ein Tradeoff zwischen reduzierter Bearbeitungszeit und ansteigenden Bearbeitungskosten berücksichtigt werden. Welche Kombination zu dem gewünschten Durchsatz und den geforderten Antwortzeiten führt, hängt von der Lastsituation ab und kann nur zur Laufzeit entschieden werden. Bei der Anfrageoptimierung sollten also mehrere Bearbeitungspläne entsprechend folgender Zielsetzungen konstruiert werden:

(1) *Minimiere die Bearbeitungskosten*

(2) *Minimiere die Bearbeitungszeit unter der Randbedingung, daß die Kosten um maximal x% ansteigen (für mehrere Werte von x).*

1.2 Techniken der Anfrageoptimierung

1.2.1 Komplexitätsaspekte

Bereits sehr einfache Teilprobleme der Anfrageoptimierung sind NP-hart bezüglich der Anzahl der Operationen einer Anfrage. Schon bei konjunktiven Anfragen gilt dies beispielsweise für die Minimierung der Anzahl der Join-Operationen [ChMe77] und die Bestimmung der optimalen Reihenfolge von Join-Operationen [IbKa84]. Dies ist unkritisch, solange die Anfragen einfach aufgebaut sind (kleine Anzahl von Operationen) und nur Einprozessor-Bearbeitungspläne zu generieren sind: es ist dann möglich, alle korrekten Bearbeitungspläne zu einer Anfrage zu erfassen (beispielsweise mittels dynamischer Programmierung [Seli79]).

Bei komplexeren Anfragen (mehr als 5-10 Join-Operationen [GrDe87, Swam89]) ist eine derartige vollständige Suche nicht mehr möglich. Bei der Generierung paralleler Bearbeitungspläne wird diese Komplexitätsgrenze aufgrund der großen Anzahl von Parallelisierungsmöglichkeiten bereits wesentlich früher erreicht [Seli89]. Es ist daher notwendig, der Komplexität der auftretenden Anfragen und der Größe des Suchraums angemessene Suchstrategien einzusetzen.

1.2.2 Regelbasierte Optimierung

Zur Optimierung relationaler Anfragen wurde eine große Anzahl zum Teil recht spezialisierter Techniken entwickelt, deren Zusammenwirken oft unklar ist. Erst in neueren Arbeiten wird versucht, Optimierer systematisch und leicht erweiterbar zu konstruieren, um bekannte und neue Optimierungstechniken flexibel einsetzen und unterschiedliche Suchstrategien verwenden zu können. Zur Erzeugung eines optimalen Bearbeitungsplans wird dabei die Technik der regelbasierten Optimierung eingesetzt, bei der der Raum der möglichen Lösungen durch gezielte Anwendung von Transformationsregeln durchsucht wird [Frey87, Grae86, RoHe86, Shan88]. Derartige Lösungsverfahren für komplexe Optimierungsprobleme wurden vor allem im Operations Research [Müll76, Stre75] und im Bereich der künstlichen Intelligenz [Pear84] entwickelt. Sie lassen sich anhand folgender Grundelemente beschreiben:

- Eine *Codierung*, mit der *Objekte des Suchraums* (Lösungskandidaten, Teilmengen möglicher Lösungskandidaten) dargestellt werden können.
- *Transformationen* (Operatoren, Produktionsregeln), mit denen die Codierung eines Objekts in die eines anderen überführt werden kann. Mit Hilfe dieser Transformationen läßt sich der Suchraum durchsuchen.
- Eine *Suchstrategie*, das heißt eine effektive Methode, nach der die nächste anzuwendende Transformation bzw. das nächste Objekt des Suchraums ausgewählt wird.
- *Kostenfunktionen*, mit deren Hilfe Objekte des Suchraums bewertet werden können.

Objekte des Suchraums sind in unserem Zusammenhang Anfragedarstellungen, die durch Anwendung von Transformationsregeln in äquivalente Darstellungen überführt werden, um letztlich alternative Bearbeitungspläne zu erzeugen.

Der wesentliche Vorteil dieser Vorgehensweise in Vergleich zu einem festen Optimierungsalgorithmus ist die erhöhte Flexibilität. So ist es durch Angabe zusätzlicher Transformationsregeln auf einfache Weise möglich, neue Optimierungstechniken zu berücksichtigen. Ferner erhält man eine klare Trennung zwischen der Konstruktion von Bearbeitungsplänen und der bei der Suche nach dem optimalen Plan verfolgten Suchstrategie. Insbesondere ist es damit möglich, abhängig von der Komplexität der auftretenden Anfragen unterschiedliche Suchstrategien einzusetzen.

1.2.3 Anfragedarstellung

Optimierungsverfahren für relationale Anfragen wurden in einer Vielzahl von Darstellungsformen entwickelt. Beispiele sind die direkte Optimierung von SQL-Anfragen [Kim82], die Optimierung von Ausdrücken des relationalen Kalküls [JaKo83, Koch85] und der relationalen Algebra [Ullm82] sowie die Optimierung bei der Übersetzung vom relationalen Kalkül [Naka89] oder von SQL [Daya87] in die relationale Algebra. Eine weitere Darstellungsform ist der als Ergebnis der Anfrageoptimierung entstehende Bearbeitungsplan.

Diese Vielzahl von Darstellungsformen erschwert einen Vergleich der Optimierungsverfahren ganz erheblich. Wünschenswert wäre eine einheitliche Darstellungsform, die eine möglichst direkte Repräsentation der unterschiedlichen Verfahren erlaubt. Dies wird noch dadurch unterstrichen, daß die Verfahren in der Regel sehr stark spezialisiert sind und niemals das gesamte Spektrum von SQL abdecken, so daß eine Kombination unterschiedlicher Verfahren notwendig ist.

Eine mögliche Lösung dieses Problems ist die Nutzung von Termersetzungssystemen, wie sie beispielsweise bei der Programmtransformation verwendet werden [Baue87]. Ein Term wird dabei aus einer Operation, die auf eine Reihe weiterer Terme angewandt wird, gebildet. Ausdrücke der relationalen Algebra, des relationalen Kalküls und Operationen des Bearbeitungsplans lassen sich mit Hilfe geeigneter boolescher, attributwertiger, tupelwertiger und relationaler Terme beschreiben [Lehn88, Frey87].

1.2.4 Transformationsregeln

Entsprechend der großen Anzahl unterschiedlicher Darstellungsformen nutzen die Verfahren auch unterschiedliche Mengen von Transformationsregeln. Es lassen sich jedoch generell zwei aufeinanderfolgenden Phasen des Optimierungsvorgangs unterscheiden, denen unterschiedliche Transformationsregeln zugeordnet sind:

- *Anfragetransformation:* Die Anfrage wird in eine standardisierte, vereinfachte und verbesserte Darstellungsform transformiert. Dabei wird eine logische Optimierung der Anfrage angestrebt. Die Anfrage wird hierzu durch Anwendung von Transformationsregeln schrittweise umgeformt. Derartige Transformationen bewirken beispielsweise, daß Selektionen und Projektionen so früh wie möglich durchgeführt, aufeinanderfolgende Selektionen oder Projektionen zu einer Operation zusammengefaßt, Joins eingespart oder Semijoins anstelle von Joins eingesetzt werden.
- *Generierung von Bearbeitungsplänen:* Ausgehend von der Normalform wird ein möglichst kostengünstiger Bearbeitungsplan erzeugt. Dabei werden unterschiedliche Alternativen generiert und bewertet. Beispielsweise werden hierbei Algorithmen zur Bearbeitung algebraischer Operatoren und die Reihenfolge von Joins festgelegt oder variiert.

Die bekannten Transformationsregeln reichen zur Lösung unseres Optimierungsproblems aus zwei Gründen nicht aus. Zum einen wird die Transformation einer SQL-Anfrage in einen algebraischen Ausdruck niemals vollständig behandelt. Insgesamt weitgehend unberücksichtigt bleiben Nullwerte und arithmetischen Operationen, darüber hinaus werden Disjunktionen und Unteranfrage-Prädikate nur lückenhaft berücksichtigt. Zum anderen wurde die Generierung paralleler Bearbeitungspläne bisher nur sehr eingeschränkt untersucht.

1.2.5 Suchraum und Suchstrategie

Aus den Transformationsregeln ergibt sich ein Suchraum, den man als gerichteten Graphen darstellen kann, dessen Knoten Anfragedarstellungen und dessen Kanten die Anwendung von Transformationsregeln repräsentieren. Im Hinblick auf Anfragedarstellung und Transformationsregeln gibt es zwei prinzipielle Wahlmöglichkeiten, die unterschiedliche Organisationsformen des Suchraums zur Folge haben:

- Bei *Verbesserungsverfahren* liegt nach der Anfragetransformation ein algebraischer Ausdruck oder ein vollständiger Bearbeitungsplan vor, der durch Anwendung von Transformationsregeln in der zweiten Phase schrittweise verbessert wird. Beispielsweise können hierbei Join-Operationen vertauscht oder andere Algorithmen für algebraische Operatoren gewählt werden.
- Bei *Eröffnungsverfahren* gibt es zu einer Anfragedarstellung jeweils eine Menge erreichbarer Bearbeitungspläne. Durch Anwendung von Transformationsregeln werden schrittweise Entscheidungen getroffen, die jeweils die Menge der erreichbaren Bearbeitungspläne einschränken. Beispiele für solche Entscheidungen sind die Festlegung der Reihenfolge von Join-Operationen und die Auswahl von Algorithmen für algebraische Operatoren. Anfragedarstellungen, von denen man annimmt, daß sie nicht zu einem optimalen Bearbeitungsplan führen, können von der Suche ausgeschlossen werden. Falls nur solche Darstellungen

ausgeschlossen werden, von denen man dies sicher weiß, erhält man einen *Branch-and-bound* Algorithmus.

Beide Organisationsformen können bei der Anfrageoptimierung verwendet werden. Die Beschränkung auf vollständige Pläne wird jedoch nur in theoretischen Arbeiten verfolgt, in denen es um die Optimierung der Bearbeitungsreihenfolge von Operationen, insbesondere der Joinreihenfolge, geht [SwGu88, Swam89, IoWo87, KrBZ86]. Andere Ansätze beinhalten generell auch unvollständige Bearbeitungspläne [LeFL88, Shan88, RoHe86, GrDe87, Seli79, Sell88]. Der Grund hierfür ist, daß die Menge der möglichen Bearbeitungspläne für eine komplexe Anfrage in der Regel nur durch explizite Konstruktion generiert und nicht formal charakterisiert werden kann. [GrDe87] ist dabei ein Verbesserungsverfahren, das sowohl algebraische Ausdrücke als auch vollständige Bearbeitungspläne betrachtet, die übrigen Ansätze sind Eröffnungsverfahren.
Suchstrategien lassen sich nach der Systematik der Suche und der Art des über erreichbare vollständige Lösungen verwendeten Wissens klassifizieren:

- *Unsystematische Suche:* Hier wird zufällig nur ein Teil des Suchraums nach einer Lösung durchsucht. Sie wird nur bei Verbesserungsverfahren verwendet.

- *Blinde, systematische Suche:* Der den Suchraum repräsentierende Graph wird systematisch in einer vorab festgelegten Reihenfolge durchsucht (Tiefensuche, Breitensuche).

- *Informierte, best-first-Suche:* Hier wird die nächste Transformation jeweils auf das am besten bewertete der bisher erreichten Objekte des Suchraums angewandt. Diese Strategie wird vor allem bei Eröffnungsverfahren angewandt.

Transformationen modifizieren in der Regel nur einen kleinen Teil der Anfragedarstellung, die einem Teilproblem wie dem Join einer Anzahl von Relationen entspricht. Daher entsteht bei der Suche eine große Anzahl von Anfragedarstellungen, die sich oft nur wenig unterscheiden, nämlich nur in der Lösung von Teilproblemen. Dies führt implementierungstechnisch dazu, daß eine mehrfach verwendete Lösung für ein Teilproblem möglichst nur einmal geführt wird. Die Suche kann damit eine einmal gefundene optimale Lösung für ein Teilproblem immer wieder verwenden.

In System R [Seli79] und Starburst [LeFl88] wird dynamische Programmierung verwendet. Dies entspricht einem Eröffnungsverfahren mit Breitensuche, bei dem von Lösungen für das gleiche Teilproblem jeweils nur die am besten bewertete weiterbetrachtet wird. Der Suchraum wird dabei insofern vollständig durchsucht, als alle möglichen Bearbeitungspläne berücksichtigt, wenn auch nicht vollständig konstruiert werden.

In [Shan88] wird ein Eröffnungsverfahren mit Tiefensuche verwendet. Die Qualität des besten von einer Anfragedarstellung aus erreichbaren Bearbeitungsplans wird optimistisch abgeschätzt. Ist sie schlechter als die beste bisher gefundene, so kann die Anfragedarstellung von der weiteren Suche ausgeschlossen werden (Branch-and-bound Algorithmus).

In Exodus [GrDe87] wird ein Verbesserungsverfahren mit best-first Suche verwendet. Der Suchraum wird dabei dadurch eingeschränkt, daß nur Transformationen angewandt werden dürfen, die (vermutlich) zu einer Lösung eines Teilproblems führen, die maximal um einen gegebenen Faktor schlechter ist als die beste bisher gefundene. Der Nutzen einer Transformation wird dabei durch heuristische Bewertungsfunktionen abgeschätzt.

Verbesserungsverfahren mit unsystematischer Suche werden in [Swam89] für die Optimierung von Anfragen mit einer großen Anzahl von Join-Operationen (10 bis 100) eingehend untersucht. Die Ergebnisse zeigen, daß man relativ gute Bearbeitungspläne erhält (2-50% schlechter als das Optimum), wenn man einen quadratischen Zeitaufwand für die Suche zuläßt.

Das Spektrum der bei der Anfrageoptimierung verwendeten Optimierungsverfahren und Suchstrategien ist also sehr groß. Die Frage, welche Lösung unter welchen Bedingungen am günstigsten ist, stellt ein noch weitgehend ungelöstes Problem dar. Eine qualitative Bewertung ist jedoch ansatzweise möglich.

Eröffnungsverfahren ermöglichen eine bessere Strukturierung des Suchraums, da die Entscheidungen, die zu einem Bearbeitungsplan führen, präzise definiert werden müssen. Damit läßt sich zumindest prinzipiell steuern, welcher Teil des Suchraums berücksichtigt wird. Es ist jedoch sehr schwierig, die Qualität der von einer Anfragedarstellung aus erreichbaren Bearbeitungspläne gut abzuschätzen, was die Voraussetzung für eine effektive Einschränkung des Suchraums ist. Dies führt zur Verwendung der dynamischen Programmierung, die ein effizientes Verfahren zur Analyse des gesamten Suchraums ist. Sie ist jedoch nur bei Anfragen bis zu einer gewissen Komplexität (5-10 Join-Operationen [GrDe87, Swam89]) einsetzbar, da sonst der Zeit- und Speicherplatzbedarf für die Suche zu hoch wird. Diese Komplexitätsgrenze wird bei konventionellen Datenbankanwendungen in der Regel nicht überschritten.

Verbesserungsverfahren mit unsystematischer Suche können dagegen auch sehr komplexe Anfragen handhaben, wie sie beispielsweise in deduktiven Datenbanksystemen oder bei der Implementierung eines objektorientierten Datenbanksystems unter Verwendung eines relationalen Systems (z.B. Iris [Fish87]) auftreten können [KBZ86, Swam89]. Zeit- und Speicherplatzbedarf für die Suche wird im Vergleich zu Eröffnungsverfahren reduziert, der gefundene Bearbeitungsplan ist jedoch in der Regel nicht optimal.

1.2.6 Kostenbewertung

Um Bearbeitungspläne bewerten zu können, müssen die Kosten bzw. die Zeit zu ihrer Bearbeitung bestimmt werden. Da eine Bewertung durch Ausführung des Plans zu aufwendig ist, werden in der Datenbasis statistische Informationen über jede Relation geführt, die im *Relationsprofil* [CePe85, MaCS88] zusammengefaßt werden. Hierzu gehören beispielsweise die Tupelanzahl, die Tupelgröße, die Verteilung der Werte eines Attributs und die Korrelation zwischen Werten unterschiedlicher Attribute. Attributwertverteilungen können etwa durch parametrisierte Verteilungsfunktionen oder Histogramme beschrieben werden [MaCS88, Lync88].

Mit Hilfe des Relationsprofils können die Kosten eines Bearbeitungsplans abgeschätzt werden, wobei auch für Zwischenergebnisse, die ja in weitere Operationen eingehen können, ein Relationsprofil aufgebaut werden muß. Generell muß man dabei zwischen der Genauigkeit der Kostenbewertung und der Anzahl der Parameter, die im Relationsprofil geführt werden, abwägen. Eine große Zahl von Parametern macht sowohl die Aktualisierung der Paramterwerte bei Änderungsoperationen als auch die Kostenbewertung selbst aufwendiger.

Bei der Anfrageoptimierung muß daher stets davon ausgegangen werden, daß die Kostenbewertung nur ungenaue Schätzungen liefert. Dabei ist noch völlig unklar, welche Auswirkungen eine ungenaue Kostenbewertung auf die Qualität des ausgewählten Bearbeitungsplans hat. Ein denkbarer Ausweg aus diesem Dilemma sind dynamische Bearbeitungspläne, die während der Anfragebearbeitung abhängig von den tatsächlich vorliegenden Parameterwerten bestimmte Alternativen auswählen [GrWa89].

1.3 Kernprobleme der Arbeit

Angesichts des weiten Spektrums an offenen Problemen, die von Anfragedarstellung und Anfragetransformation über Suchraum und Suchstrategie bis zur Kostenbewertung reichen, müssen wir uns auf einen Teil der Probleme konzentrieren. Dabei wird jedoch angestrebt, zu einer Gesamtlösung für das Problem der Optimierung von SQL-Anfragen für parallele Bearbeitung zu gelangen. Der Schwerpunkt liegt auf der Beantwortung der folgenden Fragestellung:

Wie lassen sich die relevanten, das heißt potentiell optimalen Bearbeitungspläne durch Anwendung von Transformationsregeln systematisch generieren?

Damit wird primär auf die Entwicklung einer geeigneten Menge von Transformationsregeln abgezielt. Dies ist natürlich nicht unabhängig von Anfragedarstellung und Suchraum, da Transformationsregeln in Bezug auf eine Anfragedarstellung formuliert werden und die Struktur des Suchraums bestimmen. Auch die Kostenbewertung spielt eine Rolle, da sich der Suchraum nur dann effektiv einschränken läßt, wenn Anfragedarstellungen bzw. die von einer Anfragedarstellung aus erreichbaren Bearbeitungspläne möglichst exakt bewertet werden können. Die Transformationsregeln sollten folgende Eigenschaften erfüllen:

- *Vollständigkeit:* Alle potentiell optimalen Bearbeitungspläne müssen durch Anwendung der Regeln generierbar sein. Insbesondere müssen die bekannten Optimierungsstrategien darstellbar sein.
- *Korrektheit:* Die durch Anwendung der Regeln erzeugten Anfragedarstellungen müssen äquivalent sein, das heißt bei Auswertung bezüglich einer Datenbasis das gleiche Ergebnis liefern.
- *Strukuriertheit:* Die Regeln sollten eine möglichst gute Strukturierung des Suchraums erlauben, um einzelne Optimierungsentscheidungen wie die Join-Reihenfolge oder den Einsatz von Node Splittung und Pipelining unabhängig voneinander treffen zu können. Dies ist zum einen für die Effizienz der Suche wichtig, da bei einer guten Strukturierung des Suchraums abhängig von der gerade anstehenden Entscheidung jeweils nur eine kleine Teilmenge der Regeln anwendbar ist. Zum anderen kann die Regelmenge leichter erweitert werden, beispielsweise um neue Bearbeitungstechniken, neue Optimierungsstrategien oder Erweiterungen der Anfragesprache zu erfassen.
- *Effizienz:* Die Regeln sollten eine effiziente Suche unterstützen, das heißt ohne hohen Aufwand anwendbar sein und auf einer möglichst kompakten Anfragedarstellung operieren. Regeln, deren Anwendung eine aufwendige Analyse einer Anfragedarstellung erfordern, sollten möglichst frühzeitig angewandt werden, bevor eine große Anzahl von Alternativen generiert wird. Ferner sollte die Regelanwendung durch Heuristiken im Rahmen einer Suchstrategie steuerbar sein.

Um diese Anforderungen zu unterstützen, muß die Anfragedarstellung erlauben, die bezüglich unterschiedlicher Darstellungsformen entwickelten Optimierungsstrategien möglichst direkt in Form von Regeln wiederzugeben (Vollständigkeit). Da sich Pläne zur parallelen Anfragebearbeitung auf mengenorientierte algebraische Operationen abstützen, muß die Darstellungsform insbesondere die relationale Algebra umfassen. Darüber hinaus sollten Syntax und Semantik der Darstellungsform formal definiert sein, um die Korrektheit von Transformationsregeln nachweisen zu können.

Um den Suchraum gut strukturieren zu können, bietet es sich an, bei der Entwicklung der Transformationsregeln ein Eröffnungsverfahren zugrundezulegen. Die Transformationsregeln können dabei entsprechend den bei der Generierung von Bearbeitungsplänen zu treffenden Entscheidungen gegliedert werden. In einer ersten Annäherung können wir folgende Arten von Entscheidungen unterscheiden:

(1) Auswahl eines algebraischen Ausdrucks

(1.1) Auswahl der algebraischen Operatoren

(1.2) Reihenfolge der algebraischen Operatoren

(2) Auswahl eines parallelen Bearbeitungsplans zu einem algebraischen Ausdruck

(2.1) Auswahl von Methoden zur Bearbeitung der algebraischen Operatoren.

(2.2) Parallelisierung unter Nutzung voneinander unabhängiger Operationen sowie Einsatz von Node Splitting und Pipelining.

Dieser Gliederung lassen sich die beiden Kernprobleme, die bei der Entwicklung von Transformationsregeln zu lösen sind, entnehmen:

(1) *Wie lassen sich algebraische Ausdrücke zu einer SQL Anfrage systematisch generieren?*

Offene Probleme ergeben sich zunächst aus der Anforderung, eine korrekte und vollständige Menge von Transformationen anzugeben. Um die Vollständigkeit zu gewährleisten, sind zum einen die bezüglich unterschiedlicher Darstellungsformen entwickelten Optimierungstechniken in eine einheitliche Form zu bringen und miteinander zu integrieren. Zum anderen wurde bisher die Transformation allgemeiner SQL-Anfragen in algebraische Ausdrücke nicht vollständig behandelt. Offen bleibt insbesondere die Transformation aller möglichen Unteranfrage-Prädikate und die korrekte Behandlung von Nullwerten. Die Korrektheit wirft insofern Probleme auf, als Optimierungstechniken insbesondere zur Auflösung von Unteranfrage-Prädikaten oft nur informell beschrieben werden, was häufig zu Fehlern führt. Angesichts dieser Erfahrungen ist ein formaler Korrektheitsnachweis anzustreben.

Neben der Korrektheit und Vollständigkeit der Regelmenge ist vor allem die Umsetzung in einen effizienten Suchalgorithmus wesentlich. Hierzu sind die zu treffenden Entscheidungen genauer zu analysieren und in eine geeignete Reihenfolge zu bringen, die es ermöglicht, den Suchraum klein zu halten.

Die Lösung der genannten Probleme ist bereits im klassischen Einprozessorfall wichtig. Es ist zwar zur Generierung von Einprozessor-Bearbeitungsplänen nicht unbedingt notwendig, SQL-Anfragen vollständig in algebraische Ausdrücke zu transformieren (in System R [Seli79] oder MERKUR [Lehn88] werden beispielsweise Unteranfrage-Prädikate nicht vollständig aufgelöst). Jedoch eröffnet die Generierung algebraischer Ausdrücke weitergehende Optimierungsmöglichkeiten, die in einer Reihe von Fällen erlauben, bessere Bearbeitungspläne zu erzeugen [Kim82, GaWo87, Daya87].

(2) *Wie lassen sich Bearbeitungspläne systematisch parallelisieren?*

Während die Auswahl von Methoden zur Bearbeitung algebraischer Operatoren keine ernsthaften Probleme aufwirft, wurde die Erzeugung paralleler Bearbeitungspläne bisher kaum untersucht. Die Vollständigkeit ist dabei nicht sehr problematisch, da die Möglichkeiten für den Einsatz von Node Splitting und Pipelining durch Arbeiten über parallele Algorithmen zur Bearbeitung relationaler Operatoren, insbesondere des Join, hinreichend gut geklärt sind. Dementsprechend ist auch die Frage der Korrektheit nicht sehr problematisch. Zu beachten ist allerdings, daß ein Plan mit den zur Verfügung stehenden Ressourcen bearbeitbar sein muß, was vor allem hinsichtlich des Hauptspeicherbedarfs nicht trivial ist.

Angesichts der großen Anzahl von Möglichkeiten, einen Bearbeitungsplan zu parallelisieren, ist eine zielgerichtete Suche unabdingbar, um den Suchaufwand nicht zu hoch werden zu lassen. Es sollte also möglichst schnell ein zumindest angenähert optimaler Bearbeitungsplan gefunden werden. Wichtig ist in diesem Zusammenhang auch die Frage der Kostenbewertung, die wesentlich aufwendiger wird als bei nicht-parallelen Bearbeitungsplänen, da zur Bestimmung der Bearbeitungszeit zusätzlich die Parallelität berücksichtigt werden muß.

1.4 Vorgehensweise

Zur Lösung der beiden Kernprobleme sind jeweils drei Fragen zu beantworten:

1. Welche Anfragerepräsentationsform liegt zugrunde?
2. Welche Transformationsregeln werden eingesetzt?
3. Wie werden die Transformationsregeln angewandt?

Bei der Beantwortung dieser Fragen müssen die bekannten Optimierungstechniken berücksichtigt werden, die zu einer Gesamtlösung zu integrieren und zu ergänzen sind. Daher stellen wir in Kap. 2 zunächst die relevante Literatur vor und analysieren die bekannten Optimierungstechniken. Als Grundlage hierzu werden die relationalen Anfragesprachen (SQL, relationaler Kalkül, relationale Algebra und Erweiterungen) dargestellt, für die Optimierungstechniken entwickelt wurden. Ferner werden die in der Arbeit zugrundegelegten Techniken zur parallelen Anfragebearbeitung erläutert, auf denen die zu erzeugenden Bearbeitungspläne beruhen. Darauf aufbauend können die für die unterschiedlichen Repräsentationsformen entwickelten Techniken zur Anfragetransformation und zur Generierung paralleler Bearbeitungspläne diskutiert werden.

Ausgehend von dieser Analyse wird in Kap. 3 das Grundkonzept des Optimierers entwickelt. Von grundlegender Bedeutung ist dabei die Wahl einer einheitlichen funktionalen Repräsentationsform, die den gesamten Optimierungsvorgang unterstützt. Sie umfaßt sowohl eine erweiterte relationale Algebra, in die sich SQL-Anfragen leicht übersetzen lassen und die eine Darstellung der bekannten Techniken zur Anfragetransformation erlaubt, als auch die Darstellung von Plänen zur parallelen Anfragebearbeitung. Damit ist es möglich, mit einem einzigen Darstellungsformalismus auszukommen. Insbesondere können die für unterschiedliche Repräsentationsformen entwickelten Optimierungstechniken miteinander integriert werden, eine wesentliche Voraussetzung, um optimale Bearbeitungspläne erzeugen zu können.

In den Kapiteln 4-6 wird eine Lösung für das erste Kernproblem der Arbeit, die Generierung sinnvoller, das heißt potentiell zu einem optimalen Bearbeitungsplan führender relationenalgebraischer Ausdrücke umfassend diskutiert. Die dabei erzielten Ergebnisse sind nicht nur für die Generierung paralleler Bearbeitungspläne, sondern bereits im Einprozessorfall einsetzbar. Sie haben daher einen hohen Wert an sich, der sich primär in der Erarbeitung einer sauberen theoretischen Fundierung des Optimierungsvorgangs gründet.

In Kap. 4 wird die erweiterte relationale Algebra entsprechend der funktionalen Notation definiert und es wird gezeigt, wie sich SQL-Anfragen in Ausdrücke der erweiterten relationalen Algebra übersetzen lassen.

In Kap. 5 werden die Regeln zur Anfragetransformation und Generierung algebraischer Ausdrücke entwickelt, wobei angesichts der Tatsache, daß bisherige Optmierungstechniken oftmals unvollständig oder fehlerhaft sind, großer Wert auf einen formalen Korrektheitsnachweis gelegt wird. Hierzu wird eine Technik entwickelt, die erlaubt, von den einzelnen relationalen Operatoren zu abstrahieren, und damit allgemeine Gesetze, die für alle relationalen Operatoren (natürlich unter gewissen einschränkenden Randbedingungen) gelten, herzuleiten. Grundlegend ist dabei der Begriff der *gruppierenden Abbildung*, die aus relationalen Operatoren aufgebaut ist und ein Tupel der Argumentrelation jeweils mit einer Gruppe zugehöriger Tupel verbindet. Mit Hilfe gruppierender Abbildungen lassen sich sowohl geschachtelte SQL-Prädikate, die mit Hilfe von Unteranfragen formuliert sind, auflösen, als auch allgemeine Kommutativ- und Distributivgesetze sowie Regeln zur Eliminierung von Join-Operationen aufstellen.

In Kap. 6 wird die Vorgehensweise bei der Anwendung der Regeln besprochen. Die Regeln werden hierzu in Gruppen zusammengefaßt, die in aufeinanderfolgenden Optimierungsschritten angewandt werden.

Gegenstand der Kapitel 7-10 ist das zweite Kernproblem der Arbeit, die Generierung paralleler Bearbeitungspläne. Der wesentliche Beitrag liegt hier in der Erarbeitung einer Technik, die erlaubt, eine große Anzahl paralleler Bearbeitungspläne ohne hohen Aufwand zu generieren und zu bewerten. Wichtig ist darüberhinaus, daß die funktionale Darstellungsform beibehalten wird, also eine einheitliche Beschreibung des gesamten Optimierungsvorgangs möglich ist.

In Kap. 7 werden die Bearbeitungsmethoden funktional definiert und die durch sie gegebenen Möglichkeiten zur Implementierung relationaler Operatoren durch Transformationsregeln angegeben. Damit ist es möglich, Einprozessor-Bearbeitungspläne als Ausgangspunkt der Parallelisierung zu generieren.

In Kap. 8 werden die Grundlagen zur Generierung paralleler Bearbeitungspläne gelegt. Hierzu werden Meta-Datenflußprogramme eingeführt, die von den zugrundeliegenden Bearbeitungsplänen abstrahieren, und zu deren Parallelisierung es ausreicht, einige wenige Parameter zu modifizieren. Ferner werden Transformationsregeln zur Konstruktion und Parallelisierung von Meta-Datenflußprogrammen sowie zur Abbildung eines Meta-Datenflußprogramms auf einen parallelen Bearbeitungsplan entwickelt.

In Kap. 9 wird ein Kostenmodell zur Bewertung paralleler Bearbeitungspläne aufgestellt. Die Kosten der einzelnen Bearbeitungsmethoden lassen sich dabei aufgrund der funktionalen Definition sehr leicht bestimmen. Während der Parallelisierung ist es wichtig, die Güte eines Meta-Datenflußprogramms schnell bewerten zu können. Hierzu wird beschrieben, wie sich zu einem Meta-Datenflußprogramm ein Parallelitätsprofil aufstellen läßt, das eine gute Abschätzung der Bearbeitungszeit für den zugrundeliegenden Bearbeitungsplan erlaubt.

In Kap. 10 werden schließlich aufbauend auf dem Kostenmodell und den Transformationsregeln Ansatzpunkte für Parallelisierungsstrategien entwickelt. Die detaillierte Ausarbeitung und Analyse von Parallelisierungsstrategien bietet ein weites Feld für weiterführende Arbeiten, die auf den in der vorliegenden Arbeit entwickelten Grundlagen aufbauen können.

1.5 Abgrenzung gegenüber anderen Problemstellungen

Um die Problemstellung der vorliegenden Arbeit genauer zu charakterisieren, ist es sinnvoll, sie gegenüber anderen verwandten Problemen abzugrenzen und in Beziehung zu setzen.

- *Entwicklung neuer Techniken zur parallelen Bearbeitung relationaler Anfragen*

  Eine Möglichkeit zur Optimierung der Anfragebearbeitung ist die Entwicklung besserer paralleler Algorithmen. Diese Fragedarstellung wurde in der Vergangenheit recht intensiv untersucht, es sind also hinreichend gute Algorithmen bekannt, wobei sicherlich noch Verbesserungen in Details möglich sind. Wir konzentrieren uns daher auf die für den praktischen Einsatz paralleler Datenbanksysteme jetzt wichtigere Frage, wie die bekannten Bearbeitungstechniken und -algorithmen möglichst optimal eingesetzt werden können. Dabei wird jedoch angestrebt, die Anfrageoptimierung so flexibel zu formulieren, daß auch neue Bearbeitungstechniken, die sich etwa aus der Nutzung neuer Architekturen oder aus Zugriffspfadstrukturen für spezielle Anwendungen ergeben, berücksichtigt werden können.

- *Analyse der Auswirkungen ungenauer Kostenschätzungen*

  In dieser Arbeit wird angenommen, daß die Kostenbewertung hinreichend genau ist, um optimale Bearbeitungspläne bestimmen zu können. Die Kostenbewertung kann jedoch nicht exakt sein, da sie auf den im Relationsprofil zusammengefaßten statistischen Informationen basiert. Die Frage, welche Auswirkungen eine ungenaue Kostenbewertung im Hinblick auf die Auswahl eines optimalen Bearbeitungsplans hat, ist noch weitgehend ungeklärt. Um diese Frage untersuchen zu können, muß man jedoch zunächst einmal in der

Lage sein, überhaupt optimale Bearbeitungspläne zu konstruieren, wozu in der vorliegenden Arbeit die Grundlagen gelegt werden.

Ein möglicher Ansatz zur Analyse der Auswirkungen ungenauer Kostenabschätzungen ist, mit Hilfe des Optimierers Bearbeitungspläne bei differierenden Relationsprofilen zu generieren und ihre Bearbeitungskosten und Bearbeitungszeiten miteinander zu vergleichen. Falls sich herausstellt, daß diese stark variieren, sollten Strategien entwickelt werden, einflußreiche Optimierungsentscheidungen erst während der Bearbeitung zu treffen. Ein Ansatz hierfür sind dynamische Bearbeitungspläne [GrWa89].

- *Untersuchung unterschiedlicher Suchstrategien*

  In dieser Arbeit wird nur die Organisationsform des Eröffnungsverfahrens berücksichtigt, wobei auch die Suchstrategie nur kurz andiskutiert wird. Offen bleibt dabei, welche Suchstrategie bei einem Eröffnungsverfahren am günstigsten ist. Diese Frage läßt sich untersuchen, indem mit den hier entwickelten Transformationsregeln unterschiedliche Suchstrategien realisiert und miteinander verglichen werden.

  Darüber hinaus ist auch die Frage, unter welchen Bedingungen ein Eröffnungsverfahren einem Verbesserungsverfahren vorzuziehen ist, noch weitgehend ungeklärt. Ausgehend von einer Analyse der Entscheidungen, die bei der Generierung eines Bearbeitungsplans zu treffen sind, können jedoch auch Verbesserungsverfahren ohne großen Aufwand entwickelt werden. Sie beruhen ja auf der systematischen Änderung einmal getroffener Entscheidungen.

- *Anfrageoptimierung in Datenbanksystemen mit erweiterter Funktionalität*

  Neuere Arbeiten der Datenbankforschung konzentrieren sich auf die Entwicklung von Datenbanksystemen mit einer erweiterten Funktionalität (objektorientierte Datenbanksysteme, deduktive Datenbanksysteme). Erste Ergebnisse deuten darauf hin, daß für relationale Datenbanksysteme entwickelte Optimierungstechniken zu einem großen Teil als Grundlage übernommen und weiterentwickelt werden können [Grae89]. Es ist daher sinnvoll, die Optimierung für parallele Bearbeitung zunächst wie in dieser Arbeit für den einfacheren Fall relationaler Datenbanksysteme zu untersuchen, bei dem es aussichtsreicher ist, zu einer Lösung zu gelangen, und anschließend die Ergebnisse soweit wie möglich zu verallgemeinern.

Kapitel 2

Grundlagen und Literaturüberblick

2.1 Relationale Anfragesprachen

2.1.1 Relationales Datenmodell

Im relationalen Datenmodell wird die Datenbasis in Form von *Relationen* organisiert. Eine Relation ist eine Menge von *Tupeln*, die den *Attributen* der Relation Werte atomarer Datentypen zuordnen. Eine Tupel mit den Attributen $A_1, A_2, \ldots, A_n$ und den zugehörigen Attributwerten $c_1, c_2, \ldots, c_n$ wird in der Form $x = [A_1 : c_1, A_2 : c_2, \ldots, A_n : c_n]$ dargestellt. Der Wert eines Attributs ergibt sich durch $x.A_i = c_i$, die Projektion auf eine Teilmenge Y der Attribute durch $x.Y$. Die Attribute eines Tupels oder einer Relation bilden eine Menge, die von der Funktion $\mathcal{A}$ geliefert wird, für obiges x ist also $\mathcal{A}(x) = \{A_1, A_2, \ldots, A_n\}$.

Das *Schema* beschreibt den Aufbau der Datenbasis. Es enthält die Namen R_i der Relationen der Datenbasis mit ihren Attributen und den Datentypen, die den Attributen zugeordnet sind.

2.1.2 Relationale Algebra

Die Operatoren der relationalen Algebra operieren auf Relationen, das heißt sie haben Relationen als Operanden und liefern eine Relation als Ergebnis. Neben den üblichen mengenalgebraischen Operatoren Vereinigung, Durchschnitt, Differenz und Produkt gibt es die speziellen relationalen Operatoren Restriktion, Projektion und Join.

- **Restriktion, Selektion**

  Die Restriktion wählt diejenigen Tupel einer Relation aus, die ein einfaches Vergleichsprädikat der Form $x.A\,\theta\,x.B$ erfüllen, wobei θ ein Vergleichsoperator wie $=, <, \ldots$ ist. Sei r eine Relation, die die Attribute A und B umfaßt.

  $$\sigma_{A\theta B}\ r \quad = \quad \{x \in r : x.A\,\theta\,x.B\}$$

  Die Selektion wählt entsprechend Tupel durch Vergleich mit einer Konstanten aus.

  $$\sigma_{A\theta c}\ r \quad = \quad \{x \in r : x.A\,\theta\,c\}$$

- **Projektion**

  Die Projektion beschränkt die Tupel einer Relation auf eine Teilmenge Y der Attribute:

  $$\pi_{[Y]}\ r \quad = \quad \{x.Y : x \in r\}$$

- **Umbenennung von Attributen**

  Sei $X = \{A_1, A_2, \ldots, A_n\} \cup Y$ die Menge der Attribute einer Relation r. Die Attribute X lassen sich folgendermaßen in Attribute $X' = \{B_1, B_2, \ldots, B_n\} \cup Y$ umbenennen:[2]

$$\pi_{(B_1,B_2,\ldots,B_n \leftarrow A_1,A_2,\ldots,A_n)}\, r \;=\; \{x : \mathcal{A}(x) = X' \wedge (\exists x' \in r\; x.B_i = x'.A_i \wedge x.Y = x'.Y)\}$$

- **Join**

  Der (natürliche) Join verknüpft die Tupel zweier Relationen r_1 und r_2 mit Attributen X_1 und X_2 miteinander, die in den gemeinsamen Attributen $X_1 \cap X_2$ übereinstimmen:[3]

$$r_1 \bowtie r_2 \;=\; \{x : \mathcal{A}(x) = X_1 \cup X_2 \wedge x.X_1 \in r_1 \wedge x.X_2 \in r_2\}$$

  Sind die Attribute der beiden Relationen r_1 und r_2 identisch ($X_1 = X_2$), so entspricht der natürliche Join der Durchschnittsbildung $r_1 \cap r_2$, sind sie disjunkt ($X_1 \cap X_2 = \{\}$), so entspricht er dem Kreuzprodukt $r_1 \times r_2$.[4] Mit Hilfe des Theta-Joins wird der Verbund zweier Relationen gebildet, die keine gemeinsamen Attribute besitzen ($X_1 \cap X_2 = \{\}$, $A \in X_1$, $B \in X_2$).

$$r_1[A\theta B]r_2 \;=\; \sigma_{A\theta B}\; r_1 \times r_2$$

  Werden nur Attribute einer der beiden Relationen benötigt, so kann ein Semijoin eingesetzt werden:

$$r_1[\exists;\, A\theta B]r_2 \;=\; \pi_{[X_1]}\; r_1[A\theta B]r_2$$

- **Konstante Relation**

  Bei einer konstanten Relation werden die Attributwerte der einzelnen Tupel direkt angegeben:

$$\begin{aligned} r \;=\; \{\; & [A_1 : c_{11}, A_2 : c_{12}, \ldots, A_n : c_{1n}] \\ & [A_1 : c_{21}, A_2 : c_{22}, \ldots, A_n : c_{2n}], \ldots \\ & [A_1 : c_{k1}, A_2 : c_{k2}, \ldots, A_n : c_{kn}] \;\} \end{aligned}$$

Ausdrücke der relationalen Algebra werden mit Hilfe dieser Operatoren gebildet, wobei neben konstanten Relationen auch die Namen R_i von Relationen der Datenbasis zugelassen sind. Zur Auswertung eines Ausdrucks sind die Relationsnamen R_i durch die aktuell vorliegenden Relationen r_i zu ersetzen und die Operatoren entsprechend ihrer Definition anzuwenden.

---

[2] Zur Umbenennung wird auch der spezielle Operator δ anstelle π verwendet [Maye83]; wir werden später jedoch einen verallgemeinerten Projektionsoperator definieren, der sowohl die Projektion im engeren Sinne als auch die Umbenennung umfaßt.

[3] Da die Attribute eines Tupels bzw. einer Relation als Menge aufgefaßt werden, sind die gemeinsamen Attribute der beiden Operanden des Join im Ergebnis automatisch nur einmal vertreten.

[4] Dies entspricht natürlich nicht ganz dem üblichen Kreuzprodukt von Mengen, das keine Tupel, sondern Paare der Form (x_1, x_2), $x_i \in r_i$ enthält. Trotzdem ist diese Verwendung des Kreuzprodukts in der relationalen Algebra üblich.

2.1.3 Relationaler Kalkül

Der relationale Kalkül basiert in Form des *Bereichskalküls* auf der Prädikatenlogik erster Ordnung. Als Prädikatsymbole werden dabei die Relationen des Schemas verwendet, Variable stehen für Werte eines Attributwertebereichs. Eine logische Formel wird als Anfrage interpretiert, die eine Relation als Ergebnis liefert, deren Attribute den freien Variablen der Formel entsprechen. Das Ergebnis enthält alle Tupel (alle Belegungen der freien Variablen), welche die Formel erfüllen.

Im *Tupelkalkül* stehen Variable im Gegensatz zum Bereichskalkül für Tupel. Sie werden durch ein Prädikat $R(v)$ an einen Wertebereich gebunden. Um unendliche Ergebnisse zu verhindern, kann der Tupelkalkül darüber hinaus dahingehend eingeschränkt werden, daß alle Variablen in einem Quantor oder einer Bereichstermliste an einen endlichen Wertebereich gebunden werden müssen. Damit erhält man die im folgenden definierte Fassung des relationalen Kalküls, die relational vollständig ist.

Kalkülausdrücke sind rekursiv definiert, wobei die Definition von atomaren Ausdrücken, das heißt im Schema definierten Relationen, ausgeht. Komplexere Ausdrücke lassen sich mit der Hilfe von Variablen, Termen und Formeln bilden.

- **Variable:**

  $\mathrm{V}=\{\mathrm{v}_1, \mathrm{v}_2, \mathrm{v}_3, \ldots\}$ ist die Menge der Variablen.

- **Terme:**

  Terme korrespondieren zu Werten aus einem Attributwertebereich. Die Menge **T** von Termen ist wie folgt definiert. Jeder konstante Wert c ist ein Term. Falls v eine Variable und A ein Attributname ist, so ist auch $v.A$ ein Term.

- **Formeln:**

  Formeln korrespondieren zu Wahrheitswerten. Die Menge **F** der Formeln ist wie folgt definiert. Falls t_1, t_2 Terme sind und θ ein Vergleichsoperator ist, dann ist $\mathrm{t}_1\theta\mathrm{t}_2 \in\mathbf{F}$. Falls p, p_1 and p_2 Formeln sind, dann sind auch $\neg p \in\mathbf{F}$, $p_1 \vee p_2 \in\mathbf{F}$ und $p_1 \wedge p_2 \in\mathbf{F}$ Formeln. Ist e ein Ausdruck, p eine Formel und v eine Variable, dann sind auch $(\exists e(v)\, p) \in\mathbf{F}$ und $(\forall e(v)\, p) \in\mathbf{F}$ Formeln.

  Eine Variable v_i ist in einer Formel frei, wenn sie nicht im Bereich eines Quantors $(\exists e(v)\, p)$ oder $(\forall e(v)\, p)$ auftritt, sonst ist sie durch den Quantor gebunden.

- **Ausdrücke:**

  Ausdrücke korrespondieren zu Relationen. Die Menge der Ausdrücke ist wie folgt definiert. Jeder Name R_i einer Relation der Datenbasis ist ein (atomarer) Ausdruck $R_i \in\mathbf{A}$. Sind $e_1, \ldots, e_m$ Ausdrücke, so ist auch $e_1 \vee \cdots \vee e_m \in\mathbf{A}$ ein Ausdruck. Sind $t_1, \ldots, t_n$ Terme der Form $v_i.A$, $e_1, \ldots, e_m$ Ausdrücke, p eine Formel und $v_1, \ldots, v_m$ Variablen, die sämtliche in $t_1, \ldots, t_n$ enthaltenen und sämtliche in p freien Variablen beinhalten, so ist auch

  $$(t_1, \ldots, t_n) : e_1(v_1), \ldots, e_m(v_m) : p \in \mathbf{A}$$

  ein Ausdruck. $(t_1, \ldots, t_n)$ wird Zielliste genannt, $e_1(v_1), \ldots, e_m(v_m)$ Bereichstermliste und p Selektionsprädikat.

Zur Auswertung eines Kalkülausdrucks müssen wiederum die Relationnamen R_i durch aktuelle Relationen r_i ersetzt werden.

$$R_i \Longrightarrow r_i.$$

Ferner ist

$$(e_1 \vee \cdots \vee e_m) \Longrightarrow e_1 \cup \cdots \cup e_m.$$

Ein Ausdruck $(t_1, \ldots, t_n) : e_1(v_1), \ldots, e_m(v_m) : p$ wird wie folgt interpretiert:

$$\{(t_1(v_1, \ldots, v_m), \ldots, t_n(v_1, \ldots, v_m)) : (v_1 \in e_1) \wedge \ldots \wedge (v_m \in e_m) \wedge p(v_1, \ldots, v_m)\}.$$

Eine Variable in $(t_1, \ldots, t_n)$ oder p wird dabei jeweils durch ein konkretes Tupel ersetzt. Die Formel p wird wie in der Logik üblich ausgewertet, wobei in einem Quantor enthaltene Ausdrücke rekursiv wie eben definiert interpretiert werden.

2.1.4 Erweiterung um Aggregatfunktionen

Die Anfragesprache SQL enthält als wichtiges Konzept, das über relationale Vollständigkeit hinausgeht, Aggregatfunktionen. In [Klug82] wurden daher relationale Algebra und relationaler Kalkül um Aggregatfunktionen erweitert, und es wurde nachgewiesen, daß mit der Erweiterung Algebra und Kalkül wiederum die gleiche Mächtigkeit haben.

Eine Aggregatfunktion f hat als Argument eine Relation r und liefert als Ergebnis einen einzelnen Wert eines Wertebereichs. Mit solchen Funktionen können Summe, Maximum, Minimum, arithmetisches Mittel und Anzahl der Elemente einer Wertemenge bestimmt werden. Beispielsweise liefert $(avg\ A)$ das arithmetische Mittel der Werte, die Attribut A annimmt. In der Algebra benötigen wir als zusätzliche Operation die

- **Aggregierung**

  Die einfache Aggregierung gruppiert eine Relation mit Attributen X nach einer Reihe von Attributen $Z \subset X$ und wendet auf jede Gruppe eine Reihe von Aggregatfunktionen $F = [\mathtt{f_1} : f_1, \ldots, \mathtt{f_j} : f_j]$ an:

$$\begin{aligned} \phi_{[Z]F}\ r &= \{x : (x.Z \in (\pi_{[Z]}\ r) \vee Z = \{\}) \wedge \\ &\qquad x.\mathtt{f_i} = f_i\{x' \in r : x.Z = x'.Z\},\ 1 \leq i \leq j\ \} \\ \phi_{[Z][]}\ r &= \pi_{[Z]}\ r \end{aligned}$$

  Wie die letzte Gleichung zeigt, läßt sich die Projektion als Spezialfall der Aggregierung formulieren, bei dem keine Aggregatfunktionen angegeben sind.

  Die Outer-Aggregierung bestimmt zu jedem Tupel einer Relation r_1 mit Attributen X_1 die (gemäß dem natürlichen Join) zugehörige Gruppe einer Relation r_2 mit Attributen X_2 und wendet auf diese Gruppe eine Reihe von Aggregatfunktionen F wie bei der Aggregierung an.

$$\begin{aligned} r_1 \bowtie_F r_2 &= \{x : x.X_1 \in r_1 \wedge \\ &\qquad x.\mathtt{f_i} = f_i\{x' \in r_2 : x.(X_1 \cap X_2) = x'.(X_1 \cap X_2)\},\ 1 \leq i \leq j\ \} \end{aligned}$$

Im Kalkül bedeutet die Einführung von Aggregatfunktionen, daß zur Logik zweiter Ordnung übergegangen wird, da nun Funktionen auf Relationen (Prädikatsymbole) anzuwenden sind. Bei unserer Fassung des Tupelkalküls lassen sich Aggregatfunktionen jedoch relativ einfach integrieren. Bisher sind alle in einem Ausdruck enthaltenen Variablen entweder durch einen Term $e_i(v_i)$ der Bereichstermliste oder durch einen Quantor gebunden. Nun werden in Ausdrücken auch freie Variable zugelassen. Auf solche Ausdrücke kann eine Aggregatfunktion angewendet werden. Im einzelnen ergeben sich folgende Änderungen:

- **Terme:**

  Terme können nun auch die Form $f(e_i) \in \mathbf{T}$ haben, wobei f eine Aggregatfunktion und e_i ein möglicherweise nicht geschlossener Ausdruck ist, der also freie Variable enthalten darf.

- **Formeln:**

  Bei dem Bereichsterm eines Quantors darf nur ein geschlossener Ausdruck verwendet werden.

- **Ausdrücke:**

  Wir müssen nun zwischen geschlossenen und nicht geschlossenen Ausdrücken unterscheiden. In einem Ausdruck der Form $e_1 \vee \ldots \vee e_m$ müssen die e_i geschlossen sein. In einem Ausdruck der Form

  $$(t_1, \ldots, t_n) \; : \; e_1(v_1), \ldots, e_m(v_m) \; : \; p$$

  müssen die e_i geschlossene Ausdrücke sein und $\{v_1, \ldots, v_m\}$ muß alle in $(t_1, \ldots, t_n)$ freien Variablen enthalten.

Die Interpretation von geschlossenen Ausdrücken erfolgt im wesentlichen wie bisher; bei der Auswertung eines in einer Formel enthaltenen Terms $f(e)$ mit einem nicht geschlossenen Ausdrucks e wird dieser während der Interpretation dadurch zu einem geschlossenen Ausdruck, daß Variable durch konkrete Tupel ersetzt werden.

2.1.5 SQL

Die Anfragesprache SQL ist am relationalen Kalkül orientiert, enthält jedoch auch algebraische Elemente. In der einfachsten Form

$$\begin{array}{ll} \text{SELECT} & [\text{ALL} \mid \text{DISTINCT}] \; t_1, \ldots, t_l \\ \text{FROM} & R_1, \ldots, R_n \\ \text{WHERE} & p_w \end{array}$$

einer Anfrage entspricht die SELECT-Klausel der Zielliste, die FROM-Klausel der Bereichstermliste und die WHERE-Klausel dem Selektionsprädikat des Kalkülausdrucks. Das Selektionsprädikat p_w kann geschachtelte Unteranfragen enthalten, die den Quantoren des relationalen Kalküls oder der Anwendung einer Aggregatfunktion auf eine Relation entsprechen.

SQL kennt jedoch keine Variablen. Zur eindeutigen Kennzeichnung von Attributen können stattdessen Korrelationsnamen verwendet werden. Ein weiterer wichtiger Unterschied ist, daß Aggregatfunktionen in einem Term auftreten dürfen, ohne daß dabei der Ausdruck, auf den sie angewendet werden, direkt anzugeben ist. Er ergibt sich aus der Gruppierung mit Hilfe einer GROUP BY-Klausel. Diese Vorgehensweise entspricht dem algebraischen Aggregierungsoperator.

SQL geht in der Mächtigkeit noch über den relationalen Kalkül und die relationale Algebra mit Aggregatfunktionen hinaus. Erstens wird das relationale Datenmodell um Nullwerte erweitert. Jeder atomare Datentyp enthält also den Nullwert als spezielles Element. Ein Attribut nimmt den Nullwert an, wenn kein Attributwert bekannt bzw. definiert ist. Zur Auswertung von Prädikaten, in die der Nullwert als Vergleichswert eingehen kann, wird neben den üblichen Wahrheitswerten *true* und *false* der Wahrheitswert *unknown* benötigt. Zweitens werden arithmetische Operatoren zum Umgang mit Werten numerischer Datentypen angeboten. Drittens können sowohl die Relationen der Datenbasis als auch das Ergebnis einer Anfrage Duplikate enthalten.

Wir werden Syntax und Semantik von SQL erst bei der Übersetzung von SQL-Anfragen detailliert beschreiben, da zur Entwicklung des Grundkonzepts des Optimierers die Kenntnis der aufgeführten Eigenschaften ausreicht.

2.2 Parallele Anfragebearbeitung

2.2.1 Klassifikation von Systemumgebungen

Systemgebungen, die eine parallele Anfragebearbeitung erlauben, lassen sich anhand folgender Kriterien klassifizieren [HäRa85, Lori88]:

- *Aufgabe*

  Das System kann entweder ein für die Datenbankverwaltung dedizierter Datenbankrechner sein, oder neben der Datenbankverwaltung auch noch Aufgaben der Anwendung mitbearbeiten (verteiltes Datenbanksystem).

- *Kopplung der Prozessoren*

  Die Prozessoren können stark oder schwach gekoppelt sein. Bei starker Kopplung kommunizieren sie über einen gemeinsamen Speicher, bei schwacher Kopplung über Nachrichten.

- *Datenverteilung*

  Die Daten können entweder gemeinsam, von allen Prozessoren aus zugreifbar sein, oder partitioniert sein, so daß der Zugriff auf bestimmte Daten jeweils nur von einem Prozessor aus möglich ist.

- *Funktionsverteilung*

  Die Prozessoren können symmetrisch oder asymmetrisch sein. Symmetrisch bedeutet, daß alle Prozessoren sämtliche Funktionen des Datenbankverwaltungssystems bearbeiten können. Asymmetrisch bedeutet, daß Prozessoren auf bestimmte Aufgaben spezialisiert sind.

In der Praxis treten nun nicht alle möglichen Kombinationen dieser Kriterien auf. Bei Systemen, die neben der Datenbankverwaltung auch noch Aufgaben der Anwendung mitbearbeiten können, haben wir folgende drei Fälle:

- stark gekoppelt, gemeinsam, symmetrisch

  Eine Reihe von zentralisierten Systemen (z.B. UDS/UTM, IMS/DC) ist auf einem stark gekoppelten Multiprozessorsystem ablauffähig. Daneben gibt es hier auch spezialisierte Systeme wie SYNAPSE N+1 und SEQUOIA.

- schwach gekoppelt, gemeinsam, symmetrisch

  Hierunter fallen die sogenannten DB-Sharing-Systeme wie beispielsweie IMS/VS-Data-Sharing und AMOEBA.

- schwach gekoppelt, partitioniert, symmetrisch

  Hierunter fallen die verteilten Datenbanksysteme, bei denen die Prozessoren über ein lokales oder ortsverteiltes Netzwerk miteinander kommunizieren. Weiter gibt es die DB-Distribution-Systeme, die eine effiziente Kommunikation über lokale Kommunikationsverbindungen voraussetzen (TANDEM, AURAGEN 4000, STRATUS/32, HAS-Projekt).

Bei dedizierten Datenbankmaschinen haben wir folgende Fälle:

- stark gekoppelt, gemeinsam, symmetrisch

  Hierunter fällt DIRECT, eine der ersten Multiprozessor-Datenbankmaschinen.

- stark gekoppelt, partitioniert, asymmetrisch

  Hierunter fallen GRACE [FKTa86], SiDBM [LeRo85], SABRE [Gard83, CFMT86] und RDBM [SZHL83]. Die Asymmetrie rührt hier daher, daß einige Prozessoren auf den eigentlichen Datenzugriff spezialisiert sind, während andere höhere relationale Operationen bearbeiten können. Teilweise werden hierzu Spezialprozessoren verwendet.

- schwach gekoppelt, partitioniert, symmetrisch

  In diese Kategorie fallen die meisten der neueren Entwicklungen: ARBRE, BUBBA [AlCo88, CABK88], MDBS [Hsia83], PRISMA [KAHK88], TERADATA.

- schwach gekoppelt, partitioniert, asymmetrisch

  Hierunter fällt GAMMA [DeWi86], das sich von den vorstehend genannten Systemen dadurch unterscheidet, daß nicht alle Prozessoren Datenzugriffe auf Hintergrundspeicher abwickeln.

Auffallend ist, daß die meisten der neueren Entwicklung ein schwach gekoppeltes System mit partitioniertem Datenzugriff zugrundelegen. Eine Asymmetrie rührt allein daher, daß nicht alle Prozessoren Datenzugriffe auf Hintergrundspeicher abwickeln können. Wir werden daher bei der Entwicklung des Kostenmodells im folgenden ebenfalls eine solche Systemumgebung zugrunde legen.

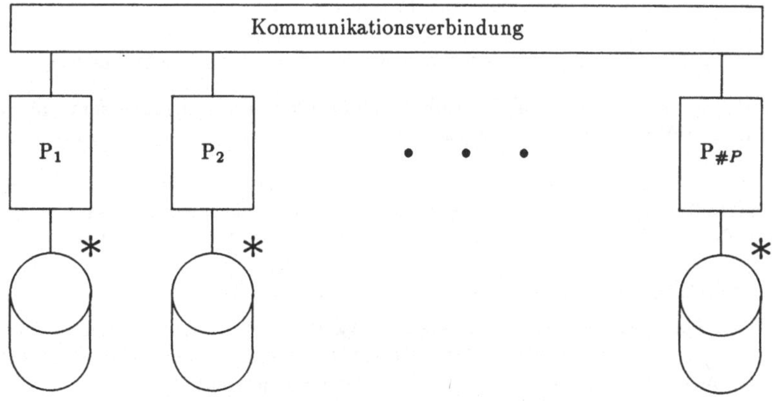

Abbildung 2.1 Hardwarearchitektur

(A1)	*Es wird ein schwach gekoppeltes System mit partitioniertem Datenzugriff zugrundegelegt.*

Abhängig von der Kommunikationsverbindung kann es sich dabei um einen Parallelrechner, ein busgekoppeltes Multiprozessorsystem oder ein über ein leistungsfähiges LAN gekoppeltes lokal verteiltes System handeln. Der Übergang zu einem stark gekoppelten System beeinflußt die Kommunikationskosten und vereinfacht die Parallelisierung, da nicht mehr auf die Lokalität der Anfragebearbeitung geachtet werden muß. Überlegungen zur Anfrageoptimierung in einem schwach gekoppelten System sollten daher im wesentlichen auf ein stark gekoppeltes System übertragbar sein, wobei jedoch einige Vereinfachungen möglich scheinen.

2.2.2 Datenverteilung

Eine Verteilung der Daten auf Prozessoren bzw. Plattenlaufwerke ist notwendig, um den Datenzugriff zu parallelisieren. Darüber hinaus werden mit der Datenverteilung folgende Ziele verfolgt:

- *Lastverteilung:* Die Daten sollten so auf Knoten bzw. Plattenlaufwerke verteilt werden, daß diese möglichst gleichmäßig ausgelastet werden. Hierdurch wird der Durchsatz maximiert.
- *Lokalität:* Die Daten sollten möglichst an denjenigen Knoten verfügbar sein, an denen sie benötigt werden. Dies ist inbesondere in verteilten Datenbanksystemen relevant, bei denen eine Anwendung die von ihr benötigten Daten soweit wie möglich am gleichen Knoten vorfinden sollte, um die sonst meist hohen Kommunikationskosten zu vermeiden.
- *Verfügbarkeit:*

  Durch eine Replizierung der Daten auf mehreren Knoten bzw. Plattenlaufwerken läßt sich eine erhöhte Verfügbarkeit erzielen: bei Ausfall eines Knotens bzw. Laufwerks stehen die übrigen Kopien noch zur Verfügung. Der Nachteil ist ein erhöhter Aufwand für Änderungsoperationen.

Bei der Datenverteilung geht man in zwei Schritten vor [CePe85]:

1. Zerlegung der Relationen in horizontale, vertikale oder gemischte Fragmente,
2. Zuordnung der Fragmente zu Knoten bzw. Laufwerken, wobei ein Fragment auch repliziert und mehrfach zugeordnet werden kann.

- *Horizontale Fragmentierung:* Bei der horizontalen Fragmentierung wird eine Relation in disjunkte Teilmengen zerlegt, wobei jedes Tupel der Relation genau einem der Fragmente zugeordnet wird. Die Fragmentierung kann auf folgende Weisen geschehen:
  - *Anzahlorientierte Zerlegung:*

    Die Tupel der Relation werden gleichmäßig auf alle Fragmente verteilt. Dabei können auch Zugriffshäufigkeiten mit berücksichtigt werden, wodurch eine möglichst gleichmäßige Verteilung der Zugriffe auf Fragmente angestrebt wird.
  - *Prädikatorientierte Zerlegung:*

    Es sind n Selektionsprädikate p_i gegeben, wobei n die Anzahl der Fragmente ist. Ein Fragment ergibt sich durch eine Selektion σ_{p_i} auf der Relation. Übliche Prädikate sind

    Attributwert $\in [min, max)$ (intervallorientierte Zerlegung) und
    h(Attributwert) = Hashwert (hashorientierte Zerlegung).

Die intervallorientierte Zerlegung läßt sich dabei als Spezialfall der hashorientierten auffassen, bei dem die Hashfunktion die Nummer des entsprechenden Intervalls liefert. Auch hier kann angestrebt werden, daß die Fragmente möglichst gleich groß sind, oder daß auf die Fragmente möglichst gleich häufig zugegriffen wird.

– *Joinorientierte Zerlegung:*

Die joinorientierte Zerlegung einer Relation r_1 orientiert sich an der Fragmentierung einer Relation r_2 und dient zur Unterstützung des Joins $r_1[A_1 = A_2]r_2$. Die Bedingung ist dabei, daß der Join fragmentweise erfolgen kann, daß es also für $x_1 \in r_1$ und $x_2 \in r_2$, welche die Joinbedingung erfüllen ($x_1.A_1 = x_2.A_2$), eine Fragmentnummer i gibt, so daß $x_1 \in r_1^i$ und $x_2 \in r_2^i$. Ein Fragment von r_1 ergibt sich durch einen Semijoin

$$r_1^i = \pi_{\mathcal{A}(r_1)} (r_1[A_1 = A_2](r_2^i),$$

falls $\pi_{A_1} (r_1) \subset \pi_{A_2} (r_2)$ gilt. Weiter müssen sich Tupel mit gleichem Wert des Joinattributs A_2 in demselben Fragment r_2^i befinden.

- *Vertikale Fragmentierung:* Zur vertikalen Fragmentierung werden die Attribute einer Relation in Gruppen unterteilt; ein Fragment erhält man, indem man die Relation auf die Attribute einer Gruppe projiziert. Die ursprüngliche Relation muß sich durch Join der Fragmente wiederherstellen lassen. Dies kann sichergestellt werden, indem jedes Tupel eines Fragments den Primärschlüssel oder einen logischen Tupelidentifikator (database key) der Ausgangsrelation enthält.

- *Gemischte Fragmentierung:*

  Horizontale und vertikale Fragmentierung können auch rekursiv auf Fragmente angewendet werden. Für eine Relation erhält man dabei einen Fragmentierungsbaum, der die angewendeten Fragmentierungsschritte in Form von Operationen der relationalen Algebra wiederspiegelt.

In Datenbankmaschinen wird in den aktuellen Ansätzen nur die horizontale Fragmentierung betrachtet:

- Die anzahlorientierte Zerlegung ist in GAMMA, MDBS und der Untersuchung in [HaOr87] möglich.

- Die hashorientierte Zerlegung und ihr Spezialfall, die intervallorientierte Zerlegung, wird in GAMMA, BUBBA und TERADATA verfolgt. In SABRE kann die Zerlegung nicht nur aufgrund der Wertebereiche eines Attributs, sondern mehrdimensional aufgrund mehrerer Attribute erfolgen.

Ein Fragment wird dabei nur einmal zugeordnet, das heißt nicht repliziert. Wir gehen dementsprechend von folgender Annahme aus:

(A2)	*Es wird horizontale Fragmentierung ohne Replizierung eingesetzt. Die Fragmentierung erfolgt anzahlorientiert oder hashorientiert (bzw. intervallorientiert).*

Gleichartige hashorientierte Zerlegungen können dabei auch eine joinorientierte Zerlegung implizieren.

2.2.3 Bearbeitungsmethoden

Ein relationales Datenbanksystem realisiert in der Regel eine Reihe von Methoden zur Bearbeitung der relationalen Operationen. Die zugrundeliegenden Bearbeitungstechniken werden im folgenden für den Zugriff auf eine Basisrelation mittels Selektion und Projektion und für den Verbund zweier Relationen (Join) illustriert. Die Bearbeitung der übrigen Operationen läßt sich auf die bei diesen Operationen verwendeten Techniken zurückführen.

2.2.3.1 Zugriff auf eine Basisrelation

Es gibt zwei wesentliche Techniken zum Zugriff auf eine Basisrelation, das heißt zur Bearbeitung einer Selektion

$$\sigma_p\ R,$$

die sequentielle Suche und die Verwendung von Indizes. Bei der sequentiellen Suche wird auf jedem Tupel von $R(I)$ das Prädikat p überprüft; Tupel die das Prädikat erfüllen, werden in das Ergebnis übernommen.

In der einfachsten Form ermöglicht ein Index zu einem Attribut A einer Basisrelation R den direkten Zugriff auf diejenigen Tupel von R, in denen A einen gegebenen Wert annimmt. Zu den hierfür eingesetzten Organisationsformen gehören Baumstrukturen und statische oder dynamische Hashverfahren. Am häufigsten finden B*-Bäume Verwendung, beispielsweise in System R, Oracle, Ingres, IDM-500 und der Datenbankmaschine GAMMA [YHYM87]. Sie ermöglichen auch den direkten Zugriff auf diejenigen Tupel von R, bei denen das Attribut A Werte innerhalb eines gegebenen Intervalls annimmt. Das Ergebnis ist dabei nach den Werten von A sortiert. Falls die Tupel von R physisch in dieser Sortierordnung abgespeichert sind, spricht man von einem *Index mit Clusterung*. Es kann maximal einen solchen Index mit Clusterung zu einer Relation geben.

In der Regel ist es über diese Grundform hinaus möglich, Indizes auch zu einer Gruppe $(A_1, \ldots, A_k)$ von Attributen von R anzulegen. Entsprechend erhält man damit diejenigen Tupel, bei denen die Attribute der Gruppe gegebene Werte annehmen oder innerhalb eines gegebenen Intervalls (bezüglich der lexikographischen Ordnung) liegen.

Ferner liefert ein Index oft nicht direkt Tupel von R, sondern zunächst nur logische oder physische Tupelidentifikatoren (Database-keys, TID's). An der Bearbeitung einer Selektion können dann mehrere Indizes beteiligt sein, wobei Vereinigungen und Durchschnitte von Mengen von Identifikatoren gebildet werden. Abschließend kann anhand der verbliebenen Menge von Identifikatoren auf die Tupel selbst zugegriffen werden.

Wir werden nur die einfachste und am häufigsten verwendete Organisationsform von Indizes berücksichtigen: B*-Bäume zu einem Attribut, über die direkt auf Tupel einer Relation zugegriffen werden kann. Weitere Organisationsformen sind natürlich für spezielle Anfrageklassen nützlich, jedoch weitgehend unabhängig von den uns primär interessierenden Strategien zur parallelen Anfragebearbeitung.

Das Ergebnis des Zugriffs auf eine Basisrelation läßt sich nicht mehr als Menge von Tupeln im mathematischen Sinn auffassen. Zum einen entsteht bei der Verwendung eines Index ein nach den Werten des invertierten Attributs sortiertes Ergebnis. Zum anderen kann beim Zugriff auf die Basisrelation oft bereits eine Projektion der selektierten Tupel auf die im weiteren benötigten Attribute durchgeführt werden, wobei jedoch keine Duplikateliminierung stattfindet. Im Ergebnis können daher Duplikate auftreten.

2.2.3.2 Verbund zweier Relationen (Join)

Die Methoden für die Joinoperation

$$(r_1[A_i = A_j]r_2)$$

lassen sich zunächst danach unterscheiden, ob die beiden Operanden nach den Werten der Joinattribute sortiert sind bzw. werden oder nicht.

Liegen die Operanden in sortierter Form vor, so kann ein einfacher *Merge-Join* durchgeführt werden. Sortierte Operanden entstehen entweder durch Verwendung geeigneter Indizes zum Zugriff auf die beiden Operanden oder durch explizite Sortierung.

Liegen die Operanden nicht in sortierter Form vor, so wird einer der beiden Operanden (die äußere Relation) sequentiell gelesen und für jedes Tupel die Menge der Tupel des zweiten Operanden (der inneren Relation) bestimmt, die das Joinprädikat erfüllen. Abhängig davon, wie der Zugriff auf die innere Relation erfolgt, lassen sich folgende Methoden unterscheiden:

- *Nested-Loop-Join:* Für jedes Tupel der äußeren Relation wird die innere Relation sequentiell gelesen, wobei für jedes Tupel geprüft wird, ob das Joinprädikat erfüllt ist. Diese Join-Methode ist nicht nur für Equi-Joins, sondern für beliebige Join-Operationen $r_1[jp]r_2$ anwendbar.

- *Hashing-Join:* Die innere Relation wird einmal sequentiell gelesen, wobei jedes Tupel in eine Hashtabelle eingetragen wird; der Hashwert wird dabei mit einer Hashfunktion auf dem Wert des Joinattributs gebildet. Für jedes Tupel der äußeren Relation wird die Hashtabelle inspiziert um die Tupel aufzufinden, die das Joinprädikat erfüllen. Paßt die Hashtabelle nicht in den Hauptspeicher, so müssen die beiden Operanden zunächst mit einer Hashfunktion so in Partitionen von Tupeln gleichen Hashwerts zerlegt werden, daß jede Partition der inneren Relation vollständig im Hauptspeicher gehalten werden kann. Hierfür gibt es verschiedene Varianten (Simple-Hash-Join, Grace-Hash-Join, Hybrid-Hash-Join), die sich in der Verknüpfung von Partitionierung und Join unterscheiden.

- *Join mit Indexunterstützung:* Falls für den Zugriff auf Tupel der inneren Relation mit einem gegebenen Joinattributwert ein Index existiert, kann dieser genutzt werden, um zu einem Tupel der äußeren Relation die zugehörigen Tupel der inneren Relation aufzufinden.

Liegt kein Index und keine Sortierung vor, so ist bei ausreichend großem Hauptspeicher der Hashing-Join am günstigsten, es sei denn, einer der beiden Operanden ist sehr klein, was den Nested-Loop-Join günstiger werden läßt. Bei vorliegender Sortierung oder vorhandenem Index sind die entsprechenden Methoden günstiger.

Die Methoden zur Bearbeitung des Join unterscheiden sich vor allem hinsichtlich des Zugriff auf die Operanden. Dies gilt auch für Methoden zur Bearbeitung der übrigen relationalen Operationen. Eine Methode wird also durch Angabe der auszuführenden Operation (z.B. Join) und des verwendeten Zugriffspfads (z.B. sequentieller Zugriff, selektiver Zugriff mit Konstruktion eines temporären Index (einer Hashtabelle) oder selektiver Zugriff unter Verwendung eines Index festgelegt.

2.2.3.3 Zusammenfassung

Zusammenfassend läßt sich sagen, daß eine ausreichende Menge von Techniken zur Anfragebearbeitung bekannt ist, die in dieser Arbeit zu Grunde gelegt werden kann.

(A3)	*Zur Anfragebearbeitung werden Standardtechniken eingesetzt: Methoden mit sequentiellem Operandenzugriff, Nutzung von Indizes (B^*-Bäume) und Einsatz von Hashing*

Die Anfrageoptimierung sollte jedoch so flexibel gestaltet werden, daß sich weitere Bearbeitungsmethoden möglichst leicht berücksichtigen lassen.

2.2.4 Bearbeitungsplan

2.2.4.1 Datenflußprogramm

Datenfluß ist ein Operationsprinzip, bei dem die Auswahl eines auszuführenden Befehls nicht explizit durch entsprechende Kontrollstrukturen eines Programms, sondern implizit aufgrund des Vorliegens der benötigten Operanden erfolgt. Ein Datenflußprogramm wird in Form eines azyklischen, gerichteten Graphen dargestellt, dessen Knoten die Operationen des Programms enthalten, und dessen Kanten die Übergabe von Token von einer Operation A an eine Folgeoperation B kennzeichnen. Ein Token teilt der Operation B zumindest mit, daß die Operation A einmal ausgeführt wurde. Darüber hinaus kann es ein von A erzeugtes Ergebnis enthalten, das an B weitergeleitet wird. Beispielsweise kann die Anfrage

```
SELECT  a1,b1                           A(a1,a2,a3), B(b1,b2,b3)
FROM    A,B
WHERE   a2=5  AND b2=10 AND a3=b3
```

durch folgendes Datenflußprogramm dargestellt werden:

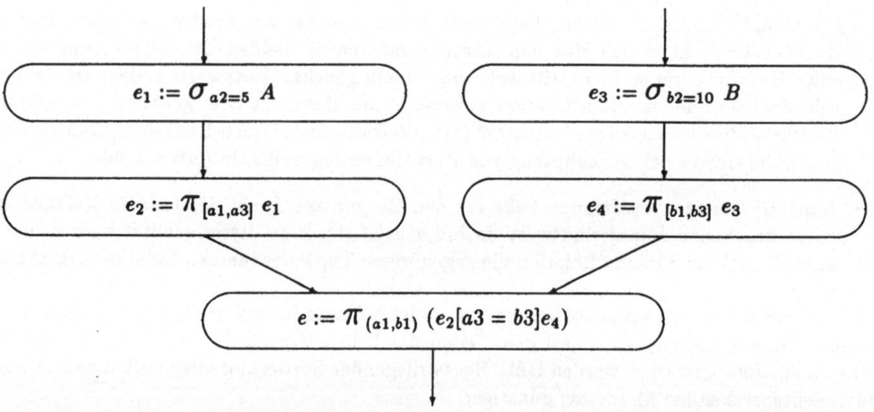

Ein Operatorbaum der relationalen Algebra kann also direkt als Datenflußprogramm interpretiert werden. Da es, wie oben ausgeführt, zu einer Operation in der Regel mehrere Bearbeitungsmethoden gibt, ist es sinnvoll, wenn die Knoten des Datenflußprogramms nicht Operationen der relationalen Algebra, sondern Bearbeitungsmethoden enthalten. Dies wird auch in den Arbeiten [Chan76], wo die Idee, relationale Anfragen in Form von Datenflußprogrammen darzustellen, erstmals formuliert wurde, und [Yao79], wo insbesondere Operationen zur Indexverarbeitung in die Betrachtung einbezogen werden, verfolgt.

An der Struktur des Datenflußprogramms kann man die drei Möglichkeiten, die Anfragebearbeitung zu parallelisieren, erkennen [Chan76]:

- Unabhängige Knoten, die sich in verschiedenen Teilen eines Datenflußprogramms oder in unterschiedlichen Datenflußprogrammen befinden, können parallel zueinander bearbeitet werden.
- Aufeinanderfolgende Knoten eines Programms bilden eine Pipeline, in der phasenparallele Bearbeitung möglich ist. Die Zwischenergebnisse werden dabei zwischen den aufeinanderfolgenden Knoten tupelweise oder paketweise, in Mengen von mehreren Tupeln, übergeben.

Pipelining ist nicht bei allen Operationen möglich; so müssen etwa beim Join die beiden Operanden sortiert vorliegen, damit eine fortlaufende Bearbeitung der Operanden möglich ist; beim Hashing-Join muß die innere Relation komplett vorliegen, bevor mit der Bearbeitung der äußeren begonnen werden kann.

- Ein Knoten kann in mehrere Sub-Knoten aufgespalten werden, die gemeinsam eine Operation bearbeiten (Node Splitting). Dies ist bei aufwendigen Operationen wie dem Join unsortierter Relationen und der Sortierung sinnvoll.

(A4)	*Ein Bearbeitungsplan wird durch ein Datenflußprogramm dargestellt, dessen Knoten Methoden zur Bearbeitung relationaler Operatoren enthalten.*

Da sich in einem Datenflußprogramm direkt die Parallelisierungsmöglichkeiten ablesen lassen, wird es häufig in Multiprozessor-Datenbankmaschinen als interne Darstellungsform verwendet, so in DIRECT, GAMMA, SiDBM und BUBBA. Aber auch in zentralisierten und verteilten Datenbanksystemen basieren die internen Darstellungsformen oft auf Ausdrücken der relationalen Algebra, die sich direkt als Datenflußprogramme interpretieren lassen. So wird in [Yao79] vor allem der Fall zentralisierter Datenbanksysteme behandelt.

2.2.4.2 Parallelisierung

Den Zugriff auf eine Relation kann sowohl durch Node Splitting als auch durch Pipelining beschleunigt werden:

- Node Splitting findet Verwendung, wenn die Relation in Fragmente zerlegt ist, die unterschiedlichen Rechnerknoten bzw. Laufwerken eines Rechnerknotens zugeordnet sind. Auf diese Fragmente kann parallel zugegriffen werden.
- Pipelining findet bei der sogenannten *Filterung* Verwendung: parallel zum Einlesen eines Tupelpakets von der Platte wird die Selektion auf dem zuvor eingelesenen Tupelpaket durchgeführt.

Parallele Algorithmen sind für alle relationalen Operatoren bekannt. Insbesondere die Parallelisierung des Equijoin wurde sehr stark untersucht, wobei sich als günstigste Methode eine parallele Variante des Hashing-Join herausgestellt hat, bei der Node Splitting verwendet wird. Die Grundidee ist folgende: Beide Relationen werden mittels einer Hashfunktion, die auf das Joinattribut angewendet wird, in n Partitionen zerlegt (dies entspricht der hashorientierten horiziontalen Fragmentierung). Anschließend wird jeweils der Join einer Partition der ersten Relation mit der entsprechenden Partition (gleicher Hashwert) der zweiten Relation gebildet. Diese Joinbildung kann für die n Paare von Partitionen parallel erfolgen. Das Ergebnis wird durch Vereinigung der Teilergebnisse gebildet.

Für den Fall, daß die Partitionen nicht vollständig in den Hauptspeicher der beteiligten Knoten aufgenommen werden können, gibt es auch hier wieder verschiedene Varianten entsprechend den nicht parallelen Hash Join Algorithmen.

Für einen allgemeinen Join kann eine parallele Variante des Nested-Loop-Join verwendet werden: Die äußere Relation wird in n Partitionen zerlegt. Anschließend wird jeweils der Join einer Partition der äußeren Relation mit der gesamten inneren Relation gebildet.

Parallele Algorithmen für die übrigen relationalen Operatoren lassen sich unter Verwendung der gleichen Partitionierungstechniken wie beim Join entwickeln.

(A5)	*Zur Parallelisierung werden die bekannten parallelen Algorithmen für relationale Operatoren eingesetzt.*

2.2.4.3 Zuordnungsentscheidungen

Zur Bearbeitung müssen die Knoten eines Datenflußprogramms den Prozessoren des Systems zugeordnet werden. Im Hinblick auf die damit verbundenen Entscheidungen gehen wir von zwei Grundannahmen aus:

(1) Ein Knoten wird komplett auf einem Prozessor abgearbeitet. Dies wird bei allen bekannten Datenbankmaschinen so gehandhabt. Während die Migration eines Knotens bei Systemen ohne gemeinsamen Speicher aufgrund des hohen Aufwands zum Transfer von Operanden und Zwischenergebnissen ausgeschlossen werden kann, wird sie auch bei Systemen mit gemeinsamen Speicher aufgrund des dabei auftretenden Steuerungsaufwands nicht verfolgt.

(2) Ein Knoten, dessen Bearbeitung begonnen wurde, kann nur in zwei Fällen verdrängt werden:

- Der Knoten gerät in einen Wartezustand, da er auf eine Eingabe wartet. Beispiele hierfür sind ein Paket bei Pipelining oder eine Seite bei einem Hintergrundspeicherzugriff.
- Ein Knoten, dem eine höhere Priorität zugeordnet ist, wird zur Bearbeitung bereit.

Diese Vorgehensweise wird beispielsweise in den Datenbankmaschinen GAMMA, BUBBA und JASMIN verfolgt (in der Literatur zu anderen Systemen wird zur Verdrängbarkeit keine Aussage gemacht). Ein Knoten kann also nicht bei Ablauf einer Zeitscheibe verdrängt werden, wie es in Timesharing-Betriebssystemen üblich ist.

(A6)	*Ein Knoten wird komplett auf einem Prozessor abgearbeitet. Eine Verdrängung ist nur bei Eintreten eines Wartezustands oder Eintreffen eines höher priorisierten Knotens möglich.*

Unter diesen Grundannahmen sind für die Knoten eines Datenflußprogramms folgende Zuordnungsentscheidungen zu treffen (siehe Abb. 2.2):

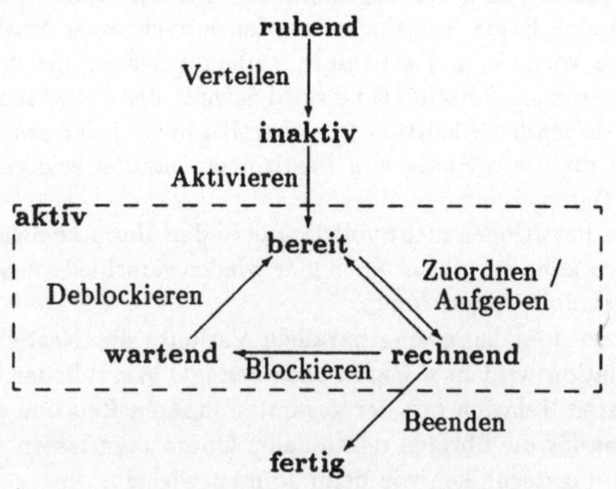

Abbildung 2.2 Knotenzustände

- *Verteilung von Knoten auf Prozessoren*

  Abhängig von der Funktions- und Datenverteilung gibt es jeweils einen oder mehrere Prozessoren, die einen bestimmten Knoten bearbeiten können. Die Verteilung kann weiter dadurch eingeschränkt werden, daß ein Folgeknoten durch den gleichen Prozessor bearbeitet werden muß wie der Vorgängerknoten; diese Einschränkung ist beispielsweise bei Übergabe einer Hashtabelle sinnvoll, die nicht ohne Zusatzaufwand übertragen werden kann.

- *Aktivierung eines Knotens*

  Die Aktivierung eines Knotens bedeutet, daß ein Prozeß mit der Bearbeitung des Knotens beauftragt oder zur Bearbeitung gestartet wird. Entsprechend dem Datenflußprinzip kann mit der Bearbeitung eines Knoten begonnen werden, sobald alle benötigten Operanden vorliegen (bei Pipelining muß dies nur das erste Tupelpaket sein). Frühestens zu diesem Zeitpunkt kann er aktiviert werden. An einem Prozessor können gleichzeitig mehrere Knoten aktiv sein; Aktivierung bedeutet also nicht, daß der Prozeß zur Bearbeitung eines Knotens tatsächlich läuft.

- *Zuordnung eines Knotens*

  Aktive Knoten bzw. die zugehörigen Prozesse unterliegen dem Scheduling des zugrundeliegenden Betriebssystems. Dabei fallen folgende Aktionen an: Zuordnen eines Prozesses zu einem Prozessor, Aufgeben der Bearbeitung eines Prozesses bei Eintreffen eines Prozesses mit höherer Priorität, Blockieren eines Prozesses bei Warten auf ein Ereignis und Deblockieren bei Eintreffen des Ereignisses.

  Die Zuordnungszeitpunkte hängen von der Verdrängbarkeit ab. Nach der obigen Festlegung muß die Zuordnung überprüft werden, falls ein Knoten in den Wartezustand gerät oder einer neuer Knoten bereit wird.

Durch einen parallelen Bearbeitungsplan können die ersten beiden Zuordnungsentscheidungen getroffen und die letzte beeinflußt werden. Er beinhaltet hierzu neben dem eigentlichen Datenflußprogramm die

- Verteilung von Knoten auf Prozessoren
- Kriterien für die Aktivierung eines Knotens

  Für die Aktivierung müssen die benötigten Operanden entsprechend der Auslösungsregel vorliegen. Weitere denkbare Kriterien sind:

  - Einhaltung von Randbedingungen wie maximale Anzahl gleichzeitig aktiver Knoten und maximaler Speicherplatzbedarf der aktiven Knoten.
  - Aktivierung in einer bestimmten Reihenfolge, beispielsweise durch eine Vorrangliste festgelegt.

- Priorität eines Knotens

2.3 Anfragetransformation

2.3.1 Transformation in der Algebra

Vereinfachung

Eine Vereinfachung von Ausdrücken der relationalen Algebra ist durch die Eliminierung redundanter Joinoperationen möglich [Naka89]. Voraussetzung hierfür ist, daß ein Join durchgeführt wird, bei dem alle Tupel einer Relation im Joinergebnis enthalten sind und eine Projektion auf die Tupel dieser Relation folgt. Beispielsweise gilt

$$\begin{array}{lcl} \pi_{[X]}\ e_1[A = B]e_2 & \Longrightarrow & \pi_{[X]}\ e_1 \\ & & \textit{falls}\ \ X \subset \mathcal{A}(e_1),\ \pi_{[A]}\ e_1 \subset \pi_{[B]}\ e_2 \end{array}$$

wobei $\mathcal{A}(e)$ die Menge der Attribute der von einem Ausdruck e gelieferten Relation kennzeichnet. Darüber hinaus lassen sich aufeinanderfolgende Selektionen und Projektionen zu einer Operation zusammenfassen, sofern man konjunktiv verknüpfte Selektionsprädikate zuläßt [Ullm82].

$$\begin{array}{lcl} \pi_{[X]}\ (\pi_{[Y]}\ e) & \Longrightarrow & \pi_{[X]}\ e \\ \sigma_{p_1}\ \sigma_{p_2}\ e & \Longrightarrow & \sigma_{p_1 \wedge p_2}\ e \end{array}$$

Verbesserung

Eine Verbesserung ist zunächst einmal durch die Ersetzung aufwendiger durch einfachere Operatoren möglich. Beispielsweise kann unter gewissen Voraussetzungen ein Kreuzprodukt durch einen Join und ein Join durch einen Semijoin ersetzt werden:

$$\begin{array}{lcll} \sigma_{A\theta B}\ e_1 \times e_2 & \Longrightarrow & e_1[A\theta B]e_2 & \textit{falls}\ A \in \mathcal{A}(e_1),\ B \in \mathcal{A}(e_2) \\ \pi_{[X]}\ e_1[A\theta B]e_2 & \Longrightarrow & \pi_{[X]}\ e_1[\exists; A\theta B]e_2 & \textit{falls}\ X \subset \mathcal{A}(e_1) \end{array}$$

Eine weitere Verbesserung ist möglich, indem man Selektionen und Projektionen so früh wie möglich durchführt, um Zwischenergebnisse sowohl bezüglich der Anzahl als auch bezüglich der Länge der Tupel so klein wie möglich zu halten. Hierzu werden Selektionen und Projektionen durch Anwendung von Kommutativ- und Distributivgesetzen für algebraische Operatoren wie

$$\begin{array}{lcll} \sigma_p\ (e_1 \times e_2) & \Longrightarrow & (\sigma_p\ e_1) \times e_2 & \textit{falls}\ \mathcal{F}(p) \subset \mathcal{A}(e_1) \\ \sigma_p\ (e_1[A\theta B]e_2) & \Longrightarrow & (\sigma_p\ e_1)[A\theta B]e_2 & \textit{falls}\ \mathcal{F}(p) \subset \mathcal{A}(e_1) \\ \pi_{[X]}\ \sigma_p\ e & \Longrightarrow & \pi_{[X]}\ \sigma_p\ \pi_{[X \cup \mathcal{F}(p)]}\ e & \\ \pi_{[X]}\ (e_1 \times e_2) & \Longrightarrow & (\pi_{[X \cap \mathcal{A}(e_1)]}\ e_1) \times (\pi_{[X \cap \mathcal{A}(e_2)]}\ e_2) & \end{array}$$

nach innen verschoben ($\mathcal{F}(p)$ ist die Menge der von p angesprochenen Attribute) [Ullm82].

2.3.2 Transformation im Kalkül

Die Transformationsregeln zur Umformung von Kalkülausdrücken basieren auf den bekannten Regeln zur Umformung prädikatenlogischer Formeln [JaKo84].

Vereinfachung

Bei der Anfragevereinfachung wird mit Hilfe der Idempotenzregeln

$$\begin{array}{lcllcl} p \vee p & \Longrightarrow & p & p \wedge p & \Longrightarrow & p \\ p \vee \neg p & \Longrightarrow & \textit{true} & p \wedge \neg p & \Longrightarrow & \textit{false} \\ p_1 \vee (p_1 \wedge p_2) & \Longrightarrow & p_1 & p_1 \wedge (p_1 \vee p_2) & \Longrightarrow & p_1 \\ p \vee \textit{false} & \Longrightarrow & p & p \wedge \textit{true} & \Longrightarrow & p \\ p \vee \textit{true} & \Longrightarrow & \textit{true} & p \wedge \textit{false} & \Longrightarrow & \textit{false} \end{array}$$

Redundanz eliminiert. Hierzu sind gemeinsame Teilausdrücke zu ermitteln, das heißt äquivalente Selektionsprädikate, die mehr als einmal in einem Ausdruck auftreten. Dies ist allerdings bereits für relativ einfache Klassen von Prädikaten NP-vollständig [Koch85]. Algorithmen zur Erkennung gemeinsamer Teilausdrücke werden beispielsweise in [AhSU79] und [RoHu80] entwickelt.

Die gemeinsamen Teilausdrücke lassen sich dann mit Hilfe der Idempotenzregeln zusammenfassen oder sogar eliminieren. Die Anwendung von Idempotenzregeln muß parallel zur Suche nach gemeinsamen Teilausdrücken erfolgen, da sich aufgrund der Anwendung von Regeln neue gemeinsame Teilausdrücke ergeben können.

Eine weitere Vereinfachung und Redundanzeliminierung ist durch die Nutzung von zusätzlichem semantischen Wissen, das beispielsweise in der Form von Integritätsbedingungen vorliegen kann, möglich [HaZd80, King81].

Verbesserung

Das Ziel ist hier, durch Anwendung von Heuristiken eine effizienter auswertbare Darstellungsform zu erzielen. Eine wichtige Heuristik ist, Selektionen so früh wie möglich durchzuführen, um die Größe von Zwischenergebnissen zu minimieren. Diese Heuristik wird in zwei Ansätzen verfolgt: dem *query detachment* nach [WoYo76] und dessen Verallgemeinerung, der *Anfrageschachtelung* nach [JaKo83, Koch85]. Zur Schachtelung werden folgende Transformationsregeln verwendet:

$$\begin{array}{lcl} (t_1,\ldots,t_n) : e_1(v_1), e_2(v_2) : p_1(v_1) \land p_2 & \Longleftrightarrow & (t_1,\ldots,t_n) : (* : e_1(v_1') : p_1(v_1'))(v_1) : p_2 \\ (\exists e(v_1)\, p_1(v_1) \land p_2) & \Longleftrightarrow & (\exists (* : e_1(v_1') : p_1(v_1'))(v_1)\, p_2) \\ (\forall e(v_1)\, \neg p_1(v_1) \lor p_2) & \Longleftrightarrow & (\forall (* : e(v_1') : p_1(v_1'))(v_2)\, p_2) \end{array}$$

Der Teilausdruck $(* : e_1(v_1') : p_1(v_1'))$ entspricht dabei einer Selektion, $*$ kennzeichnet die Projektion sämtlicher Attribute. Um diese Transformationen anwendbar zu machen, müssen Quantoren mit Hilfe der üblichen Transformationsregeln miteinander vertauscht (beispielsweise $(\exists e_1(v_1) \exists e_2(v_2)\, p) \Longrightarrow (\exists e_2(v_2) \exists e_1(v_1)\, p))$ und nach innen verschoben werden (beispielsweise $(\exists e(v)\, p_1 \land p_2) \Longrightarrow p_1 \land (\exists e(v)\, p_2)$ falls v in p_1 nicht auftritt). In [Koch85] ist ein Algorithmus angegeben, der die Schachtelung in Verbindung mit derartigen Regeln in systematischer Weise mit dem Ziel der Anfrageverbesserung einsetzt. Dabei werden auch soweit wie möglich Semijoins eingesetzt.

Eine ähnliche Technik ist die Erzeugung der Miniscope-Normalform für Ausdrücke des Bereichskalküls [Bry89]. Auch dabei werden Quantoren nach innen geschoben, um möglichst weitgehend einfachere Selektionen und Semijoins einsetzen zu können.

Im Falle von Joinprädikaten der Form $t_1 \theta t_2$, $\theta \in \{<, \leq, >, \geq\}$ lassen sich positive und negative Semijoins auf den Vergleich mit einem Wert, der mit Hilfe einer Aggregatfunktion berechnet wurde, reduzieren [GaWo87, Koch85]:

$$\begin{array}{rcl} (\exists e\; A_1 \theta A_2) & \Longrightarrow & A_1\, \theta\, (agg_\theta\, A_2)(e) \\ \neg(\exists e\; A_1 \theta A_2) & \Longrightarrow & A_1\, \bar{\theta}\, (agg_\theta\, A_2)(e) \\ & \mathit{falls} & A_1 \notin \mathcal{A}(e),\; A_2 \in \mathcal{A}(e) \end{array}$$

Dabei ist $agg_< = agg_\leq = max$ und $agg_> = agg_\geq = min$.

2.3.3 Transformation vom Kalkül in die Algebra

Grundtransformation

Um einen Kalkülausdruck auf einfache Weise in einen Ausdruck der relationalen Algebra zu überführen, wird zunächst eine Transformation der Form

$$(t_1,\ldots,t_n) : e_1(v_1),\ldots,e_m(v_m) : p \Longrightarrow \pi_{(t_1',\ldots,t_n')}\, \sigma_{p'}\, (e_1' \times \ldots \times e_m')$$

angewendet [Bült87]. Dabei muß natürlich eine Selektion mit Prädikaten des Kalküls zugelassen werden. In $t'_1, \ldots, t'_n, p'$ wird auf Variablen verzichtet; stattdessen werden Attribute direkt unter ihrem Namen angesprochen. Damit dies möglich ist, dürfen keine Namenskonflikte auftreten. Die Ausdrücke $e'_1, \ldots, e'_m$ gehen also durch eine Umbenennung aus $e_1, \ldots, e_m$ hervor, die alle Namenskonflikte ausschließt. Dies gilt auch für alle in p enthaltenen Ausdrücke. Das Prädikat p läßt sich anschließend folgendermaßen reduzieren:

$$\begin{array}{lll}
\sigma_{p_1 \wedge p_2}\ e & \Longrightarrow & (\sigma_{p_1}\ \sigma_{p_2}\ e) \\
\sigma_{p_1 \vee p_2}\ e & \Longrightarrow & (\sigma_{p_1}\ e) \cup (\sigma_{p_2}\ e) \\
\sigma_{\neg p}\ e & \Longrightarrow & e \setminus (\sigma_p\ e) \\
\sigma_{\exists e_1\ p}\ e_2 & \Longrightarrow & \pi_{[\mathcal{A}(e_2)]}\ \sigma_p\ (e_1 \times e_2) \\
\sigma_{\forall e_1\ p}\ e_2 & \Longrightarrow & (\sigma_p\ (e_1 \times e_2)) \div e_1 \\
 & & \textit{falls}\ \ e_1 \neq \{\}
\end{array}$$

Diese Transformation führt aufgrund der Verwendung von Kreuzprodukt und Division jedoch zu ineffizienter Verarbeitung.

Verbesserung

Ein besserer algebraischer Ausdruck läßt sich erzielen, wenn wir soweit wie möglich Join oder Semijoin anstelle eines Kreuzprodukts einsetzen, Selektionen soweit wie möglich nach innen schieben, redundante Joins eliminieren und Ausdrücke mit Division optimieren. In [Naka89] wird hierzu eine Menge von Transformationsregeln angegeben, die diese Verbesserungen bereits bei der Transformation vom Kalkül in die Algebra vornehmen. Bis auf die Optimierung des Einsatzes der Division haben diese Regeln die gleichen Auswirkungen wie die entsprechenden Regeln zur Transformation algebraischer Ausdrücke. Die Division läßt sich vermeiden, sofern ein negativer Semijoin vorliegt ($\bar{\theta}$ ist der zu θ inverse Vergleichsoperator):

$$\sigma_{(\forall e_1\ A\theta B)}\ e_2 = \sigma_{\neg(\exists e_1\ A\bar{\theta}B)}\ e_2 \Longrightarrow e_1[\not{B};\ A\bar{\theta}B]e_2 \quad \textit{falls}\ A \in \mathcal{A}(e_1),\ B \in \mathcal{A}(e_2)$$

Der Einsatz der Division läßt sich bei Prädikaten der Form $(\forall e_2\ \exists e_3\ \ p\ \wedge\ A_2 = A_3)$ mit $\mathcal{F}(p) \subset \mathcal{A}(e_1) \cup \mathcal{A}(e_3)$, $A_2 \in \mathcal{A}(e_2)$, $A_3 \in \mathcal{A}(e_3)$ verbessern, da der Join zwischen e_2 und e_3 nicht in den Dividenden aufgenommen werden muß, sondern durch die Division automatisch vorgenommen wird:

$$\sigma_{(\forall e_2\ \exists e_3\ p\ \wedge\ A_2 = A_3)} \Longrightarrow (\pi_{[\mathcal{A}(e_1), A_3]}\ \sigma_p\ e_1 \times e_3) \div \pi_{(A_3 \leftarrow A_2)}\ e_2 \quad \textit{falls}\ e_2 \neq \{\}$$

Eine weitere Verbesserung der Transformation ist möglich, wenn das Prädikat eines Kalkülausdruck vorher mit den Regeln der Anfrageschachtelung nach [Koch85] umgeformt wird. Bei der Transformation können dann häufiger positive und negative Semijoins sowie die speziellen Regeln zur Division verwendet werden.

Einbeziehung von Aggregatfunktionen

In [Naka89] werden auch Aggregatfunktionen mit in die Betrachtung einbezogen. Zur Transformation von Kalkülausdrücken mit Aggregatfunktionen in die relationale Algebra mit Aggregatfunktionen wird die Outer-Aggregierung verwendet.

$$\begin{array}{lll}
\sigma_{t\theta f(e)}\ e_2 & \Longrightarrow & \sigma_{t\theta \mathfrak{f}}\ e_2 \bowtie_{[\mathfrak{f}:f]} \pi_{[X \cup \mathcal{A}(e_2)]}\ \sigma_p\ e_1 \times e_2 \\
 & & \textit{falls}\ \ e = \pi_{[X]}\ \sigma_p\ e_1,\ X \subset \mathcal{A}(e_1),\ \mathcal{F}(p) \subset \mathcal{A}(e_1) \cup \mathcal{A}(e_2)
\end{array}$$

Auch hierzu lassen sich Verbesserungsmöglichkeiten angeben. Ähnlich wie bei der Division läßt sich der Join zwischen e_1 und e_2 bei Prädikaten der Form $p = p' \wedge A_1 = A_2$ einsparen, da er automatisch durch die Outer-Aggregierung vorgenommen wird:

$$\begin{array}{rcl} \sigma_{t\theta f(e)}\, e_2 & \Longrightarrow & \sigma_{t\theta \mathtt{f}}\, e_2 \bowtie\!\!\!\lhd_{[\mathtt{f}:f]} \pi_{[X, A_2 \leftarrow A_1]}\, \sigma_{p'}\, e_1 \\ & & \textit{falls} \quad e = \pi_{[X]}\, \sigma_{p' \wedge A_1 = A_2}\, e_1,\ X \subset \mathcal{A}(e_1),\ \mathcal{F}(p') \subset \mathcal{A}(e_1),\ A_1 \in \mathcal{A}(e_1), A_2 \in \mathcal{A}(e_2) \end{array}$$

Falls $t\theta f(\{\}) = \textit{false}$ kann die einfache Aggregierung anstelle der Outer-Aggregierung eingesetzt werden:

$$\begin{array}{rcl} \sigma_{t\theta f(e)}\, e_2 & \Longrightarrow & \sigma_{t\theta \mathtt{f}}\, \phi_{[\mathcal{A}(e_2)]\,[\mathtt{f}:f]}\, \pi_{[X \cup \mathcal{A}(e_2)]}\, \sigma_p\, e_1 \times e_2 \\ & & \textit{falls} \quad t\theta f(\{\}) = \textit{false},\ e = \pi_{[X]}\, \sigma_p\, e_1,\ X \subset \mathcal{A}(e_1),\ \mathcal{F}(p) \subset \mathcal{A}(e_1) \cup \mathcal{A}(e_2) \end{array}$$

2.3.4 Transformation und Übersetzung von SQL-Anfragen

In System R, der ersten Implementierung von SQL, wird die Schachtelungsstruktur von SQL-Anfragen nicht aufgebrochen: Unteranfragen werden nach einem Nested-Loop-Verfahren ausgewertet. Dies führt in der Regel zu einer ineffizienten Bearbeitung von Unteranfragen. Daher wurde in einer Reihe von Arbeiten untersucht, wie sich dies vermeiden läßt.

[Kim82] beschreibt eine Transformation von SQL nach SQL, bei der die Schachtelungsstruktur von SQL-Anfragen aufgebrochen wird und zu einer geschachtelten Anfrage mehrere einfache Anfragen erzeugt werden. [CeGo85] gibt eine Übersetzung von SQL in die relationale Algebra mit Aggregatfunktionen an. Beide Arbeiten behandeln nur Teilmengen von SQL. Unteranfragen dürfen keine GROUP BY-HAVING-Klausel enthalten; Anfrageauswertung mit Nullwerten und dreiwertiger Logik wird nicht behandelt. Darüber hinaus werden auch arithmetische Operationen und Kontrolle über die Duplikateliminierung nicht betrachtet.

Neben diesen Einschränkungen sind die Transformationen auch noch teilweise fehlerhaft [Kies85]: die Anwendung einer Aggregatfunktion auf die leere Menge wird nicht korrekt behandelt. Dieser Fehler kann entsprechend [GaWo87, Daya87] behoben werden, indem man einen Outer-Join bzw. eine Outer-Selektion verwendet. Betrachtet werden dabei jedoch nur Unteranfragen ohne Disjunktionen; ferner ist die gesamte Darstellung sehr informell.

Während die bisherigen Arbeiten keine vollständige Lösung für die Übersetzung von SQL-Anfragen in eine effiziente algebraische Darstellungsform darstellen, enthalten sie jedoch viele nützliche Ideen zur Transformation. Wir werden daher im folgenden zunächst die Übersetzung einer SQL-Teilmenge in die relationale Algebra nach [CeGo85] darstellen. Anschließend gehen wir auf die Ansätze zur Verbesserung nach [Kim82] und [GaWo87] ein. Schließlich beschreiben wir, wie sich die Aggregatfunktion *count* mit Hilfe der Outer-Selektion korrekt behandeln läßt [GaWo87, Daya87].

Direkte Übersetzung in eine algebraische Darstellungsform

Die in [CeGo85] angegebene Übersetzung von SQL-Anfragen in die relationale Algebra folgt in weiten Teilen der Übersetzung vom Kalkül in die Algebra. Eine Anfrageblock bestehend aus SELECT- FROM -WHERE - Klausel wird in einen algebraischen Ausdruck mit Projektion, Selektion und Kreuzprodukt übersetzt, und das Selektionsprädikat wird reduziert. Eine Gruppierung wird nur im äußersten Anfrageblock zugelassen und kann dort leicht durch eine Aggregierung erfaßt werden.

Neu hinzu kommt nur die Auflösung von Unteranfrage-Prädikaten. Sie ähnelt zwar der Auflösung von quantifizierten Prädikaten und Prädikten mit Aggregatfunktionen im Kalkül. Ein zusätzliches Problem entsteht jedoch dadurch, daß in der Unteranfrage freie Attributreferenzen auftreten können, die durch einen algebraischen Ausdruck gebunden werden müssen. Die

Grundidee hierzu ist, den Ausdruck, auf den das Unteranfrage-Prädikat angewandt wird, in den algebraischen Ausdruck zu der Unteranfrage hineinzuziehen. Für eine Unteranfrage

$$e_u = \text{SELECT } t_u \text{ FROM } R \text{ WHERE } p_u$$

in einem quantifizierten Prädikat heißt dies beispielsweise

$$\begin{array}{lll}
\sigma_{\text{EXISTS } e_u}\, e & \Longrightarrow & \pi_{[\mathcal{A}(e)]}\, \sigma_{p_u}\, (e \times R) \\
\sigma_{\text{NOT EXISTS } e_u}\, e & \Longrightarrow & e \setminus \pi_{[\mathcal{A}(e)]}\, \sigma_{p_u}\, (e \times R) \\
\sigma_{t\,\theta\,\text{SOME } e_u}\, e & \Longrightarrow & \pi_{[\mathcal{A}(e)]}\, \sigma_{t\,\theta\,t_u \wedge p_u}\, (e \times R) \\
\sigma_{t\,\theta\,\text{ALL } e_u}\, e & \Longrightarrow & e \setminus \pi_{[\mathcal{A}(e)]}\, \sigma_{\neg(t\,\theta\,t_u) \wedge p_u}\, (e \times R).
\end{array}$$

Eine Unteranfrage mit einer Aggregatfunktion

$$e_u = \text{SELECT } f \text{ FROM } R \text{ WHERE } p_u$$

wird wie im relationalen Kalkül aufgelöst, wobei in [CeGo85] jedoch nur die einfache Aggregierung eingesetzt wird:

$$\sigma_{t\,\theta\,e_u}\, e \;\Longrightarrow\; \pi_{[\mathcal{A}(e)]}\, \sigma_{t\theta\mathtt{f}}\, \phi_{[\mathcal{A}(e)]\,[\mathtt{f}:f]}\, \sigma_{p_u}\, (e \times R).$$

Diese Regeln sind jedoch nicht in allen Fällen korrekt. Bei der Auswertung von Anfragen mittels dreiwertiger Logik ist die Umwandlung der Negation in eine Differenz beim ALL-Prädikat inkorrekt (falls $t\theta t_u$ für alle Tupel von e_u zu *unknown* ausgewertet wird, gilt dies auch für $\neg(t\theta t_u)$, entsprechende Tupel werden also bei der Mengendifferenz fälschlicherweise nicht abgezogen).

Der Einsatz der einfachen Aggregierung führt zu Fehlern, falls $t\ \theta\ f(\{\}) =$ *true* möglich ist, da dann Tupel von e, die eigentlich im Ergebnis enthalten sein müßten, durch die Selektion mit p_u unzulässiger Weise eliminiert werden. Dies läßt sich natürlich korrigieren, indem man wie bei [Naka90] die Outer-Aggregierung verwendet.

Verbesserungen

In [Kim82] wird eine Transformation von SQL nach SQL angegeben, die eine verbesserte Anfragedarstellung anstrebt. Dabei wird die Schachtelungsstruktur von SQL-Anfragen ähnlich wie bei der Transformation in die relationale Algebra so weit wie möglich aufgehoben. Ein Beispiel hierfür ist die Auflösung eines EXISTS-Prädikats:

```
SELECT  DISTINCT t1                          SELECT  DISTINCT t1
FROM    R1                        ==>        FROM    R1, R2
WHERE   p1 AND EXISTS                        WHERE   p1 AND p2
            SELECT  *
            FROM    R2
            WHERE   p2
```

In analoger Weise lassen sich die übrigen Unteranfragen ohne Aggregatfunktionen auflösen.

Ferner werden wie bei der verbesserten Transformation vom Kalkül in die Algebra so weit wie möglich Semijoins eingesetzt. Schließlich wird eine Regel zur verbesserten Auflösung von Unteranfragen mit Aggregatfunktionen der Form

$$e_u = \text{SELECT } f \text{ FROM } R \text{ WHERE } A_1 = B_1 \text{ AND } \ldots \text{ AND } A_k = B_k$$

angegeben, die wiederum nur für den Fall $t\ \theta\ f(\{\}) =$ *false* korrekt ist:

$$\begin{array}{l}
\sigma_{t\,\theta\,e_u}\, e \\
\Longrightarrow\; \pi_{[\mathcal{A}(e)]}\, \sigma_{t\theta\mathtt{f} \wedge A_1=B_1 \wedge \ldots \wedge A_k=B_k}\, (e \times \phi_{[A_1,\ldots,A_k]\,[\mathtt{f}:f]}\, \sigma_{p_u}\, R).
\end{array}$$

Bei einem Equijoin können also die Joinattribute zur korrekten Gruppierung herangezogen werden, ohne daß e nach innen gezogen werden müßte.

Korrekte Behandlung von Aggregatfunktionen

Um die Fehler bei der Behandlung von Aggregatfunktionen, die insbesondere bei der Funktion *count* auftreten, zu vermeiden, dürfen bei Auswertung eines Unteranfrage-Prädikats Tupel der äußeren Relation e nicht eliminiert werden; stattdessen muß ihnen ein Aggregatfunktionswert (bei *count* der Wert 0) zugeordnet werden. Um dies zu erreichen, wird in [GaWo87] und [Daya87] die Verwendung von Outer-Join bzw. Outer-Selektion vorgeschlagen. Dies ist eine Alternative zur Verwendung der Outer-Aggregierung. Die Grundidee dabei ist, bei der Selektion $\sigma_{p_u}\ e \times R$ kein Tupel von e zu eliminieren, sondern die Attribute von R mit Nullwerten zu besetzen, falls die Selektionsbedingung nicht zutrifft oder R leer ist. Auch dies ist jedoch nicht in jedem Fall korrekt. Voraussetzung ist nämlich, daß die Aggregatfunktion f auf der leeren Menge das gleiche Ergebnis liefert, wie auf einem Tupel, das in Attributen von R Nullwerte annimmt. Dies ist beispielsweise bei der Aggregatfunktion *count** nicht der Fall.

Neben dieser Transformation werden in [Daya87] einige informelle Überlegungen zur weiteren Optimierung von Ausdrücken mit Outer-Operatoren (Outer-Selektion, Outer-Join, usw.) angestellt. Dabei wird auf die Bedingungen eingegangen, unter denen solche Operatoren miteinander vertauscht werden lönnen. Die Resultate sind jedoch auch hier nicht in allen Fällen korrekt [Mura89]. Dies unterstreicht noch einmal, daß ein formaler Korrektheitsnachweis der Regeln zur Transformation von SQL-Anfragen notwendig ist.

2.4 Parallelisierung

2.4.1 Ansätze zur Parallelisierung während der Optimierung

Zur gezielten Parallelisierung während der Anfrageoptimierung gibt es bisher nur zwei Arbeiten [CePS85, BaYH87]. Beide gehen von einem für den Einprozessorfall optimierten Datenflußprogramm aus, das nur noch geeignet parallelisiert und Prozessoren zugeteilt wird. Funktions- und Datenverteilung werden nicht berücksichtigt.

In [CePS85] werden nur zwei der Parallelitätsformen einbezogen: Parallelität zwischen unabhängigen Knoten und Node Splitting. Für einen Knoten wird dabei angenommen, daß immer der maximal mögliche Grad an Node Splitting verwendet wird, wobei von einer linearen Beschleunigung entsprechend der Anzahl der Teilknoten ausgegangen wird. Diese lineare Beschleunigung ist aber in der Praxis nicht erreichbar, wie aus Leistungsuntersuchungen für parallele Join-Algorithmen hervorgeht.

Mit diesen Vereinfachungen verbleibt nur noch das Problem, den vorliegenden Operatorgraphen optimal auf einem Mehrprozessorsystem zu bearbeiten, was gerade die in der Theorie der Ablaufplanung untersuchte Problemstellung ist. Von den Autoren wird dies jedoch nicht erkannt; statt dessen werden einige Heuristiken für die Zuteilung entwickelt und anhand eines einfachen Beispiels miteinander verglichen. Schlüssige Ergebnisse werden dabei nicht erzielt.

In [BaYH87] werden alle Parallelitätsformen berücksichtigt. Zur Parallelisierung werden im Datenflußprogramm zunächst sogenannte *Pipes* identifiziert, das heißt Folgen aufeinanderfolgender Knoten, zwischen denen Pipelining möglich ist. Auf Pipes sind folgende Parallelisierungsentscheidungen möglich:

- *Gruppierung:*

  Aufeinanderfolgende Knoten einer Pipe werden zu einer Gruppe zusammengefaßt, die auf einem Prozessor abläuft.

- *Dekomposition:*

  Eine Gruppe wird in mehrere aufeinanderfolgende Gruppen zerlegt, wobei jede Gruppe auf einem anderen Prozessor abläuft. Hierdurch erreicht man Pipelining.

- *Replizierung:*

  Eine Gruppe wird repliziert, wobei jedes Replikat auf einem anderen Prozessor abläuft. Dies entspricht Node Splitting. Dabei wird angenommen, daß jede beliebige Gruppe repliziert werden kann.

Die Kosten eines Datenflußprogramms werden gleichgesetzt mit den Kosten des kritischen Pfades. Es wird also angenommen, daß alle anderen Knoten parallel zu Knoten des kritischen Pfades bearbeitet werden können, so daß sie bei der Kostenbewertung nicht berücksichtigt werden müssen. Die Parallelisierung und Zuordnung erfolgt nun in folgenden drei Schritten:

1. Dekomposition:

   Zerlege die Pipes in Gruppen, basierend auf dem Verhältnis zwischen Bearbeitungszeiten und Kommunikationskosten. Dominieren die Bearbeitungskosten die Kommunikationskosten, so wird hierdurch jeder Knoten einer Pipe zu einer eigenen Gruppe.

2. Zuordnung:

   Ordne die Gruppen Prozessoren zu. Gruppen, die zu einer Pipe gehören, werden dabei unterschiedlichen Prozessoren zugeordnet. Dies gilt auch für Gruppen unabhängiger Pipes. Nur falls zwei Gruppen zu aufeinanderfolgenden Pipes gehören, können sie demselben Prozessor zugeordnet werden.

3. Replizierung:

   Solange noch Prozessoren verfügbar sind, wird sukzessive jeweils die den größten Aufwand verursachende Gruppe auf dem kritischen Pfad repliziert.

Folgende Punkte erscheinen bei diesem Verfahren fraglich:

- Bei der Zuordnung wird angenommen, daß eine ausreichend große Anzahl von Prozessoren zur Verfügung steht, um uneingeschränkt die Parallelität innerhalb einer Pipe und zwischen unabhängigen Pipes nutzen zu können. Wie zu verfahren ist, wenn die Anzahl der Prozessoren für diese Art der Zuordnung nicht ausreicht, wird nicht gesagt.

- Bei der Replizierung wird angenommen, daß jede beliebige Gruppe repliziert werden kann, was in der Regel nicht immer möglich ist. Beispiele für Operationen, die sich nicht ohne weiteres replizieren lassen, sind Indexbearbeitung und Filterung. Auch bei der Replizierung eines Join-Knotens sind zusätzliche Maßnahmen (Partitionierung und Zusammenfassung) erforderlich.

- Pipelining und Node Splitting werden getrennt voneinander, in aufeinanderfolgenden Schritten behandelt. Durch Pipelining kann hierbei eine ungleichmäßige Auslastung der Prozessoren entstehen, die sich durch nachfolgendes Node Splitting nicht unbedingt (wenn nicht genügend Prozessoren zur Verfügung stehen) beheben läßt. Es kann also sein, daß durch zu umfangreiche Verwendung von Pipelining eigentlich günstigeres Node Splitting verhindert wird.

2.4.2 Theorie der Ablaufplanung

2.4.2.1 Problemstellung

Das allgemeine Problem in der Theorie der Ablaufplanung ist, eine Menge von Aufgaben (Prozessen) auf einem gegebenen Maschinensystem (Betriebsmittel) in geeigneter Weise so abzuarbeiten, daß ein gegebenes Leistungsmaß optimiert wird (wir folgen in unserer Darstellung [Coff76]).

Betriebsmittel

Die Betriebsmittel setzen sich zusammen aus einer Menge $P = \{P_1, \ldots, P_m\}$ von Prozessoren und einer Menge $R = \{R_1, \ldots, R_s\}$ zusätzlicher Betriebsmittel. Die Prozessoren heißen homogen, wenn sie die gleiche Funktionalität und Geschwindigkeit besitzen, sonst inhomogen.

Zusätzliche Betriebsmittel können beispielsweise Haupt- oder Hintergrundspeicher sein. Von Betriebsmittel R_j steht eine Menge m_j zur Verfügung.

Prozeßsystem

Ein Prozeßsystem für eine gegebene Menge von Ressourcen wird durch $(T, <, \{t_{ji}\}, \{R_{ji}\}, \{d_j\}, \{w_j\})$ beschrieben:

- $T = \{T_1, \ldots, T_n\}$ ist die Menge der auszuführenden Prozesse.
- $<$ ist eine partielle Ordnung auf T, die Reihenfolgebedingungen für die Prozesse spezifiziert. Sie kann durch einen gerichteten, azyklischen Graphen dargestellt werden.
- $t_{ji} > 0$ ist die Ausführungszeit von Prozeß T_j auf Prozessor P_i. Es muß mindestens einen Prozessor geben, der Prozeß T_j ausführen kann, das heißt für den $t_{ji} < \infty$ gilt. Sind die Prozessoren homogen, so gibt vereinfacht t_j die Ausführungszeit von T_j auf jedem der Prozessoren an.
- R_{ji} spezifiziert den Bedarf von Betriebsmittel R_i während der Ausführung von Prozeß T_j.
- d_j gibt die Sollzeit für Prozeß T_j an; dies ist wichtig in einer Realzeitumgebung.
- w_j gibt die Wichtigkeit von Prozeß T_j an.

Planungsvorschrift

Ein Ablaufplan legt fest, welcher Prozeß zu welchem Zeitpunkt von welchem Prozessor bearbeitet wird, wobei einem Prozessor zu einem Zeitpunkt maximal ein Prozeß zugeteilt sein kann. Die Planungsvorschrift gibt an, welche weiteren Einschränkungen bei der Konstruktion eines Ablaufplans zu beachten sind:

- Die allgemeinste Klasse von Ablaufplänen sind solche *mit Verdrängung*. Dabei wird zugelassen, daß ein Prozeß unterbrochen, vom Prozessor entfernt und zu einem späteren Zeitpunkt weiter bearbeitet werden kann, wodurch keine zusätzliche Bearbeitungszeit entsteht.
- Bei Ablaufplänen *ohne Verdrängung* muß ein Prozeß, sobald er einmal gestartet wurde, bis zum Ende bearbeitet werden, wobei er nicht unterbrochen werden darf.

- Ablaufpläne mit *Vorranglisten* sind spezielle Ablaufpläne ohne Verdrängung. Die Prozesse werden hier vor der Zuteilung zu Prozessoren entsprechend ihrer Priorität in einer Liste angeordnet. Ist ein Prozessor frei, wird ihm der erste ausführbare Prozeß der Liste (höchste Priorität) zugeordnet. Dabei ist ein Prozeß ausführbar, wenn alle Vorgängerprozesse beendet wurden und ihm alle Betriebsmittel R_j zugeteilt werden können.

Leistungsmaße

Die beiden wichtigsten Leistungsmaße sind die *Ablaufplanlänge* (auch maximale Flußzeit genannt)

$$\omega(S) = \max_{1 \leq i \leq n} \{f_i(S)\}$$

und die *mittlere gewichtete Endezeit* (oder Flußzeit)

$$\bar{\omega}(S) = \frac{1}{n} \sum_{1 \leq i \leq n} w_i f_i(S),$$

wobei $f_i(S)$ die Endezeit von Prozeß T_i in Ablaufplan S ist.

In einer Realzeitumgebung ist $f_j - d_j$ die Verspätung und $\max\{0, f_j - d_j\}$ die Verzögerung eines Prozesses T_j. Damit lassen sich entsprechend die maximale und die mittlere gewichtete Verspätung und Verzögerung definieren.

2.4.2.2 Konstruktion von Ablaufplänen minimaler Länge

Eingeschränkte Problemstellung

Schließt man Pipelining aus, so läßt sich das Problem, einen Operatorgraphen (ein Datenflußprogramm) so auf ein Multiprozessorsystem abzubilden, daß die Bearbeitungszeit minimiert wird, als folgendes spezielles Optimierungsproblem auffassen:

- Betriebsmittel:

  Wir haben eine homogene Menge von Prozessoren $\{P_1, \ldots, P_m\}$.

- Leistungsmaß:

  Das interessierende Leistungsmaß ist die Ablaufplanlänge, die der Bearbeitungszeit entspricht.

- Prozeßsystem:

  Jeder Knoten des Graphen entspricht einem Prozeß. Bearbeitungszeiten werden in dem homogenen System in der Form $[t_j]$ ausgedrückt. Zusätzliche Betriebsmittel, die zur Bearbeitung eines Knotens benötigt werden, sind Hauptspeicher, Hintergrundspeicher und das Kommunikationsnetz.

- Planungsvorschrift:

  Gemäß Annahme (A6), Kap. 2.2.4.3, sind Ablaufpläne mit Verdrängung einzusetzen. Dabei ist jedoch zusätzlich die Randbedingung zu beachten, daß ein Knoten immer demselben Prozessor zugeordnet werden muß. Der Freiheitsgrad bei dieser speziellen Planungsvorschrift ist also kleiner, als bei den sonst üblichen Ablaufplänen mit Verdrängung, und größer, als bei Ablaufplänen ohne Verdrängung.

Obwohl also die Theorie der Ablaufplanung die für die Anfrageoptimierung relevante Problemstellung nicht vollständig erfaßt, ist es denkbar, daß die Algorithmen übertragbar sind. Wir geben daher im folgenden einen Überblick über die bekannten Lösungsverfahren zur Minimierung der Ablaufplanlänge bei Problemstellungen mit einer homogenen Menge von Prozessoren, bei denen zusätzlich die Einschränkung gemacht wird, daß kein zusätzlicher Betriebsmittelverbrauch auftritt.

Ablaufpläne mit Verdrängung

Abhängig von der Anzahl m der Prozessoren und der Struktur der Ordnung "$<$" erhalten wir ein NP-vollständiges oder ein polynomial lösbares Problem:

- Sind m und "$<$" beliebig, so ist das Problem, einen optimalen Ablaufplan mit Verdrängung zu bestimmen, NP-vollständig.
- Sind entweder m beliebig und "$<$" ein Wald, oder $m = 2$ und "$<$" beliebig, so ist das Problem polynomial lösbar.

Der Ablaufplan mit minimaler Länge läßt sich im zweiten Fall nach folgendem *Kritischer-Pfad*-Algorithmus bestimmen. Sei zu einem Prozeß T_j

$$\mathit{Pfadlänge}(T_j) = rt_j + \max \{ \sum_{1 \le i \le k} t_{j_i} \mid k > 0 \wedge T_{j_i} \in T \wedge T_j < T_{j_1} < \cdots < T_{j_k} \}$$

die verbleibende Laufzeit rt_j von T_j plus die maximale Laufzeit aller mit T_j beginnender Pfade. Ein Pfad ist dabei eine Liste bezüglich "$<$" aufeinanderfolgender Prozesse, und die Laufzeit eines Pfades ergibt sich durch Aufsummierung der Laufzeiten seiner Prozesse. Prozesse mit großer Pfadlänge werden bevorzugt zugeteilt:

1. Sei a die Anzahl der Prozesse mit größter Pfadlänge. Falls $a > m$, ordne jedem dieser Prozesse anteilmäßig $\frac{m}{a}$ Prozessoren zu. Sonst ordne jedem dieser Prozesse einen Prozessor zu und wiederhole die Zuteilung für ausführbare Prozesse mit kleinerer Pfadlänge, solange noch Prozessoren verfügbar sind.
2. Ordne neu zu, falls ein Prozeß fertig ist, oder falls ein Prozeß mit kleinerer verbliebener Pfadlänge schneller läuft als einer mit größerer Pfadlänge.

Ablaufpläne ohne Verdrängung

Abhängig von der Anzahl der Prozessoren m, der Ordnung "$<$" und den Ausführungszeiten $[t_j]$ sind hier folgende Probleme NP-vollständig:

- $m = 2$, $< \, = \{\}$, t_j beliebig;
- $m = 2$, $<$ beliebig, $t_j \in \{1, 2\}$;
- m beliebig, $<$ beliebig, $t_j = 1$.

Folgende Probleme sind polynomial lösbar:

- m beliebig, $<$ Wald, $t_j = 1$;
- $m = 2$, $<$ beliebig, $t_j = 1$.

In den letzten beiden Fällen können wir eine Vorrangliste konstruieren, die den optimalen Ablaufplan liefert. Wir definieren hierzu ähnlich wie oben die Pfadlänge:

$$\mathit{Pfadlänge}(T_j) = t_j + \max \{ \sum_{1 \le i \le k} t_{j_i} \mid k > 0 \wedge T_{j_i} \in T \wedge T_j < T_{j_1} < \cdots < T_{j_k} \}.$$

Weiter sei $l(T_j)$ die Liste der Pfadlängen der Nachfolger von T_j in fallender Reihenfolge. T_i steht damit vor T_j in der Vorrangliste, falls

- $\mathit{Pfadlänge}(T_i) > \mathit{Pfadlänge}(T_j)$

oder

- $\mathit{Pfadlänge}(T_i) = \mathit{Pfadlänge}(T_j)$
  und $l(T_i) > l(T_j)$ in lexikographischer Ordnung.

Die Prozesse werden also in der Reihenfolge fallender Pfadlängen angeordnet, das heißt, wir haben wiederum einen *Kritischer-Pfad*-Algorithmus.

Heuristiken

Die polynomialen Algorithmen liefern nur in den oben genannten Spezialfällen einen Ablaufplan minimaler Länge. Da die komplexeren Problemfälle NP-vollständig sind, stellt sich die Frage, ob die polynomialen Algorithmen als Näherungsverfahren dienen können, bzw. wie schlecht die von ihnen im allgemeinen Fall erzeugten Ergebnisse werden können. Um hierüber Aussagen machen zu können, führen wir folgende Bezeichnungen für die Länge eines Ablaufplans einer bestimmten Klasse ein:

ω_V: optimaler Ablaufplan mit Verdrängung,
ω_{NV}: optimaler Ablaufplan ohne Verdrängung,
ω_{VL}: optimaler Ablaufplan mit Vorrangliste,
ω_{KP}: Ablaufplan mit Vorrangliste, konstruiert nach dem Kritischer-Pfad-Algorithmus,
ω_S: schlechtester Ablaufplan mit Vorrangliste.

Es gilt offensichtlich

$$\omega_V \le \omega_{NV} \le \omega_{VL} \le \omega_{KP}.$$

Ferner haben wir nach [Coff76]

$$\frac{\omega_{VL}}{\omega_{NV}} \le \frac{\omega_{VL}}{\omega_V} \le 2 - \frac{1}{m},$$

$$\frac{\omega_{KP}}{\omega_{VL}} \le 2 - \frac{1}{m},$$

$$\text{und} \qquad \frac{\omega_S}{\omega_{VL}} \le 2 - \frac{1}{m}.$$

Die oberen Schranken können dabei jeweils beliebig nah approximiert werden. Die letzten beiden Ergebnisse besagen, daß ein Ablaufplan mit Vorrangliste, der nach dem Kritischer-Pfad-Algorithmus konstruiert wird, so schlecht sein kann wie der schlechtest mögliche Ablaufplan mit Vorrangliste: beide können maximal um den Faktor $2 - \frac{1}{m}$ schlechter sein als der optimale.

Es gibt aber eine Reihe empirischer Ergebnisse, aus denen hervor geht, daß nach dem Kritischer-Pfad-Algorithmus in der Regel gute Ablaufpläne mit Vorranglisten konstruiert werden:

- In [RaCG72] und [Kohl75] werden nach dem Kritischer-Pfad-Algorithmus erzeugte Ablaufpläne mit optimalen Ablaufplänen mit Vorrangliste verglichen. In [RaCG72] sind die Ablaufpläne für 10 zufällig generierte Problemfälle identisch. In [Kohl75] sind die Ablaufpläne für 20 zufällig generierte Problemfälle bei 2 Prozessoren in 14 Fällen und bei 3 Prozessoren in 17 Fällen identisch. Die maximale Abweichung beträgt dabei unter 4%.

- In [GrKS87] werden nach einem für allgemeinere Datenflußprogramme erweiterten Kritischer-Pfad-Algorithmus erzeugte Ablaufpläne mit zufälligen Ablaufplänen mit Vorrangliste verglichen. Abhängig von der Struktur der Datenflußprogramme und der Anzahl der Prozessoren erhalten wir durch den Kritischer-Pfad-Algorithmus Beschleunigungen von bis zu 40%. Die minimal mögliche Ablaufplanlänge erhält man bei dem Kritischer-Pfad-Algorithmus insbesondere bei umfangreichen Datenflußprogrammen bereits mit deutlich weniger Prozessoren als bei den zufälligen Ablaufplänen mit Vorrangliste (im Extremfall braucht man nur die Hälfte).

Kapitel 3

Grundkonzept des Optimierers

3.1 Lösungsansatz

3.1.1 Regelbasierte Optimierung

Wir legen das Prinzip der regelbasierten Anfrageoptimierung [Frey87, GrDe87, RoHe86, ScSi90] zugrunde, um auf einfache Weise neue Optimierungstechniken berücksichtigen zu können und eine klare Trennung zwischen der Konstruktion von Bearbeitungsplänen und der bei der Suche nach dem optimalen Plan verfolgten Suchstrategie zu erhalten. Zur Konstruktion paralleler Bearbeitungspläne werden also Transformationsregeln auf eine geeignete interne Anfragerepräsentation angewendet:

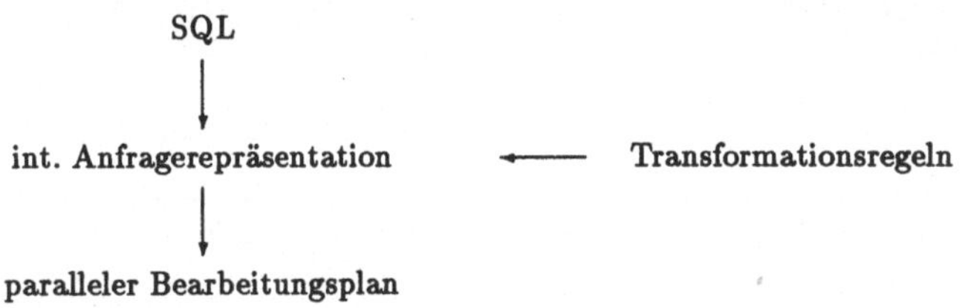

Der Optimierungsvorgang wird entsprechend der bekannten Optimierungstechniken (siehe Kap. 1 und [JaKo84]) in drei Phasen unterteilt, denen unterschiedliche Transformationsregeln zugeordnet sind:

1. Die Anfrage wird in eine standardisierte, vereinfachte und verbesserte Darstellungsform transformiert.

2. Es werden alternative Einprozessor-Bearbeitungspläne generiert.

3. Die Einprozessor-Bearbeitungspläne werden parallelisiert.

Zur Präzisierung dieses Phasenmodells sind folgende Fragen zu klären:

Wie werden Anfragen repräsentiert?

Die Wahl einer geeigneten Form der Anfragerepräsentation ist eine wesentliche Voraussetzung für die Strukturierung des Suchraums und die damit verbundene Effizienz der Suche.

Wie werden Transformationsregeln repräsentiert?

Eine Regel kann auf ein Objekt des Suchraums nur unter gewissen Voraussetzungen angewandt werden, die im *Bedingungsteil* der Regel aufgeführt sind. Bei der Anwendung einer Regel wird das betroffene Objekt durch bestimmte Aktionen in ein neues Objekt überführt, die im *Aktionsteil* der Regel zusammengefaßt sind.

Anzustreben ist eine Darstellungsform von Bedingungs- und Aktionsteil, die sowohl eine effiziente Regelanwendung als auch eine Repräsentation aller für die Anfrageoptimierung relevanten Regeln erlaubt.

Welche Transformationsregeln werden zugrundegelegt?

Eine Optimierungstechnik läßt sich durch eine Reihe von Transformationsregeln beschreiben. Zur Wahl der Transformationsregeln sind also geeignete Optimierungstechniken auszuwählen bzw. zu entwickeln.

Nach welcher Suchstrategie werden Transformationsregeln angewendet?

Durch die Anwendung von Transformationsregeln werden laufend neue Objekte des Suchraums hergeleitet. Die Suchstrategie hat nun zum einen ein Objekt aus der Menge der bisher erzeugten Objekte auszuwählen, das als nächstes transformiert wird. Zum anderen hat sie die Menge der auf das Objekt anwendbaren Regeln zu bestimmen und aus dieser Menge eine Reihe von Regeln auszuwählen und auf das Objekt anzuwenden.

Durch eine geeignete Strukturierung kann die Menge der jeweils anwendbaren Regeln klein gehalten und damit die Suche beschleunigt werden. Darüber hinaus bleibt natürlich die Wahl einer geeigneten Suchstrategie eine wesentliche Voraussetzung für die Effizienz der Suche. Je schneller nämlich ein guter Bearbeitungsplan gefunden wird, desto stärker kann der Suchraum eingeschränkt werden.

3.1.2 Anforderungen an Anfragerepräsentation und Transformationsregeln

Um die Vorgehensweise konkretisieren, d.h. die gestellten Fragen beantworten zu können, muß zunächst geklärt werden, welche Anforderungen an Anfragerepräsentation und Transformationsregeln zu erfüllen sind.

Repräsentation von Anfragen

Die Sprache zur Repräsentation von Anfragen, das heißt Objekten des Suchraums, muß folgende Anforderungen erfüllen:

- *Mächtigkeit*

  Die Mächtigkeit der Sprache muß sich am Ausgangspunkt und am Ziel der Optimierung orientieren. SQL-Anfragen müssen sich also in die Sprache übersetzen lassen und Bearbeitungspläne müssen repräsentierbar sein.

- *Natürlichkeit*

  SQL-Anfragen sollen sich einfach in eine verständliche Anfragedarstellung übersetzen lassen, um einen gut nachvollziehbaren Optimierungsprozeß zu ermöglichen.

- *Formale Definition*

  Syntax und Semantik der Sprache sollen formal definiert sein, um die Korrektheit der Transformationsregeln nachweisen zu können.

- *Repräsentierbarkeit bekannter Optimierungstechniken*

  Die Sprache sollte nicht von Grund auf neu entwickelt werden, sondern sich an bekannten Darstellungsformen wie dem relationalen Kalkül oder der relationalen Algebra orientieren, um die Vielzahl der hierfür bereits entwickelten Optimierungstechniken nutzen zu können.

- *Formulierbarkeit von Transformationsregeln*

  Regeln zur Transformation von Anfragedarstellungen sollten möglichst einfach in einer Form angebbar sein, die einen effizienten Suchvorgang unterstützen.

Der Sprachumfang muß sich also an den relationalen Anfragesprachen und der Darstellung von Bearbeitungsplänen orientieren. Die Notation soll die Optimierung möglichst gut unterstützen.

Auswahl der Transformationsregeln

Die Transformationsregeln müssen folgende Anforderungen erfüllen:

- *Korrektheit*

  Die Korrektheit der Transformationsregeln muß formal nachweisbar sein. Dieser Punkt wird hier insbesondere deshalb aufgeführt, da in der Vergangenheit häufig Optimierungstechniken entwickelt und informell beschrieben wurden, die nicht in allen Fällen korrekt sind.

- *Vollständigkeit*

  Die Anforderung der Vollständigkeit hat zwei Aspekte. Einerseits muß es möglich sein, jede SQL-Anfrage in einen parallelen Bearbeitungsplan zu übersetzen. Andererseits soll durch Anwendung von Transformationsregeln ein optimaler Bearbeitungsplan erreichbar sein.

- *Effizienz der Suche*

  Die Regeln sollen einen effizienten Suchvorgang unterstützen.

Bei der Entwicklung einer korrekten und vollständigen Regelmenge müssen die bekannten Optimierungstechniken berücksichtigt und soweit notwendig korrigiert und ergänzt werden.

3.1.3 Konkretisierung der Vorgehensweise

Die Vorgehensweise bei der Anfrageoptimierung läßt sich konkretisieren, indem wir die Anforderungen im Bezug auf die drei Optimierungsphasen diskutieren.

Unterstützung der Anfragetransformation

Techniken zur Anfragetransformation lassen sich in den unterschiedlichsten Repräsentationsformen angeben: SQL, dem relationalen Kalkül, der relationalen Algebra und auf der Ebene von Bearbeitungsplänen (siehe Kap. 2.3).

Die Anfragetransformation auf der Ebene von SQL erfüllt die Anforderung der formalen Definition nicht. Die zur direkten Transformation von SQL-Anfragen entwickelten Techniken sind dementsprechend häufig fehlerhaft.

Die Transformation auf der Ebene von Bearbeitungsplänen ist insofern problematisch, als ein Bearbeitungsplan bereits einen zu detaillierten Algorithmus zur Anfragebearbeitung angibt.

Insbesondere werden bei der Formulierung von Bearbeitungsplänen Eigenschaften wie Duplikatfreiheit und Sortierordnung ausgenutzt, die im relationalen Kalkül und der relationalen Algebra noch keine Rolle spielen. Daher ist die Formulierung von Transformationsregeln und der Korrektheitsnachweis aufwendiger.

Sowohl der relationale Kalkül als auch die relationale Algebra ist als Grundlage der Anfragetransformation gut geeignet: beide sind formal definiert, Anfragen lassen sich in natürlicher Weise darstellen, und Transformationsregeln lassen sich einfach formulieren. Sie müssen natürlich erweitert werden, um den Sprachumfang von SQL abzudecken.

Da die Anfragesprache SQL am relationalen Kalkül orientiert ist, lassen sich SQL-Abfragen leichter in den relationalen Kalkül übersetzen als in die relationale Algebra, es sei denn, man erlaubt ein kalkülartiges Selektionsprädikat wie bei der im vorigen Kapitel angegebenen Transformation vom Kalkül in die Algebra. Sowohl im relationalen Kalkül als auch in einer derart erweiterten relationalen Algebra lassen sich die bekannten Optimierungstechniken mehr oder weniger direkt wiedergeben.

Generierung von Einprozessor-Bearbeitungsplänen

Die Generierung von Bearbeitungsplänen erfolgt durch Auswahl von Bearbeitungsmethoden für relationale Operatoren und Festlegung ihrer Reihenfolge. Letzteres kann sowohl auf der Ebene von Bearbeitungsplänen [Lehn88], als auch auf der Ebene algebraischer Ausdrücke vorgenommen werden. Meist wird jedoch von einer Darstellung der gesamten Anfrage oder zumindest Teilen der Anfrage in der relationalen Algebra ausgegangen [Seli79, Lohm87, GrDe87, ScSi90]. Dies hat den Vorteil, daß zusätzliche Eigenschaften der Operanden erst bei der Auswahl von Bearbeitungsmethoden berücksichtigt werden müssen.

Parallelisierung

Zur parallelen Anfragebearbeitung wird ein Bearbeitungsplan in Form eines Datenflußprogramms dargestellt [Chan76, BoDe82]. Zusätzliche Parallelität kann durch Node Splitting und Pipelining eingeführt werden, indem also ein Knoten in mehrere Teilknoten aufgespalten oder indem für eine Kante paketweise Verarbeitung zugelassen wird. Beides ist natürlich nur unter gewissen Randbedingungen möglich, die im Bedingungsteil parallelisierender Transformationen formuliert werden müssen. Insbesondere müssen zur Aufspaltung eines Knotens die Operanden in geeigneter Weise partitioniert sein, beim Join beispielsweise anhand der Join-Attribute.

Die Parallelisierung läßt sich anhand einiger weniger Parameter pro Knoten des Datenflußprogramms beschreiben:

- Anzahl der Teilknoten bei Node Splitting,
- erwartete Partitionierung der Operanden und
- paketweise Verarbeitung der Operanden: ja oder nein.

Angesichts der großen Anzahl von Parallelisierungsmöglichkeiten ist es sinnvoll, nur diese Parameter zu verändern, anstatt bei jeder Transformation ein neues Datenflußprogramm zu generieren. Wir nennen ein Datenflußprogramm, das mit solchen zusätzlichen Parametern versehen ist, ein Meta-Datenflußprogramm; es läßt sich natürlich jederzeit in ein Datenflußprogramm übersetzen, indem Teilknoten entsprechend der gewünschten Anzahl und ggf. zusätzliche Partitionierungsknoten generiert werden. Diese Übersetzung kann abschließend gemeinsam mit der Zuordnung von Knoten zu Prozessoren und der Festlegung von Kriterien zur Aktivierung von Knoten erfolgen.

3.1.4 Präzisierung der Optimierungsphasen

Anzustreben ist die Wahl einer Form der Anfragerepräsentation, die alle Optimierungsphasen gut unterstützt. Nach der Analyse der einzelnen Phasen bietet sich folgende Wahl an:

- *Erweiterte relationale Algebra*

  In eine relationale Algebra mit kalkülähnlichem Selektionsprädikat lassen sich sowohl SQL-Anfragen leicht übersetzen, als auch die Anfragetransformation vornehmen, mit der unter anderem die erweiterten Selektionsprädikate auf die in Bearbeitungsplänen zulässige Form reduziert werden. Ausgehend davon lassen sich die üblichen Techniken zur Generierung alternativer Bearbeitungspläne einsetzen.

  Die Alternative hierzu wäre der relationale Kalkül, in den sich SQL-Anfragen ebenfalls leicht übersetzen lassen und der die Amfragetransformation gut unterstützt. Von Nachteil ist jedoch, daß dann zur Generierung von Bearbeitungsplänen ein weiterer Übersetzungsschritt in eine algebraische Darstellungsform oder in eine aus der relationalen Algebra hervorgehende Darstellungsform (d.h. Bearbeitungsplan) notwendig ist.

- *Meta-Datenflußprogramm*

  Ein Meta-Datenflußprogramm unterstützt die Parallelisierung sehr gut, da bei jedem Parallelisierungsschritt nur einige wenige Parameter zu verändern sind. Es ergibt sich direkt aus einem Ausdruck der erweiterten relationalen Algebra (mit üblichem Selektionsprädikat), indem Bearbeitungsmethoden zur algebraischen Operatoren ausgewählt und jeder Methode ein Knoten des Meta-Datenflußprogramms zugewiesen wird, wobei die Parameter natürlich noch keine Parallelisierung durch Node Splitting oder Pipelining kennzeichnen.

Der Lösungsansatz sieht dementsprechend folgendes detaillierteres Phasenmodell vor [Bült89]:

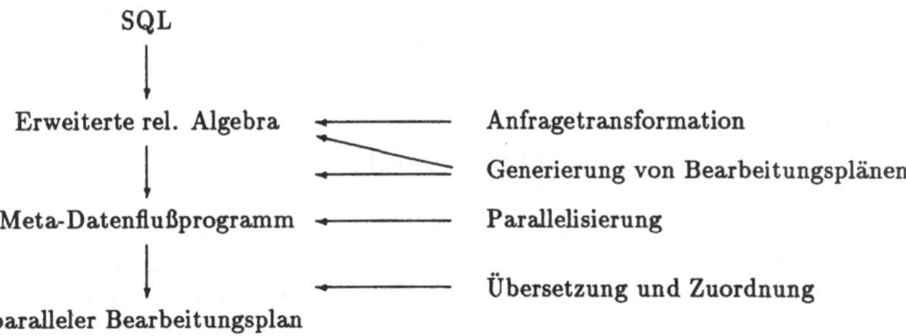

Gegenüber der am Anfang des Kapitels angegebenen Darstellung sind hier die Transformationsregeln in vier Gruppen aufgespalten, als interne Anfragerepräsentation werden Ausdrücke einer erweiterten relationalen Algebra und Datenflußprogramme verwendet.

3.2 Anfragerepräsentation

3.2.1 Funktionale Darstellungsform

In unserem Phasenmodell legen wir der Anfrageoptimierung eine erweiterte relationale Algebra und Datenflußprogramme als Anfragerepräsentation zugrunde. Beide Darstellungsformen lassen sich einheitlich als *funktionale Sprache* auffassen.

Funktionale Sprachen sind dadurch charakterisiert, daß Berechnungen allein auf der Auswertung von *Ausdrücken* (oder Termen) beruhen, die mit Hilfe von *Konstanten* und *Funktionen* gebildet werden. Sie sind den deklarativen Sprachen zuzuordnen, kennen also im Gegensatz zu imperativen Sprachen keinen durch Sprachkonstrukte modifizierbaren impliziten Zustand [Back78, BiWa88, Huda89].

Die relationale Algebra ist dementsprechend eine funktionale Sprache. Ausdrücke der relationalen Algebra werden mit Hilfe relationaler Operatoren gebildet, das heißt polymorpher Funktionen, die auf beliebigen Relationen operieren.

Bearbeitungspläne (Datenflußprogramme) entsprechen in direkter Weise Ausdrücken, die mit Hilfe von Methoden zur Bearbeitung relationaler Operatoren gebildet werden. Diese Methoden lassen sich natürlich ebenfalls als Funktionen auffassen.

Die Anfrageoptimierung beruht auf der Transformation relationaler Ausdrücke mit dem Ziel, einen möglichst günstigen Bearbeitungsplan zu bestimmen. Bei Verwendung einer funktionalen Notation lassen sich Regeln zur Anfragetransformation wie in Termersetzungssystemen üblich angeben.

Es ist also naheliegend, für die Anfrageoptimierung eine funktionale Darstellungsform zugrundezulegen. Die Definition einer funktionalen Sprache erfordert die Definition der Werte und Typen, die Definition der Funktionen und die Festlegung der Möglichkeiten zur Bildung von Ausdrücken.

3.2.2 Erweiterte relationale Algebra

Die erweiterte relationale Algebra muß, um die Mächtigkeit von SQL abzudecken, Operatoren umfassen, die auf Attributwerten, booleschen Werten, Tupeln und Relationen operieren, also arithmetische Operatoren $(+, -, *, /)$, Vergleichsoperatoren (z.B. $=, <$), boolesche Operatoren $(\vee, \wedge, \exists, \forall)$, Tupelfunktionen, Aggregatfunktionen und relationale Operatoren.

Ausdrücke werden ausgehend von elementaren Ausdrücken (Konstante, Relationsnamen, Attributnamen) durch Anwendung dieser Operatoren (bzw. Funktionen) auf weitere Ausdrücke gebildet:

$$(f\ e_1\ e_2\ \ldots\ e_n).$$

Im einzelnen erhält man damit attributwertige, boolesche, tupelwertige und relationale Ausdrücke. Die präzise Definition der erweiterten relationalen Algebra ist Gegenstand von Kap. 4 und orientiert sich weitgehend an bekannten Definitionen funktionaler Sprachen [Huda89, BiWa88].

Eine wichtige Besonderheit, ohne die es nicht möglich wäre, SQL-Anfragen relativ direkt in die Algebra zu übersetzen und die Auflösung von Unteranfrage-Prädikaten formal zu beschreiben, ist die Art und Weise, wie Attributnamen an konkrete Werte gebunden werden. Hierzu wird ähnlich wie beim Selektionsoperator der relationalen Algebra vorgegangen: das Selektionsprädikat wird jeweil im Bezug auf ein Tupel ausgewertet, indem Attributnamen durch die entsprechenden Attributwerte des Tupels ersetzt werden. Verallgemeinert heißt dies, jeder Ausdruck mit freien Attributnamen kann in Bezug auf ein Tupel ausgewertet werden, indem die Attributnamen durch konkrete Werte ersetzt werden.

Eine Alternative zu dieser Vorgehensweise wäre die Verwendung des Lambda-Kalküls ähnlich wie in [BBKV87]. Dies würde jedoch zu komplexeren Anfragedarstellungen und Transformationsregeln führen.

3.2.3 Bearbeitungspläne

Bearbeitungsmethoden

In einem relationalen Datenbanksystem werden Operatoren der relationalen Algebra oder auch Kombinationen von Operatoren durch eine Reihe von Bearbeitungsmethoden implementiert, die sich aus Zugriffspfadoperationen und den eigentlichen Bearbeitungsoperationen zusammensetzen.

Mit einer Zugriffspfadoperation kann auf eine Relation der Datenbasis oder ein Zwischenergebnis zugegriffen werden. Der Zugriff erfolgt entweder sequentiell oder selektiv unter Verwendung eines permanenten oder temporären Index (B^*-Baum oder Hashverfahren).

Eine Bearbeitungsoperation implementiert einen relationalen Operator bzw. eine Kombination von Operatoren bis auf den Operandenzugriff. Im Zusammenspiel mit Zugriffsoperationen ergeben sich unterschiedliche Bearbeitungsmethoden, für die Join-Operation beispielsweise Nested-Loop-Join (sequentieller Zugriff), Hashing-Join (selektiv, temporärer Index) und Index-Join (selektiv, permanenter Index).

Die Zwischenergebnisse, auf denen die Operationen operieren, lassen sich nicht als Relation, das heißt als Menge im mathematischen Sinne, auffassen. Erstens entsteht bei der Verwendung eines Index zum Zugriff auf eine Basisrelation ein nach den Werten des invertierten Attributs sortiertes Ergebnis; diese Sortierordnung kann von speziellen Bearbeitungsoperationen für Join und Aggregierung ausgenutzt werden. Zweitens können die Operationen oft bereits eine Projektion der Ergebnistupel auf die im weiteren benötigten Attribute durchführen, wobei jedoch nicht notwendigerweise eine Duplikateliminierung stattfindet. Im Ergebnis können daher Duplikate auftreten. Drittens muß beim sequentiellen Zugriff das Zwischenergebnis nicht vollständig vorliegen, bevor mit der Bearbeitung begonnen werden kann.

Die ersten beiden Eigenschaften implizieren die Repräsentation von Zwischenergebnissen als *Tupellisten*. Eine Liste, die nicht vollständig vorliegen muß, wird als *Strom* (*stream*) bezeichnet [FrGo89,Jone87]. Zugriffs- und Bearbeitungsoperationen lassen sich also als Operationen auf Tupellisten auffassen.

Ferner handelt es sich bei den Operationen um generische Funktionen, die durch Parameter wie Selektionsprädikat, Joinbedingung oder Aggregatfunktionen näher spezifiziert werden. Sie lassen sich also in der Form

$$\textbf{Operation}[\mathit{Parameter}]\ \mathit{Operanden}$$

darstellen. Dementsprechend läßt sich eine Bearbeitungsmethode in der Form

$$\textbf{Methode} \;=\; \textbf{Operation}[\mathit{Par}]\,(\textbf{Zugriffspfad}_1[\mathit{Par}_1]\ op_1, \ldots, \textbf{Zugriffspfad}_n[\mathit{Par}_n]\ op_n)$$

darstellen. Wird mit einer Zugriffspfadoperation auf eine Relation der Datenbasis zugegriffen, so ist $op_i = R_i$ der Name der Relation, sonst ist $op_i = E_i$ ein von einer anderen Methode geliefertes Ergebnis. Ferner ist es möglich, beim Zugriff eine Reihe $op_i = (E_1, E_2, \ldots, E_k)$ von Teilergebnissen, die beispielsweise durch Node Splitting entstanden sein können, zusammenzufassen. Die präzise Definition der Bearbeitungsmethoden ist Gegenstand von Kap. 7.

Datenflußprogramm

Pläne zur parallelen Anfragebearbeitung werden in der Form von Datenflußprogrammen dargestellt, also azyklischen gerichteten Graphen, deren Knoten aus Bearbeitungsmethoden bestehen.

In der funktionalen Sichtweise wird jeder Knoten des Datenflußprogramm durch eine Berechnungsvorschrift (Gleichung) der Form

$$(E_1, \ldots, E_m) \;\leftarrow\; \textbf{Methode}[E'_1, \ldots, E'_n]$$

beschrieben. Der aus Bearbeitungsmethoden zusammengesetzte Ausdruck wird also in Teilausdrücke mit je einer Bearbeitungsmethode zerlegt.

Jedes E_i ist eine Variable (im mathematischen Sinne), die mit genau einem Wert gleichgesetzt wird. Die Werte der durch $E'_1, \ldots, E'_n$ bezeichneten Operanden ergeben sich durch Auswertung von Methoden in Vorgängerknoten; sie werden in den op_i der Zugriffspfade der Methode angesprochen. $(E_1, \ldots, E_n)$ kennzeichnen die Ergebnisse der Methode.

Ein Datenflußprogramm wird eindeutig durch eine Menge $D = \{a_1, a_2, \ldots, a_k\}$ von Knoten beschrieben, wobei jeder Knoten

$$a \quad = \quad (E_1, \ldots, E_m) \leftarrow \mathbf{Methode}[E'_1, \ldots, E'_n]$$

die Form einer Berechnungsvorschrift hat. Zwei Knoten a und b stehen in einer Datenflußbeziehung, falls a ein Ergebnis E_i liefert, das als Operand in b eingeht.

3.3 Anfragetransformation und Generierung algebraischer Ausdrücke

Der erste Schritt der Anfragetransformation ist die Übersetzung von SQL in die erweiterte relationale Algebra, da möglichst schnell zu einer formal definierten Darstellungsform übergegangen werden soll, um Korrektheitsprobleme zu vermeiden.

Als Ergebnis entsteht ein Ausdruck mit Selektionsprädikaten, die, wie im Zusammenhang mit der Transformation vom Kalkül in die Algebra im vorigen Kapitel beschrieben, Quantoren und Anwendungen von Aggregatfunktionen enthalten können. Durch Übersetzung von Unteranfragen können dabei auch Ausdrücke mit freien Attributnamen entstehen.

Ziel der weiteren Anfragetransformation ist, einen standardisierten, vereinfachten und verbesserten Ausgangspunkt für die nachfolgende Optimierung zu erhalten. Im dabei enstehenden algebraischen Ausdruck dürfen nur noch solche Selektionsprädikate auftreten, die auch in Bearbeitungsmethoden zulässig sind, um anschließend nur noch Alternativen generieren und Bearbeitungsmethoden auswählen zu müssen. Quantoren und Ausdrücke mit freien Attributnamen sind also zu eliminieren. Grundlage hierfür sind die im vorigen Kapitel beschriebenen Techniken zur Transformation vom Kalkül in die Algebra und zur Transformation und Übersetzung von SQL-Anfragen, insbesondere der Auflösung von Unteranfrage-Prädikaten.

Bei der Transformation ist darauf zu achten, daß die in bisherigen Arbeiten vor allem im Zusammenhang mit der dreiwertigen Logik und bei der Auflösung von Unteranfragen mit Aggregatfunktionen aufgetretenen Korrektheitsprobleme vermieden werden.

Übergang zur Anfrageauswertung mittels zweiwertiger Logik

Dieser erste Schritt der Anfragetransformation wird in den bisher bekannten Arbeiten nicht vollzogen. Er dient vor allem dazu, Korrektheitsprobleme zu vermeiden. Mit Hilfe der üblichen Regeln zur Umformung von Prädikaten wird die Negation eliminiert. Anschließend kann der Wahrheitswert *unknown* wie der Wahrheitswert *false* behandelt werden. Damit dies auch bei der Anwendung von Transformationen, bei denen möglicherweise wiederum eine Negation eingeführt wird (z.B. Auflösung des Allquantors) so bleibt, muß verhindert werden, daß *unknown* als Ergebnis eines Vergleichs entstehen kann. Hierzu sind die Vergleichsoperatoren ($=, <$, etc.) durch solche Operatoren zu ersetzen, die bei Vergleich mit einem Nullwert *false* anstelle *unknown* liefern.

Prädikat-Transformation

Wie die Techniken zur Anfragetransformation im relationalen Kalkül und bei der Transformation vom Kalkül in die Algebra zeigen, lassen sich bessere algebraische Ausdrücke erzeugen, wenn zunächst redundante Prädikate eliminiert, Quantoren nach innen geschoben und Regeln zur Anfrageschachtelung eingesetzt werden (siehe Kap. 2.3). Dies ist insbesondere für die Auflösung von Allquantoren wichtig, für die dadurch häufiger ein negativer Semijoin anstelle einer Differenz und häufiger eine Division anstelle zweier aufeinanderfolgender Differenzbildungen eingesetzt werden kann. Ferner lassen sich bei der Auflösung von Existenzquantoren häufiger Semijoins anstelle von Joins einsetzen.

Die bekannten Regeln zur Prädikat-Transformation reichen aus, um diese Verbesserungen zu ermöglichen. Es ist also nicht notwendig, hierfür weitere Transformationsregeln zu entwickeln.

Auflösung von Unteranfrage-Prädikaten

Zur Auflösung von Unteranfrage-Prädikaten können zum größten Teil die für die Transformation von Kalkülausdrücken und SQL-Anfragen entwickelten Techniken (siehe Kap. 2.3) verwendet werden, wobei jedoch einige Ergänzungen notwendig sind. So wurde bisher die Auflösung von Unteranfragen mit einer Gruppierung nicht behandelt; ferner sind die Regeln zur Transformation von Unteranfragen mit Aggregatfunktionen teilweise fehlerhaft. Um diese Probleme zu lösen, ist eine Regelmenge zur Transformation von Unteranfrage-Prädikaten zu entwickeln, deren Korrektheit formal nachgewiesen werden kann.

Zur Auflösung eines Unteranfrage-Prädikats müssen die in der Unteranfrage enthaltenen freien Attributreferenzen durch einen algebraischen Ausdruck gebunden werden. Der den bisherigen Techniken zugrundeliegende Ansatz zur Lösung dieses Problems ist, den Ausdruck, auf den das Unteranfrage-Prädikat angewandt wird, in den algebraischen Ausdruck zu der Unteranfrage hineinzuziehen.

Um einen Korrektheitsnachweis zu ermöglichen, ist diese Vorgehensweise zu formalisieren. Sei $\sigma_{p_u}\ e$ eine Selektion mit einem Unteranfrage-Prädikat p_u, das einen Ausdruck e_u mit freien Attributreferenzen enthält. Zu bestimmen ist ein Ausdruck $E_u[e]$ und ein Selektionsprädikat p'_u mit

$$\sigma_{p_u}\ e = \pi_{[\mathcal{A}(e)]}\ \sigma_{p'_u}\ E_u[e].$$

E_u läßt sich dabei als Abbildung auffassen, die einen geschlossenen relationenalgebraischen Ausdruck e auf einen Ausdruck $E_u[e]$ abbildet. Sie ist wie die Selektion $\sigma_{p_u}\ e$ für alle Ausdrücke e definiert, die Werte für die freien Attribute liefern (also für Relationen, die mindestens die freien Attribute umfassen).

Eine korrekte Auflösung eines Unteranfrage-Prädikats ergibt sich, sofern die Abbildung E_u jedem Tupel $x \in e$ die zugehörige Menge $(e_u\ x)$ zuordnet, die bei Auswertung von e_u entsteht, wenn die freien Attribute durch die entsprechenden Werte von x ersetzt werden:

$$E_u[e] \quad = \quad \bigcup_{x \in e} \{x\} \times (e_u\ x) \quad (\textit{korrekte Ersetzung}).$$

Falls $(e_u\ x)$ zur leeren Menge ausgewertet wird, können hierbei jedoch Tupel von e verloren gehen. Dies ist eine der bekannten Fehlerquellen bei der Auflösung von Unteranfragen mit Aggregatfunktionen, da diese auch auf der leeren Menge ein Ergebnis liefern. Um sicherzustellen, daß keine Tupel von e verloren gehen, kann man $(e_u\ x)$ um ein Tupel mit Nullwerten ergänzen:

$$E_u[e] \quad = \quad \bigcup_{x \in e} \{x\} \times ((e_u\ x) \cup [\mathcal{A}(e_u) : \perp]) \quad (\textit{verlustfreie Ersetzung}).$$

Korrekte und verlustfreie Ersetzungen sind *gruppierende* Abbildungen: sie ordnen jedem Tupel des Arguments eine Gruppe von Tupeln zu. Bei der Entwicklung von Transformationsregeln zur Auflösung von Unteranfrage-Prädikaten gehen wir daher in vier Schritten vor:

1. Charakterisierung gruppierender Abbildungen,
2. Konstruktion korrekter Ersetzungen,
3. Konstruktion verlustfreier Ersetzungen,
4. Transformation von Unteranfrage-Prädikaten unter Verwendung korrekter oder verlustfreier Ersetzungen.

Algebraische Transformationsregeln

Die Transformationsregeln zur Vereinfachung relationenalgebraischer Ausdrücke und zur Generierung von Alternativen basieren auf Kommutativgesetzen und Distributivgesetzen für Operatoren der relationalen Algebra sowie Regeln zur Einsparung von Joins. Da sich jeder Operator als Abbildung E auffassen läßt, stellt sich bei der Aufstellung von Transformationsregeln also die Frage, unter welchen Bedingungen an Abbildungen E, E_1 und E_2 die Regeln

$$\textit{Kommutativgesetze} \quad E_1 \circ E_2 = E_2 \circ E_1$$

$$\begin{array}{lrcl} & E[r_1 \cup r_2] & = & E[r_1] \cup E[r_2] \\ \textit{Distributivgesetze} & E[r_1 \cap r_2] & = & E[r_1] \cap E[r_2] \\ & E[r_1 \setminus r_2] & = & E[r_1] \setminus E[r_2] \end{array}$$

sowie Regeln zur Einsparung von Joins gelten. Interessanterweise ist dies gerade für gruppierende Abbildungen der Fall. Zusammen mit der bereits bei der Auflösung von Unteranfrage-Prädikaten notwendigen Charakterisierung gruppierender Abbildungen lassen sich also allein durch den Nachweis, daß die Kommutativ- und Distributivgesetze für gruppierende Abbildungen gelten, die entsprechenden Gesetze für die einzelnen relationalen Operatoren herleiten.

Die Herleitung der für gruppierende Abbildungen geltenden Gesetze und ihr Einsatz zur Bestimmung korrekter und verlustfreier Ersetzungen sowie zur Ableitung algebraischer Transformationsregeln wird Gegenstand von Kap. 5 sein. Die damit gewonnen Transformationsregeln stellen eine starke Verallgemeinerung gegenüber den bisher bekannten Regeln [Ullm82] dar.

3.4 Generierung paralleler Bearbeitungspläne

3.4.1 Transformationsregeln

Implementierung relationaler Operatoren

Zur Generierung eines Bearbeitungsplans sind zunächst Bearbeitungsmethoden, die die relationalen Operatoren des algebraischen Ausdrucks implementieren, auszuwählen, wobei man sich an bekannten Techniken [SmCh75, Seli79, Brat84, DeGe85, Grae89b] orientieren kann. Im Sinne unseres regelbasierten Ansatzes benötigen wir hierzu Transformationsregeln, die korrekte Implementierungen auswählen.

Während relationale Operatoren auf Relationen (Tupelmengen) operieren, arbeiten Bearbeitungsmethoden auf Tupellisten. Um präzise zu erfassen, unter welchen Bedingungen eine Bearbeitungsmethode einen relationalen Operator korrekt implementiert, müssen wir also den Zusammenhang zwischen Operationen auf Mengen und Operationen auf Listen klären. Dieser

Zusammenhang ergibt sich recht einfach: da letztendlich eine Ergebnismenge zu erzeugen ist, muß nur sichergestellt werden, daß die einer Liste s zugrundeliegende Menge (*set s*) erhalten bleibt. Dies ist allerdings bei manchen Bearbeitungsmethoden nur dann der Fall, wenn die als Operanden übergebenen Listen Zusatzeigenschaften wie Sortierordnung, Duplikatfreiheit und Schlüsseleigenschaft erfüllen. Die Ergebnismenge ergibt sich dann durch eine abschließende Duplikateliminierung.

In Kap. 7 werden die wichtigsten bekannten Bearbeitungsmethoden definiert und es werden Transformationsregeln zur Auswahl korrekter Implementierungen angegeben. Von der Struktur her sind diese Regeln wesentlich einfacher als die Regeln zur Anfragetransformation, da keine komplexen Umformungen mehr vorgenommen werden, sondern nur noch lokal Bearbeitungsmethoden für relationale Operatoren ausgewählt werden, wozu es jeweils nur einige wenige Möglichkeiten gibt.

Parallelisierung durch Node Splitting

Um einen Knoten

$$a \quad = \quad (E_1, \ldots, E_m) \leftarrow \mathbf{Methode}[E'_1, \ldots, E'_n]$$

parallelisieren zu können, müssen die Operanden geeignet in Partitionen bzw. Fragmente zerlegt sein. Wie in Kap. 2 erläutert, berücksichtigen wir die anzahlorientierte und die hashorientierte Fragmentierung von Basisrelationen, wobei sich die intervallorientierte Fragmentierung als Spezialfall der hashorientierten auffassen läßt. Entsprechend können Zwischenergebnisse durch hashorientierte oder anzahlorientierte Partitionierung zerlegt werden.

Welche Zerlegung der Operanden zulässig ist, hängt von der Methode, oder genauer der Bearbeitungsoperation der Methode ab. So kann beispielsweise ein Equi-Join dann zerlegt werden, wenn die beiden Operanden joinorientiert zerlegt sind, also beispielsweise hashorientiert mit der gleichen Hashfunktion bezüglich der Joinattribute. Allgemein muß zur Parallelisierung eines Knotens jeder der Operanden gewisse Randbedingungen bezüglich der Zerlegung einhalten. Die möglichen Bedingungen sind

1. *Keine Zerlegung*

   Der Operand darf nicht zerlegt sein, jeder bei der Parallelisierung entstehende Teilknoten erhält den vollständigen Operanden. Ist der Operand aufgrund einer Vorgängeroperation zerlegt, so muß er zunächst zusammengefaßt werden.

2. *Anzahlorientierte Zerlegung*

   Der Operand muß anzahlorientiert zerlegt sein. Jeder Teilknoten erhält einen Teiloperanden, wobei die Teiloperanden möglichst gleich groß sein sollten.

3. *Hashorientierte Zerlegung*

   Der Operand muß hashorientiert bezüglich eines bestimmten Attributs zerlegt sein, jeder Teilknoten erhält einen Teiloperanden.

Um Node Splitting vorzunehmen, muß also der gewünschte Zerlegungsgrad und die Art der Zerlegung der Operanden spezifiziert werden. Der Zerlegungsgrad des Knotens liegt fest, falls die Bearbeitung des Knotens einen Zugriff auf eine Basisrelation erfordert; er ist dann gleich der Anzahl der Fragmente, in die die Basisrelation zerlegt ist. Sonst kann der Zerlegungsgrad im Rahmen der Randbedingungen der Architektur (Anzahl der Prozessoren, die zur Bearbeitung des Knotens maximal zur Verfügung stehen) frei gewählt werden.

Die Zerlegung von Basisrelationen, auf die zur Bearbeitung des Knotens zuzugreifen ist, liegt durch die Fragmentierung fest. Die erforderliche Zerlegung der über Kanten des Datenflußprogramms übergebenen Operanden $E'_1, E'_2, \ldots, E'_n$ ist entweder bereits durch eine Zerlegung des Vorgängerknotens gegeben, oder muß durch eine Partitionierung erzeugt werden. Ob eine Partitionierung erforderlich ist, kann also nicht knotenlokal, sonder nur im Zusammenhang mit der Zerlegung der übrigen Knoten entschieden werden. Daher ist es sinnvoll, zunächst nur knotenlokal die Anforderungen an die Zerlegung der Operanden festzuhalten, und erst nach Abschluß der Parallelisierung ein vollständiges Datenflußprogramm mit Partitionierungsknoten zu erzeugen.

Das mögliche und das bereits vorgenommene Node Splitting läßt sich dementsprechend durch Meta-Knoten der Form

$$[knot: a, split: (n, mod), E_1 : (part_1), \ldots, E_k : (part_k)]$$

beschreiben. a ist der Ursprungsknoten, n die Anzahl der Teilknoten und $part_i$ die Anforderung an die Zerlegung des i-ten Operanden des Knotens. $mod \in \{fix, var\}$ gibt an, ob der Zerlegungsgrad fest liegt (Zugriff auf eine Basisrelation) oder variiert werden darf.

Ein solcher Meta-Knoten läßt sich auch als Parallelisierungsschema auffassen. Die Anforderungen $part_i$ an die Zerlegung der Operanden ergeben sich dabei aus den Möglichkeiten zur Parallelisierung der Bearbeitungsoperation. Sie werden in Kap. 8 diskutiert.

Ausgangspunkt der Parallelisierung durch Node Splitting sind Meta-Knoten mit $n = 1$, sofern der jeweilige Knoten keinen Zugriff auf eine fragmentierte Basisrelation erfordert. Zur Erhöhung des Parallelitätsgrads wird einfach n erhöht. Nach Abschluß der Parallelisierung werden die Knoten des durch das Meta-Datenflußprogramm beschriebenen Datenflußprogramms generiert.

Parallelisierung durch Pipelining

Pipelining, die phasenparallele Verarbeitung zwischen zwei Knoten, ist immer dann möglich, wenn ein Ergebnis vom ersten Knoten sequentiell erzeugt und vom nachfolgenden zweiten Knoten sequentiell weiterverarbeitet wird. Das Ergebnis muß dann nicht vollständig vorliegen, sondern kann paketweise zwischen den beiden Knoten übertragen werden.

Parallelisierung durch Pipelining ist nun gleichbedeutend mit der Entscheidung, bei aufeinanderfolgenden Knoten, zwischen denen phasenparallele Bearbeitung möglich ist, sie auch einzusetzen. Diese Entscheidung kann jedoch nicht lokal für zwei aufeinanderfolgende Knoten getroffen werden; vielmehr sind Randbedingungen zu beachten, die aus der Struktur des Datenflußprogramms herrühren.

Hierzu ist wie in [BaYH87] der Datenflußgraph in *Pipes* zu zerlegen. Eine Pipe ist dabei ein maximaler, über *Pipe-Kanten* (Kanten, bei denen Pipelining eingesetzt werden soll) zusammenhängender Teilgraph des Datenflußprogramms. Für die phasenparallele Bearbeitung müssen alle Knoten einer Pipe gleichzeitig aktiv sein. Zur Aktivierung eines Knotens müssen alle Operanden, die nicht über Pipe-Kanten übergeben werden, vollständig vorliegen. Daraus ergeben sich drei Randbedingungen für das Pipelining:

1. Alle Kanten zwischen zwei Knoten einer Pipe müssen Pipe-Kanten sein, da sonst die Knoten der Pipe nicht gleichzeitig aktiviert werden könnten.

2. Es darf keine zyklischen Datenflußbeziehungen zwischen unterschiedlichen Pipes geben, da diese zu einer Verklemmung zwischen den Pipes führen würden.

3. Es müssen ausreichend Systemressourcen vorhanden sein, um alle Knoten einer Pipe gleichzeitig aktivieren zu können. Insbesondere müssen alle Operanden einer Pipe, die zur Bearbeitung vollständig hauptspeicherresident sein müssen (beispielsweise Hashtabellen), gleichzeitig in den Hauptspeicher aufgenommen werden können.

Transformationen, die Pipelining einführen, müssen diese Randbedingungen berücksichtigen. Sie können ebenfalls auf dem Meta-Datenflußprogramm vorgenommen werden; für jeden Operanden muß dabei angegeben werden, ob er paketweise übergeben wird (tatsächliche Parallelisierung, $pipe_i$) bzw. übergeben werden kann (mögliche Parallelisierung, pip_i). Wir erweitern hierzu die Struktur von Meta-Knoten:

$$[knot : a, split : (n, mod), E_1 : (part_1, pipe_1, pip_1), \ldots, E_k : (part_k, pipe_k, pip_k)]$$

Eine Kante des Meta-Datenflußprogramms korrespondiert zu einer Menge von Kanten des zugrundeliegenden Datenflußprogramms. Falls $pipe_i = false$ wird für keine dieser Kanten Pipelining eingesetzt. Falls $pipe_i = true$ wird Pipelining für alle Teilknoten vorgesehen.

Als Ausgangspunkt der Parallelisierung wird $pipe_i$ generell zu *false* gesetzt. Die Werte pip_i ergeben sich daraus, ob die jeweiligen Bearbeitungsmethoden eine paketweise Verarbeitung des entsprechenden Ergebnisses bzw. Operanden E_i erlauben. Zur Parallelisierung wird einfach $pipe_i$ zu *true* gesetzt, wobei natürlich die oben aufgeführten Randbedingungen zu berücksichtigen sind.

3.4.2 Parallelisierungsstrategien

Das Ziel der Parallelisierung ist die Generierung paralleler Bearbeitungspläne, die die Bearbeitungszeit unter einem möglichst geringen Kostenanstieg minimieren. Hierzu werden zum einen die auf dem Meta-Datenflußprogramm operierenden Regeln zur Parallelisierung durch Node Splitting und Pipelining eingesetzt, zum anderen werden die Knoten des resultierenden Datenflußprogramms den Prozessoren des Systems zugeordnet (vergl. Kap. 2.2.4.3). Dabei müssen die Knoten des Datenflußprogramms mit folgenden zusätzlichen Attributen versehen werden:

1. Verteilung von Knoten auf Prozessoren,
2. Kriterien für die Aktivierung eines Knotens und
3. Priorität eines Knotens

Aus diesen Attributen läßt sich ein *Parallelitätsprofil* herleiten, aus dem sich die Bearbeitungszeit des Datenflußprogramms ablesen läßt. Es stellt eine Abstraktion eines Ablaufplans (siehe Kap. 2.4.2) dar, da nur festgelegt wird, welche Knoten des Datenflußprogramms zu einem Zeitpunkt auf einem Prozessor aktiv sind, nicht jedoch, welcher Knoten tatsächlich bearbeitet wird. Auf diese Weise ist es möglich, auch Pipelining zu berücksichtigen.

Durch Node Splitting kann die Anzahl parallel zueinander bearbeitbarer Knoten nahezu beliebig gesteigert werden: sie wird nur durch die Anzahl der Tupel der dabei zu zerlegenden Operanden begrenzt. Es ist daher praktisch nicht möglich, alle Parallelisierungsmöglichkeiten zu berücksichtigen. Vielmehr ist es notwendig, Strategien bzw. Heuristiken zu entwickeln, mit denen die Parallelisierung gesteuert werden kann.

Die Parallelisierung wirkt sich auf Bearbeitungskosten und Bearbeitungszeit des Datenflußprogramms aus. Entsprechend dem Optimierungsziel sind Transformationen zur Parallelisierung dann anzuwenden, wenn sie eine möglichst starke Reduzierung der Bearbeitungszeit bei einem möglichst geringen Kostenanstieg bewirken. Heuristiken zur Auswahl derartiger Transformationen können sich an dem Parallelitätsprofil zu dem jeweils vorliegenden Bearbeitungsplan orientieren: Zur Parallelisierung bieten sich Knoten bzw. Pipes an, die

- selbst aufwendig sind,
- zu denen es im Parallelitätsprofil nur wenig parallel bearbeitbare Knoten bzw. Pipes gibt und
- die auf dem kritischen Pfad des Datenflußprogramms liegen.

Es wäre nun relativ aufwendig, zur Steuerung der Suche nach jedem auf dem Meta-Datenflußprogramm vorgenommenen Parallelisierungsschritt einen konkreten Bearbeitungsplan und das zugehörige Parallelitätsprofil zu konstruieren. Die Verwendung eines Meta-Datenflußprogramms zur effizienten Parallelisierung würde damit ad absurdum geführt. Um dies zu vermeiden, wird direkt ausgehend von einem Meta-Datenflußprogramm ein approximatives Parallelitätsprofil konstruiert, das die tatsächliche parallele Bearbeitung natürlich nur angenähert wiedergibt, jedoch ausreicht, um die Parallelisierung zu steuern. Die Konstruktion ist dabei so angelegt, daß nach einer Parallelisierung durch Node Splitting oder Pipelining jeweils nur ein Teil des Parallelitätsprofils neu berechnet werden muß.

Die Konstruktion des Parallelitätsprofils zu einem Bearbeitungsplan und des approximativen Parallelitätsprofils zu einem Meta-Datenflußprogramm wird als Teil der Kostenbewertung in Kap. 9 beschrieben. Auf die darauf aufbauenden Parallelisierungsstrategien wird in Kap. 10 eingegangen. Dabei werden im wesentlichen Ansatzpunkte für mögliche Heuristiken aufgezeigt, die sich zum Teil an den aus der Theorie der Ablaufplanung bekannten Techniken orientieren.

Kapitel 4

Erweiterte relationale Algebra und SQL

4.1 Spezifikation der erweiterten relationalen Algebra

Wie im vorigen Kapitel erläutert, legen wir eine funktionale Darstellungsform zugrunde, fassen also die erweiterte relationale Algebra als funktionale Sprache auf. Die folgende Spezifikation orientiert sich weitgehend an bekannten Definitionen funktionaler Sprachen [Huda89, BiWa88], umfaßt also die Definition der Werte und Typen, die Definition der Funktionen und die Festlegung der Möglichkeiten zur Bildung von Ausdrücken.

Aufgrund der Anforderung, SQL-Anfragen möglichst direkt in die erweiterte relationale Algebra übersetzen und Transformationsregeln einfach formulieren zu können, treten jedoch zwei wichtige Besonderheiten im Vergleich zu üblichen Definitionen auf:

1. Die algebraischen Operatoren werden als polymorphe Funktionen definiert, die jeweils auf beliebigen Tupeltypen, die eine Minimalmenge von Attributen umfassen, operieren. Eine derartige Charakterisierung von Tupeltypen ist vor allem für die Formulierung von Bedingungen für die Anwendbarkeit von Transformationsregeln wichtig.

2. Jeder Ausdruck wird auch als Funktion aufgefaßt, die auf Tupeln beliebigen Typs operiert und bei Anwendung auf ein Tupel freie Attribute durch die entsprechenden Attributwerte des Tupels ersetzt. Dies ist für die direkte Übersetzung von SQL in die erweiterte relationale Algebra und die Formalisierung der Auflösung von Unteranfrage-Prädikaten von ausschlaggebender Bedeutung.

4.1.1 Definition der Werte und Typen

Die Bedeutung eines Ausdrucks ist der *Wert*, zu dem er ausgewertet wird. Jeder Wert ist eindeutig einem *Typ* zugeordnet. Jeder Ausdruck *e* läßt sich also in der Form

$$\begin{aligned} e &:: \mathit{Typ} \\ e &= \mathit{Wert} \end{aligned}$$

beschreiben. Es lassen sich zwei Arten von Typen unterscheiden, die ***atomaren*** Typen und die *zusammengesetzten* Typen, die mit Hilfe von *Typkonstruktoren* gebildet werden.

Atomare Typen

Wir legen die Menge $\mathbf{D} = \{\mathit{bool}, \mathit{num}, \mathit{string}\}$ von atomaren Datentypen zugrunde. Jedem atomaren Datentyp ist eine Menge von Werten des entsprechenden Typs zugeordnet, nämlich die Wahrheitswerte $\{true, false\} \cup \{\perp\}$, die Zahlenwerte (darstellbare ganze und rationale Zahlen) $\mathbf{Z} \cup \mathbf{Q} \cup \{\perp\}$ und die Zeichenketten über einem gegebenen Alphabet $\{a, \ldots, z, A, \ldots, Z, 0, \ldots, p\}^* \cup \{\perp\}$. Der Nullwert $\perp$ ist in jeder Menge enthalten; er wird auch als unbekannter oder undefinierter Wert aufgefaßt. Der Wahrheitswert *unknown* wird also auch durch $\perp$ dargestellt.

Tupel

Bei der Definition von Tupeln wird die spezielle Menge **U** der *Attributnamen* zugrundegelegt. Ein *Tupel* ordnet einer Menge $X = \{A_1, \ldots, A_n\} \subset \mathbf{U}$ von Attributen Werte zu. Seien $\tau_1, \ldots, \tau_n$ Typen und $c_1, \ldots, c_n$ den Typen zugehörige Werte. Dann ist

$$\begin{array}{lcl} x & :: & [A_1 : \tau_1, A_2 : \tau_2, \ldots, A_n : \tau_n] \\ x & = & [A_1 : c_1, A_2 : c_2, \ldots, A_n : c_n] \end{array}$$

ein Tupel vom Typ $[A_1 : \tau_1, \ldots, A_n : \tau_n]$ mit Wert $[A_1 : c_1, \ldots, A_n : c_n]$. Zwei Tupel werden als gleich angesehen, wenn sie für jedes Attribut den gleichen Wert annehmen; die Reihenfolge der Attribute ist dabei ohne Belang. In einigen Fällen ist es sinnvoll, Attribute eines Tupels nicht über Attributnamen sondern über ihre Position anzusprechen. Wir verwenden hierzu geordnete Tupel:

$$\begin{array}{lclcl} x & :: & (\tau_1, \tau_2, \ldots, \tau_n) & = & [1 : \tau_1, 2 : \tau_2, \ldots, n : \tau_n] \\ x & = & (c_1, c_2, \ldots, c_n) & = & [1 : c_1, 2 : c_2, \ldots, n : d_n] \end{array}$$

Für einen Tupeltyp $[A_1 : \tau_1, \ldots, A_n : \tau_n]$ verwenden wir auch die abkürzenden Schreibweisen $[A_1, \ldots, A_n]$ und $[X]$ mit $X = \{A_1, \ldots, A_n\}$, falls die den Attributnamen zugeordneten Typen aus dem Zusammenhang hervorgehen oder für die Diskussion irrelevant sind. Sind die Attributmengen X_1 und X_2 disjunkt, so bezeichnet $[X_1, X_2]$ den Tupeltyp $[X_1 \cup X_2]$. Die Funktion $\mathcal{A}$ liefert die Menge der Attribute eines Tupels.

$$\mathcal{A}(t :: [X]) = X$$

Menge und Relation

Eine Menge mit Elementen $x_1, x_2, \ldots, x_n$ vom Typ τ ist durch

$$\begin{array}{lcl} m & :: & \{\tau\} \\ m & = & \{x_1, x_2, \ldots, x_n\} \end{array}$$

gegeben. Die leere Menge mit beliebigem Typ $\{\tau\}$ wird mit $\{\} :: \{\tau\}$ bezeichnet. Eine Relation ist eine Menge von Tupeln $r :: \{[X]\}$. Wir definieren die Funktion $\mathcal{A}$ auch auf Relationen, wo sie ebenfalls die Menge der Attribute liefert.

$$\mathcal{A}(r :: \{[X]\}) = X$$

Schema und Datenbasis

Eine relationale Datenbasis D besteht aus einer Reihe von Relationen. Das *Schema* S beschreibt den Aufbau der Datenbasis. Es enthält die Namen R_i der Relationen der Datenbasis mit den zugeordneten Relationstypen.

$$S = [R_1 : \{[X_1]\}, R_2 : \{[X_2]\}, \ldots, R_n : \{[X_n]\}]$$

$$\begin{aligned} D &:: S \\ D &= [R_1 : r_1, R_2 : r_2, \ldots, R_n : r_n] \end{aligned}$$

Um Namenskonflikte auszuschließen nehmen wir an, daß die Attribute der Relationen der Datenbasis disjunkt sind ($X_i \cap X_j = \{\}$ *für* $i \neq j$). Ferner nehmen wir an, daß jede Relation R_i unter mehreren unterschiedlichen Namen R_i', R_i'', usw. angesprochen werden kann, wobei auch die Attribute X_i entsprechend in X_i', X_i'', usw. umbenannt sind, und daß diese Synonyme ebenfalls im Schema mit aufgeführt sind, wir also bei der Formulierung und Interpretation von Anfragen nicht zwischen den eigentlichen Namen und den Synonymen unterscheiden müssen.

Funktion

Eine Funktion f, die Werte $x_1, x_2, \ldots, x_n$ mit den Typen $\tau_1, \tau_2, \ldots, \tau_n$ auf ein Ergebnis $y = y(x_1, x_2, \ldots, x_n)$ vom Typ τ abbildet, wird folgendermaßen definiert:

$$\begin{aligned} f &:: \tau_1 \rightarrow \tau_2 \rightarrow \ldots \rightarrow \tau_n \rightarrow \tau \\ f\, x_1\, x_2\, \ldots\, x_n &= y \end{aligned}$$

Dabei wird angenommen, daß der Funktionskonstruktor rechtsassoziativ ist, das heißt

$$\tau_1 \rightarrow \tau_2 \rightarrow \ldots \rightarrow \tau_n \rightarrow \tau \quad = \quad \tau_1 \rightarrow (\tau_2 \rightarrow (\cdots(\tau_n \rightarrow \tau)\cdots))$$

gilt. Die Funktionsanwendung ist dementsprechend linksassoziativ; wird beim Aufruf der Funktion nur ein Teil $x_1, x_2, \ldots, x_i$ der Operanden angegeben, erhält man eine Spezialisierung der ursprünglichen Funktion:

$$f\, x_1\, x_2\, \ldots\, x_i \;::\; \tau_{i+1} \rightarrow \ldots \rightarrow \tau_n \rightarrow \tau$$

Operatoren O wie Vereinigung $\cup$ oder Addition $+$, die in Ausdrücken üblicherweise nicht in der funktionalen Präfix-Schreibweise auftreten, werden folgendermaßen definiert:

$$\begin{aligned} (O) &:: \tau_1 \rightarrow \tau_2 \rightarrow \tau \\ (O)\, x_1\, x_2 &= x_1\, O\, x_2 \end{aligned}$$

Die dem Operator O entsprechende Funktion wird also mit (O) bezeichnet. Die identische Abbildung wird mit ε bezeichnet.

$$\begin{aligned} \varepsilon &:: \alpha \rightarrow \alpha \\ \varepsilon\, x &= x \end{aligned}$$

Typvariable

Um polymorphe Funktionen definieren zu können, benötigen wir Typvariable, die für einen beliebigen Typ stehen. Wir verwenden hierfür die Bezeichnungen $\alpha, \alpha_1, \alpha_2, \ldots$ bzw. $\beta, \beta_1, \beta_2, \ldots$. Ein frei wählbarer Mengentyp wird also mit $\{\alpha\}$ bezeichnet.

Ein Tupeltyp ergibt sich aus der Menge der Attribute eines Tupels und der ihnen zugeordneten Typen. Frei wählbare Tupeltypen kennzeichen wir daher durch $[\mathcal{X}], [\mathcal{X}_1], [\mathcal{X}_2], \ldots$ bzw. $[\mathcal{Y}], [\mathcal{Y}_1], [\mathcal{Y}_2], \ldots$, frei wählbare Relationstypen mit $\{[\mathcal{X}]\}, \{[\mathcal{X}_1]\}$, usw. Einen beliebigen Tupeltyp, der mindestens die Attribute X umfassen muß, bezeichnen wir mit $[\mathcal{X}^X]$, einen Tupeltyp, der darüberhinaus die Attribute Y *nicht* umfassen darf, mit $[\mathcal{X}^{X,\overline{Y}}]$.

4.1.2 Definition der Grundfunktionen

Wir definieren hier zunächst nur die grundlegenden Funktionen auf atomaren Datentypen, Tupeln und Mengen sowie zur Komposition von Funktionen.

4.1.2.1 Komposition von Funktionen

Kompositionsoperatoren setzen zwei Funktionen zu einer neuen Funktion zusammen. Der Operator ($\circ$) ist wie üblich definiert:

$$\begin{array}{lcl} (\circ) & :: & (\beta \rightarrow \gamma) \rightarrow (\alpha \rightarrow \beta) \rightarrow (\alpha \rightarrow \gamma) \\ (f_1 \circ f_2)\, x & = & f_1\, (f_2\, x) \end{array}$$

Der Operator ($|$) ermöglicht die bedingte Ausführung einer Funktion.

$$\begin{array}{lcl} (|) & :: & (\alpha \rightarrow \mathit{bool}) \rightarrow (\alpha \rightarrow \beta) \rightarrow \alpha \rightarrow \beta \\ (p|f)\, x & = & \left[\begin{array}{ll} (f\, x) & \mathit{falls}\, (p\, x) \\ \bot & \mathit{sonst} \end{array} \right. \end{array}$$

Der Operator $/_c$ ist eine zweite Variante der bedingten Ausführung; die zweite Funktion wird ausgeführt, sofern die erste den Wert c liefert.

$$\begin{array}{lcl} (/_c) & :: & (\alpha \rightarrow \beta) \rightarrow (\alpha \rightarrow \beta) \rightarrow \alpha \rightarrow \beta \\ (f_1 /_c f_2)\, x & = & \left[\begin{array}{ll} (f_1\, x) & \mathit{falls}\, (f_1\, x) \neq c \\ (f_2\, x) & \mathit{sonst} \end{array} \right. \end{array}$$

4.1.2.2 Funktionen auf atomaren Datentypen

Arithmetische Operatoren

Die arithmetischen Operatoren $+, -, *, /$ sind in der üblichen Weise auf dem numerischen Datentyp *num* definiert. Ist einer der Operanden einer der Operationen der Nullwert $\bot$, so erhält man den Nullwert als Ergebnis.

Vergleichsoperatoren

Wir legen eine erweiterte Menge

$$\Theta = \{=, \neq, <, >, \leq, \geq, \equiv, \not\equiv, =^-, \neq^-, <^-, >^-, \leq^-, \geq^-, =^+, \neq^+, <^+, >^+, \leq^+, \geq^+\}$$

von Vergleichsoperatoren zugrunde. Jeder solche Operator kann zwei atomare Werte des gleichen Typs miteinander vergleichen.

$$(\theta) \;::\; d \rightarrow d \rightarrow \mathit{bool}$$

Die Operatoren θ, θ^+ und θ^-, $\theta \in \{=, \neq, <, >, \leq, \geq\}$, werden wie üblich ausgewertet, falls keiner der beiden miteinander verglichenen Werte der Nullwert $\bot$ ist. Liegt mindestens ein Nullwert vor, so liefern Operatoren θ den Nullwert $\bot$ als Ergebnis, Operatoren θ^+ den Wahrheitswert *true* und Operatoren θ^- den Wahrheitswert *false*.

Die Operatoren $\equiv$ und $\not\equiv$ behandeln Nullwerte wie normale Werte. $\equiv$ liefert also *true* als Ergebnis, wenn die miteinander verglichenen Werte identisch sind, sonst *false*. $\not\equiv$ liefert entsprechend die entgegengesetzten Wahrheitswerte.

Den zu einem Operator $\theta \in \Theta$ inversen Vergleichsoperator bezeichen wir mit $\bar{\theta}$ (beispielsweise $\theta =' <'$, $\bar{\theta} =' \geq'$). Das Prädikat $c_1 \theta c_2$ ist also äquivalent zu $\neg(c_1 \bar{\theta} c_2)$.

Boolesche Operatoren

Die logischen Operatoren $\neg$, $\vee$ und $\wedge$ werden mittels dreiwertiger Logik ausgewertet:

$\neg$	*true*	*false*	$\perp$
	false	*true*	$\perp$

$\vee$	*true*	*false*	$\perp$
true	*true*	*true*	*true*
false	*true*	*false*	$\perp$
$\perp$	*true*	$\perp$	$\perp$

$\wedge$	*true*	*false*	$\perp$
true	*true*	*false*	$\perp$
false	*false*	*false*	*false*
$\perp$	$\perp$	*false*	$\perp$

Existenzquantor und Allquantor lassen sich damit folgendermaßen definieren:[5]

$$\begin{array}{lcl} \exists & :: & \{\alpha\} \rightarrow (\alpha \rightarrow bool) \rightarrow bool \\ (\exists\{x_1, x_2, \ldots, x_n\}\, p) & = & (p\, x_1) \vee (p\, x_2) \vee \ldots \vee (p\, x_n) \vee \mathit{false} \end{array}$$

$$\begin{array}{lcl} \forall & :: & \{\alpha\} \rightarrow (\alpha \rightarrow bool) \rightarrow bool \\ (\forall\{x_1, x_2, \ldots, x_n\}\, p) & = & (p\, x_1) \wedge (p\, x_2) \wedge \ldots \wedge (p\, x_n) \wedge \mathit{true} \end{array}$$

Der Existenzquantor liefert also auf der leeren Menge *false* als Ergebnis, der Allquantor *true*.

4.1.2.3 Tupelfunktionen

Elementare Funktionen

Für den Zugriff auf einzelne Attribute eines Tupels verwenden wir die übliche Punkt-Notation der Form $t.A$:

$$[A_1 : c_1, A_2 : c_2, \ldots, A_n : c_n].A_i = c_i.$$

Ist x ein Tupel vom Typ $[X]$ und $Y \subset X$ eine Teilmenge der Attribute, so ist $x.Y$ ein Tupel vom Typ $[Y]$, die Projektion von x auf die Attribute Y. Für $X = \{A_1, A_2, \ldots, A_n\}$ und $Y = \{A_{i_1}, \ldots, A_{i_k}\} \subset X$ heißt dies:

$$[A_1 : c_1, A_2 : c_2, \ldots, A_n : c_n].\{A_{i_1}, \ldots, A_{i_k}\} \quad = \quad [A_{i_1} : c_{i_1}, \ldots, A_{i_k} : c_{i_k}]$$

Ist Y die leere Menge, so ergibt sich als Ergebnis das leere Tupel:

$$[A_1 : c_1, A_2 : c_2, \ldots, A_n : c_n].\{\} \quad = \quad []$$

Ist x_1 ein Tupel vom Typ $[X_1]$, x_2 ein Tupel vom Typ $[X_2]$, so ist $x_1 \bullet x_2$ ein Tupel vom Typ $[X_1 \cup X_2]$, die *Komposition* der beiden Tupel:

$$\begin{array}{lcl} (\bullet) & :: & [\mathcal{X}_1] \rightarrow [\mathcal{X}_2] \rightarrow [\mathcal{X}_1 \cup \mathcal{X}_2] \\ x_1 \bullet x_2 & = & \left[\begin{array}{ll} x : & \mathcal{A}(x) = \mathcal{A}(x_1) \cup \mathcal{A}(x_2) \wedge x.\mathcal{A}(x_1) = x_1 \wedge x.\mathcal{A}(x_2) = x_2 \\ & \quad \textit{falls}\ x_1.(\mathcal{A}(x_1) \cap \mathcal{A}(x_2)) \equiv x_2.(\mathcal{A}(x_1) \cap \mathcal{A}(x_2)) \\ \perp & \quad \textit{sonst} \end{array} \right. \end{array}$$

Da wir die Attribute eines Tupels als Menge auffassen, treten in x die gemeinsamen Attribute der beiden Tupel x_1 und x_2 wie beabsichtigt nur einmal auf.

[5] Unsere funktionale Schreibweise ($\exists e\ p$) ist äquivalent zur Schreibweise ($\exists v\ v \in e \wedge p(v)$) der Prädikatenlogik.

Tupelkonstruktor

Zur Konstruktion von Tupeln verwenden wir Funktionstupel der Form

$$[A_1 : f_1, A_2 : f_2, \ldots, A_n : f_n] \;::\; [A_1 : (\alpha \rightarrow \beta_1), A_2 : (\alpha \rightarrow \beta_2), \ldots, A_n : (\alpha \rightarrow \beta_n)]$$

die wir als Funktion

$$\begin{array}{lcl} [A_1 : f_1, A_2 : f_2, \ldots, A_n : f_n] & :: & \alpha \rightarrow [A_1 : \beta_1, A_2 : \beta_2, \ldots, A_n : \beta_n] \\ [A_1 : f_1, A_2 : f_2, \ldots, A_n : f_n]\; x & = & [A_1 : (f_1\; x), A_2 : (f_2\; x), \ldots, A_n : (f_n\; x)] \end{array}$$

auffassen. Sind die f_i attributwertige Tupelfunktionen (Terme) $f_i \;::\; [X] \rightarrow d$, so bezeichnen wir Funktionen der Form $T = [A_1 : f_1, A_2 : f_2, \ldots, A_n : f_n]$ als Tupelkonstruktor. Ist darüberhinaus $p \;::\; [X] \rightarrow \mathit{bool}$ eine boolesche Tupelfunktion (ein Prädikat), so nennen wir Funktionen der Form $T = (p \,|\, [A_1 : f_1, A_2 : f_2, \ldots, A_n : f_n])$ bedingte Tupelkonstruktoren.

4.1.2.4 Mengenfunktionen

Aggregatfunktionen

Jede Aggregatfunktion f hat als Argument eine Menge m und liefert als Ergebnis einen einzelnen Wert eines Wertebereichs. Sie läßt sich in der Form $f = (\mathit{agg}\; t)$ bzw. $f = (\mathit{agg\_distinct}\; t)$ darstellen. Dabei ist $\mathit{agg} \in \{\mathit{max}, \mathit{min}, \mathit{sum}, \mathit{avg}, \mathit{count}\}$ die eigentliche Aggregierungsoperation und t eine Funktion, die bei Anwendung auf ein Element $x \in m$ einen atomaren Wert $(t\; x)$ liefert. Die Funktionen *agg_distinct* operieren auf der Menge aller Werte ungleich dem Nullwert, die durch Anwendung von t auf die Elemente von m entsteht. Sie lassen sich auf Funktionen $(\mathit{agg}\, \varepsilon)$ mit der identischen Abbildung ε zurückführen:

$$\begin{array}{lcl} \mathit{agg\_distinct} & :: & (\alpha \rightarrow d) \rightarrow \{\alpha\} \rightarrow d \\ \mathit{agg\_distinct}\; t & :: & \{\alpha\} \rightarrow d \\ (\mathit{agg\_distinct}\; t)\; m & = & (\mathit{agg}\, \varepsilon)\; \{(t\; x) : x \in m \wedge (t\; x) \not\equiv \bot\} \end{array}$$

Die Funktionen *agg* operieren auf der Teilmenge aller Elemente $x \in m$, für die $(t\; x)$ nicht den Nullwert liefert. Sie sind für $\mathit{agg} \neq \mathit{count}$ folgendermaßen definiert:

$$\begin{array}{lcll} \mathit{agg} & :: & (\alpha \rightarrow d) \rightarrow \{\alpha\} \rightarrow d & \\ \mathit{agg}\; t & :: & \{\alpha\} \rightarrow d & \\ (\mathit{agg}\; t)\; m & = & \bot & \mathit{falls}\; \{x \in m : (t\; x) \not\equiv \bot\} = \{\} \\ (\mathit{agg}\; t)\; m & = & (\mathit{agg}\; t)\; \{x_1, \ldots, x_n\} & \mathit{falls}\; \{x \in m : (t\; x) \not\equiv \bot\} = \{x_1, \ldots, x_n\} \\ & = & \left[\begin{array}{ll} (t\; x_i) : (\forall j \in \{1, \ldots, n\} : (t\; x_i) \geq (t\; x_j)) & \mathit{falls}\; \mathit{agg} = \mathit{max} \\ (t\; x_i) : (\forall j \in \{1, \ldots, n\} : (t\; x_i) \leq (t\; x_j)) & \mathit{falls}\; \mathit{agg} = \mathit{min} \\ (t\; x_1) + \ldots + (t\; x_n) & \mathit{falls}\; \mathit{agg} = \mathit{sum} \\ ((\mathit{sum}\; t)\; m)/((\mathit{count}\; t)\; m) & \mathit{falls}\; \mathit{agg} = \mathit{avg} \end{array} \right. & \end{array}$$

Die zur Berechnung der Aggregatfunktionen *sum* und *avg* notwendige Addition setzt natürlich voraus, daß t ein numerisches Ergebnis liefert. *sum* und *avg* sind also nur unter dieser einschränkenden Annahme definiert.

Die Aggregatfunktion *count* liefert immer ein numerisches Ergebnis, nämlich die Anzahl der Elemente $x \in m$, für die $(t\ x)$ nicht den Nullwert liefert.

$$\begin{array}{lcl} count & :: & (\alpha \rightarrow d) \rightarrow \{\alpha\} \rightarrow num \\ count\ t & :: & \{\alpha\} \rightarrow num \\ (count\ t)\ m & = & \left[\begin{array}{ll} 0 & falls\ \{x \in m : (t\ x) \not\equiv \perp\} = \{\} \\ n & falls\ \{x \in m : (t\ x) \not\equiv \perp\} = \{x_1, \ldots, x_n\} \end{array} \right. \end{array}$$

Darüber hinaus benötigen wir zur korrekten Ergebnisbildung bei Unteranfragen die spezielle Aggregatfunktion $pr_1\ t$; sie liefert den durch Anwendung von t auf die Elemente von m entstehenden Wert, falls es genau einen solchen Wert gibt, und den Nullwert, falls m leer ist. Entstehen durch Anwendung von t auf die Elemente von m mehrere unterschiedliche Werte, so liegt eine fehlerhafte Anfrage vor.[6]

$$(pr_1\ t)\ m = \left[\begin{array}{ll} c & falls\ \{(t\ x) : x \in m\} = \{(c)\} \\ \perp & falls\ \{(t\ x) : x \in m\} = \{\} \\ error & sonst \end{array} \right.$$

Funktionskonstruktor

Ein Funktionstupel $F = [A_1 : f_1, A_2 : f_2, \ldots, A_n : f_n]$ mit Aggregatfunktionen $f_i :: \{\alpha\} \rightarrow d_i$ bezeichnen wir als Funktionskonstruktor.

Operatoren der Mengenalgebra

Die mengenalgebraischen Operatoren können auf Mengen von Elementen beliebigen Typs α definiert werden.

$$\begin{array}{lcl} (\cup) & :: & \{\alpha\} \rightarrow \{\alpha\} \rightarrow \{\alpha\} \\ (\cup)\ m_1\ m_2 & = & m_1 \cup m_2 = \{x : x \in m_1 \vee x \in m_2\} \\ & & \\ (\cap) & :: & \{\alpha\} \rightarrow \{\alpha\} \rightarrow \{\alpha\} \\ (\cap)\ m_1\ m_2 & = & m_1 \cap m_2 = \{x : x \in m_1 \wedge x \in m_2\} \\ & & \\ (\setminus) & :: & \{\alpha\} \rightarrow \{\alpha\} \rightarrow \{\alpha\} \\ (\setminus)\ m_1\ m_2 & = & m_1 \setminus m_2 = \{x : x \in m_1 \wedge x \notin m_2\} \end{array}$$

4.1.3 Relationale Operatoren

Filter

Der (Mengen-)Filteroperator α wendet eine Funktion f auf alle Elemente einer Menge an. Er liegt den relationalen Operatoren Selektion und Projektion zugrunde.

$$\begin{array}{lcl} \alpha & :: & (\alpha \rightarrow \beta) \rightarrow \{\alpha\} \rightarrow \{\beta\} \\ \alpha_f\ m & = & \{(f\ x) : x \in m \wedge (f\ x) \not\equiv \perp\} \end{array}$$

Die Schreibweise $(\alpha_f\ m)$ anstelle $(\alpha\ f\ m)$ soll verdeutlichen, daß die durch f spezialisierte Funktion $\alpha_f = (\alpha\ f)$ auf m angewandt wird. Dies entspricht der bei Selektion und Projektion üblichen Schreibweise.

[6] Dies ist der einzige Fall, bei dem erst während der Bearbeitung der SQL-Anfrage festgestellt werden kann, ob die Anfrage korrekt ist.

Join

Der (natürliche) Join ist wie in der relationalen Algebra definiert:

$$\begin{array}{rcl} (\bowtie) & :: & \{[\mathcal{X}_1]\} \rightarrow \{[\mathcal{X}_2]\} \rightarrow \{[\mathcal{X}_1 \cup \mathcal{X}_2]\} \\ r_1 \bowtie r_2 & = & \{x_1 \bullet x_2 : x_1 \in r_1 \wedge x_2 \in r_2\} \end{array}$$

Für den Fall $\mathcal{A}(r_1) \cap \mathcal{A}(r_2) = \{\}$ wird auch die Produktschreibweise $r_1 \times r_2$ verwendet.

Aggregierung

Der Aggregierungsoperator wird wie in der relationalen Algebra mit Aggregatfunktionen definiert.

$$\begin{array}{rcl} \phi_{[Z]} & :: & (\{[Z,\mathcal{X}]\} \rightarrow [\mathcal{Y}]) \rightarrow (\{[Z,\mathcal{X}]\} \rightarrow \{[Z,\mathcal{Y}]\}) \\ \phi_{[Z]\,F}\; r & = & \left[\begin{array}{ll} \{(F\; r)\} & \textit{falls } Z = \{\} \\ \{x.Z \bullet (F\; m_x) : x \in r \wedge m_x = \{x.Z\} \bowtie r\} & \textit{falls } Z \neq \{\} \end{array} \right. \end{array}$$

4.1.4 Ausdrücke

Syntax

Um die Syntax von Ausdrücken kompakt beschreiben zu können, verwenden wir für einen Ausdruck e vom Typ τ die abkürzende Schreibweise e^τ. Bei der Konstruktion von Ausdrücken werden typisierte Variablen v^τ verwendet. Jede Konstante, jeder Attributname, jeder Relationsname und jede Variable ist ein Ausdruck. Weitere Ausdrücke werden durch Anwendung von Funktionen auf Ausdrücke gebildet. Einem Ausdruck kann eine Liste von Variablendefinitionen zugeordnet sein, aus denen sich die für die Variablen einzusetzenden Ausdrücke bzw. Werte ergeben. Damit ist es insbesondere möglich, mehrfach auftretende Teilausdrücke nur einmal aufzuführen.

$$\begin{array}{rcll} e & ::= & R^{\{[X]\}} & (\textit{Relationsname}) \\ & | & c^d & (\textit{Konstante}) \\ & | & A^d & (\textit{Attributnamen}) \\ & | & v^\tau & (\textit{Variable}) \\ & | & (f^{\tau_1 \rightarrow \tau_2 \rightarrow \ldots \rightarrow \tau_n \rightarrow \tau}\; e_1^{\tau_1}\, e_2^{\tau_2} \ldots e_n^{\tau_n})^\tau & (\textit{Funktionsanwendung}) \\ & | & (e^\tau\; x)^\tau & (\textit{Ausdruck als Tupelfunktion}) \\ & | & (e^\tau\; \textit{mit}\; v_1^{\tau_1} = e_1^{\tau_1} \ldots v_n^{\tau_n} = e_n^{\tau_n})^\tau & (\textit{Ausdruck mit Variablendefinitionen}) \end{array}$$

Semantik

Die *denotationale Semantik* einer funktionale Sprachen läßt sich sehr direkt angegeben, indem man den auftretenden Konstanten und Funktionssymbolen ihre mathematische Bedeutung zuordnet, und basierend darauf die Semantikfunktion rekursiv entsprechend dem intendierten Auswertungsmechanismus für Ausdrück definiert [Huda89, Jone87]. Die Bedeutung der Konstanten und Funktionssymbole wurde bereits in den vorgehenden Abschnitten definiert. Es reicht an dieser Stelle also aus, nur den Auswertungsmechanismus für Ausdrücke anzugeben.

Ausdrücke werden bezüglich der Datenbasis ausgewertet, indem für Relationsnamen die zugehörige Relation und für Variablen der Wert des nach der Variablendefinition zugehörigen Ausdrucks substituiert wird und die Grundfunktionen entsprechend ihrer Definition angewendet werden. Wir verwenden dabei die Substitution in ihrer einfachsten Form: $e[e_1/e_2]$ bezeichnet die Ersetzung jedes Auftretens des Teilausdrucks e_1 in e durch e_2. Dabei werden alle Ersetzungen parallel vorgenommen, es treten also keine Zyklen auf, wenn e_1 ein Teilausdruck von e_2 ist. Damit gilt

$$\begin{aligned} e &= e[R_1/r_1, R_2/r_2, \ldots, R_n/r_n] \\ (e\ mit\ v_1 = e_1 \ldots v_n = e_n) &= e[v_1/e_1, \ldots, v_n/e_n] \end{aligned}$$

Über diesen üblichen Auswertungsmechanismus hinaus werden die Typen τ und $[\mathcal{X}] \rightarrow \tau$ synonym behandelt; jeder Ausdruck e wird also auch als Tupelfunktion aufgefaßt:

$$\begin{aligned} e^{\tau} &:: [\mathcal{X}] \rightarrow \tau \\ e\ x &= e[A_1/x.A_1, \ldots, A_n/x.A_n]\ mit\ \mathcal{A}(x) = \{A_1, \ldots, A_n\} \end{aligned}$$

Der Wert eines Attributnamens ergibt sich also, indem ein den Attributnamen enthaltender Ausdruck auf ein Tupel angewandt wird. Bei jeder solchen Anwendung eines Ausdrucks auf ein Tupel werden alle im Ausdruck enthaltenen Attributnamen des Tupels durch die entsprechenden Werte ersetzt.

Um einen Ausdruck ohne Anwendung auf ein Tupel auswerten zu können, muß er geschlossen sein, darf also keine freien Attributnamen enthalten. Die Menge der freien Attributnamen eines Ausdrucks wird dabei von der folgenden Funktion $\mathcal{F}$ geliefert:

$$\begin{aligned} \mathcal{F}(A) &= \{A\} \\ \mathcal{F}(f\ e_1\ e_2\ \ldots\ e_n) &= \mathcal{F}(e_1) \cup \mathcal{F}(e_2) \cup \ldots \cup \mathcal{F}(e_n) \quad falls\ f \notin \{\exists, \forall, \alpha, \phi\} \\ \mathcal{F}(\exists e\ p) &= \mathcal{F}(e) \cup (\mathcal{F}(p) \setminus \mathcal{A}(e)) \\ \mathcal{F}(\forall e\ p) &= \mathcal{F}(e) \cup (\mathcal{F}(p) \setminus \mathcal{A}(e)) \\ \mathcal{F}(\alpha_f\ e) &= \mathcal{F}(e) \cup (\mathcal{F}(f) \setminus \mathcal{A}(e)) \\ \mathcal{F}(\phi_{[Z]\,F}\ e) &= \mathcal{F}(e) \cup ((Z \cup \mathcal{F}(F)) \setminus \mathcal{A}(e)) \\ \mathcal{F}(e\ x) &= F(e) \setminus \mathcal{A}(x) \end{aligned}$$

Dabei ist $\mathcal{A}(e)$ die Menge der Attribute der von dem relationalen Ausdruck $e = e^{\{[\mathcal{A}(e)]\}}$ gelieferten Relation. Dies ist der einzige Anwendungsfall der Operatoren $f \in \{\exists, \forall, \alpha, \phi\}$, der im folgenden benötigt wird.

Konstruierbare Ausdrücke

Die in der erweiterten relationalen Algebra zulässigen Ausdrücke ergeben sich aus der angegebenen Syntax und den zur Verfügung stehenden Funktionen und Operatoren. Wir können die Ausdrücke dabei nach dem Typ des von ihnen gelieferten Ergebnisses unterscheiden.

Term

Jeder attributwertige Ausdruck ist ein Term t. Terme werden ausgehend von Konstanten und Attributnamen durch Anwendung arithmetischer Operatoren gebildet. Ferner liefern die Anwendung einer Aggregatfunktion auf einen relationalen Ausdruck und die Anwendung eines Term auf ein Tupel einen Term.

Prädikat

Jeder boolesche Ausdruck ist ein Prädikat p. Es entsteht durch Vergleich von Termen und die Anwendung logischer Operatoren.

Tupelwertiger Ausdruck

Ein Tupel x wird von einem Tupelkonstruktor bzw. der Anwendung eines Tupelkonstruktors auf ein Tupel und von der Anwendung eines Funktionskonstruktors auf einen relationalen Ausdruck geliefert.

Relationaler Ausdruck

Ein relationaler Ausdruck e wird mit Hilfe relationaler Operatoren ausgehend von Relationen der Datenbasis und unter Verwendung von Termen, Prädikaten und tupelwertigen Ausdrücken gebildet.

4.1.5 Weitere Schreibweisen

Für die kompakte Darstellung von Ausdrücken ist es sinnvoll, eine Reihe abkürzender Schreibweisen für Tupelkonstruktoren und Prädikate einzuführen. Ferner ist es für die Formulierung effizient auswertbarer Ausdrücke nützlich, eine Reihe zusätzlicher relationaler Operatoren bereitzustellen, die sich auf die bereits definierten zurückführen lassen.

4.1.5.1 Kompakte Darstellung von Tupelkonstruktoren

Neben der allgemeinen Form des Tupelkonstruktors ist es nützlich, eine Reihe abkürzender Schreibweisen einzuführen. Seien $X = \{A_1, \ldots, A_n\}$ und $Y = \{B_1, \ldots, B_n\}$ Attributmengen und $T = [A'_1 : t'_1, \ldots, A'_m : t'_m]$ ein Tupelkonstruktor.

Reine Projektion

$$[X] = [A_1, \ldots, A_n] \quad = \quad [A_1 : A_1, \ldots, A_n : A_n]$$

Geordnetes Tupel

$$(t_1, \ldots, t_n) \quad = \quad [1 : t_1, \ldots, n : t_n]$$

Umbenennung von Attributen

$$\begin{aligned}
(Y \leftarrow X) = (B_1, \ldots, B_n \leftarrow A_1, \ldots, A_n) \quad &:: \quad [A_1, \ldots, A_n, C_1, \ldots, C_k] \rightarrow [B_1, \ldots, B_n, C_1, \ldots, C_k] \\
(Y \leftarrow X) = (B_1, \ldots, B_n \leftarrow A_1, \ldots, A_n) \quad &= \quad [B_1 : A_1, \ldots, B_n : A_n, C_1 : C_1, \ldots, C_k : C_k]
\end{aligned}$$

$$\begin{aligned}
(Y) : (X) = (B_1, \ldots, B_n) : (A_1, \ldots, A_n) \quad &:: \quad [A_1, \ldots, A_n, C_1, \ldots, C_k] \rightarrow \{B_1, \ldots, B_n\} \\
(Y) : (X) = (B_1, \ldots, B_n) : (A_1, \ldots, A_n) \quad &= \quad [B_1 : A_1, \ldots, B_n : A_n]
\end{aligned}$$

In der ersten Form der Umbenennung treten die nicht betroffenen Attribute $C_1, \ldots, C_n$ im Ergebnis auf, in der zweiten Form sind sie wegprojiziert. Die beiden abkürzenden Schreibweisen $(Y \leftarrow X)$ und $(Y) : (X)$ werden nur verwendet, wenn aus dem Zusammenhang eine Ordnung der Attributnamen in X und Y bekannt ist.

Kombination von Tupelkonstruktoren

$$\begin{aligned}
[X, T] \quad &= \quad [X, A'_1 : t'_1, \ldots, A'_m : t'_m] \\
&= \quad [A_1, \ldots, A_n, T] \\
&= \quad [A_1 : A_1, \ldots, A_n : A_n, A'_1 : t'_1, \ldots, A'_m : t'_m]
\end{aligned}$$

4.1.5.2 Kompakte Darstellung von Prädikaten

Sind $X = \{A_1, \ldots, A_n\}$ und $Y = \{B_1, \ldots, B_n\}$ wie bei der Umbenennung von Attributen geordnete Tupelmengen, ist $\Theta = \{\theta_1, \ldots \theta_n\}$ eine geordnete Menge von Vergleichsoperatoren, θ ein Vergleichsoperator und t ein Term. Dann sind

$$\begin{array}{lcl} (X)\Theta(Y) & = & A_1\theta_1 B_1 \wedge \ldots \wedge A_n\theta_n B_n \\ (X)\theta(Y) & = & A_1\theta B_1 \wedge \ldots \wedge A_n\theta B_n \\ (X)\theta t & = & A_1\theta t \wedge \ldots \wedge A_n\theta t \\ t\theta(Y) & = & t\theta B_1 \wedge \ldots \wedge t\theta B_n \end{array}$$

abkürzende Prädikatdarstellungen.

4.1.5.3 Ableitbare relationale Operatoren

Selektion

Ein auf beliebige Prädikate verallgemeinerter Selektionsoperator läßt sich mit Hilfe des Filteroperators α definieren.

$$\begin{array}{lcl} \sigma & :: & ([\mathcal{X}] \to bool) \to \{[\mathcal{X}]\} \to \{[\mathcal{X}]\} \\ \sigma_p & :: & \{[\mathcal{X}^{\mathcal{F}(p)}]\} \to \{[\mathcal{X}^{\mathcal{F}(p)}]\} \\ \sigma_p\ r & = & \alpha_{p|\epsilon}\ r \end{array}$$

Projektion

Eine auf Tupelkonstruktoren verallgemeinerte Projektion läßt sich ebenfalls auf α zurückführen.

$$\begin{array}{lcl} \pi & :: & ([\mathcal{X}] \to [\mathcal{Y}]) \to \{[\mathcal{X}]\} \to \{[\mathcal{Y}]\} \\ \pi_T & :: & \{[\mathcal{X}^{\mathcal{F}(T)}]\} \to \{[\mathcal{A}(T)]\} \\ \pi_T\ r & = & \alpha_T\ r \end{array}$$

Division

Sei $\mathcal{A}(r_2) \subset \mathcal{A}(r_1)$ und $Y = \mathcal{A}(r_1) \setminus \mathcal{A}(r_2)$. Die Division $r_1 \div r_2$ gruppiert r_1 nach Werten von Y und projiziert Y bei jeder Gruppe, die r_2 umfaßt.

$$\begin{array}{lcl} (\div) & :: & \{[\mathcal{X}_1^{\mathcal{X}_2}]\} \to \{[\mathcal{X}_2]\} \to \{[\mathcal{X}_1 \setminus \mathcal{X}_2]\} \\ r_1 \div r_2 & = & (\pi_{[Y]}\ r_1) \setminus \pi_{[Y]}\ ((\pi_{[Y]}\ r_1) \times r_2 \setminus r_1) \\ & = & \{x_1.Y : x_1 \in r_1 \wedge (\forall x_2 \in r_2\ \ x_1.Y \bullet x_2 \in r_1)\} \end{array}$$

Nullwert-Ergänzung und Outer-Selektion

Zur Konstruktion verlustfreier Ersetzungen ist es notwendig, eine Relation um ein Tupel mit Nullwerten ergänzen zu können, das von nachfolgenden Selektionen nicht eliminiert wird. Nichtbenötigte Tupel mit Nullwerten können abschließend entfernt werden. Um die hierzu benötigten Nullwerte von den üblichen Nullwerten unterscheiden zu können, versehen wir sie mit einer speziellen Kennung $\perp^+$. Dieser spezielle Nullwert $\perp^+$ wird von allen Operatoren mit Ausnahme von Nullwert-Ergänzung, Outer-Selektion und Nullwert-Eliminierung wie der übliche Nullwert $\perp$ behandelt. Die folgende Definition dieser speziellen Operatoren folgt im wesentlichen [RoRe84].

Die Nullwert-Ergänzung erweitert eine beliebige Relation um ein Tupel, dessen Attribute den speziellen Nullwert annehmen:

$$\begin{aligned} ()^{+} &:: \{[\mathcal{X}]\} \rightarrow \{[\mathcal{X}]\} \\ r^{+} &= r \cup \{[\mathcal{X} : \perp^{+}]\} \end{aligned}$$

Die Outer-Selektion bewahrt Tupel, die in Attributen Y mit Nullwerten besetzt sind:

$$\sigma^{|Y}_{p}\, r = \sigma_{p \vee ((Y) \equiv \perp^{+})}\, r$$

Die Nullwert-Eliminierung $\Omega^{|Y}\, r$ eliminiert alle Tupel x, die in einem Attribut $A \in Y$ den speziellen Nullwert $\perp^{+}$ annehmen, es sei denn, es gibt kein Tupel $x' \in (r \setminus \{x\})$ mit $x.\overline{Y} = x'.\overline{Y}$ ($\overline{Y} = \mathcal{A}(r) \setminus Y$). In diesem Fall wird x in Y komplett mit Nullwerten besetzt.

$$\begin{aligned} \Omega^{|Y} &:: \{[\mathcal{X}^{Y}]\} \rightarrow \{[\mathcal{X}^{Y}]\} \\ \Omega^{|Y}\, r &= \sigma_{\perp^{+} \notin Y}\, r \cup (\pi_{[\overline{Y}]}\, r \setminus \pi_{[\overline{Y}]}\, \sigma_{\perp^{+} \notin Y}\, r) \times \{[Y : \perp^{+}]\} \end{aligned}$$

Dabei ist $\perp^{+} \notin \{A_1, \ldots, A_n\}$ eine Abkürzung für $\perp^{+} \not\equiv A_1 \wedge \ldots \wedge \perp^{+} \not\equiv A_n$.

Outer-Aggregierung

Sei $F :: \{[\mathcal{X}_2]\} \rightarrow [\mathcal{Y}]$ ein Funktionskonstruktor. Die Outer-Aggregierung berechnet zu jedem Tupel $t \in r_1$ die Werte von F auf der zugehörigen Gruppe von r_2 (es sei $X_i = \mathcal{A}(r_i)$):

$$\begin{aligned} \bowtie_F &:: \{[\mathcal{X}_1]\} \rightarrow \{[\mathcal{X}_2]\} \rightarrow \{[\mathcal{X}_1, \mathcal{Y}]\} \\ r_1 \bowtie_F r_2 &= \{x \bullet (F\, m_x) : x \in r_1 \wedge m_x = \{x.(X_1 \cap X_2)\} \bowtie r_2\} \\ &= \phi_{[X_1]\, F}\, r_1 \bowtie r_2 \cup (r_1 \setminus \pi_{[X_1]}\, r_1 \bowtie r_2) \times \{F(\{\})\} \end{aligned}$$

Join-Operatoren

Wir verzichten auf die Einführung zusätzlicher Operatoren für Theta-Join, Semijoin und Outer-Join. Stattdessen bezeichnen wir die entsprechenden zusammengesetzten Ausdrücke als Theta-Join, Semijoin bzw. Outer-Join. Die Join-Operatoren setzen voraus, daß die beiden zu verbindenden Relationen $r_1 :: X_1$ und $r_2 :: X_2$ keine gemeinsamen Attribute besitzen ($X_1 \cap X_2 = \{\}$). Damit ergeben sich folgende Definitionen für die Join-Operatoren:

Theta-Join:	$\sigma_p\, (r_1 \times r_2)$
positiver Semijoin:	$\sigma_{(\exists r_2\, p)}\, r_1$
negativer Semijoin:	$\sigma_{\neg(\exists r_2\, p)}\, r_1$
Outer-Join:	$\Omega^{\mid\mathcal{A}(r_2)}\, \sigma^{\mid\mathcal{A}(r_2)}_{p}\, (r_1 \times r_2^{+})$

Präzedenzregeln

Um algebraische Ausdrücke übersichtlich darstellen zu können, verwenden wir folgende Präzedenzregeln für die Anwendung relationaler Operatoren: Multiplikative Operatoren ($\bowtie, \times, \div$) vor einstelligen Operatoren (σ_p , $\pi_{[Y]}$) vor mengenalgebraischen Operatoren ($\cup, \cap, \setminus$). Dies bedeutet beispielsweise

$$\begin{aligned} \sigma_p\, R_1 \times R_2 \cup R_3 &= (\sigma_p\, (R_1 \times R_2)) \cup R_3 \\ \sigma_{p_1}\, R_1 \div \pi_{[X]}\, \sigma_{p_2}\, R_2 &= \sigma_{p_1}\, (R_1 \div (\pi_{[X]}\, (\sigma_{p_2}\, R_2))) \end{aligned}$$

4.1.6 Einordnung der bisherigen Darstellungsformen

In der erweiterten relationalen Algebra ist die Menge der zugelassenen Selektionsprädikate so stark erweitert, daß sich Ausdrücke des relationalen Kalküls relativ direkt wiedergeben lassen. Der wesentliche Unterschied liegt darin, daß keine Variablen auftreten, sondern eindeutige Korrelationsnamen zu vergeben sind. Verwendet man auch im Kalkülausdruck eindeutige Korrelationsnamen anstelle von Variablen, so kann er direkt in einen Ausdruck mit Selektion, Projektion und Produkt umgeformt werden:

$$(t_1, \ldots, t_n) : e_1, \ldots, e_m : p \implies \pi_{(t_1,\ldots,t_n)}\ \sigma_p\ (e_1 \times \ldots \times e_m)$$

Das Selektionsprädikat p kann dabei Quantoren enthalten.

Im relationalen Kalkül mit Aggregatfunktionen besteht darüber hinaus die Möglichkeit, einen Term $f(e_i)$ zu bilden, wobei e_i freie Variablen enthalten darf. Dem entspricht nun die Anwendung einer Aggregatfunktion auf einen Ausdruck, der freie Attributreferenzen enthält.

Diese beiden Möglichkeiten stehen im Gegensatz zu unserer Intention, zu eine SQL-Anfrage einen Bearbeitungsplan mit den üblichen, auf den Grundformen algebraischer Operatoren basierender Bearbeitungsoperationen zu bestimmen. Zur Generierung eines Bearbeitungsplans ausgehend von einem algebraischen Ausdruck müssen also die als Ausgangspunkt zulässigen Ausdrücke eingeschränkt werden.

> Ein *rein algebraischer Ausdruck* enthält nur geschlossene Teilausdrücke, ohne freie Attributreferenzen. Quantoren dürfen nur in Semijoin-Operatoren $\sigma_{(\exists e\ p)}$ bzw. $\sigma_{\neg(\exists e\ p)}$ oder in einer geschlossenen Form ($\exists e$ *true*) bzw. $\neg$($\exists e$ *false*) auftreten.

Prädikate, die dieser Bedingung widersprechen, entstehen durch die Übersetzung von Unteranfrage-Prädikaten von SQL. Die Erzeugung eines rein algebraischen Ausdrucks ist also im wesentlichen gleichbedeutend mit der Auflösung von Unteranfrage-Prädikaten. Die hierzu benötigten Regeln werden im folgenden Kapitel entwickelt.

4.2 Die Anfragesprache SQL

Die nachfolgende Beschreibung der Anfragesprache SQL folgt dem SQL-Standard [ANSI85]. SQL enthält neben dem Select-Statement zur Formulierung lesender Anfragen noch eine ganze Reihe weiterer Anweisungen für den Umgang mit Cursorn, Änderungsoperationen, Start und Beendigung von Transaktionen sowie für Schemaänderungen. Diese Anweisungen lassen sich direkt übersetzen und unterliegen nicht der Anfrageoptimierung. Sie werden daher im folgenden nicht beschrieben.

Bevor eine SQL-Anfrage der Optimierung übergeben wird, erfolgt normalerweise eine syntaktische und semantische Analyse der Anfrage, bei der insbesondere auf die Schemadaten zugegriffen wird [Cham81]. Wir nehmen an, daß im Rahmen der semantischen Analyse eine gewisse Anpassung der Anfrage an das der relationalen Algebra zugrundeliegende Datenmodell vorgenommen wird. Diese Anpassungen werden im folgenden im Zusammenhang mit dem SQL zugrundeliegenden Datenmodell beschrieben. Die Mächtigkeit von SQL wird hierdurch in keiner Weise eingeschränkt.

4.2.1 Datenmodell

SQL erlaubt im Gegensatz zu unserer Schemadefinition, daß ein Attributname in unterschiedlichen Relationen der Datenbasis auftreten darf. Um Attribute eindeutig identifizieren zu können, werden in SQL-Anfragen zu Namen von Relationen der Datenbasis sogenannte Korrelationsnamen eingeführt. Attribute können dann angesprochen werden, indem der Korrelationsname zusammen mit dem Attributnamen angegeben wird.

Auf solche speziellen Korrelationsnamen kann verzichtet werden, wenn stattdessen Synonyme für Relations- und Attributnamen entsprechend unserer Schemadefinition eingeführt werden. Der Unterschied zwischen den beiden Konzepten zur eindeutigen Bezeichnung von Attributnamen besteht allein darin, daß Korrelationsnamen in einer Anfrage explizit angegeben werden müssen, während Synonyme bereits implizit aus dem Schema hervorgehen. In einem einfachen Vorverarbeitungsschritt können daher in jeder SQL-Anfrage Korrelationsnamen durch solche Synonyme ersetzt werden. Bei der folgenden Beschreibung der Syntax und Semantik von SQL wird angenommen, daß dieser Vorverarbeitungsschritt bereits vollzogen wurde.

Nach dem SQL-Standard dürfen Relationen der Datenbasis ein Tupel mehrfach enthalten, sind also keine Mengen im mathematischen Sinne. Um SQL trotzdem auf der Grundlage des relationalen Datenmodells beschreiben zu können, gehen wir davon aus, daß es in jeder Basisrelation ein implizit vorhandenes Schlüsselattribut gibt, das eine eindeutige Identifizierung der Tupel erlaubt. Ein solches Attribut wird in einem Datenbanksystem in der Form eines logischen oder physischen Tupelidentifikators üblicherweise ohnehin intern für den Tupelzugriff geführt. Unter der Annahme eines solchen Tupelidentifikators kann das relationale Datenmodell beibehalten werden.

In SQL wird bei Attributwertebereichen zwischen unterschiedlichen numerischen Datentypen sowie zwischen Strings fester Länge und Strings variabler Länge mit fester Obergrenze unterschieden. Da diese Unterscheidung für Zwecke der Anfrageoptimierung nicht relevant ist, und die beiden Typen *num* und *string* die in SQL zulässigen Attributwerte umfassen, verzichten wir auf die Darstellung der einzelnen Typen und der mit ihnen verbundenen Regeln zur Konversion und Kompatibilität zwischen unterschiedlichen numerischen Typen und Strings unterschiedlicher Länge.

SQL ermöglicht ferner die Definition von *Sichten (views)*. Eine solche Sicht wird mit Hilfe einer SQL-Anfrage formuliert und kann wie eine Relation der Datenbasis in einer Anfrage über ihren Namen angesprochen werden. Wir werden im folgenden derartige Sichten nicht explizit berücksichtigen. Die Behandlung von Sichten wirft jedoch keine prinzipiellen Probleme auf und kann leicht ergänzt werden, indem die SQL-Anfrage, welche die Sicht definiert, wie unten bei der Erläuterung der Semantik von SQL beschrieben in einen geschlossenen algebraischen Ausdruck übersetzt wird, und dieser Ausdruck jeweils anstelle des Namens der Sicht eingesetzt wird.

4.2.2 Syntax

Die wesentlichen syntaktischen Elemente von SQL sind Terme, Prädikate und Anfragen.

- **Terme:**

  Terme korrespondieren zu Werten aus einem Attributwertebereich. Jeder Wert c eines Attributwertebereichs ist ein Term. Jeder Attributname A ist ein Term. Sind t_1 und t_2 Terme, dann auch $-t_1$, $t_1 + t_2$, $t_1 - t_2$, $t_1 * t_2$ und t_1/t_2. Ist $agg \in \{count, sum, min, max, avg\}$, A ein Attributname und t ein Term, der keine Aggregatfunktionen und mindestens einen Attributnamen enthält, so sind *agg t* und *agg_distinct A* Aggregatfunktionen.[7] Jede solche Aggregatfunktion ist ein Term. (Im Hinblick auf eine einheitliche funktionale Schreibweise von Aggregatfunktionen weichen wir etwas von der in SQL üblichen Notation ab, d.h. *agg t* anstelle *agg(t)* und *agg_distinct A* anstelle *agg(distinct A)*).

[7] Ferner gibt es in SQL die Aggregatfunktion *count**. Sie ist äquivalent zu *count A*, wobei A ein Attribut ist, das keine Nullwerte annimmt.

- **Prädikate:**

  Prädikate korrespondieren zu Wahrheitswerten. *true* und *false* sind Prädikate. Sind t_1, t_2 Terme und $\theta \in \{=, \neq, <, \leq, >, \geq, \equiv, \not\equiv\}$ ein Vergleichsoperator, so ist $t_1 \theta t_2$ ein Prädikat. Ist t ein Term, so sind t IS NULL, t IS NOT NULL, t IS LIKE c und t IS NOT LIKE c Prädikate. Sind t_1, t_2, t_3 Terme, so ist t_1 BETWEEN t_2 AND t_3 und t_1 NOT BETWEEN t_2 AND t_3 ein Prädikat. Ist t ein Term und sind $c_1, \ldots, c_n$ Konstanten, so ist t IN $(c_1, \ldots, c_n)$ und t NOT IN $(c_1, \ldots, c_n)$ ein Prädikat.

  Ist t ein Term, θ ein Vergleichsoperator und e_u eine (Unter-)Anfrage mit genau einem Term in der Zielliste, so sind EXISTS e_u, NOT EXISTS e_u, t IN e_u, t NOT IN e_u, $t\theta$ e_u, $t\theta$SOME e_u und NOT($t\theta$SOME e_u) (Unteranfrage-)Prädikate.

  Sind p, p_1 und p_2 Prädikate, so sind auch *NOT* p, p_1 OR p_2 und p_1 AND p_2 Prädikate.

- **Anfragen:**

  Sind $t_1, \ldots t_l$ Terme, $R_1, \ldots, R_n$ Relationsnamen, $A_1, \ldots, A_k$ Attributnamen, p_w und p_h Prädikate, so ist

	SELECT	[ALL | DISTINCT] $t_1, \ldots t_l$
	FROM	$R_1, \ldots, R_n$
[	WHERE	p_w]
[	GROUP BY	$A_1, \ldots, A_k$]
[	HAVING	p_h]

  eine Anfrage.[8] WHERE-Klausel, GROUP-BY-Klausel und HAVING-Klausel dürfen entfallen.

4.2.3 Semantik: Übersetzung in die erweiterte relationale Algebra

Die Semantik von SQL wird durch Angabe einer Transformation beschrieben, mit der eine SQL-Anfrage in einen Ausdruck der erweiterten relationalen Algebra überführt wird. Beispiele für die Anwendung dieser Transformation finden sich am Ende des Kapitels. Die Transformation kann direkt zur Definition der denotationalen Semantik von SQL verwendet werden: die Semantikfunktion hat einfach eine SQL-Anfrage auf einen algebraischen Ausdruck und diesen entsprechend der denotationalen Semantik der relationalen Algebra auf Konstanten und die Anwendung von Funktionen zurückzuführen.

4.2.3.1 Terme

Zur Auswertung eines Terms werden zunächst alle Attributnamen und Aggregatfunktionen durch einen Attributwert ersetzt. Wie diese Ersetzung erfolgt, wird im Zusammenhang mit der Semantik von Anfragen erläutert. Anschließend werden die arithmetischen Operationen wie üblich ausgeführt (was natürlich nur bei den numerischen Datentypen *integer* und *real* möglich ist). Ist einer der Operanden einer Operation der Nullwert, so erhält man den Nullwert als Ergebnis.

---

[8] Daneben gibt es die Schreibweise SELECT *. Falls es sich nicht um eine Unteranfrage handelt, ist dies äquivalent zu SELECT $A_1, \ldots, A_m$ ist, wobei $A_1, \ldots, A_m$ die für den Anwender sichtbaren Attribute der Relationen der FROM-Klausel sind (ohne Tupelidentifikatoren). In einer Unteranfrage darf SELECT * nur in einem Prädikat der Form EXISTS e_u auftreten; in diesem Fall ist es äquivalent zu SELECT A, wobei A ein beliebiges Attribut der Relationen der FROM-Klausel ist.

4.2.3.2 Prädikate

Zur Auswertung eines Prädikats werden zunächst die auftretenden Terme zu einem Attributwert ausgewertet. Weiter werden auftretende Unteranfragen zu einer Wertemenge ausgewertet. Die meisten Prädikate von SQL lassen sich folgendermaßen auf Prädikate der erweiterten relationalen Algebra oder auf andere SQL-Prädikate zurückführen:[9]

t IS NULL	$\Longrightarrow$	$t \equiv \omega$
t IS NOT NULL	$\Longrightarrow$	$t \not\equiv \omega$
t IS LIKE c	$\Longrightarrow$	$t = c$
t IS NOT LIKE c	$\Longrightarrow$	$t \neq c$
t_1 BETWEEN t_2 AND t_3	$\Longrightarrow$	$t_1 \geq t_2 \wedge t_1 \leq t_3$
t_1 NOT BETWEEN t_2 AND t_3	$\Longrightarrow$	$t_1 < t_2 \vee t_1 > t_3$
t IN	$\Longrightarrow$	$t =$ SOME e_u
t NOT IN e_u	$\Longrightarrow$	$t \neq$ ALL e_u
t IN $(c_1, \ldots, c_n)$	$\Longrightarrow$	$t = c_1 \vee \ldots \vee t = c_n$
t NOT IN $(c_1, \ldots, c_n)$	$\Longrightarrow$	$t \neq c_1 \wedge \ldots \wedge t \neq c_n$
NOT p	$\Longrightarrow$	$\neg p$
p_1 AND p_2	$\Longrightarrow$	$p_1 \wedge p_2$
p_1 OR p_2	$\Longrightarrow$	$p_1 \vee p_2$

Von dieser Transformation noch nicht erfaßt sind die Unteranfrage-Prädikate EXISTS e_u, NOT EXISTS e_u, $t\,\theta\, e_u$, $t\,\theta$ SOME e_u und NOT($t\,\theta$ SOME) e_u . Um diese Prädikate in Selektionsprädikate der erweiterten relationalen Algebra überführen zu können, müssen wir klären, wie sich eine Unteranfrage e_u mit Hilfe algebraischer Operatoren ausdrücken läßt. Da dies bis auf die abschließende Ergebnisbildung in gleicher Weise wie bei Anfragen möglich ist, beschreiben wir zunächst die Transformation von Anfragen in algebraische Ausdrücke.

4.2.3.3 Anfragen

			SELECT	[ALL | DISTINCT] $t_1, \ldots, t_l$
			FROM	$R_1, \ldots, R_n$
Sei e	=	[	WHERE	p_w]
		[	GROUP BY	$A_1, \ldots, A_k$]
		[	HAVING	p_h]

eine Anfrage. Jede Klausel einer Anfrage liefert eine Relation $r_{(\texttt{Klausel})}$ als Ergebnis (mit $\texttt{Klausel} \in$ {FROM, WHERE, GROUP BY, HAVING, SELECT}). Die von einer Klausel durchgeführte Abbildung $e_{(\texttt{Klausel})}$ läßt sich mit Hilfe von algebraischen Operatoren formal beschreiben.

- **FROM-Klausel:**

  Die FROM-Klausel bildet das Kreuzprodukt der durch $R_1, \ldots, R_n$ benannten Relationen $r_1, r_2, \ldots, r_n$, deren Attributnamen disjunkt sind (gegebenenfalls werden hierzu Korrelationsnamen verwendet).

[9] Bei der Rückführung des LIKE-Prädikats wird angenommen, daß die Vergleichsoperatoren $=, \neq$ derart verallgemeinert sind, daß sie auch die zur Auswertung eines LIKE-Prädikats notwendigen Mustervergleiche durchführen können.

$$\begin{array}{lcl} e_{(\text{FROM})} & :: & (\{[X_1]\},\{[X_2]\},\ldots,\{[X_n]\}) \rightarrow \{[X_1,X_2,\ldots,X_n]\} \\ e_{(\text{FROM})}(r_1,r_2,\ldots,r_n) & = & r_1 \times r_2 \times \cdots \times r_n \end{array}$$

- **WHERE-Klausel:**

  Sei $Y = X_1 \cup X_2 \cup \ldots \cup X_n$ die Menge der Attribute von $r_{(\text{FROM})}$. In dem Prädikat p_w der WHERE-Klausel wird eine Teilmenge $\{A_1, A_2, \ldots, A_m\} \subset Y$ dieser Attribute angesprochen. Die WHERE-Klausel selektiert diejenigen Tupel, für die p_w zu *true* ausgewertet wird, wobei die Attributnamen durch die entsprechenden Attributwerte zu ersetzen sind (Aggregatfunktionen dürfen in der WHERE-Klausel nicht direkt auftreten, das heißt allenfalls in Unteranfragen, wobei sie keines der Attribute in Y ansprechen). Dies läßt sich mit Hilfe des Selektionsoperators ausdrücken:

$$\begin{array}{lcl} e_{(\text{WHERE})} & :: & \{[Y]\} \rightarrow \{[Y]\} \\ e_{(\text{WHERE})}\, r & = & \sigma_{p_w}\ r. \end{array}$$

- **GROUP BY-Klausel:**

  Die GROUP BY-Klausel gruppiert eine Relation $r :: \{[Y]\}$ nach den Werten einer Menge $Z = \{A_1, \ldots A_k\} \subset Y$ von Gruppierungsattributen:

$$\begin{array}{lcl} e_{(\text{GROUP BY})}\, Z & :: & \{[Y]\} \rightarrow \{(Z,[Y])\} \\ e_{(\text{GROUP BY})}\, Z\, r & = & \{(x.Z, \{x'.Y : x' \in r \wedge x'.Z \equiv x.Z\}) \ :\ x \in r\} \end{array}$$

  Das Ergebnis ist eine gruppierte Relation, die folgendermaßen aufgebaut ist:

$$\begin{array}{lcl} gr & :: & \{([Z],\{[Y]\})\} \\ gr & = & \{\ (t_1,\{t_{11},\ldots,t_{1n_1}\}), \\ & & \quad (t_2,\{t_{21},\ldots,t_{2n_2}\}),\ldots, \\ & & \quad (t_k,\{t_{k1},\ldots,t_{kn_k}\})\ \} \end{array}$$

  Der Umgang mit gruppierten Relationen kann jedoch vermieden werden, da in der HAVING- und der SELECT-Klausel nur Gruppierungsattribute oder Aggregatfunktionen auftreten, deren Werte direkt bei der Gruppierung berechnet werden können. Eine Aggregatfunktion der HAVING- oder SELECT-Klausel wird nämlich bezüglich eines Tupels einer gruppierten Relation ausgewertet, das heißt auf einer Gruppe $\{t_{i1}, \ldots, t_{in_i}\}$. Sie kann also mit Hilfe der Aggregierung ϕ bei der Gruppierung berechnet werden.

  Seien $f_1, \ldots, f_j$ die in der HAVING- oder SELECT-Klausel auftretenden Aggregatfunktionen über Attributen in Y[10], $F = [\mathtt{f}_1 : f_1, \ldots, \mathtt{f}_j : f_j]$ ein Funktionskonstruktor mit diesen Aggregatfunktionen und $TF = [\mathtt{f}_1 : d_1, \ldots, \mathtt{f}_j : d_j]$ der durch Anwendung von F entstehende Tupeltyp. Damit ergibt sich

$$\begin{array}{lcl} e_{(\text{GROUP BY}')} & :: & \{[Y]\} \rightarrow \{[Z,TF]\} \\ e_{(\text{GROUP BY}')} & = & \phi_{[Z]\,F} \end{array}$$

[10] Aggregatfunktionen *agg t*, bei denen *t* sowohl Attribute von Y als auch nicht in Y enthaltene Attribute anspricht, sind in SQL nicht zulässig.

Um die HAVING- und die SELECT-Klausel auswerten zu können, müssen die derart durch die Aggregierung berechneten Aggregatfunktionswerte direkt angesprochen werden. In der HAVING- und der SELECT-Klausel sind dementsprechend die Aggregatfunktionen durch die zugehörigen Attributnamen zu ersetzen:

$$p'_h = p_h[f_i/\mathtt{f_i}],\ t'_s = t_s[f_i/\mathtt{f_i}], 1 \leq s \leq l.$$

Nach der Sprachdefinition von SQL kann dabei in F maximal eine Aggregatfunktion *agg_distinct* mit Duplikateliminierung auftreten, was die Algorithmen zur Implementierung der Aggregierung vereinfacht (vergl. Kap.4).

- **HAVING-Klausel:**

  Die HAVING-Klausel bezieht sich grundsätzlich auf eine gruppierte Relation. Die Gruppierung kann immer durch Verwendung eines Aggregierungsoperators $\phi_{[Z]\,F}$ aufgehoben werden. Ist keine GROUP BY-Klausel vorhanden, so handelt es sich um genau eine Gruppe; die Aggregierung ist dann mit $Z = \{\}$ durchzuführen.

  Aufgrund der Verwendung der Aggregierung werden in p_h alle Aggregatfunktionen, die sich auf Attribute Y von Relationen der FROM-Klausel beziehen, durch Attributnamen ersetzt. Das hierdurch entstandene p'_h kann daher wie ein normales Selektionsprädikat behandelt werden:

$$\begin{aligned} e_{(\text{HAVING})} &:: \{[Z,TF]\} \rightarrow \{[Z,TF]\} \\ e_{(\text{HAVING})} &= \sigma_{p_h[f_i/\mathtt{f_i}]} \end{aligned}$$

- **SELECT-Klausel:**

  Die SELECT-Klausel bewirkt im wesentlichen eine Projektion mit Hilfe der Terme der SELECT-Liste. Dabei sind jedoch einige Besonderheiten zu beachten, die von folgenden Eigenschaften der Anfrage abhängen:

  - **Duplikateliminierung**

    Die Duplikateliminierung wird durch die Angabe von ALL bzw. DISTINCT gesteuert. Im Falle von DISTINCT findet eine reine Projektion mit Duplikateliminierung statt, wozu der Projektionsoperator π verwendet wird.

    Im Falle von ALL wird zu jedem Tupel, auf das die SELECT-Klausel angewandt wird, ein Ergebnistupel erzeugt. Ein Tupel kann daher mehrfach im Ergebnis auftreten. Um dies zu erfassen, führen wir in jedem Ergebnistupel ein spezielles Attribut $\mathtt{N}$, das angibt, wie oft das Tupel im Ergebnis auftritt. Die Ergebnisbildung kann hier mit Hilfe des Aggregierungsoperators ϕ erfolgen.

  - **Gruppierung**

    Eine Gruppierung liegt vor, wenn die Anfrage eine GROUP BY- oder HAVING-Klausel enthält.

  - **Aggregatfunktionen**

    Aggregatfunktionen, die sich auf Relationen der FROM-Klausel beziehen, können in der Zielliste (SELECT-Klausel) und in der HAVING-Klausel auftreten. Im Bezug auf Aggregatfunktionen in der Zielliste können wir drei Fälle unterscheiden:

    (1) In der Zielliste treten *keine* Aggregatfunktionen auf; in diesem Fall wird pro Tupel in $r_{(\text{WHERE})}$ bzw. $r_{(\text{HAVING})}$ ein Ergebnistupel erzeugt, wobei gegebenenfalls noch Duplikate eliminiert werden.

(2) In der Zielliste treten Attributspezifikationen *nur* innerhalb von Aggregatfunktionen auf; bei einer nicht gruppierten Relation wird hier genau ein Ergebnistupel erzeugt, bei einer gruppierten Relation eines pro Gruppe, jedoch mindestens eines.

(3) In der Zielliste treten *nicht nur* Aggregatfunktionen, sondern auch Attributspezifikationen auf; dieser Fall tritt nur bei gruppierten Relationen auf, wobei nur Gruppierungsattribute angegeben sein dürfen. Pro Gruppe (das heißt pro Tupel in $r_{(\mathrm{HAVING})}$) wird ein Ergebnistupel erzeugt.

Entsprechend dieser Klassifikation müssen wir folgende Fälle unterscheiden:

(A 1) **Anfrage, keine Gruppierung, keine Aggregatfunktionen**

Die Anfrage liefert hier eine Tupelmenge als Ergebnis.

(A 1.1) ALL $\quad \phi_{(t_1,\ldots,t_l)\,[N:\,count\ A]}\ \sigma_{p_w}\ (R_1 \times R_2 \times \cdots \times R_n)$

(A 1.2) DISTINCT $\quad \pi_{(t_1,\ldots,t_l)}\ \sigma_{p_w}\ (R_1 \times R_2 \times \cdots \times R_n)$

A ist hier und in Fall (A 3) der Name eines beliebigen Attributs, das keine Nullwerte annimmt.

(A 2) **Anfrage, keine Gruppierung, nur Aggregatfunktionen**

Es wird genau ein Tupel als Ergebnis geliefert, indem die Aggregatfunktionen der Zielliste auf das Ergebnis der WHERE-Klausel angewandt werden und das Ergebnis durch Verknüpfung der Aggregatfunktionswerte gebildet wird. Seien $f_1, \ldots, f_j$ die in der SELECT-Liste auftretenden Aggregatfunktionen und $F = [\mathtt{f}_1 : f_1, \ldots, \mathtt{f}_j : f_j]$ der zugehörige Funktionskonstruktor.

$$((t'_1, \ldots, t'_l) \circ F)\ (\sigma_{p_w}\ (R_1 \times R_2 \times \cdots \times R_n))$$

In $(t_1, \ldots, t_l)$ sind dabei wie im Falle der Gruppierung die Aggregatfunktionen durch Attributnamen zu ersetzen.

(A 3) **Anfrage, Gruppierung, keine oder nicht nur Aggregatfunktionen**

Die Ergebnisrelation enthält pro Gruppe ein Ergebnistupel.

(A 3.1) ALL $\quad \phi_{(t'_1,\ldots,t'_l)\,[N:\,count\ A]}\ \sigma_{p'_h}\ \phi_{[Z]\,F}\ \sigma_{p_w}\ (R_1 \times R_2 \times \cdots \times R_n)$

(A 3.2) DISTINCT $\quad \pi_{(t'_1,\ldots,t'_l)}\ \sigma_{p'_h}\ \phi_{[Z]\,F}\ \sigma_{p_w}\ (R_1 \times R_2 \times \cdots \times R_n)$

(A 4) **Anfrage, Gruppierung, nur Aggregatfunktionen**

Im Gegensatz zu Fall (A 3) muß hier in jedem Fall mindestens ein Ergebnistupel erzeugt werden, auch wenn nach Auswertung der WHERE- oder der HAVING-Klausel eine leere Relation vorliegt: das Ergebnis entsteht dann durch Anwendung der Aggregatfunktionen auf die leere Menge. Mit $r_{(A3)}$, dem Ergebnis der Bearbeitung im Fall (A 3), erhalten wir

(A 4) $\quad r_{(A3)}\ /_{\{\}}\ (t_1, \ldots, t_l)[f_i/(f_i\ \{\})]$.

4.2.3.4 Unteranfragen

Unteranfragen können innerhalb von Prädikaten der WHERE- oder HAVING-Klausel auftreten. Da vor Auswertung eines Prädikats Attributnamen durch Attributwerte eines Tupels ersetzt werden, treten bei Auswertung einer Unteranfrage keine freien Attributnamen, die nicht zu Relationen der FROM-Klausel gehören, auf. Eine Unteranfrage

$$
e_u \; = \; \begin{array}{lll} & \text{SELECT} & [\text{ALL} \mid \text{DISTINCT}]\; t_u \\ & \text{FROM} & R_1, \ldots, R_n \\ [& \text{WHERE} & p_w \;] \\ [& \text{GROUP BY} & A_1, \ldots, A_k \;] \\ [& \text{HAVING} & p_h \;] \end{array}
$$

kann damit im wesentlichen wie eine Anfrage ausgewertet werden. Es gibt jedoch zwei Besonderheiten:

- Die Unterscheidung ALL/ DISTINCT ist für die Auswertung von Unteranfrage-Prädikaten irrelevant. Es kann daher immer von dem einfacheren Fall DISTINCT ausgegangen werden.
- Der Fall (A 4) wird bei Unteranfragen anders gehandhabt, nämlich wie der Fall (A 3). Eine Unteranfrage kann also auch dann zur leeren Menge ausgewertet werden, wenn in der SELECT-Liste nur Aggregatfunktionen auftreten.

Die Semantik einer Unteranfrage läßt sich mit diesen beiden Änderungen wie die Semantik einer Anfrage beschreiben. Die wesentliche Frage ist jedoch, wie sich ein Unteranfrage-Prädikat in ein Prädikat der erweiterten relationalen Algebra überführen läßt. Dabei muß nicht in jedem Fall eine Ergebnisbildung wie bei einer Anfrage erfolgen.

(U 1) **Unteranfrage, keine Gruppierung, keine Aggregatfunktionen**

Mit

$$e'_u = \sigma_{p_w} \; (R_1 \times R_2 \times \cdots \times R_n)$$

erhalten wir

$$
\begin{array}{lll} \text{EXISTS}\; e_u & \Longrightarrow & (\exists e'_u) \\ \text{NOT EXISTS}\; e_u & \Longrightarrow & \neg(\exists e'_u) \\ t\,\theta\,\text{SOME}\; e_u & \Longrightarrow & (\exists e'_u\; t\theta t_u) \\ t\,\theta\,\text{ALL}\; e_u & \Longrightarrow & (\forall e'_u\; t\theta t_u) \\ t\,\theta\, e_u & \Longrightarrow & t\,\theta\,(pr_1\; t_u)(e'_u) \end{array}
$$

Die Aggregatfunktion $(pr_1\; t_u)$ garantiert hier das gemäß der Semantik von SQL zu erzeugende Ergebnis: Wird e_u zu einem Wert ausgewertet, erfolgt der Vergleich mit diesem Wert, wird die Unteranfrage zur leeren Menge ausgewertet, so erfolgt ein Vergleich mit dem Nullwert, liefert die Unteranfrage mehr als einen Wert als Ergebnis, so liegt ein Fehler vor.[11]

(U 2) **Unteranfrage, keine Gruppierung, nur Aggregatfunktionen**

Die Unteranfrage liefert hier immer genau einen Wert als Ergebnis. Mit

[11] Dies ist der einzige Fall, bei dem erst bei der Auswertung der Anfrage festgestellt werden kann, ob die Anfrage korrekt ist.

$$e'_u = \sigma_{p_w} \; (R_1 \times R_2 \times \cdots \times R_n)$$

erhalten wir daher

$$\begin{array}{lcl}
\text{EXISTS } e_u & \Longrightarrow & \mathit{true} \\
\text{NOT EXISTS } e_u & \Longrightarrow & \mathit{false} \\
t\,\theta\,\text{SOME } e_u & \Longrightarrow & t\,\theta\,(t'_u \circ F)(e'_u) \\
t\,\theta\,\text{ALL } e_u & \Longrightarrow & t\,\theta\,(t'_u \circ F)(e'_u) \\
t\,\theta\,e_u & \Longrightarrow & t\,\theta\,(t'_u \circ F)(e'_u)
\end{array}$$

$(t'_u \circ F)$ ergibt sich aus t_u, indem wie bei der Übersetzung der HAVING-Klausel die Aggregatfunktionen aus t_u herausgelöst, in F zusammengefaßt und in t_u durch Attributnamen ersetzt werden. Die Aggregatfunktionen in F müssen dabei auf e'_u auswertbar sein, es gilt also $\mathcal{F}(F) \subset \mathcal{A}(e'_u)$. Falls $t_u = f$ genau eine Aggregatfunktion ist, kann anstelle $(t'_u \circ F)(e'_u)$ einfacher $f(e'_u)$ verwendet werden.

(U 3) **Unteranfrage, Gruppierung**

Mit

$$e'_u = \sigma_{p'_h} \; \phi_{[Z]\,F} \; \sigma_{p_w} \; (R_1 \times R_2 \times \cdots \times R_n)$$

ergibt sich ähnlich wie in Fall (U 1)

$$\begin{array}{lcl}
\text{EXISTS } e_u & \Longrightarrow & (\exists e'_u) \\
\text{NOT EXISTS } e_u & \Longrightarrow & \neg(\exists e'_u) \\
t\,\theta\,\text{SOME } e_u & \Longrightarrow & (\exists e'_u \; t\theta t'_u) \\
t\,\theta\,\text{ALL } e_u & \Longrightarrow & (\forall e'_u \; t\theta t'_u) \\
t\,\theta\,e_u & \Longrightarrow & t\,\theta\,(pr_1\; t'_u)(e'_u)
\end{array}$$

wobei jedoch $t'_u = t_u[f_i/\mathtt{f_i}]$ verwendet werden muß.

4.3 Beispiele für die Übersetzung von SQL-Anfragen

Um die Wirkungsweise der Transformationen zu illustrieren, greifen wir auf eine Reihe von Beispielanfragen aus [Chang78, Naka89] zurück, die wir hier als SQL-Anfragen formulieren. Das Schema enthält folgende Relationen:[12]

[12] Entsprechend der Definitionsmöglichkeiten von SQL treten hierbei Attributnamen mehrfach in unterschiedlichen Relationen auf.

Angestellter :: { [Name: *string*,
Gehalt: *num*,
Vorgesetzter: *string*
Abteilung: *string*] }

Verkauf :: { [Abteilung: *string*,
Artikel: *string*,
Anzahl: *num*] }

Lieferung :: { [Lieferant: *string*,
Abteilung: *string*,
Artikel: *string*,
Anzahl: *num*] }

Ort :: { [Abteilung: *string*,
Etage: *num*] }

Klasse :: { [Artikel: *string*,
Typ :: *string*] }

Damit wird ein Kaufhaus mit einer Reihe von Abteilungen modelliert. Jede Abteilung hat eine Reihe von *Angestellten*. Zu einer Abteilung wird ferner der *Verkauf* von Artikeln, die *Lieferung* von Artikeln und der *Ort* geführt. Jeder Artikel wird einer bestimmten *Klasse* zugeordnet.

Um Attribute entsprechend unserer Einschränkung eindeutig zu benennen und um die Schreibweise abzukürzen, legen wir für unsere Beispielanfragen folgendes modifiziertes Schema zugrunde:

A :: $\{[an, ag, av, aa]\}$ $A = \pi_{(an,ag,av,aa \leftarrow \text{Name, Gehalt, Vorgesetzter, Abteilung})}$ Angestellter
V :: $\{[va, vi, vn]\}$ $V = \pi_{(va,vi,vn \leftarrow \text{Abteilung, Artikel, Anzahl})}$ Verkauf
L :: $\{[ll, la, li, ln]\}$ $L = \pi_{(ll,la,li,ln \leftarrow \text{Lieferung, Abteilung, Artikel, Anzahl})}$ Lieferung
O :: $\{[oa, oe]\}$ $O = \pi_{(oa,oe \leftarrow \text{Abteilung, Etage})}$ Ort
K :: $\{[ki, kt]\}$ $K = \pi_{(ki,kt \leftarrow \text{Artikel, Typ})}$ Klasse

Falls wir eine Relation mehrfach ansprechen wollen, verwenden wir darüber hinaus Synonyme der Form A' :: $\{[an', ag', av', aa']\}$, A'' :: $\{[an'', ag'', av'', aa'']\}$, usw.

Im folgenden wird für eine Reihe von SQL-Anfragen die Transformation in die erweiterte relationale Algebra illustriert. Die dabei entstehenden Ausdrücke werden im folgenden Kapitel dazu verwendet, um die Techniken der Anfragetransformation zu veranschaulichen.

Da die Anfragen in der Originalfassung [Chang78, Naka89] als Anfragen des relationalen Kalküls formuliert waren, die nur duplikatfreie Ergebnisse liefern, tritt auch in der entsprechenden SQL-Anfrage jeweils der Zusatz DISTINCT in der SELECT-Klausel auf.

A.1 *Anzahl der von der Spielzeugabteilung verkauften Puppen*

```
SELECT DISTINCT vn
```

```
FROM   V
WHERE  va = Spiel  AND  vi = Puppe
```

$\pi_{(vn)}\ \sigma_{va=Spiel\ \wedge\ vi=Puppe}\ V$

A.2 *Namen und Vorgesetzte aller Angestellten der Schuhabteilung mit Einkommen über 3000*

```
SELECT DISTINCT an, av
FROM   A
WHERE  ag > 3000  AND  aa = Schuh
```

$\pi_{(an,av)}\ \sigma_{ag>3000\ \wedge\ aa=Schuh}\ A$

A.3 *Artikel, die von Abteilungen der 2. Etage verkauft werden*

```
SELECT DISTINCT vi
FROM   V
WHERE  EXISTS SELECT *
       FROM   O
       WHERE  oe = 2  AND oa = va
```

$\pi_{(vi)}\ \sigma_{(\exists e_u)}\ V$
mit $e_u = \sigma_{oe=2\ \wedge\ oa=va}\ O$

A.4 *Einkommen von Anderson's Vorgesetzten*

```
SELECT DISTINCT ag
FROM   A
WHERE  EXISTS SELECT *
       FROM A'
       WHERE an = av'  AND  an' = Anderson
```

$\pi_{(ag)}\ \sigma_{(\exists e_u)}\ A$
mit $e_u = \sigma_{an=av'\ \wedge\ an'=Anderson}\ A'$

A.5 *Namen aller Angestellten, die mehr als ihre Vorgesetzten verdienen*

```
SELECT DISTINCT an
FROM   A
WHERE  EXISTS SELECT *
       FROM   A'
       WHERE an' = av  AND ag' < ag
```

$\pi_{(an)}\ \sigma_{(\exists e_u)}\ A$
mit $e_u = \sigma_{an'=av\ \wedge\ ag'<ag}\ A'$

A.6 *Durchschnittliches Einkommen aller Angestellten der Spielzeug- oder Schuhabteilung*

```
SELECT (avg ag)
FROM   A
WHERE  aa = Schuh  OR aa = Spiel
```

$(avg\ ag)\ \sigma_{aa=Schuh \lor aa=Spiel}\ A$

A.7 *Anzahl der Artikel vom Typ A*

```
SELECT count ki
FROM   K
WHERE  kt = A
```

$(count\ ki)\ \sigma_{kt=A}\ K$

A.8 *Namen und Gehälter aller Angestellten, die Vorgesetzte von mehr als 10 Mitarbeitern sind*

```
SELECT DISTINCT an,ag
FROM   A
WHERE  10 < SELECT count an'
            FROM   A'
            WHERE  an = av'
```

$\pi_{(an,ag)}\ \sigma_{10<(count\ an'\ e_u)}\ A$
$mit\quad e_u = \sigma_{an=av'}\ A'$

A.9 *Namen und Gehälter aller Angestellten, die Vorgesetzte von weniger als 10 Mitarbeitern sind*

```
SELECT DISTINCT an,ag
FROM   A
WHERE  10 > SELECT count an'
            FROM   A'
            WHERE  an = av'
```

$\pi_{(an,ag)}\ \sigma_{10>(count\ an'\ e_u)}\ A$
$mit\quad e_u = \sigma_{an=av'}\ A'$

A.10 *Namen aller Angestellten, die mehr als Angestellte der Schuhabteilung verdienen*

```
SELECT DISTINCT an
FROM   A
WHERE  ag > ALL SELECT ag'
                FROM   A'
                WHERE  aa' = Schuh
```

$\pi_{(an)}\ \sigma_{(\forall e_u\ ag>ag')}\ A$
$mit\quad e_u = \sigma_{aa'=Schuh}\ A'$

A.11 *Lieferanten, die alle Artikel liefern*

```
SELECT DISTINCT ll
FROM   L
WHERE  NOT EXISTS
       SELECT *
```

```
FROM   K
WHERE  NOT EXISTS
       SELECT *
       FROM   L'
       WHERE  ll = ll'  AND  li' = ki
```

$$\pi_{(ll)}\ \sigma_{\neg(\exists e_{u1})}\ L$$
$$\begin{aligned} mit\quad e_{u1} &= \sigma_{\neg(\exists e_{u2})}\ K \\ e_{u2} &= \sigma_{ll=ll' \wedge li'=ki}\ L' \end{aligned}$$

A.12 *Lieferanten, die jeden Artikel vom Typ A an mindestens eine Abteilung der zweiten Etage liefern*

```
SELECT DISTINCT ll
FROM   L
WHERE  NOT EXISTS
   SELECT *
   FROM   K
   WHERE  kt = A
      AND NOT EXISTS
          SELECT *
          FROM   L'
          WHERE  ll = ll'  AND  li' = ki
             AND EXISTS
                 SELECT *
                 FROM   O
                 WHERE  oe = 2  AND oa = la'
```

$$\pi_{(ll)}\ \sigma_{\neg(\exists e_{u1})}\ L$$
$$\begin{aligned} mit\quad e_{u1} &= \sigma_{kt=A \wedge \neg(\exists e_{u2})}\ K \\ e_{u2} &= \sigma_{ll=ll' \wedge li'=ki \wedge (\exists e_{u3})}\ L' \\ e_{u3} &= \sigma_{oe=2 \wedge oa=la'}\ O \end{aligned}$$

A.13 *Lieferanten, die an mindestens 2 Abteilungen mehr als 100 Artikel liefern*

```
SELECT DISTINCT ll
FROM   L
WHERE  2 <= SELECT count_distinct la'
            FROM   L'
            WHERE  100 < SELECT count li''
                         FROM   L''
                         WHERE  ll = ll''  AND la' = la''
```

$$\pi_{(ll)}\ \sigma_{2\leq(count\_distinct\ la'\ e_{u1})}\ L$$
$$\begin{aligned} mit\quad e_{u1} &= \sigma_{100<(count\ li''\ e_{u2})}\ L' \\ e_{u2} &= \sigma_{ll=ll'' \wedge la'=la''}\ L'' \end{aligned}$$

A.13' *Lieferanten, die an mindestens 2 Abteilungen mehr als 100 Artikel liefern*

Bei einer Spracherweiterung von SQL, bei der in der FROM-Klausel neben Relationen auch geschlossene Ausdrücke zugelassen sind, läßt sich Anfrage A.13 einfacher formulieren.

```
SELECT DISTINCT ll
FROM     SELECT   ll, la
         FROM     L
         GROUP BY ll, la
         HAVING   100 < count li''
GROUP BY ll
HAVING   2 < count_distinct la
```

$$\pi_{ll}\ \sigma_{2<\mathtt{cdla}}\ \phi_{[ll,la]\,[\mathtt{cdla}:\ count\_distinct\ la]}\ e_f$$
$$mit\ \ e_f = \sigma_{100<\mathtt{cli}}\ \phi_{[ll,la]\,[\mathtt{cli}:\ count\ li'']}\ L$$

A.14 *Lieferanten, die an maximal 2 Abteilungen weniger als 10 Artikel liefern*

```
SELECT DISTINCT ll
FROM   L
WHERE  2 >= SELECT count_distinct la'
            FROM   L'
            WHERE  10  >  SELECT count li''
                          FROM L''
                          WHERE ll = ll''  AND la' = la''
```

$$\pi_{(ll)}\ \sigma_{2\geq(count\_distinct\ la'\ e_{u1})}\ L$$
$$mit\ \ e_{u1} = \sigma_{10>(count\ li''\ e_{u2})}\ L'$$
$$e_{u2} = \sigma_{ll=ll''\ \wedge\ la'=la''}\ L''$$

Eine Umformulierung wie bei Anfrage A.13 ist hier nicht möglich, da auch Abteilungen, die von einem Lieferanten nicht beliefert werden, gezählt werden müssen.

A.15 *Abteilungen, die Anzüge verkaufen und deren Angestellte zusammen mehr als 100000 verdienen*

```
SELECT DISTINCT va
FROM   V
WHERE  vi = Anzug
   AND 100000 < SELECT sum ag
                FROM   A
                WHERE  aa = va
```

$$\pi_{(va)}\ \sigma_{vi=Anzug\ \wedge\ 100000<(sum\ ag\ e_u)}\ V$$
$$mit\ \ e_u = \sigma_{aa=va}\ A$$

A.16 *Artikel, die auf mehr als 2 Etagen verkauft werden*

```
SELECT DISTINCT vt
FROM   V
WHERE  2 < SELECT count_distinct oe
           FROM   O
           WHERE  EXISTS
                  SELECT *
                  FROM   V'
                  WHERE  va' = oa  AND  vi' = vi
```

$\pi_{(vt)}\ \sigma_{2<(count\_distinct\ oe\ e_{u1})}\ V$
$mit\ \ e_{u1} = \sigma_{(\exists e_{u2})}\ O$
$e_{u2} = \sigma_{va'=oa\ \wedge\ vi'=vi}\ V'$

A.17 *Alle Paare von Abteilungen, die mindestens 3 gleiche Artikel verkaufen*

```
SELECT DISTINCT va, va'
FROM   V, V'
WHERE  va <> va'
  AND 3 <= SELECT count_ distinct vi''
           FROM   V'', V'''
           WHERE  vi'' = vi'''  AND  va = va''  AND  va' = va'''
```

$\pi_{(va,va')}\ \sigma_{va\neq va'\ \wedge\ 3<(count\_distinct\ vi''\ e_u)}\ V \times V'$
$mit\ \ e_u = \sigma_{vi''=vi'''\ \wedge\ va=va''\ \wedge\ va'=va'''}\ V'' \times V'''$

A.17' *Alle Paare von Abteilungen, die mindestens 3 gleiche Artikel verkaufen*

Eine andere Formulierung von Anfrage A.17 ist mit Hilfe der GROUP BY – HAVING – Klausel möglich.

```
SELECT    va, va'
FROM      V, V'
WHERE     va <> va'  AND  vi = vi'
GROUP BY va, va'
HAVING    (count_distinct vi) > 3
```

$\pi_{(va,va')}\ \sigma_{cdi>3}\ \phi_{[va,va']\ [cdi:\ count\_distinct\ vi]}\ \sigma_{va\neq va'\ \wedge\ vi=vi'}\ V \times V'$

A.18 *Etagen, auf denen eine Abteilung alle Artikel verkauft*

```
SELECT DISTINCT oe
FROM   O
WHERE  NOT EXISTS
       SELECT *
       FROM   K
       WHERE  NOT EXISTS
              SELECT *
              FROM   V
              WHERE  va = oa  AND vi = ki
```

$\pi_{(oe)}\ \sigma_{\neg(\exists e_{u1})}\ O$
$mit\ \ e_{u1} = \sigma_{\neg(\exists e_{u2})}\ K$
$e_{u2} = \sigma_{va=oa\ \wedge\ vi=ki}\ V$

A.19 *Etagen, auf denen jede Abteilung einen Artikel vom Typ A verkauft*

```
SELECT DISTINCT oe
FROM   O
WHERE  NOT EXISTS
```

```
SELECT *
FROM   O'
WHERE  oe' = oe
    AND NOT EXISTS
           SELECT *
           FROM   V, K
           WHERE  oa' = va  AND  ki = vi  AND  kt = A
```

$\pi_{(oe)}\ \sigma_{\neg(\exists e_{u1})}\ O$
mit $e_{u1} = \sigma_{oe'=oe\ \wedge\ \neg(\exists e_{u2})}\ O'$
$e_{u2} = \sigma_{oa'=va\ \wedge\ ki=vi\ \wedge\ kt=A}\ V \times K$

A.20 *Abteilungen, in denen das Durchschnittseinkommen aller Angestellten mehr als 2000 beträgt, mit der Summe des Einkommens der Angestellten*

```
SELECT    aa, sum ag
FROM      A
GROUP BY  aa
HAVING    avg ag >= 2000
```

$\pi_{(aa,sumag)}\ \sigma_{avgag>=2000}\ \phi_{[aa]\ [sumag:\ sum\ ag,\ avgag:\ avg\ ag]}\ A$

A.21 *Abteilungen, in denen der Durchschnittsverdienst der Angestellten pro angebotenem Artikeltyp mehr als 100 beträgt*

```
SELECT    aa
FROM      A
GROUP BY  aa
HAVING    (avg ag) > 100 * SELECT count_distinct kt
                           FROM   V, K
                           WHERE  va = aa  AND  vi = ki
```

$\pi_{(aa)}\ \sigma_{avgag>100*(count\_distinct\ kt\ e_u)}\ \phi_{[aa]\ [avgag:\ avg\ ag]}\ A$
mit $e_u = \sigma_{va=aa\ \wedge\ vi=ki}\ V \times K$

Kapitel 5

Grundlagen der Anfragetransformation

5.1 Überblick

Ziel dieses Kapitels ist die Entwicklung einer korrekten und vollständigen Menge von Regeln zur Anfragetransformation und zur Generierung algebraischer Ausdrücke. Nach dem in Kap. 3 entwickelten Gesamtkonzept werden dabei Regeln für

- die Prädikat-Transformation mit dem Übergang zur zweiwertigen Logik und
- die Auflösung von Unteranfrage-Prädikaten, sowie
- algebraische Transformationsregeln (Kommutativgesetze, Distributivgesetze, Einsparung von Joins)

benötigt. Die Vorgehensweise bei der Anwendung dieser Regeln ist Gegenstand des folgenden Kapitels.

Die Regeln zur Prädikat-Transformation können mit Ausnahme des Übergangs zur zweiwertigen Logik aus der Literatur [JaKo84] entnommen werden, sie werden hier nur der Vollständigkeit halber in unserer speziellen Darstellungsform angegeben.

Im Kern dieses Kapitels steht die Auflösung von Unteranfrage-Prädikaten. Hierzu wird der Begriff der gruppierenden Abbildung eingeführt, es wird gezeigt, wie sich mit Hilfe gruppierender Abbildungen korrekte und verlustfreie Ersetzungen von Ausdrücken mit freien Attributen konstruieren lassen, und wie derartige Ersetzungen zur Auflösung von Unteranfrage-Prädikaten eingesetzt werden können.

Distributiv- und Kommutativgesetze sowie Regeln zur Einsparung von Joins sind im wesentlichen aus der Literatur bekannt [Ullm82, Naka90]. Wir zeigen, daß sich diese Regeln zum größten Teil aus allgemein für gruppierende Abbildungen geltenden Gesetzen ergeben. Zur Herleitung von Distributiv- oder Kommutativgesetzen für die einzelnen relationalen Operatoren genügt also der Nachweis, daß es sich bei ihnen um gruppierende Abbildungen handelt. Damit ist auf einfache Weise eine große Anzahl korrekter algebraischer Transformationsregeln ableitbar. Die Frage, welche dieser Regeln für die Anfragetransformation und zur Generierung algebraischer Ausdrücke eingesetzt werden sollten, wird erst im folgenden Kapitel im Zusammenhang mit der Vorgehensweise bei der Regelanwendung diskutiert.

5.2 Prädikat-Transformation

Die aus der Prädikatenlogik bekannten Regeln zur Umformung Prädikate sind in Abb. 5.1 zusammengestellt. Sie sind hier etwas unüblich in unserer vereinheitlichten Darstellungsform angegeben sind, bei der auf Variablen verzichtet werden kann. Auf die Anwendung der einzelnen

Kommutativität

$p_1 \vee p_2$	$\Longleftrightarrow \; p_2 \vee p_1$	$p_1 \wedge p_2$	$\Longleftrightarrow \; p_2 \wedge p_1$
$\exists e_1 \exists e_2 \; p$	$\Longleftrightarrow \; \exists e_2 \exists e_1 \; p$	$\forall e_1 \forall e_2 \; p$	$\Longleftrightarrow \; \forall e_2 \forall e_1 \; p$

Assoziativität

$(p_1 \vee p_2) \vee p_3$	$\Longleftrightarrow \; p_1 \vee (p_2 \vee p_3)$	$(p_1 \wedge p_2) \wedge p_3$	$\Longleftrightarrow \; p_1 \wedge (p_2 \wedge p_3)$

Distributivität

$p_1 \vee (p_2 \wedge p_3)$	$\Longleftrightarrow \; (p_1 \vee p_2) \wedge (p_1 \vee p_3)$	$p_1 \wedge (p_2 \vee p_3)$	$\Longleftrightarrow \; (p_1 \wedge p_2) \vee (p_1 \wedge p_3)$
$\exists e \; (p_1 \vee p_2)$	$\Longleftrightarrow \; (\exists e \; p_1) \vee (\exists e \; p_2)$	$\forall e \; (p_1 \wedge p_2)$	$\Longleftrightarrow \; (\forall e \; p_1) \wedge (\forall e \; p_2)$

Idempotenz

$p \vee p$	$\Longleftrightarrow \; p$	$p \wedge p$	$\Longleftrightarrow \; p$
$p \vee \neg p$	$\Longleftrightarrow \; true$	$p \wedge \neg p$	$\Longleftrightarrow \; false$
$p_1 \vee (p_1 \wedge p_2)$	$\Longleftrightarrow \; p_1$	$p_1 \wedge (p_1 \vee p_2)$	$\Longleftrightarrow \; p_1$
$p \vee false$	$\Longleftrightarrow \; p$	$p \wedge true$	$\Longleftrightarrow \; p$
$p \vee true$	$\Longleftrightarrow \; true$	$p \wedge false$	$\Longleftrightarrow \; false$

De Morgan

$\neg(p_1 \vee p_2)$	$\Longleftrightarrow \; \neg(p_1) \wedge \neg(p_2)$	$\neg(p_1 \wedge p_2)$	$\Longleftrightarrow \; \neg(p_1) \vee \neg(p_2)$

Negation von Quantoren

$\neg(\forall e \; p)$	$\Longleftrightarrow \; \exists e \; (\neg p)$	$\neg(\exists e \; p)$	$\Longleftrightarrow \; \forall e \; (\neg p)$

Eliminierung der Negation

$\neg(\neg(p))$	$\Longleftrightarrow \; p$	$\neg t_1 \theta t_2$	$\Longrightarrow \; t_1 \bar{\theta} t_2$

Bedingte Verschiebung ($\mathcal{F}(p_1) \cap \mathcal{A}(e) = \{\}$)

$p_1 \vee (\forall e \; p_2)$	$\Longleftrightarrow \; \forall e \; (p_1 \vee p_2)$	$p_1 \wedge (\exists e \; p_2)$	$\Longleftrightarrow \; \exists e \; (p_1 \wedge p_2)$

$$p_1 \vee (\exists e \; p_2) \Longleftrightarrow \begin{cases} \exists e (p_1 \vee p_2) & \textit{falls } e \neq \{\} \\ p_1 & \textit{falls } e = \{\} \end{cases}$$

$$p_1 \wedge (\forall e \; p_2) \Longleftrightarrow \begin{cases} \forall e \; (p_1 \wedge p_2) & \textit{falls } e \neq \{\} \\ p_1 & \textit{falls } e = \{\} \end{cases}$$

Abbildung 5.1 Regeln zur Prädikattransformation

Regeln wird erst im folgenden Kapitel eingegangen. Voraussetzung für die im Mittelpunkt dieses Kapitels stehenden algebraischen Transformationregeln ist allerdings, daß zur Anfrageauswertung mittels zweiwertiger Logik übergegangen wird. Ferner kommen zu den üblichen Regeln zur Prädikattransformation noch die Schachtelungsregeln hinzu.

Übergang zu zweiwertiger Logik

Um zur zweiwertigen Logik übergehen zu können, muß zunächst die Negation mit Hilfe der Regeln von De Morgan und der Negation von Quantoren nach innen geschoben und schließlich eliminiert werden. Dies entspricht der Vorgehensweise bei der verbesserten Kalkül→Algebra Transformation und bei den Ansätzen zur Transformation von SQL-Anfragen.

Bei einem Prädikat, das keine Negation enthält, kann der Wahrheitswert *unknown* wie der Wahrheitswert *false* behandelt werden, da für die Selektion eines Tupels nur entscheidend ist, ob das Prädikat zu *true* ausgewertet wird oder nicht, und bei allen booleschen Operatoren mit Ausnahme der Negation die Wahrheitswerte *false* und $\perp$ zusammengefaßt werden können:

$\vee$	*true*	*false*, $\perp$
true	*true*	*true*
false, $\perp$	*true*	*false*, $\perp$

$\wedge$	*true*	*false*, $\perp$
true	*true*	*false*, $\perp$
false, $\perp$	*false*, $\perp$	*false*, $\perp$

Wir können daher Vergleichsoperatoren $\theta \in \{=, \neq, <, \leq, >, \geq\}$ durch Vergleichsoperatoren $\theta^- \in \{=^-, \neq^-, <^-, \leq^-, >^-, \geq^-\}$ ersetzen, die bei Vorliegen eines Nullwerts *false* anstelle *unknown* als Ergebnis liefern. Die Verwendung neuer Vergleichsoperatoren ist notwendig, um auch bei Transformationen, mit denen eine Negation eingeführt wird (z.B. Einsatz eines negativen Semijoins bei einem Allquantor), Anfrageauswertung mittels zweiwertiger Logik beibehalten zu können. Zur Invertierung von Vergleichsoperatoren θ^- benötigen wir die Vergleichsoperatoren θ^+, die bei Vorliegen eines Nullwerts *true* als Ergebnis liefern.

Schachtelungsregeln

Die Schachtelungsregeln [JaKo83, Koch85] werden bei der Anfragetransformation im relationalen Kalkül verwendet, um Selektionen so früh wie möglich durchführen und bevorzugt Semijoins einsetzen zu können. Sie sind nur unter der Voraussetzung korrekt, daß zur zweiwertigen Logik übergegangen wurde.

$$\begin{aligned}
\exists e\,(p_1 \wedge p_2) &\iff \exists(\sigma_{p_1}\ e)\ p_2\\
\forall e\,(\neg p_1 \vee p_2) &\iff \forall(\sigma_{p_1}\ e)\ p_2\\
(\exists e_1\ \exists e_2\ p) &\iff (\exists(e_1 \times e_2)\ p)\\
(\forall e_1\ \forall e_2\ p) &\iff (\forall(e_1 \times e_2)\ p)
\end{aligned}$$

Im relationalen Kalkül sind die ersten beiden Regeln nur unter der Voraussetzung $\mathcal{F}(p_1) \subset \mathcal{A}(e)$ anwendbar, da dort in einem quantifizierten Ausdruck $(\exists e'\ p)$ der Ausdruck e' ein geschlossener Ausdruck ohne freie Attributreferenzen sein muß. Diese Einschränkung kann hier fallengelassen werden, da in unserer verallgemeinerten relationalen Algebra auch Ausdrücke e' mit freien Attributreferenzen zugelassen sind.

5.3 Gruppierende Abbildungen

5.3.1 Definition

Die Grundidee zur Auflösung eines Unteranfrage-Prädikats $\sigma_{p_u}\ e$ mit einem Ausdruck e_u ist, e in e_u hineinzuziehen. Das heißt, es wird ausgehend von e_u ein Ausdruck $E_u[e]$ gebildet, der bei

Interpretation bezüglich des Schemas folgende Ergebnismenge liefert:[13]

$$E_u[e] \;=\; \bigcup_{x \in e} \{x\} \times (e_u\ x)$$

Jedem Tupel $x \in e$ wird dabei die bei der Auswertung der Unteranfrage entstehende Relation $(e_u\ x)$ zugeordnet. Um exakt beschreiben zu können, wie e in e_u einzusetzen ist, definieren wir zu e_u eine *algebraische Abbildung* $E_u[\mathcal{R}]$, wobei $\mathcal{R}$ ein Relationsparameter ist, der durch eine Relation r bzw. einen geschlossenen Ausdruck e ersetzt werden kann.

Definition 5.1 Eine *Relationsvariable* $\mathcal{R}^{X,\overline{Y}}$ bezeichnet einen beliebigen algebraischen Ausdruck $e\ ::\ \{[\mathcal{X}^{X,\overline{Y}}]\}$. Werden keine Einschränkungen bezüglich der mindestens benötigten Attribute X und der nicht zulässigen Attribute Y des durch $\mathcal{R}$ bezeichneten Ausdrucks gemacht, oder gehen diese Einschränkungen aus dem Zusammenhang hervor, so verwenden wir für eine Relationsvariable auch die abkürzende Schreibweise $\mathcal{R}$.

Eine *algebraische Abbildung* $E[\mathcal{R}^{X,\overline{Y}}]$ ist gegeben durch einen algebraischen Ausdruck, der die Relationsvariable $\mathcal{R}$ ohne eine zugehörige Definition $\mathcal{R} = e$ enthält. Ein solcher Ausdruck wird als Abbildung aufgefaßt, die einem *einsetzbaren Ausdruck*, also einem Ausdruck $e\ ::\ \{[\mathcal{X}^{X,\overline{Y}}]\}$ einen geschlossenen algebraischen Ausdruck $E[e]$ zuordnet, indem der Relationsparameter $\mathcal{R}$ durch e ersetzt wird:

$$\begin{array}{lcl} E[\mathcal{R}^{X,\overline{Y}}] & :: & (\{[\mathcal{X}^{X,\overline{Y}}]\}) \rightarrow \{[\mathcal{A}(E[e^{\mathcal{X}}])]\} \\ E[e] & :: & \{[\mathcal{A}(E[e])]\} \\ E[e] & = & E[\mathcal{R}/e] \;=\; (E \ \mathit{mit}\ \mathcal{R} = e) \end{array}$$

Der Typ $\{[\mathcal{A}(E[e^{\mathcal{X}}])]\}$ des Ergebnisausdrucks hängt dabei vom Typ $\mathcal{X}$ des eingesetzten Ausdrucks e ab. Die Schreibweise $E[e]$ anstelle $(E\ e)$ wird verwendet, um zu verdeutlichen, daß e in E eingesetzt wird. Das entspricht der Auswertung einer Definition der Variablen $\mathcal{R}$.

Definition 5.2 Eine algebraische Abbildung ist *linear*, falls $E[\{\}] = \{\}$ und für jede einsetzbare Relation $r_1 \cup r_2$ die Bedingung

$$E[r_1 \cup r_2] = E[r_1] \cup E[r_2]$$

erfüllt ist. Eine lineare Abbildung $E[\mathcal{R}^{X,\overline{Y}}]$ ist *gruppierend*, falls für einsetzbare Ausdrücke $\{x\}$ die Bedingung

$$E[\{x\}] = \{x\} \bowtie E[\{x.X\}]$$

erfüllt ist und Y die *Gruppenattribute* $\mathcal{G}(E) = \mathcal{A}(E[x.X]) \setminus X$ umfaßt, also $\mathcal{G}(E) \subset Y$ gilt.

Um die Linearität einer Abbildung nachzuweisen, genügt es zu zeigen, daß neben $E[\{\}] = \{\}$ die Eigenschaft $E[r_1 \cup r_2] = E[r_1] \cup E[r_2]$ für disjunkte, einsetzbare r_1, r_2 gilt. Die Vereinigung beliebiger nichtleerer, einsetzbarer r_1', r_2' läßt sich nämlich als disjunkte Vereinigung einelementiger Mengen darstellen:

$$\begin{array}{lcl} E[r_1' \cup r_2'] & = & E[\bigcup_{x \in r_1' \cup r_2'} \{x\}] \\ & = & \bigcup_{x \in r_1' \cup r_2'} E[\{x\}] \\ & = & E[r_1'] \cup E[r_2']. \end{array}$$

[13] Zur Erinnerung: $(e_u\ x)$ bedeutet die Ersetzung der in e_u enthaltenen freien Attribute durch Attributwerte, das heißt $(e_u\ x) = e_u[A_i/x.A_i]$.

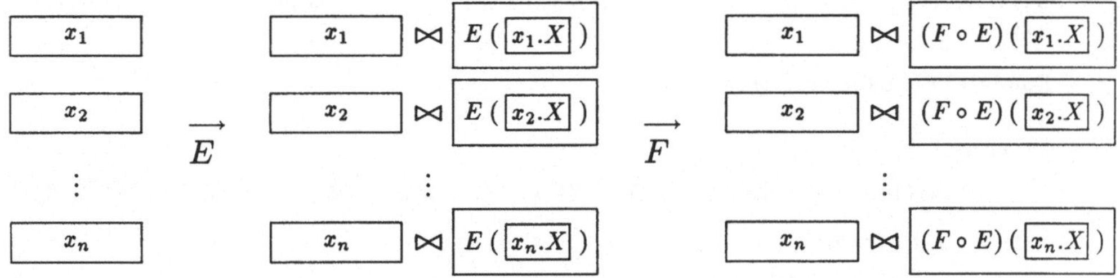

Abbildung 5.2 Konstruktion gruppierender Abbildungen

Das Ergebnis einer gruppierenden Abbildung ergibt eine Relation

$$E[e] = \bigcup_{x \in e} \{x\} \bowtie E[\{x.X\}]$$

die augrund $\mathcal{G}(E) \cap \mathcal{A}(e) = \{\}$ in Form einer gruppierten Relation

$$E[e] = \bigcup_{x \in e} \{x\} \times r_x \quad mit \quad r_x = \pi_{[\mathcal{G}(E)]} \; E[\{x.X\}]$$

dargestellt werden kann.

5.3.2 Konstruktion

Die Abbildung $E[\mathcal{R}] = \mathcal{R}$ ist trivialerweise gruppierend. Zur Konstruktion gruppierender Abbildungen ist zu klären, unter welchen Bedingungen die Komposition einer Abbildung F mit einer gruppierenden Abbildung E wieder gruppierend ist. Hierzu definieren wir den Begriff der *gruppierungserhaltenden* Abbildung.

Definition 5.3 Eine Abbildung

$$F \;::\; [\mathcal{X}^{X,\overline{Y}}, Z] \rightarrow [\mathcal{X}^{X,\overline{Y}}, Z']$$

mit $Y \supset Z \cup Z'$ ist $[\mathcal{X}^{X,\overline{Y}}, Z]$-*gruppierungserhaltend*, falls die drei Bedingungen

1. $F[\{\}] = \{\}$
2. $F[r_1 \cup r_2] = F[r_1] \cup F[r_2]$ *falls* $\mathcal{A}(r_1) = \mathcal{A}(r_2) = \mathcal{X} \cup Z, \pi_{[\mathcal{A}(r_1)\setminus Z]} \; r_1 \cap \pi_{[\mathcal{A}(r_2)\setminus Z]} \; r_2 = \{\}$
3. $F[\{x\} \bowtie r] = \{x\} \bowtie F[\{x.X\} \bowtie r]$ *falls* $\mathcal{A}(x) = \mathcal{X}$, $\mathcal{A}(r) = X \cup Z$

erfüllt sind.

Grob gesagt muß eine gruppierungserhaltende Abbildung F gruppenweise linear sein und die Gruppierungsattribute $\mathcal{X}$ bewahren. Wie der folgende Satz zeigt, ist die Komposition einer gruppierenden Abbildung E mit einer gruppierungserhaltenden Abbildung F gruppierend. Dies ist in Abb. 5.2 veranschaulicht.

Satz 5.1 Die Abbildung $E[\mathcal{R}^{X,\overline{Y}}] :: \{[\mathcal{X}^{X,\overline{Y}}]\} \rightarrow \{[\mathcal{X}^{X,\overline{Y}}, Z]\}$ sei gruppierend ($Z = \mathcal{G}(E)$), die Abbildung F sei $[\mathcal{X}^{X',\overline{Y'}}, Z]$-gruppierungserhaltend mit $X \subset X'$ und $Y \subset Y'$.

Dann ist $(F \circ E)[\mathcal{R}^{X',\overline{Y'}}]$ gruppierend.

Beweis:

1. $(F \circ E)$ ist wohlkonstruiert, da $X \subset X'$, $Y \subset Y'$ und $\mathcal{A}(E[\mathcal{R}]) = [\mathcal{A}(\mathcal{R}), Z] = [\mathcal{X}^{X,\overline{Y}}, Z]$.

2. $F \circ E$ ist linear:

$$
\begin{array}{lll}
& (F \circ E)[r_1 \cup r_2] & \\
= & F\,(E[\bigcup_{x \in r_1 \cup r_2} \{x\}]) & \\
= & F\,(\bigcup_{x \in r_1 \cup r_2} E[\{x\}]) & (a) \\
= & \bigcup_{x \in r_1 \cup r_2} F(E[\{x\}]) & (b) \\
= & \bigcup_{x \in r_1} F(E[\{x\}]) \;\cup\; \bigcup_{x \in r_2} F(E[\{x\}]) & \\
= & F\,(\bigcup_{x \in r_1} E[\{x\}]) \;\cup\; F\,(\bigcup_{x \in r_2} E[\{x\}]) & (c) \\
= & (F \circ E)[r_1] \cup (F \circ E)[r_2] & (d)
\end{array}
$$

(a), (d) folgt aus der Linearität von E.

(b), (c) gilt, da für $x, x' \in r_1 \cup r_2, x \neq x'$ die Voraussetzung

$$E[\{x\}] \cap E[\{x'\}] = \{x\} \bowtie E[\{x.X'\}] \;\cap\; \{x'\} \bowtie E[\{x'.X'\}] = \{\}$$

erfüllt ist und F gruppierungserhaltend, also insbesondere gruppenweise linear ist. ist.

3. $F \circ E$ ist eine gruppierende lineare Abbildung:

$$
\begin{array}{lll}
& (F \circ E)[\{x\}] & \\
= & F(E[\{x\}]) & \\
= & F(\{x\} \bowtie E[\{x.X\}]) & (a) \\
= & \{x\} \bowtie F(\{x.X'\} \bowtie E[\{x.X\}]) & (b) \\
= & \{x\} \bowtie F(E[\{x.X'\}]) & (c)
\end{array}
$$

(a) und (c) gelten, da E gruppierend ist.

(b) gilt, da F gruppierungserhaltend ist.

Wie der folgende Satz zeigt, bleibt eine gruppierende Abbildung bei Anwendung der relationalen Operatoren Join, Selektion, Projektion, Aggregierung und Division gruppierend, falls alle Attribute von $\mathcal{R}$ mitgeführt werden.

Satz 5.2 Sei $E[\mathcal{R}^{X,\overline{Y}}] :: \{[\mathcal{X}^{X,\overline{Y}}]\} \rightarrow \{[\mathcal{X}^{X,\overline{Y}}, Z]\}$ gruppierend. Dann sind auch folgende Abbildungen $E'[\mathcal{R}^{X',\overline{Y'}}]$ gruppierend, sofern jeweils X' und Y' disjunkt sind.

1. $E'[\mathcal{R}^{X',\overline{Y'}}] = E[\mathcal{R}] \bowtie e_j$ *mit* $X' = X,\ Y' = Y \cup (\mathcal{A}(e_j) \setminus X)$
2. $E'[\mathcal{R}^{X',\overline{Y'}}] = \sigma_p\ E[\mathcal{R}]$ *mit* $X' = X \cup (\mathcal{F}(p) \setminus Z),\ Y' = Y$
3. $E'[\mathcal{R}^{X',\overline{Y'}}] = \pi_{[\mathcal{A}(\mathcal{R}), Z']}\ E[\mathcal{R}]$ *mit* $X' = X \cup (Z' \setminus Z),\ Y' = Y$
4. $E'[\mathcal{R}^{X',\overline{Y'}}] = \phi_{[\mathcal{A}(\mathcal{R}), Z']\ F}\ E[\mathcal{R}]$ *mit* $X' = X \cup ((\mathcal{F}(F) \cup Z') \setminus Z),\ Y' = Y$
5. $E'[\mathcal{R}^{X',\overline{Y'}}] = E[\mathcal{R}] \div e_d$ *mit* $X' = X,\ Y' = Y,\ \mathcal{A}(e_d) \subset Z$
6. $E'[\mathcal{R}^{X',\overline{Y'}}] = E[\mathcal{R}] \bowtie_F e_a$ *mit* $X' = X,\ Y' = Y \cup (\mathcal{A}(e_a) \setminus (X \cup Z))$
7. $E'[\mathcal{R}^{X',\overline{Y'}}] = \Omega^{|Z'}\ E[\mathcal{R}]$ *mit* $X' = X,\ Y' = Y,\ Z' \subset Z$

Beweis: Es ist zu zeigen, daß die jeweils angewandten Abbildungen

$$F[\mathcal{R}'^{X'\cup Z,\overline{Y'\setminus Z}}] \quad :: \quad [\mathcal{X}^{X',\overline{Y'}}, Z] \rightarrow [\mathcal{X}^{X',\overline{Y'}}, Z'']$$

gruppierungserhaltend sind. Dies sind im einzelnen die Abbildungen

1. $F[\mathcal{R}'^{X'\cup Z,\overline{Y'\setminus Z}}] = \mathcal{R}' \bowtie e_j$
2. $F[\mathcal{R}'^{X'\cup Z,\overline{Y'\setminus Z}}] = \sigma_p\ \mathcal{R}'$
3. $F[\mathcal{R}'^{X'\cup Z,\overline{Y'\setminus Z}}] = \pi_{[(\mathcal{A}(\mathcal{R}')\setminus Z),Z']}\ \mathcal{R}'$
4. $F[\mathcal{R}'^{X'\cup Z,\overline{Y'\setminus Z}}] = \phi_{[(\mathcal{A}(\mathcal{R}')\setminus Z),Z']\ F}\ \mathcal{R}'$
5. $F[\mathcal{R}'^{X'\cup Z,\overline{Y'\setminus Z}}] = \mathcal{R}' \div e_d$
6. $F[\mathcal{R}'^{X'\cup Z,\overline{Y'\setminus Z}}] = \mathcal{R}' \bowtie_F e_a$
7. $F[\mathcal{R}'^{X'\cup Z,\overline{Y'\setminus Z}}] = \Omega^{|Z'}\ \mathcal{R}'$

Die drei Eigenschaften für gruppierungserhaltende Abbildungen werden in allen Fällen erfüllt.

- $F[\{\}] = \{\}$ gilt offensichtlich.
- $F[r_1 \cup r_2] = F[r_1] \cup F[r_2]$ *falls* $\mathcal{A}(r_1) = \mathcal{A}(r_2) = \mathcal{X} \cup Z,\ \pi_{[\mathcal{A}(r_1)\setminus Z]}\ r_1 \cap \pi_{[\mathcal{A}(r_2)\setminus Z]}\ r_2 = \{\}$.

  Join, Selektion, Projektion und Outer-Aggregierung sind offensichtlich linear, also insbesondere auch gruppenweise linear. Die Aggregierung $\phi_{[\mathcal{A}(\mathcal{R}')\setminus Z,Z']\ F}$ ist gruppenweise linear, da durch sie eine Gruppierung bezüglich $\mathcal{A}(\mathcal{R}') \setminus Z$ nur verfeinert wird. Dies gilt entsprechend auch für die Division, bei der implizit eine Gruppierung nach $\mathcal{A}(\mathcal{R}') \setminus \mathcal{A}(e_d) = (\mathcal{A}(\mathcal{R}') \setminus Z) \cup (Z \setminus \mathcal{A}(e_d))$ vorgenommen wird (wichtig ist hier die Voraussetzung $\mathcal{A}(e_d) \subset Z$). Dies gilt entsprechend für die Nullwert-Eliminierung (implizite Gruppierung nach $\mathcal{A}(\mathcal{R}') \setminus Z'$ mit $Z' \subset Z$).
- $F[\{x\} \bowtie r] = \{x\} \bowtie F[\{x.X'\} \bowtie r]$ *falls* $\mathcal{A}(x) = \mathcal{X},\ \mathcal{A}(r) = X \cup Z$

  Diese Eigenschaft folgt aufgrund $\{x\} = \{x\} \bowtie \{x.X'\}$ daraus, daß die Abbildungen bereits auf den Attributen X', Z definiert sind und die Attribute $\mathcal{A}(\mathcal{R}')\setminus Z$ bzw. X' jeweils bewahrt werden. Beispielsweise gilt

  $$\begin{aligned} & \phi_{[\mathcal{A}(\mathcal{R})\setminus Z,Z']\ F}\ (\{x\} \bowtie r) \\ = \ & \phi_{[\mathcal{A}(\mathcal{R})\setminus Z,Z']\ F}\ (\{x\} \bowtie \{x.X'\} \bowtie r)\ . \\ = \ & \{x\} \bowtie \phi_{[X',Z']\ F}\ \{x.X'\} \bowtie r \end{aligned}$$

  Der Nachweis für die übrigen Abbildungen ergibt sich analog.

Korollar 5.1 Sei $E[\mathcal{R}^{X,\overline{Y}}]$ :: $\{[\mathcal{X}^{X,\overline{Y}}]\} \rightarrow \{[\mathcal{X}^{X,\overline{Y}}, Z]\}$ gruppierend. Dann sind auch folgende Abbildungen $E'[\mathcal{R}^{X',\overline{Y'}}]$ gruppierend, sofern jeweils X' und Y' disjunkt sind.

8. $E'[\mathcal{R}^{X',\overline{Y'}}] = E[\mathcal{R}] \times e_p$ *mit* $X' = X,\ Y' = Y \cup \mathcal{A}(e_p),\ (X \cup Z) \cap \mathcal{A}(e_p) = \{\}$
9. $E'[\mathcal{R}^{X',\overline{Y'}}] = \sigma^{|Z'}_p\ E[\mathcal{R}]$ *mit* $X' = X \cup ((\mathcal{F}(p) \cup Z') \setminus \mathcal{G}(E))$

Beweis: Unter der Voraussetzung $(X \cup Z) \cap \mathcal{A}(e_p) = \{\}$ ist der natürliche Join (1.) äquivalent zum Kreuzprodukt. Die Outer-Selektion kann aufgrund $\sigma^{|Z'}_p\ E[\mathcal{R}] = \sigma_{p \vee Z' \equiv \perp^+}\ E[\mathcal{R}]$ auf die Selektion (2.) zurückgeführt werden.

Zur Transformation von Unteranfrage-Prädikaten benötigen wir darüber hinaus einige Abbildungen, in denen der Parameter $\mathcal{R}$ mehrfach auftritt. Wie der folgende Satz zeigt, sind auch diese Abbildungen gruppierend.

Satz 5.3 Falls $E[\mathcal{R}^{X,\overline{Y}}] \; :: \; \{[\mathcal{X}^{X,\overline{Y}}]\} \to \{[\mathcal{X}^{X,\overline{Y}}, Z]\}$ gruppierend ist, dann auch folgende Abbildungen $E'[\mathcal{R}^{X',\overline{Y}}]$

1. $E'[\mathcal{R}^{X',\overline{Y}}] = \mathcal{R} \bowtie_F E[\pi_{[X']}\ \mathcal{R}]$ *mit* $X' = X \cup (\mathcal{F}(F) \setminus Z)$
2. $E'[\mathcal{R}^{X',\overline{Y}}] = \mathcal{R} \setminus E[\mathcal{R}]$ *mit* $X' = X,\ Z = \{\}$

Beweis: Zu zeigen ist, daß die beiden Abbildungen linear sind und die Eigenschaft $E[\{x\}] = \{x\} \bowtie E[\{x.X'\}]$ erfüllen.

1. Die Abbildung ist linear, da $E'[\{\}] = \{\}$ und

$$\begin{aligned} & (r_1 \cup r_2) \bowtie_F E[\pi_{[X']}\ (r_1 \cup r_2)] \\ = \ & (r_1 \cup r_2) \bowtie_F ((\pi_{[X']}\ r_1) \bowtie E[\pi_{[X']}\ r_1] \cup (\pi_{[X']}\ r_2) \bowtie E[\pi_{[X']}\ r_2]) \\ = \ & r_1 \bowtie_F E[\pi_{[X']}\ r_1] \cup r_2 \bowtie_F E[\pi_{[X']}\ r_2]. \end{aligned}$$

(Der letzte Schritt gilt, da durch $\{x\} \bowtie_F (\pi_{[X']}\ r) \bowtie E[\pi_{[X']}\ r]$ für $x \in r$ jeweils ein Ergebnistupel ermittelt wird, das von dem sonstigen Inhalt von r unabhängig ist).

Weiter gilt für einsetzbare $\{x\}$

$\{x\} \bowtie_F E[\{x.X'\}] = \{x\} \bowtie (\{x.X'\} \bowtie_F (E[\{x.X'\}]).$

2. Seien r_1, r_2 einsetzbar mit $r_1 \cap r_2 = \{\}$. Die Linearität der Abbildung folgt, da offensichtlich $E'[\{\}] = \{\}$ gilt, aus der folgenden Gleichung:

$$\begin{aligned} & (r_1 \cup r_2) \setminus E[r_1 \cup r_2] \\ = \ & (r_1 \cup r_2) \setminus (E[r_1] \cup E[r_2]) \\ = \ & r_1 \setminus (E[r_1] \cup E[r_2]) \ \cup \ r_2 \setminus (E[r_1] \cup E[r_2]) \quad (a) \\ = \ & r_1 \setminus E[r_1] \cup r_2 \setminus E[r_2] \end{aligned}$$

Schritt (a) gilt, da aus $r_1 \cap r_2 = \{\}$ auch $r_1 \cap E[r_2] = r_2 \cap E[r_1] = \{\}$ folgt.

Weiter gilt für einsetzbare $\{x\}$

$\{x\} \setminus E[\{x\}] = (\{x\} \bowtie \{x.X\}) \setminus (\{x\} \bowtie E[\{x.X\}]) = \{x\} \bowtie (\{x.X\} \setminus E[\{x.X\}).$

5.4 Ersetzung nicht geschlossener Ausdrücke

5.4.1 Korrekte Ersetzung

Definition 5.4 Eine lineare Abbildung $E[\mathcal{R}^{\mathcal{F}(e),\overline{Y}}]$ ist eine *korrekte Ersetzung* für einen Ausdruck e, falls

$$E[\{x\}] = \{x\} \times (e\ x)$$

für einsetzbare Ausdrücke $\{x\}$ erfüllt ist.

Jede Abbildung $E[\mathcal{R}^{\mathcal{F}(e),\overline{Y}}]$, die eine korrekte Ersetzung eines Ausdrucks e ist, ist gruppierend mit $\mathcal{G}(E) = \mathcal{A}(e)$:

$$E[\{x\}] = \{x\} \times (e\ x) = \{x\} \bowtie (\{x.\mathcal{F}(e)\} \times (e\ x.\mathcal{F}(e)) = \{x\} \bowtie E[\{x.\mathcal{F}(e)\}].$$

Satz 5.4 $\mathcal{T}(e) = E[\mathcal{R}^{X,\overline{Y}}]$ sei eine korrekte Ersetzung für einen Ausdruck e mit freien Variablen X und $Z = \mathcal{G}(E)$. Es gilt

1. $\mathcal{T}(e) = e \times \mathcal{R}^{X,\overline{Y}}$ mit $X = \{\}, Y = \mathcal{A}(e),\ \mathcal{F}(e) = \{\}$
2. $\mathcal{T}(\sigma_p\ e) = \sigma_p\ E[\mathcal{R}^{X',\overline{Y}}]$ mit $X' = (X \cup (\mathcal{F}(p) \setminus \mathcal{A}(e)))$
3. $\mathcal{T}(\pi_{[Z']}\ e) = \pi_{[\mathcal{A}(\mathcal{R}),Z']}\ E[\mathcal{R}^{X',\overline{Y}}]$ mit $X' = (X \cup (Z' \setminus \mathcal{A}(e))$
4. $\mathcal{T}(\phi_{()F}\ )e = \mathcal{R} \bowtie_F E[\pi_{[X' \cup Z]}\ \mathcal{R}^{X',\overline{Y}}]$ mit $X' = X \cup (\mathcal{F}(F) \setminus \mathcal{A}(e))$
5. $\mathcal{T}(\phi_{[Z']F}\ )e = \phi_{[\mathcal{A}(\mathcal{R}),Z']F}\ E[\mathcal{R}^{X',\overline{Y}}]$ mit $X' = X \cup ((\mathcal{F}(F) \cup Z') \setminus \mathcal{A}(e))$

Beweis: $\mathcal{T}(e) = e \times \mathcal{R}$ ist trivialerweise eine korrekte Ersetzung für einen geschlossenen Ausdruck e. Aus den Sätzen 5.2 und 5.3 folgt, daß alle konstruierten Abbildungen $E'[\mathcal{R}^{X',\overline{Y}}] = \mathcal{T}(e')$ gruppierend, also insbesondere linear sind. Zu zeigen ist daher noch, daß für einsetzbare Ausdrücke $\{x\}$ jeweils die Bedingung $E'[\{x\}] = \{x\} \times (e'\ x)$ erfüllt ist.

1. $E[\{x\}] = \{x\} \times e$
2. $\sigma_p\ E[\{x\}] = \sigma_p\ (\{x\} \times (e\,x)) = \{x\} \times ((\sigma_p\ e)\ x)$
3. $\pi_{[\mathcal{A}(\mathcal{R}),Z']}\ E[\{x\}] = \pi_{[\mathcal{A}(\{x\}),Z']}\ (\{x\} \times (e\,x)) = \{x\} \times \big((\pi_{[Z']}\ e)\ x\big)$
4. $$\begin{aligned} & \{x\} \bowtie_F E[\{x.X'\}] \\ = \ & \{x\} \bowtie_F (\{x.X'\} \times (e\ x.X')) \\ = \ & \{x \bullet (F\ \{x.X'\} \times (e\ x.X')\})\ \} \\ = \ & \{x\} \times ((F\ e)\ x.X') \\ = \ & \{x\} \times \big((\phi_{()F}\ e)\ x\big) \end{aligned}$$
5. $$\begin{aligned} & \phi_{[\mathcal{A}(\mathcal{R}),Z']F}\ E[\{x\}] \\ = \ & \phi_{[\mathcal{A}(\mathcal{R}),Z']F}\ \{x\} \times (e\,x) \\ = \ & \{x \bullet y.Z' \bullet ((F\ x)\ m_y) :\ y \in (e\ x)\ \wedge\ m_y = \{y.Z'\} \bowtie (e\ x)\} \\ = \ & \{x\} \times \{y.Z' \bullet ((F\ x)\ m_y) :\ y \in (e\ x)\ \wedge\ m_y = \{y.Z'\} \bowtie (e\ x)\} \\ = \ & \{x\} \times \big((\phi_{[Z']F}\ e)\ x\big) \end{aligned}$$

   Aufgrund der Gruppierung nach $[Z']$ wird hier im Gegensatz zum vorhergehenden Fall bei leerem $(e\,x)$ eine leere Menge als Ergebnis erzeugt.

Korollar 5.2 Unteranfrage-Ausdrücke haben folgende korrekte Ersetzung:

	e_u	$E_u[\mathcal{R}^{\mathcal{F}(e_u),\overline{\mathcal{A}(R_1 \times R_2 \times \cdots \times R_n)}}]$
$(U1)$	$\sigma_{p_w} (R_1 \times R_2 \cdots \times R_n)$	$\sigma_{p_w} (\mathcal{R} \times R_1 \times R_2 \cdots \times R_n)$
$(U2)$	$\phi_{()F}\ \sigma_{p_w}\ (R_1 \times R_2 \times \cdots \times R_n)$	$\mathcal{R} \bowtie_F \sigma_{p_w}\ ((\pi_{[\mathcal{F}(e_u)]}\ \mathcal{R}) \times R_1 \times R_2 \times \cdots \times R_n)$
$(U3)$	$\sigma_{p_h}\ \phi_{[Z]F}\ \sigma_{p_w}\ (R_1 \times \cdots \times R_n)$	$\sigma_{p_h}\ \phi_{[\mathcal{A}(\mathcal{R}),Z]F}\ \sigma_{p_w}\ (\mathcal{R} \times R_1 \times \cdots \times R_n)$

Beweis: Folgt direkt aus Satz 5.4.

5.4.2 Verlustfreie Ersetzung

Da Aggregatfunktionen auch auf der leeren Menge ein Ergebnis liefern, kann es zur Auflösung entsprechender Unteranfrage-Prädikate sinnvoll sein, bei der Konstruktion der Ersetzung E_u zu einer Unteranfrage dafür zu sorgen, daß $E_u[\{x\}]$ niemals zur leeren Menge ausgewertet wird. Im folgenden wird gezeigt, wie sich solche *verlustfreien Ersetzungen* für Unteranfragen ohne Aggregatfunktionen (Typ (U 1)) konstruieren lassen und zur korrekten Ersetzung von Unteranfragen vom Typ (U 2) herangezogen werden können.

Definition 5.5 Eine lineare Abbildung $E[\mathcal{R}^{\mathcal{F}(e),\overline{Y}}]$ ist eine *verlustfreie Ersetzung* für einen Ausdruck e, falls

$$E[\{x\}] = \{x\} \times ((e\,x) \cup \{[\mathcal{A}(e) : \bot^{+}]\})$$

für einsetzbare Ausdrücke $\{x\}$ erfüllt ist.

Eine verlustfreie Ersetzung ist offensichtlich gruppierend. Ferner besteht zwischen einer korrekten Ersetzung E und einer verlustfreien Ersetzung E^+ der Zusammenhang

$$E^+[\mathcal{R}] = E[\mathcal{R}] \cup (\mathcal{R} \times \{[\mathcal{A}(e) : \bot^{+}]\}).$$

Dies entspricht der Beziehung zwischen Selektion und Outer-Selektion. Zur Konstruktion einer verlustfreien Ersetzung wird dementsprechend die Outer-Selektion herangezogen. Wir können dies analog zu Satz 5.4 formulieren:

Satz 5.5 $\mathcal{T}^+(e) = E^+[\mathcal{R}^{X,\overline{Y}}]$ sei eine verlustfreie Ersetzung für einen Ausdruck e mit freien Variablen X. Es gilt

1. $\mathcal{T}^+(e) = \mathcal{R}^{X,\overline{Y}} \times (e)^+$ *mit* $X = \{\}, Y = \mathcal{A}(e),\ \mathcal{F}(e) = \{\}$
2. $\mathcal{T}^+(\sigma_p\ e) = \sigma_p^{|\mathcal{A}(e)}\ E^+[\mathcal{R}^{X',\overline{Y}}]$ *mit* $X' = (X \cup (\mathcal{F}(p) \setminus \mathcal{A}(e)))$
3. $\mathcal{T}^+(\pi_{[Z']}\ e) = \pi_{[\mathcal{A}(\mathcal{R}),Z']}\ E^+[\mathcal{R}^{X,\overline{Y}}]$ *mit* $Z' \subset \mathcal{A}(e)$
4. $\mathcal{T}(\phi_{()F}\ e) = \phi_{[\mathcal{A}(\mathcal{R})]F}\ \Omega^{|\mathcal{A}(e)}\ E^+[\mathcal{R}^{X',\overline{Y}}]$ *mit* $X' = X \cup (\mathcal{F}(F) \setminus \mathcal{A}(e))$

   (Konstruktion einer korrekten unter Verwendung einer verlustfreien Ersetzung)

Beweis: Die so konstruierten Abbildungen sind offensichtlich gruppierend. Zu zeigen bleibt in den Fällen 1.-3. also noch, daß jeweils die Bedingung

$$E^+[\{x\}] = \{x\} \times ((e\,x) \cup \{[\mathcal{A}(e) : \bot^{+}]\})$$

für einsetzbare x erfüllt ist.

1. $\{x\} \times (e)^+ = \{x\} \times (e \cup \{[\mathcal{A}(e) : \perp^+]\})$

2.
$$\begin{aligned} & \sigma_p^{|\mathcal{A}(e)} E^+[\{x\}] \\ = \; & \sigma_p^{|\mathcal{A}(e)} \{x\} \times \big((e\, x) \cup \{[\mathcal{A}(e) : \perp^+]\}\big) \\ = \; & \{x\} \times \big(((\sigma_p\, e)\, x) \cup \{[\mathcal{A}(\sigma_p\, e) : \perp^+]\}\big) \end{aligned}$$

3.
$$\begin{aligned} & \pi_{[\mathcal{A}(\mathcal{R}), Z']} E^+[\{x\}] \\ = \; & \pi_{[\mathcal{A}(\{x\}), Z']} \{x\} \times \big((e\, x) \cup \{[\mathcal{A}(e) : \perp^+]\}\big) \\ = \; & \{x\} \times \big(((\pi_{[Z']}\, e)\, x) \cup \{[Z' : \perp^+]\}\big) \end{aligned}$$

Bei der Ersetzung der Aggregierung (4.) muß nur der Nachweis erbracht werden, daß es sich um eine korrekte Ersetzung handelt. Bei der Auswertung aller Aggregatfunktionen *agg t* bzw. *agg_distinct t* werden Nullwerte, die bei Auswertung von t entstehen, eliminiert. Da in Aggregatfunktionen von SQL-Unteranfragen nur solche Terme t auftreten können, die bei Auswertung auf einem mit Nullwerten besetzten Tupel den Nullwert als Ergebnis liefern, gilt also

$$(F \;\; \{x\} \times (r \cup \{[\mathcal{A}(e) : \perp^+]\}) = (F \;\; \{x\} \times r) \text{ für } \mathcal{A}(r) = \mathcal{A}(e),\ \mathcal{A}(x) = X'.$$

Damit erhalten wir

4.
$$\begin{aligned} & \phi_{[\mathcal{A}(x)]\,F}\; \Omega^{|\mathcal{A}(e)} E^+[\{x\}] \\ = \; & \phi_{[\mathcal{A}(x)]\,F}\; \Omega^{|\mathcal{A}(e)} \{x\} \times ((e\, x) \cup \{[\mathcal{A}(e) : \perp^+]\}) \\ = \; & \phi_{[\mathcal{A}(x)]\,F}\; \{x\} \times ((e\, x) /_{\{\}} \{[\mathcal{A}(e) : \perp^+]\}) \\ = \; & \{x\} \times ((\phi_{()\,F}\; e)\, x)) \end{aligned}$$

Die Aggregierung kann unter Verzicht auf die Gruppierung über das Kreuzprodukt geschoben werden, da die rechte Seite nicht leer wird.

Die Nullwert-Eliminierung im letzten Fall ist an sich nicht notwendig, da sie automatisch von der Aggregierung vorgenommen wird. Sie ermöglicht jedoch die Verwendung von Outer-Joins und wird daher bereits hier vorgesehen.

Korollar 5.3 Unteranfrage-Ausdrücke vom Typ (U 1) und (U 2) haben folgende verlustfreie bzw. korrekte Ersetzung:

$$(U1) \quad \mathcal{T}^+(\sigma_{p_w}\, (R_1 \times R_2 \times \cdots \times R_n)) \; = \; \sigma_{p_w}^{|\mathcal{A}(e)} \mathcal{R} \times (R_1 \times R_2 \cdots \times R_n)^+$$

$$\begin{aligned} (U2) \quad & \mathcal{T}\big(\phi_{()\,F}\; \sigma_{p_w}\; (R_1 \times R_2 \times \cdots \times R_n)\big) \\ & = \; \phi_{[\mathcal{A}(\mathcal{R})]\,F}\; \Omega^{|\mathcal{A}(e)} \sigma_{p_w}^{|\mathcal{A}(e)} \mathcal{R} \times (R_1 \times R_2 \times \cdots \times R_n)^+ \end{aligned}$$

$$\text{mit } \mathcal{A}(e) \; = \; \mathcal{A}(R_1 \times \cdots \times R_n)$$

Beweis: Folgt direkt aus Satz 5.5.

5.4.3 Auflösung von Unteranfrage-Prädikaten

Zur Auflösung einer Selektion σ_p mit einem Unteranfrage-Prädikat p wird eine zu σ_p äquivalente gruppierende Abbildung bestimmt.

Definition 5.6 $E_p[\mathcal{R}^{\mathcal{F}(p)}]$ ist eine *korrekte Auflösung* einer Selektion σ_p, falls $E_p[e] = \sigma_p\ e$ für alle einsetzbaren e. Entsprechend ist $E_p^{|Y}$ eine *korrekte Auflösung* einer Outer-Selektion $\sigma^{|Y}_p$, falls $E_p^{|Y}[e] = \sigma^{|Y}_p\ e$ für alle einsetzbaren e.

5.4.3.1 Korrekte Auflösung einer Selektion

Unteranfrage-Prädikate im Rahmen einer Selektion lassen sich unter Verwendung einer korrekten Ersetzung E_u der Unteranfrage e_u auflösen.

Satz 5.6 Sei $E_u[\mathcal{R}^{\mathcal{F}(e_u),\overline{Y}}]$ eine korrekte Ersetzung für e_u. Dann gilt

$$\text{(EQ)}\quad \sigma_{(\exists e_u\ p)}\ e \;=\; E_{(\exists e_u\ p)}[e] \;=\; \pi_{[\mathcal{A}(e)]}\ \sigma_p\ E_u[e]$$

$$\text{(AG)}\quad \sigma_{t\theta(t'_u \circ F)e'_u}\ e \;=\; E_{t\theta(t'_u \circ F)e'_u}[e] \;=\; \pi_{[\mathcal{A}(e)]}\ \sigma_{t\theta t'_u}\ E_u[e] \quad \textit{mit } e_u = \phi_{()\,F}\ e'_u$$

$$\text{(AG')}\quad \sigma_{t\theta f(e'_u)}\ e \;=\; E_{t\theta f(e'_u)}[e] \;=\; \pi_{[\mathcal{A}(e)]}\ \sigma_{t\,\theta\,\mathtt{f}}\ E_u[e] \quad \textit{mit } e_u = \phi_{()\,[\mathtt{f}:\,f]}\ e'_u$$

Beweis:

(EQ)

$$\begin{aligned} & \sigma_{(\exists e_u\ p)}\ e \\ =\ & \textstyle\bigcup_{x \in e}\ \sigma_{(\exists (e_u\ x)\ p)}\ \{x\} \\ =\ & \textstyle\bigcup_{x \in e}\ \pi_{[\mathcal{A}(e)]}\ \sigma_p\ \{x\} \bowtie (e_u\ x) \\ =\ & \textstyle\bigcup_{x \in e}\ \pi_{[\mathcal{A}(e)]}\ \sigma_p\ E_u[\{x\}] \\ =\ & \pi_{[\mathcal{A}(e)]}\ \sigma_p\ E_u[e] \end{aligned}$$

Der letzte Schritt gilt, da $\pi_{[\mathcal{A}(\mathcal{R})]}\ \sigma_p\ E_u[\mathcal{R}^{\mathcal{F}(e_u)}]$ gruppierend ist.

(AG)

$$\begin{aligned} & \sigma_{t\theta(t'_u \circ F)(e'_u)}\ e \\ =\ & \textstyle\bigcup_{x \in e}\ \sigma_{t\theta(t'_u \circ F)(e'_u\ x)}\ \{x\} \\ =\ & \textstyle\bigcup_{x \in e}\ \pi_{[\mathcal{A}(e)]}\ \sigma_{t\theta t'_u}\ \{x\} \bowtie_F (e'_u\ x) \\ =\ & \textstyle\bigcup_{x \in e}\ \pi_{[\mathcal{A}(e)]}\ \sigma_{t\theta t'_u}\ E_u[\{x\}] \\ =\ & \pi_{[\mathcal{A}(e)]}\ \sigma_{t\theta t'_u}\ E_u[e] \end{aligned}$$

Entsprechend der Semantik von SQL ist F auf e'_u auswertbar, d.h. $\mathcal{F}(F) \subset \mathcal{A}(e'_u)$. Der letzte Schritt gilt, da die Abbildung gruppierend ist.

(AG') Analog zu (AG).

Zu einem Unteranfrage-Prädikat $\sigma_{p_u}\ e$ können wir also jeweils eine gruppierende Abbildung $E_{p_u}[\mathcal{R}^{\mathcal{F}(p_u),\overline{Y}}]$ angeben, so daß $\sigma_{p_u}\ e = E_{p_u}[e]$. Um Ausdrücke mit beliebigen Selektionsprädikaten in rein algebraische Ausdrücke transformieren zu können, benötigen wir neben den Regeln (EQ), (AG) und (AG') die folgenden Regeln der Kalkül→Algebra Transformation [Bült87]:

$$
\begin{array}{llll}
\text{(AQ)} & \sigma_{(\forall e_u\, p)}\, e & \Longrightarrow & E_{(\forall e_u\, p)}[e] = e \setminus \pi_{[\mathcal{A}(e)]}\, \sigma_{\neg p}\, E_u[e] \\
\text{(NEQ)} & \sigma_{\neg(\exists e_u\, p)}\, e & \Longrightarrow & E_{\neg(\exists e_u\, p)}[e] = e \setminus \pi_{[\mathcal{A}(e)]}\, \sigma_{p}\, E_u[e] \\
\text{(AND)} & \sigma_{p_1 \wedge p_2}\, e & \Longrightarrow & \sigma_{p_1}\, \sigma_{p_2}\, e \\
\text{(OR)} & \sigma_{p_1 \vee p_2}\, e & \Longrightarrow & \sigma_{p_1}\, e \cup \sigma_{p_2}\, e
\end{array}
$$

Die Umwandlung von Allquantor und negiertem Existenzquantor ist nur unter der Voraussetzung korrekt, daß die Prädikatauswertung mittels zweiwertiger Logik erfolgt.

5.4.3.2 Verbesserungsmöglichkeiten

Einsatz der Division

Satz 5.7 Seien e_1, e_2 geschlossene algebraische Ausdrücke und $\mathcal{F}(p) \subset \mathcal{A}(e_1) \cup \mathcal{A}(e_2)$. Die Division läßt sich durch folgende Regel einführen:

$$\sigma_{(\forall e_2\, p)}\, e_1 \Longrightarrow E_{(\forall e_2\, p)}[e_1] = (\mathit{ifempty}\; e_2\; e_1\; (\sigma_p\; e_1 \times e_2) \div e_2).$$

Dabei liefert $(\mathit{ifempty}\; r_1\; r_2\; r_3) = \; (r_1 = \{\} \mid r_2) /_{\perp}\; r_3$ die Relation r_2 als Ergebnis, falls r_1 leer ist, sonst die Relation r_3.

Beweis:

Falls $e_2 = \{\}$ ist die Korrektheit offensichtlich. Sonst gilt entsprechend der Definition der Division ($X_1 = \mathcal{A}(e_1)$, $X_2 = \mathcal{A}(e_2)$):

$$
\begin{array}{ll}
 & (\sigma_p\; e_1 \times e_2) \div e_2 \\
= & \{x.X_1 :\; x \in (\sigma_p\; e_1 \times e_2) \;\wedge\; (\forall x_2 \in e_2)\; x.X_1 \bullet x_2 \in (\sigma_p\; e_1 \times e_2)\} \\
= & \{x :\; x \in e_1 \;\wedge\; (\forall x_2 \in e_2)\; (p\; x \bullet x_2)\} \\
= & (\sigma_{(\forall e_2\, p)}\; e_1)
\end{array}
$$

Die Division kann unter gewissen Voraussetzungen weiter vereinfacht werden, wobei vor allem Joins eliminiert oder in Semijoins umgewandelt werden. Wir werden die Vereinfachung der Division daher im Zusammenhang mit der Eliminierung von Joins besprechen.

Vermeidung der Outer-Aggregierung

Die Outer-Aggregierung wird bei der Auflösung von Unteranfragen mit Aggregatfunktionen, die keine Gruppierung erfordern, verwendet (Typ (U 2)). Mit

$$e_u = \phi_{()\,F}\; \sigma_{p_w}\; (R_1 \times R_2 \times \cdots \times R_n) = \phi_{()\,F}\; e'_u$$

und

$$E_u[\mathcal{R}] = \mathcal{R} \bowtie_F \sigma_{p_w}\; ((\pi_{[\mathcal{F}(e'_u)]}\; \mathcal{R}) \times R_1 \times R_2 \times \cdots \times R_n)$$

lautet die bisherige Transformation

$$\sigma_{t\theta(t_u \circ F)(e_u)}\; e \Longrightarrow \pi_{[\mathcal{A}(e)]}\; \sigma_{t\theta t_u}\; E_u[e]$$

Die Nachteile dieser Transformation sind, daß $\mathcal{R}$ zweimal in $E_u[\mathcal{R}]$ auftritt und daß die Outer-Aggregierung aufwendiger ist als die einfache Aggregierung. Die Outer-Aggregierung liefert im Gegensatz zur einfachen Aggregierung auch die Werte von Aggregatfunktionen auf der leeren

Menge. Sie kann daher durch die einfache Aggregierung ersetzt werden, wenn die leere Menge nicht auftreten kann oder keinen Effekt hat. Diese Ersetzung löst gleichzeitig das Problem des zweimaligen Auftretens von $\mathcal{R}$.

Satz 5.8 Seien $E[\mathcal{R}^{X,\overline{Y}}]$ eine gruppierende Abbildung, e ein einsetzbarer Ausdruck, t und t_u Terme und F ein Funktionskonstruktor mit $\mathcal{F}(F) \subset X \cup \mathcal{G}(E)$. Falls mindestens eine der beiden Bedingungen

(a) $e = \pi_{[\mathcal{A}(e)]}\ E[e]$ oder

(b) für alle möglichen Tupel x mit $\mathcal{A}(x) = \mathcal{A}(e)$ gilt $t\theta(t_u \circ F)(\{\})\ x = false$

erfüllt ist, gilt

$$\sigma_{t\theta t_u}\ e \bowtie_F E[\pi_{[X]}\ e] = \sigma_{t\theta t_u}\ \phi_{[\mathcal{A}(e)]\,F}\ E[e].$$

Beweis:

(a) Es gelte $e = \pi_{[\mathcal{A}(e)]}\ E[e]$. Dann ist

$$\begin{aligned} & e \bowtie_F E[\pi_{[X]}\ e] \\ = \ & \phi_{[\mathcal{A}(e)]\,F}\ e \bowtie E[\pi_{[X]}\ e] \cup (e \setminus \pi_{[\mathcal{A}(e)]}\ e \bowtie E[\pi_{[X]}\ e]) \times F(\{\}) && \text{(a)} \\ = \ & \phi_{[\mathcal{A}(e)]\,F}\ E[e] \cup (e \setminus e) \times F(\{\}) && \text{(b)} \\ = \ & \phi_{[\mathcal{A}(e)]\,F}\ E[e] \end{aligned}$$

(a) entspricht der Definition der Outer-Aggregierung.

(b) folgt aus der Voraussetzung und der Tatsache, daß für gruppierende Abbildungen $E[e] = e \bowtie E[\pi_{[X]}\ e]$ gilt.

(b) Für alle möglichen Tupel x mit $\mathcal{A}(x) = \mathcal{A}(e)$ gelte $t\theta(t_u \circ F)(\{\})\ x = false$. Dann ist

$$\begin{aligned} & \sigma_{t\theta t_u}\ e \bowtie_F E[\pi_{[X]}\ e] \\ = \ & \sigma_{t\theta t_u} \left(\phi_{[\mathcal{A}(e)]\,F}\ e \bowtie E[\pi_{[X]}\ e] \cup (e \setminus \pi_{[\mathcal{A}(e)]}\ e \bowtie E[\pi_{[X]}\ e]) \times F(\{\})\right) && \text{(a)} \\ = \ & \sigma_{t\theta t_u}\ \phi_{[\mathcal{A}(e)]\,F}\ E[e] && \text{(b)} \end{aligned}$$

(a) entspricht der Definition der Outer-Aggregierung.

(b) ergibt sich daraus, daß E gruppierend ist und der zweite Operand der Vereinigung aufgrund der Voraussetzung durch die Selektion eliminiert wird.

Der erste Fall kann beispielsweise bei Ausdrücken $E[r] = r[A\theta A']r'$ mit $\theta \in \{=^-, \leq^-, \geq^-\}$ verwendet werden, falls A keine Nullwerte annimmt und r' durch Umbenennung aus r hervorgegangen ist: ein solcher Ausdruck $E[r]$ bewahrt alle Tupel von r.

Der zweite Fall ist anwendbar, wenn eine Aggregatfunktionen ungleich *count* und ein Vergleichsoperator θ^- verwendet wird, oder wenn eine Bedingung der Form $c\theta$count vorliegt, die nur für count > 0 zu *true* ausgewertet werden kann.

5.4.3.3 Korrekte Auflösung einer Outer-Selektion

Die verlustfreie Ersetzung wird zur Transformation von Unteranfrage-Prädikaten im Fall (U 2) eingesetzt, indem mit ihrer Hilfe eine korrekte Ersetzung ohne Verwendung einer Outer-Aggregierung gebildet wird. Daher kann die Transformation von Satz 5.6 direkt angewandt werden. Da in E_u^+ eine Outer-Selektion $\sigma^{|Y}_{p_w}$ auftritt, reichen die bisherigen Regeln zur Auflösung von Unteranfrage-Prädikaten jedoch nicht mehr aus, falls p_w weitere Unteranfragen enthält. Dieses Problem läßt sich mit Hilfe der Transformationsregeln des folgenden Satzes lösen, bei denen sowohl korrekte als auch verlustfreie Ersetzungen verwendet werden.

Satz 5.9 Sei $E_u[\mathcal{R}^{\mathcal{F}(e_u)}]$ eine korrekte und $E_u^+[\mathcal{R}^{\mathcal{F}(e_u)}]$ eine verlustfreie Ersetzung für e_u, $Y \subset \mathcal{A}(e)$ und $Z = \mathcal{A}(e_u) = \mathcal{G}(e_u)$. Dann gilt

1. $\sigma^{|Y}_{(\exists e_u\, p)}\ e = E^{|Y}_{(\exists e_u\, p)}[e] = \pi_{[\mathcal{A}(e)]}\ \sigma^{|Y}_p\ E_u^+[e]$
   falls $p\,(x \circ [\mathcal{A}(e_u) : \perp^+]) = \mathit{false}$ für beliebige x mit $\mathcal{A}(x) = \mathcal{A}(e)$.
2. $\sigma^{|Y}_{t\theta(t'_u \circ F)(e'_u)}\ e = E^{|Y}_{t\theta(t'_u \circ F)(e'_u)}[e] = \pi_{[\mathcal{A}(e)]}\ \sigma^{|Y}_{t\,\theta\, t'_u}\ E_u[e]$ für $e_u = \phi_{()\,F}\ e'_u$
3. $\sigma^{|Y}_{t\theta f(e'_u)}\ e = E^{|Y}_{t\theta f(e'_u)}[e] = \pi_{[\mathcal{A}(e)]}\ \sigma^{|Y}_{t\theta t_u}\ E_u[e]$ für $e_u = \phi_{()\,[\mathtt{f}:\,f]}\ e'_u$
4. $\sigma^{|Y}_{(\forall e_u\, p)}\ e = E^{|Y}_{(\forall e_u\, p)}[e] = e \setminus \sigma_{(\exists e_u\, \neg p \wedge Y \not\equiv \perp^+)}\ e$
5. $\sigma^{|Y}_{(\forall e_u\, p)}\ e = E^{|Y}_{(\forall e_u\, p)}[e] = (\sigma^{|Y}_p\ e \times e_u) \div e_u$
   falls $e_u \neq \{\}$ ein geschlossener Ausdruck ist.

Beweis:

1.
$$\begin{aligned}
& \pi_{[\mathcal{A}(e)]}\ \sigma^{|Y}_p\ E_u^+[e] \\
=\ & \pi_{[\mathcal{A}(e)]}\ \sigma_p\ E_u[e] \ \cup\ \pi_{[\mathcal{A}(e)]}\ \sigma_{Y\equiv\perp^+}\ E_u^+[e] \ \cup\ \sigma_p\ e \times \{[\mathcal{A}(e_u) : \perp^+]\} \\
=\ & \sigma_{(\exists e_u\, p}\ e \ \cup\ \sigma_{Y\equiv\perp^+}\ e \ \cup\ \{\} \qquad (a) \\
=\ & \sigma^{|Y}_{(\exists e_u\, p}\ e
\end{aligned}$$

Im Schritt (a) wird der Eigenschaft verlustfreier Ersetzungen, daß kein Tupel von e verloren geht, genutzt. Ferner ist der dritte Teil der Vereinigung aufgrund $((p\ x \bullet [\mathcal{A}(e_u) : \perp^+]) = \mathit{false})$ leer.

2.
$$\begin{aligned}
& \pi_{[\mathcal{A}(e)]}\ \sigma^{|Y}_{t\theta t'_u}\ E_u[e] \\
=\ & \bigcup_{x \in e} \pi_{[\mathcal{A}(e)]}\ \sigma^{|Y}_{t\theta t'_u}\ \{x \bullet (F(e_u)\ x))\} \\
=\ & \sigma^{|Y}_{t\theta(t'_u \circ F)(e_u)}\ e
\end{aligned}$$

3. Analog zu 2.

4.
$$\begin{aligned}
& \sigma^{|Y}_{(\forall e_u\, p)}\ e \\
=\ & \sigma_{(\forall e_u\, p) \vee Y\equiv\perp^+}\ e \\
=\ & \sigma_{(\forall e_u\, p \vee Y\equiv\perp^+)}\ e \\
=\ & (e \setminus \sigma_{(\exists e_u\, \neg p \wedge Y \not\equiv \perp^+)}\ e)
\end{aligned}$$

5.
$$
\begin{aligned}
& \sigma^{|Y}_{(\forall e_u\, p)}\, e \\
= \; & \sigma_{(\forall e_u\, p \vee Y \equiv \perp^+)}\, e \\
= \; & (\sigma_{p \vee Y \equiv \perp^+}\, e \times e_u) \div e_u \\
= \; & (\sigma^{|Y}_{p}\, e \times e_u) \div e_u
\end{aligned}
$$

5.5 Algebraische Transformationsregeln

5.5.1 Distributiv- und Kommutativgesetze

Distributivität gruppierender Abbildungen

Satz 5.10 Sei $E[\mathcal{R}^{X,\overline{Y}}]$ eine gruppierende Abbildung. Für einsetzbare r_1, r_2 gilt neben

$$E[r_1 \cup r_2] = E[r_1] \cup E[r_2]$$

auch

(1) $E[r_1 \cap r_2] = E[r_1] \cap E[r_2]$

(2) $E[r_1 \setminus r_2] = E[r_1] \setminus E[r_2]$

Beweis:
Seien r_1, r_2 in $E[\mathcal{R}(X)]$ einsetzbare Relationen.

1.
$$
\begin{aligned}
& E[r_1 \cap r_2] & \\
= \; & E[\bigcup_{x \in (r_1 \cap r_2)} \{x\}] & \\
= \; & \bigcup_{x \in (r_1 \cap r_2)} E[\{x\}] & (a) \\
= \; & \bigcup_{x \in r_1} E[\{x\}] \cap \bigcup_{x \in r_2} E[\{x\}] & (b) \\
= \; & E[r_1] \cap E[r_2] & (c)
\end{aligned}
$$

Bei den Schritten (a), (c) wird die aufgrund der Linearität geltende Regel

$$E[\{\}] = \{\} \text{ bzw. } E[\{x_1\} \cup \{x_2\} \cup \ldots \cup \{x_n\}] = E[\{x_1\}] \cup E[\{x_2\} \cup \ldots \cup \{x_n\}]$$

so lange angewandt, bis nur noch einelementige Mengen vorhanden sind.
In Schritt (b) wird die für gruppierende Abbildungen geltende Eigenschaft

$$x_1 \in r_1, x_2 \in r_2, x_1 \neq x_2 \implies E[\{x_1\}] \cap E[\{x_2\}] = \{\}$$

genutzt.

2.
$$
\begin{aligned}
& E[r_1 \cap r_2] & \\
= \; & E[\bigcup_{x \in (r_1 \setminus r_2)} \{x\}] & \\
= \; & \bigcup_{x \in (r_1 \setminus r_2)} E[\{x\}] & (a) \\
= \; & \bigcup_{x \in r_1} E[\{x\}] \setminus \bigcup_{x \in r_2} E[\{x\}] & (b) \\
= \; & E[r_1] \setminus E[r_2] & (c)
\end{aligned}
$$

Bei den Schritten (a), (b), (c) werden die gleichen Eigenschaften wie unter 1. ausgenutzt.

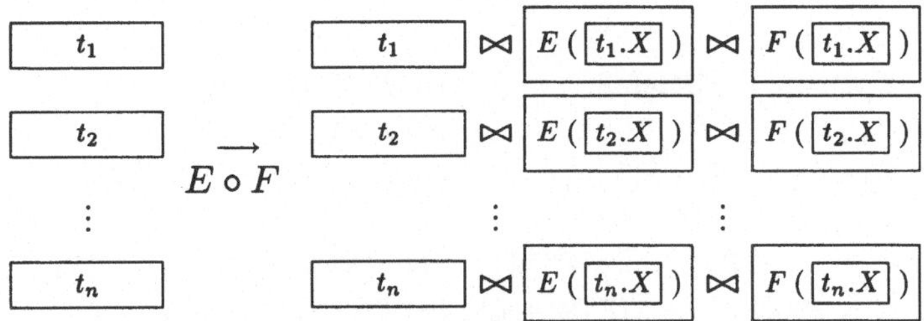

Abbildung 5.3 Kommutativität gruppierender Abbildungen

Aus diesem Satz ergeben sich direkt die bekannten Distributivgesetze der relationalen Operatoren bezüglich Vereinigung, Durchschnitt und Differenz, da die Operatoren Join, Selektion, Projektion, Aggregierung, Division, usw. nach Satz 5.2 unter den dort angegebenen Randbedingungen gruppierende Abbildungen sind. Da wir für Anfragetransformation und Generierung algebraischer Ausdrücke nur die Linearität (Distributivität bezüglich Vereinigung) einiger Operatoren heranziehen werden (siehe Kap. 6), verzichten wir hier darauf, die Distributivgesetze im einzelnen aufzuführen.

Kommutativität gruppierender Abbildungen

Die Kommutativgesetze für algebraische Operatoren folgen zum größten Teil aus der Kommutativität gruppierender Abbildungen (siehe Abb. 5.3).

Satz 5.11 Seien $E[\mathcal{R}^{X,\overline{Y}}]$ und $F[\mathcal{R}^{X,\overline{Y}}]$ gruppierend mit $Y \cap \mathcal{G}(E) = \{\}$ und $Y \cap \mathcal{G}(F) = \{\}$. Dann gilt $E \circ F = F \circ E$. Ferner ist $(E \circ F)[\mathcal{R}^{X,\overline{Y}}] = (F \circ E)[\mathcal{R}^{X,\overline{Y}}]$ gruppierend.

Beweis: Die Linearität von $E \circ F$ folgt direkt aus der Linearität von E und F.
Da $(E \circ F)[r] = E[F[\bigcup_{x \in r}\{x\}]] = \bigcup_{x \in r} E[F[\{x\}]]$, genügt es zum Nachweis von $E \circ F = F \circ E$ zu zeigen, daß für alle einsetzbaren $\{x\}$ die Bedingung $E[F[\{x\}]] = F[E[\{x\}]]$ erfüllt ist.

$$
\begin{array}{lll}
 & E[F[\{x\}]] & \\
= & E[\{x\} \bowtie F[\{x.X\}]] & (a) \\
= & \{x\} \bowtie F[\{x.X\}] \bowtie E[\pi_{[X]}(\{x\} \bowtie F[\{x.X\}])] & (b) \\
= & \{x\} \bowtie F[\{x.X\}] \bowtie E[\{x.X\}] & (c) \\
= & F[E[\{x\}]] & (d)
\end{array}
$$

(a) F ist gruppierend.
(b) E ist gruppierend.
(c) Entweder ist $\{x\} \bowtie F[\{x.X\}] = \{\}$ oder $\pi_{[X]}(\{x\} \bowtie F[\{x.X\}]) = \{x.X\}$.
(d) Umkehrung der Schritte mit Vertauschung von E und F.

Aus Schritt (c) folgt direkt, daß die Bedingung $E[F[\{x\}]] = \{x\} \bowtie E[F[\{x.X\}]]$ für einsetzbare $\{x\}$ erfüllt ist, das heißt $E \circ F$ gruppierend ist.

Hieraus können wir allgemeine Kommutativgesetze ableiten, indem wir für F eine elementare guppierende Abbildung (einen Operator) oder eine zusammengesetzt gruppierende Abbildung $F = O \circ F'$ gemäß Satz 5.2 einsetzen.

Korollar 5.4 Seien $E[\mathcal{R}^{X,\overline{Y}}]$ und $F[\mathcal{R}^{X,\overline{Y}}]$ gruppierend mit $\mathcal{G}(E) \cap Y = \mathcal{G}(F) \cap Y = \{\}$. Dann gilt

(KJ)	$E[\mathcal{R}] \bowtie e_j = E[\mathcal{R} \bowtie e_j]$	*mit* $F[\mathcal{R}] = \mathcal{R} \bowtie e_j$
(KS)	$\sigma_p\ E[\mathcal{R}] = E[\sigma_p\ \mathcal{R}]$	*mit* $F[\mathcal{R}] = \sigma_p\ \mathcal{R}$
(KP)	$\pi_{[T]}\ E[r] = \pi_{[T]}\ E[\pi_{[X']}\ r]$	*mit* $X' = X \cup (\mathcal{A}(r) \cap \mathcal{F}(T))$
(KA)	$\phi_{[\mathcal{A}(E[\mathcal{R}]), Z'] F]}\ (F' \circ E)[\mathcal{R}]$	
	$= E[\phi_{[\mathcal{A}(\mathcal{R}), Z'] F}\ F'[\mathcal{R}]\,]$	*mit* $F[\mathcal{R}] = \phi_{[\mathcal{A}(\mathcal{R}), Z'] F}\ F'[\mathcal{R}]$
(KD)	$(F' \circ E)[\mathcal{R}] \div e_d = E[F'[\mathcal{R}] \div e_d]$	*mit* $F[\mathcal{R}] = F'[\mathcal{R}] \div e_d$
(KOA)	$E[\mathcal{R}] \bowtie_F e_a = E[\mathcal{R} \bowtie_F e_a]$	*mit* $F[\mathcal{R}] = \mathcal{R} \bowtie_F e_a$
(KK)	$E[\mathcal{R}] \times e_p = E[\mathcal{R} \times e_p]$	*mit* $F[\mathcal{R}] = \mathcal{R} \times e_p$

Beweis:
Mit Ausnahme der Projektionsregel folgen alle angegebenen Regeln direkt aus der Kommutativität der gruppierenden Abbildungen E und F (Satz 5.11). Beispielsweise ergibt sich Regel (KJ) folgendermaßen:

$$E[\mathcal{R} \bowtie e_j] = E[F[\mathcal{R}]] = F[E[\mathcal{R}]] = E[\mathcal{R}] \bowtie e_j$$

Die Projektionsregel folgt aus Regel (KJ):

	$\pi_{[T]}\ E[r]$	
$=$	$\pi_{[T]}\ E[r \bowtie \pi_{[X]}\ r]$	Eigenschaft des Join
$=$	$\pi_{[T]}\ (r \bowtie E[\pi_{[X]}\ r])$	Regel (KJ)
$=$	$\pi_{[T]}\ ((\pi_{[X']}\ r) \bowtie E[\pi_{[X]}\ r])$	Projektion von r auf $X' \supset \mathcal{A}(r) \cap \mathcal{F}(T)$
$=$	$\pi_{[T]}\ E[\pi_{[X']}\ r]$	Regel (KJ)

Kommutativität bei Nullwert-Ergänzung und Outer-Selektion

Zur Transformation verlustfreier Ersetzungen benötigen wir Regeln, um eine Selektion auch auf die rechte Seite einer Nullwert-Ergänzung durchschieben zu können. Da $E[\mathcal{R}] = e \times (\mathcal{R})^+$ nicht gruppierend ist, folgen diese Gesetze nicht aus der Kommutativität gruppierender Abbildungen.

Satz 5.12 Seien e_1, e_2, e_3 geschlossene Ausdrücke mit $Y_i = \mathcal{A}(e_i)$ und $Y_i \cap Y_j = \{\}$ für $i \neq j$. Dann gilt

(KOS1) $E_p^{|Y_1}[(e_1)^+] = (E_p[e_1])^+$

(KOS2) $\Omega^{|Y_2,Y_3}(E_{p_1}^{|Y_2,Y_3} \circ E_{p_2}^{|Y_2,Y_3})[e_1 \times (e_2 \times e_3)^+] = \Omega^{|Y_2,Y_3}(\Omega^{|Y_3}\ E_{p_1}^{|Y_3}[\Omega^{|Y_2}\ E_{p_2}^{|Y_2}[e_1 \times (e_2)^+] \times (e_3)^+])$
falls $\mathcal{F}(p) \subset Y_1 \cup Y_2$.

Dabei bezeichnen $E_p^{|Y_1}$, E_p, $E_{p_1}^{|Y_2,Y_3}$, usw. korrekte Auflösungen der entsprechenden Selektionen bzw. Outer-Selektionen.

Beweis: Es genügt zu zeigen, daß die Regeln (KOS1), (KOS2) für die zu den Abbildungen äquivalenten Selektionen bzw. Outer-Selektionen gelten.

$$
\begin{array}{lll}
\text{(KOS1)} & & \sigma_p^{|Y_1} (e_1)^+ \\
& = & \sigma_p^{|Y_1} (e_1 \cup \{[Y_1 : \perp^+]\}) \\
& = & (\sigma_p\ e_1) \cup \{[Y_1 : \perp^+]\} \\
& = & (\sigma_p\ e_1)^+
\end{array}
$$

$$
\begin{array}{llll}
\text{(KOS2)} & & \Omega^{|Y_2,Y_3} (\Omega^{|Y_3} \sigma_{p_1}^{|Y_3} (\Omega^{|Y_2} \sigma_{p_2}^{|Y_2}\ e_1 \times (e_2)^+) \times (e_3)^+) & \\
& = & \Omega^{|Y_2,Y_3} (\sigma_{p_1}^{|Y_3} (\sigma_{p_2}^{|Y_2}\ e_1 \times (e_2)^+) \times (e_3)^+) & (a) \\
& = & \Omega^{|Y_2,Y_3} \big(\sigma_{p_1}\ \sigma_{p_2}\ e_1 \times e_2 \times e_3\ \cup\ \sigma_{p_1}\ e_1 \times \{[Y_2 : \perp^+]\} \times e_3 & \\
& & \quad \cup\ (\sigma_{p_2}\ e_1 \times e_2) \times \{[\mathcal{A}(e_3) : \perp^+]\}\ \cup\ e_1 \times \{[Y_2 : \perp^+]\} \times \{[Y_3 : \perp^+]\}\big) & (b) \\
& = & \Omega^{|Y_2,Y_3} \big(\sigma_{p_1}\ \sigma_{p_2}\ e_1 \times e_2 \times e_3\ \cup\ e_1 \times \{[Y_2, Y_3 : \perp^+]\}\big) & (c) \\
& = & \Omega^{|Y_2,Y_3} \sigma_{p_1}^{|Y_2,Y_3}\ \sigma_{p_2}^{|Y_2,Y_3}\ e_1 \times (e_2 \times e_3)^+ & (d)
\end{array}
$$

(a) Die Nullwert-Eliminierungen $\Omega^{|Y_3}$, $\Omega^{|Y_2}$ können aufgrund dem abschließenden $\Omega^{|Y_2,Y_3}$ entfallen.

(b, d) Definition von Nullwert-Ergänzung und Outer-Selektion.

(c) Die übrigen beiden Mengen werden durch $\Omega^{|Y_2,Y_3}$ eliminiert, da entsprechende Tupel entweder in $\sigma_{p_1}\ \sigma_{p_2}\ e_1 \times e_2 \times e_3$ enthalten sind oder in Attributen Y_2, Y_3 zu $\perp^+$ gesetzt werden.

5.5.2 Einsparung von Joins

Einsparung von Joins im Rahmen gruppierender Abbidlungen

Nach den Regeln der Kalkül→Algebra Transformation läßt sich ein Join $e_1 \bowtie e_2$ einsparen, wenn alle Tupel von e_1 im Joinergebnis enthalten sind ($\pi_{[X]}\ e_1 \subset \pi_{[X]}\ e_2$) und nach dem Join keine Attribute von e_2 mit Ausnahme der Joinattribute benötigt werden (Semijoin). Dies wird im folgenden Satz auf gruppierende Abbildungen verallgemeinert und anschließend auf Theta-Join und Semijoin übertragen.

Satz 5.13 $E_1[\mathcal{R}^{Y_1,\overline{Y_1'}}]$ und $E_2[\mathcal{R}^{Y_2,\overline{Y_2'}}]$ seien gruppierende Abbildungen, in die die geschlossenen Ausdrücke e_1 bzw. e_2 einsetzbar sind, T sei ein Tupelkonstruktor. Falls die Bedingungen

(a) $\mathcal{A}(E_1[e_1]) \cap \mathcal{A}(E_2[e_2]) = \mathcal{A}(e_2) \cap \mathcal{A}(e_1) = X \supset Y_2$,

(b) $Y_1' \cap \mathcal{A}(E_2[e_2]) = Y_2' \cap \mathcal{A}(E_1[e_1]) = \{\}$

(c) $\mathcal{F}(T) \subset \mathcal{A}(e_1) \cup \mathcal{G}(E_1) \cup \mathcal{G}(E_2)$ und

(d) $\pi_{[X]}\ e_1 \subset \pi_{[X]}\ e_2$

erfüllt sind, gilt

(EJ) $\pi_{[T]}\ E_1[e_1] \bowtie E_2[e_2] = \pi_{[T]}\ (E_1 \circ E_2)[e_1]$.

Beweis:

	$\pi_{[T]}\ E_1[e_1] \bowtie E_2[e_2]$	
$=$	$\pi_{[T]}\ E_1[E_2[e_1 \bowtie e_2]]$	Regel (KJ) gilt aufgrund (a), (b)
$=$	$\pi_{[T]}\ \pi_{[\mathcal{A}(e_1),\mathcal{G}(E_1),\mathcal{G}(E_2)]}\ E_1[E_2[e_1 \bowtie e_2]]$	Voraussetzung (c)
$=$	$\pi_{[T]}\ E_1[E_2[\pi_{[\mathcal{A}(e_1)]}\ e_1 \bowtie e_2]]$	Regel (KP) gilt aufgrund (a)
$=$	$\pi_{[T]}\ (E_1 \circ E_2)[e_1]$	Voraussetzung (d)

Korollar 5.5 $E_1[\mathcal{R}^{Y_1,\overline{Y_1'}}]$ und $E_2[\mathcal{R}^{Y_2,\overline{Y_2'}}]$ seien gruppierende Abbildungen, in die die geschlossenen Ausdrücke e_1 und e_2 einsetzbar sind, T sei ein Tupelkonstruktor, X_1, X_2 seien Attributmengen. Falls die Bedingungen

(a) $\mathcal{A}(E_1[e_1]) \cap \mathcal{A}(E_2[e_2]) = \{\}$, $Y_2 \subset X_2 \subset \mathcal{A}(e_2)$,

(b) $Y_1' \cap \mathcal{A}(E_2[e_2]) = Y_2' \cap \mathcal{A}(E_1[e_1]) = \{\}$,

(c) $\mathcal{F}(T) \subset \mathcal{A}(e_1) \cup \mathcal{G}(E_1) \cup \mathcal{G}(E_2) \cup X_2$ und

(d) $\pi_{(X_1)}\ e_1 \subset \pi_{(X_2)}\ e_2$

erfüllt sind, gilt mit $e_1' = \pi_{[\mathcal{A}(e_1),(X_2):(X_1)]}\ e_1$

$$
\begin{aligned}
\text{(EJ1)}\quad & \pi_{[T]}\ \sigma_{(X_1)\equiv(X_2)}\ E_1[e_1] \times E_2[e_2] \\
=\ & \pi_{[T]}\ E_1[e_1'] \bowtie E_2[e_2] \\
=\ & \pi_{[T]}\ (E_1 \circ E_2)[e_1']
\end{aligned}
$$

$$
\begin{aligned}
\text{(EJ2)}\quad & \pi_{[T]}\ \sigma_{(X_1)=-(X_2)}\ E_1[e_1] \times E_2[e_2] \\
=\ & \pi_{[T]}\ \sigma_{(X_1)\not\equiv\perp}\ E_1[e_1'] \bowtie E_2[e_2] \\
=\ & \pi_{[T]}\ (E_1 \circ E_2)[\sigma_{(X_1)\not\equiv\perp}\ e_1']
\end{aligned}
$$

$$
\begin{aligned}
\text{(EJ3)}\quad & \sigma_{(\exists E_2[e_2]\ (X_1)\equiv(X_2))}\ E_1[e_1] \\
=\ & \pi_{[\mathcal{A}(E_1[e_1])]}\ \sigma_{(X_1)\equiv(X_2)}\ E_1[e_1] \times E_2[e_2] \\
=\ & \pi_{[\mathcal{A}(E_1[e_1])]}\ (E_1 \circ E_2)[e_1']
\end{aligned}
$$

$$
\begin{aligned}
\text{(EJ4)}\quad & \sigma_{(\exists E_2[e_2]\ (X_1)=-(X_2))}\ E_1[e_1] \\
=\ & \sigma_{(X_1)\not\equiv\perp}\ \sigma_{(\exists E_2[e_2]\ (X_1)\equiv(X_2))}\ E_1[e_1] \\
=\ & \pi_{[\mathcal{A}(E_1[e_1])]}\ (E_1 \circ E_2)[\sigma_{(X_1)\not\equiv\perp}\ e_1']
\end{aligned}
$$

Die Regeln zur Einsparung eines Join gelten entsprechend für eine Outer-Selektion $\sigma_p^{\downarrow\mathcal{A}(e_2)}$. Dabei ist jedoch die im Zusammenhang mit einer Outer-Selektion immer auftretende Nullwert-Ergänzung zusätzlich zu berücksichtigen. Insbesondere darf das Nulltupel (bzw. seine Projektion auf X_2) nicht verloren gehen. Sei hierzu $e_1'' = \pi_{[\mathcal{A}(e_1),(X_2):(X_1)]}\ e_1 \cup \pi_{[\mathcal{A}(e_1),(X_2):\perp]}\ e_1$.

$$
\begin{aligned}
\text{(EJ1')}\quad & \pi_{[T]}\ \sigma^{\downarrow z_1}_{(X_1)\equiv(X_2)}\ E_1[e_1] \times E_2[e_2^+] \\
=\ & \pi_{[T]}\ (E_1 \circ E_2)[e_1'']
\end{aligned}
$$

$$
\begin{aligned}
\text{(EJ2')}\quad & \pi_{[T]}\ \sigma^{\downarrow z_1}_{(X_1)=-(X_2)}\ E_1[e_1] \times E_2[e_2^+] \\
=\ & \pi_{[T]}\ (E_1 \circ E_2)[\sigma^{\downarrow X_2}_{(X_1)\not\equiv\perp}\ e_1'']
\end{aligned}
$$

Ein Semijoin-Prädikat kann im Zusammenhang mit einer Outer-Selektion nur dann eliminiert werden, wenn die Abbildung E_2 verlustfrei gemacht wird. Entsprechende Regeln lassen sich sinnvoll nur in Bezug auf eine dritte Relation $(e_3)^+$ formulieren. Sei also E_{p_2} eine korrekte Auflösung der Selektion σ_{p_2} und $E_{p_2}^{|\mathcal{A}(e_3)}$ eine korrekte Auflösung der Outer-Selektion $\sigma_{p_2}^{|\mathcal{A}(e_3)}$.

$$\begin{array}{lll} \text{(EJ3')} & & \sigma^{|\mathcal{A}(e_3)}_{(\exists E_{p_2}[e_2]\,(X_1)\equiv(X_2))}\ E_1[e_1] \times (e_3)^+ \\ & = & \pi_{[\mathcal{A}(E_1[e_1]\times e_3)]}\ E_{p_2}^{|\mathcal{A}(e_3)}[E_1[e_1''] \times (e_3)^+] \end{array}$$

$$\begin{array}{lll} \text{(EJ4')} & & \sigma^{|\mathcal{A}(e_3)}_{(\exists E_{p_2}[e_2]\,(X_1)=-(X_2))}\ E_1[e_1] \times (e_3)^+ \\ & = & \pi_{[\mathcal{A}(E_1[e_1]\times e_3)]}\ \sigma^{|\mathcal{A}(e_3)}_{(X_1)\not\equiv\perp}\ E_{p_2}^{|\mathcal{A}(e_3)}[E_1[e_1''] \times (e_3)^+] \end{array}$$

Einsparung von Joins im Rahmen der Division

Die Regeln der Kalkül→Algebra Transformation zum verbesserten Einsatz der Division sparen ebenfalls Join-Operationen ein oder ersetzen sie durch Semijoins. Der folgende Satz gibt die zugrundeliegende Regel (EJD) an, aus der sich die Regeln zur Vereinfachung der Division rekonstruieren lassen.

Satz 5.14 $E[\mathcal{R}^{Y,\overline{Y'}}]$ sei gruppierend, e_1 und e_2 seien geschlossene algebraische Ausdrücke mit $\mathcal{A}(e_2) = X \subset \mathcal{A}(e_1)$ und $Y \subset \mathcal{A}(e_1)$. Falls $e_2 \neq \{\}$ ist, gilt

(EJD) $E[e_1 \ltimes e_2] \div e_2 = E[e_1] \div e_2$.

Beweis: Da $E[e_1 \ltimes e_2] = E[e_1] \ltimes e_2$ ist, und e_1 und e_2 geschlossene Ausdrücke sind, genügt es zu zeigen, daß für Relationen $r_1\,(= E[e_1])$ und $r_2\,(= e_2)$ mit $X = \mathcal{A}(r_2) \subset \mathcal{A}(r_1)$ und $r_2 \neq \{\}$ folgende Gleichung gilt:

$$(r_1 \ltimes r_2) \div r_2 = r_1 \div r_2.$$

$$\begin{array}{lll} & (r_1 \ltimes r_2) \div r_2 & \\ = & \{x_1.\bar{X} : (x_1 \in r_1 \ltimes r_2) \wedge (\forall x_2 \in r_2\, \exists x_1' \in r_1 \ltimes r_2\, (x_1.\bar{X} = x_1'.\bar{X} \wedge x_1'.X = x_2))\} & (a) \\ = & \{x_1.\bar{X} : x_1 \in r_1 \wedge x_1.X \in r_2 \wedge & \\ & \quad (\forall x_2 \in r_2\, \exists x_1' \in r_1 (x_1'.X \in r_2 \wedge x_1.\bar{X} = x_1'.\bar{X} \wedge x_1'.X = x_2))\} & \\ = & \{x_1.\bar{X} : x_1 \in r_1 \wedge (\forall x_2 \in r_2\, \exists x_1' \in r_1 (x_1.\bar{X} = x_1'.\bar{X} \wedge x_1'.X = x_2))\} & (b) \\ = & r_1 \div r_2 & (c) \end{array}$$

(a), (c): Definition der Division

(b): Die Bedingungen $x_1'.X \in r_2$ kann entfallen, da sie durch $x_1'.X = x_2$ impliziert wird. Dies gilt auch für die Bedingung $x_1.X \in r_2$. Erfüllt nämlich ein x_1 alle Bedingungen bis auf $x_1.X \in r_2$, so gibt es wegen $r_2 \neq \{\}$ ein x_1' mit $x_1'.\bar{X} = x_1.\bar{X}$ und $x_1'.X \in r_2$. x_1' erfüllt also alle Bedingungen, das heißt $x_1.\bar{X} = x_1'.\bar{X}$ ist im Ergebnis enthalten.

Korollar 5.6 $E[\mathcal{R}^{Y,\overline{Y'}}]$ sei gruppierend, e_1 und e_2 seien geschlossene algebraische Ausdrücke, $\sigma_{(X_1)\equiv(X_2)}\ e_1 \times e_2$ sei in E einsetzbar. Falls die Bedingungen

$$X_1 \subset \mathcal{A}(e_1),\ X_2 = \mathcal{A}(e_2) \text{ und } e_2 \neq \{\}$$

erfüllt sind, gelten mit $e_1' = \pi_{[\mathcal{A}(e_1),(X_2):(X_1)]}\ e_1$ die Regeln

(EJD1) $E[\sigma_{(X_1)\equiv(X_2)}\ e_1 \times e_2] \div e_2 = E[e_1'] \div e_2$

(EJD2) $E[\sigma_{(X_1)=-(X_2)}\ e_1 \times e_2] \div e_2 = E[\sigma_{(X_1)\not\equiv\perp}\ e_1'] \div e_2$

Beweis: Folgt aufgrund $\sigma_{(X_1)\equiv(X_2)}\ e_1 \times e_2 = e_1' \bowtie e_2$ direkt aus Satz 5.14.

Wir können nun eine Reihe von Regeln zur Vereinfachung der Division, die aus der Kalkül→Algebra Transformation bekannt sind, rekonstruieren.

Korollar 5.7 Seien e_1, e_2, e_3 geschlossene algebraische Ausdrücke mit $X_i = \mathcal{A}(e_i)$, $Y_i \subset X_i$, $Z_i \subset X_i$.

(JD)
$$\begin{aligned}
& \sigma_{\forall e_2\ \exists e_3\ (p(Y_1,Y_3)\wedge(Z_2)=(Z_3))}\ e_1 \\
= {} & \sigma_{\forall e_2'\ \exists e_3\ (p(Y_1,Y_3)\wedge(Z_2)=(Z_3))}\ e_1 && (a)\\
= {} & (\pi_{[X_1,Z_2]}\ \sigma_{p(Y_1,Y_3)\wedge(Z_2)=(Z_3)}\ e_1 \times e_2' \times e_3) \div e_2' && (b)\\
= {} & (\pi_{[X_1,(Z_2\leftarrow Z_3)]}\ \sigma_{p(Y_1,Y_3)}\ e_1 \times e_3) \bowtie e_2' \div e_2' \\
= {} & (\pi_{[X_1,(Z_2\leftarrow Z_3)]}\ \sigma_{p(Y_1,Y_3)}\ e_1 \times e_3) \div e_2' && (c)\\
= {} & (\pi_{[X_1,Z_3]}\ \sigma_{p(Y_1,Y_3)}\ e_1 \times e_3) \div \pi_{(Z_3\leftarrow Z_2)}\ e_2
\end{aligned}$$

(a) Mit der Schreibweise $e_2' = \pi_{[Z_2]}\ e_2$

(b) Ersetzung von All- und Existenzquantor entsprechend den Regeln zur verbesserten Auflösung von Unteranfrage-Prädikaten

(c) Regel (EJD)

(DS)
$$\begin{aligned}
& \sigma_{\forall e_2\ \exists e_3\ ((Y_1)=(Y_3)\wedge(Z_2)=(Z_3))}\ e_1 \\
= {} & (\pi_{[X_1,Z_3]}\ e_1[(Y_1)=(Y_3)]e_3) \div \pi_{(Z_3\leftarrow Z_2)}\ e_2 && (a)\\
= {} & (e_1 \bowtie \pi_{[(Y_1\leftarrow Y_3),Z_3]}\ e_3) \div \pi_{(Z_3\leftarrow Z_2)}\ e_2 \\
= {} & e_1 \bowtie (\pi_{[(Y_1\leftarrow Y_3),Z_3]}\ e_3 \div \pi_{(Z_3\leftarrow Z_2)}\ e_2) && (b)\\
= {} & e_1[\exists;(Y_1)\equiv(Y_3)](\pi_{[Y_3,Z_3]}\ e_3 \div \pi_{(Z_3\leftarrow Z_2)}\ e_2)
\end{aligned}$$

(a) Regel (JD)

(b) $E[\mathcal{R}(Y_1)] = (\mathcal{R} \bowtie \pi_{[(Y_1\leftarrow Y_3),Z_3]}\ e_3) \div \pi_{(Z_3\leftarrow Z_2)}\ e_2$ ist gruppierend, das heißt $E[e_1 \bowtie \pi_{(Y_1\leftarrow Y_3)}\ e_3] = e_1 \bowtie E[\pi_{(Y_1\leftarrow Y_3)}\ e_3]$.

(D) Sei $\pi_{[Y_3]}\ e_3 \subset \pi_{[Y_1]}\ e_1$ und $\mathcal{F}(T) \subset Y_1$.

$$\begin{aligned}
& \pi_{[T]}\ \sigma_{\forall e_2\ \exists e_3\ ((Y_1)=(Y_3)\wedge(Z_2)=(Z_3))}\ e_1 \\
= {} & \pi_{[T]}\ e_1[\exists;(Y_1)\equiv(Y_3)](\pi_{[Y_3,Z_3]}\ e_3 \div \pi_{(Z_3\leftarrow Z_2)}\ e_2) \\
= {} & \pi_{[T]}\ (\pi_{[Y_1\leftarrow Y_3,Z_3]}\ e_3 \div \pi_{(Z_3\leftarrow Z_2)}\ e_2) && (a)
\end{aligned}$$

(a) Anwendung von Regel (EJ3)

Einsparung von Joins im Rahmen der Outer-Aggregierung

Auch bei einer Outer-Aggregierung lassen sich Joins einsparen.

Satz 5.15 Seien e_1, e_2 und e_3 geschlossene Ausdrücke mit Attributen $Y_i = \mathcal{A}(e_i)$. Falls die Bedingungen $Y_2 \subset Y_1 \cup Y_3$, $\mathcal{F}(F) \subset \mathcal{A}(e_3)$ und $\pi_{[Y_2]}\ e_1 \bowtie e_3 \subset e_2$ erfüllt sind, gilt

$$\text{(EJA)}\quad e_1 \bowtie_F (e_2 \bowtie e_3) = e_1 \bowtie_F e_3.$$

Beweis:

$$\begin{aligned}
& e_1 \bowtie_F (e_2 \bowtie e_3) \\
= \; & \phi_{[Y_1]\,F}\ e_1 \bowtie e_2 \bowtie e_3 \\
& \cup (e_1 \setminus \pi_{[Y_1]}\ e_1 \bowtie e_2 \bowtie e_3) \times F(\{\}) \quad \text{(Definition)} \\
= \; & \phi_{[Y_1]\,F}\ e_1 \bowtie e_3 \\
& \cup (e_1 \setminus \pi_{[Y_1]}\ e_1 \bowtie e_3) \times F(\{\}) \quad \text{(Regel (EJ))} \\
= \; & e_1 \bowtie_F e_3 \quad \text{(Definition)}
\end{aligned}$$

Korollar 5.8 Seien e_1, e_2 und e_3 geschlossene Ausdrücke mit Attributen $Y_i = \mathcal{A}(e_i)$, seien $X_2 \subset Y_2$ und $X_3 \subset Y_3$ Attributmengen. Falls für $e_3' = \pi_{[Y_3,(X_2):(X_3)]}\ e_3$ die Bedingungen

$$Y_2 \subset Y_1,\ Y_2 \cap Y_3 = \{\},$$
$$\mathcal{F}(F) \subset \mathcal{A}(e_3') \text{ und}$$
$$\pi_{[Y_2]}\ e_1 \bowtie e_3' \subset e_2$$

erfüllt sind, gelten die Regeln

$$\text{(EJA1)}\quad e_1 \bowtie_F (\sigma_{(X_2)\equiv(X_3)}\ e_2 \times e_3) = e_1 \bowtie_F e_3'$$

$$\text{(EJA2)}\quad e_1 \bowtie_F (\sigma_{(X_2)=-(X_3)}\ e_2 \times e_3) = e_1 \bowtie_F \sigma_{(X_3)\not\equiv\perp}\ e_3'$$

Die Voraussetzungen für die Anwendung der Regeln zur Einsparung von Joins im Zusammenhang mit der Aggregierung sind insbesondere dann erfüllt, wenn $e_2 = \pi_{[Y_2]}\ e_1$ durch Projektion aus e_1 hervorgeht.

5.6 Zusammenfassung

In diesem Kapitel wurden die zur Anfragetransformation und für die Generierung algebraischer Ausdrücke benötigten Transformationsregeln entwickelt. Dabei wurden zum einen die bisher bekannten Transformationsregeln in eine einheitliche Darstellungsform überführt, so daß sie alle zur Anfragetransformation eingesetzt werden können. Zum anderen wurden eine ganze Reihe von Verallgemeinerungen und Ergänzungen vorgenommen:

- Die Verwendung korrekter und verlustfreier Ersetzungen zur Auflösung von Unteranfrage-Prädikaten (Satz 5.6, 5.9 in Verbindung mit Satz 5.4, 5.5) korrigiert und ergänzt die bisher bekannten Regeln [Kim82, CeGo85, GaWo87, Daya87]. Unteranfragen vom Typ (U3) wurden bisher nicht behandelt, die Transformation von Unteranfragen vom Typ (U2) war aufgrund der Verwendung der einfachen Aggregierung anstelle der Outer-Aggregierung häufig fehlerhaft.

- Die weiteren Regeln zur Auflösung von Unteranfrage-Prädikaten (Satz 5.7, 5.8, Kor. 5.7) entsprechen einer Überführung aus der Kalkül→Algebra Transformation [Naka89] bekannter Regeln in unsere Darstellungsform.

- Die Distributiv- und Kommutativgesetze für gruppierende Abbildungen (Satz 5.10, 5.11, Kor. 5.4) stellen eine starke Verallgemeinerung gegenüber bisher bekannten Regeln [Ullm82] dar. Insbesondere werden damit auch Regeln für sonst nicht mit betrachtete Operatoren wie Aggregierung, Outer-Aggregierung und Division aufgestellt.

- Die Regeln zur Einsparung von Joins (Kor. 5.5, 5.6, 5.8) adaptieren und verallgemeinern die bisher bekannten Regeln [Naka89].

- Die Kommutativgesetze für die Outer-Selektion (Satz 5.12) stellen eine Überführung und Verallgemeinerung der in [RoRe84] aufgestellten Regeln dar.

- Die Regeln zur Prädikat-Transformation (Abb. 5.1) wurden mit leichten Anpassungen aus [JaKo84] übernommen.

Im folgenden Kapitel wird darauf eingegangen, wie diese Regeln zur Anfragetransformation und für die Generierung algebraischer Ausdrücke in sinnvoller Weise eingesetzt werden.

Kapitel 6

Anfragetransformation und Generierung algebraischer Ausdrücke

6.1 Überblick

In diesem Kapitel soll die Vorgehensweise bei Anfragetransformation und Generierung algebraischer Ausdrücke geklärt werden. Hierzu ist zu untersuchen, welche der im vorigen Kapitel aufgestellten Transformationsregeln sinnvollerweise eingesetzt werden, und in welcher Weise dies geschieht. Dabei stehen zwei Zielsetzungen im Vordergrund:

1. Es sollten nur solche Ausdrücke generiert werden, die potentiell zu einem optimalen Bearbeitungsplan führen. Die Transformationsregeln dürfen also nicht in dem Sinne vollständig sein, daß alle zu einer Anfrage äquivalenten Ausdrücke generierbar sind. Sie müssen jedoch insofern vollständig sein, daß ein optimaler Bearbeitungsplan erreichbar ist.

   Dies bedeutet beispielsweise, daß Join-Operation nur eliminiert und nicht neu eingeführt werden; daß Selektionen grundsätzlich so früh wie möglich plaziert werden; daß jedoch keine Join-Reihenfolge von vorneherein ausgeschlossen wird.

2. Aufwendige Optimierungsschritte wie die Prädikat-Transformation und die Einsparung von Join-Operationen sollten frühzeitig, vor der Generierung einer großen Anzahl von Alternativen durchgeführt werden, damit sie nur auf möglichst wenigen unterschiedlichen Anfragedarstellungen durchzuführen sind.

Diese Anforderungen führen in Anlehnung an [JaKo84] zu einer Unterteilung der Transformationsregeln in drei Klassen, die aufeinanderfolgenden Optimierungsphasen entsprechen:

- *Standardisierung*

  Im ersten Transformationsschritt wird ein standardisierter Ausgangspunkt für die nachfolgende Optimierung erzeugt. Sie umfaßt die Eliminierung der Negation, um zu zweiwertiger Logik übergehen zu können; die Anwendung weiterer Prädikat-Transformationen, um soweit wie möglich Semijoin und Division einsetzen zu können und Disjunktionen, die keine elementare Selektionsbedingung darstellen, zu eliminieren; und die Auflösung von Unteranfrage-Prädikaten, wobei bereits mehrere Alternativen entstehen dürfen.

  Zur Standardisierung werden folgende im vorigen Kapitel entwickelte Regeln herangezogen:

  - Regeln zur Prädikat-Transformation (Abb. 5.1)

- Auflösung von Unteranfrage-Prädikaten (Satz 5.6, 5.7, 5.8, 5.9, Kor. 5.7)
- Distributivgesetze (Linearität) (Satz 5.10)

Die Vorgehensweise bei der Prädikat-Transformationen und den im Zusammenhang mit ihr notwendigen Anwendung von Distributivgesetzen kann sich im wesentlichen an bekannten Arbeiten orientieren [Koch85, Bry89]. Die Auflösung von Unteranfrage-Prädikaten ergibt sich direkt aus den entsprechenden Sätzen des vorigen Kapitels.

- *Verbesserung*

Eine Verbesserung ist zum einen durch die Eliminierung redundanter Prädikate möglich, worauf im folgenden jedoch nicht näher eingegangen wird (für Details siehe Kap. 2.3.2 und die dort zitierte Literatur). Zum anderen ist die Eliminierung überflüssiger Joins zu nennen, die die Kenntnis der nach einem Join noch benötigten Attribute voraussetzt; Projektionen sind also so weit wie möglich nach innen zu schieben, das heißt so früh wie möglich durchzuführen. Hierzu werden folgende Regeln des vorigen Kapitels genutzt:

- Kommutativität der Projektion (Kor. 5.4)
- Einsparung von Joins (Kor. 5.5, 5.6, 5.8)

Das Durchschieben der Projektion ist eine aus der Optimierung im Rahmen der relationalen Algebra bekannte Technik [Ullm82], die hier entsprechend der erweiterten Menge von Operatoren verallgemeinert wird. Die Vorgehensweise bei der Einsparung von Join-Operationen kann sich nur zum Teil an bekannten Techniken [Naka89] orientieren, da als neuer Aspekt die bei der Auflösung von Unteranfragen entstehenden Teilausdrücke hinzukommen.

- *Generierung von Alternativen*

Unterschiedliche rein algebraische Ausdrücke zu einer Anfrage ergeben sich durch Anwendung der Kommutativgesetze, insbesondere den Möglichkeiten zur Vertauschung einer Selektion mit anderen Operatoren. Alternativen entstehen dabei aufgrund der Wahl unterschiedlicher Join-Reihenfolgen und der Plazierung von Auflösungen von Unteranfrage-Prädikaten. Im einzelnen werden hierzu folgende Regeln genutzt:

- Allgemeine Kommutativität gruppierender Abbildungen (Satz 5.11)
- Spezielle Kommutativitätsgesetze für Projektion, Produkt und Outer-Selektion (Kor. 5.4, Satz 5.12)

Nicht herangezogen werden hier die Distributivgesetze für Durchschnitt und Differenz. Auf die Durchschnittsbildung wird gänzlich verzichtet, da der Einsatz aufeinanderfolgender Selektion generell günstiger ist ($\sigma_{p_1}\ \sigma_{p_2}\ r$ anstelle $\sigma_{p_1}\ r \cap \sigma_{p_2}\ r$). Die Differenzbildung wird nur zur Auflösung des Allquantors eingesetzt, tritt also nicht in der Form $E[r_1 \setminus r_2]$ auf, in der das Distributivgesetzt anwendbar wäre.

Während die Generierung unterschiedlicher Join-Reihenfolgen in der üblichen Weise erfolgt [Frey87, Lohm87, RoRe84, Daya87], stellt die Plazierung von Auflösungen von Unteranfrage-Prädikaten einen zusätzlichen Freiheitsgrad und damit eine zusätzliche Optimierungsmöglichkeit dar, die bisher nur eingeschränkt vorhanden war. Entscheidend hierfür ist die Auflösung mittels gruppierender Abbildungen, die aufgrund der Kommutativgesetze leicht mit anderen Operatoren bzw. Abbildungen vertauscht werden können.

6.2 Standardisierung

6.2.1 Prädikat-Transformation

Wie in Kapitel 5.2 beschrieben, wird zunächst zur Anfrageauswertung mittels zweiwertiger Logik übergegangen, indem die Negation eliminiert wird und Vergleichsoperatoren θ durch Operatoren θ^- ersetzt werden.

Um die Regeln zur verbesserten Auflösung von Unteranfrage-Prädikaten durch Einsatz von Semijoin und Division möglichst oft einsetzen zu können, ist es sinnvoll, die Prädikate mit Hilfe der Schachtelungsregeln nach [Koch85] in eine verbesserte Darstellungsform zu transformieren. Darüber hinaus müssen Konjunktionen weitgehend in Folgen von Selektionen, Disjunktionen weitgehend in Vereinigungen umgeformt werden. Dies ist notwendig, da eine Auflösung von Unteranfrage-Prädikaten in Disjunktionen nicht möglich ist und konjunktive oder disjunktive Verknüpfungen, die Attribute von mehr als zwei Relationen ansprechen, den Einsatz von Joins unmöglich machen. Selektionsprädikate mit konjunktiven oder disjunktiven Verknüpfungen zur Selektion auf einer Basisrelation R oder zum Verbund zweier Relation R und R', die keine aufzulösenden Unteranfrage-Prädikate enthalten, sollten hingegen nicht umgeformt werden, um nur einmal auf R und ggf. R' zugreifen zu müssen.

Definition 6.1 Ein Selektionsprädikat p ist *zulässig*, falls es keine Teilausdrücke oder quantifizierten Prädikate mit freien Attributreferenzen enthält. Ferner darf ein zulässiges Selektionsprädikat nur dann konjunktive oder disjunktive Verknüpfungen enthalten, wenn es eine Selektion auf einer Basisrelation R oder einen Verbund zweier Relationen R und R' darstellt ($\mathcal{F}(p) \subset (\mathcal{A}(R) \cup \mathcal{A}(R'))$.

In zulässigen Selektionsprädikate treten also elementare Selektionsbedingungen der Form $t_1\theta t_2$, $(\exists e\ p)$, $\neg(\exists e\ p)$, $t\theta f(e)$, und $t_1\theta(t_2 \circ F)(e)$ auf, wobei e bzw. $(\exists e\ p)$ geschlossen sein muß.

Zur Vorbereitung der weiteren Transformationen werden zunächst aufzulösende Unteranfrage-Prädikate (also solche mit freien Attributreferenzen) mit Hilfe der umgekehrten Schachtelungsregeln sofern möglich in quantifizierte Prädikate umgeformt:

$$\begin{array}{lcll}
(\exists(\sigma_{p_w}\ e)\ p) & \Longrightarrow & (\exists e\ p_w \wedge p) & \textit{falls}\ \mathcal{F}(\sigma_{p_w}\ e) \neq \{\} \\
(\forall(\sigma_{p_w}\ e)\ p) & \Longrightarrow & (\forall e\ \neg p_w \vee p) & \textit{falls}\ \mathcal{F}(\sigma_{p_w}\ e) \neq \{\} \\
(\exists(e_1 \times e_2)\ p) & \Longrightarrow & (\exists e_1 \exists e_2\ p) & \\
(\forall(e_1 \times e_2)\ p) & \Longrightarrow & (\forall e_1 \forall e_2\ p) &
\end{array}$$

Darüber hinaus können durch Anwendung von Regel (EQ) (Satz 5.6) weitere Semijoins ermöglicht werden:

$$\begin{array}{lcl}
\pi_T\ \sigma_p\ e_1 \times e_2 & \Longrightarrow & \pi_T\ \sigma_{(\exists e_1\ p)}\ e_2 \\
 & \textit{falls} & \mathcal{F}(T) \cap \mathcal{A}(e_1) = \{\}
\end{array}$$

Auch wenn p kein Semijoinprädikat ist, kann durch nachfolgende Verschiebung des Quantors noch ein Semijoin entstehen.

Die weiteren Regeln zur Prädikatumformung ergeben sich im wesentlichen aus Abb. 5.1 und den nach Satz 5.6 angegebenen Regeln der Kalkül→Algebra Transformation. Sie sind hier noch einmal aufgeführt, da nun Bedingungen zur Regelanwendung mit angegeben werden können. Die erste Gruppe von Regeln dient dazu, Quantoren nach innen zu schieben und die Anfrageschachtelung vorzunehmen.

$$(\exists e\; p_1 \wedge p_2) \Longrightarrow \left[\begin{array}{ll} p_1 \wedge (\exists e\; p_2) & \textit{falls } \mathcal{F}(p_1) \cap \mathcal{A}(e) = \{\} \\ (\exists(\sigma_{p_1}\; e)\; p_2) & \textit{falls } \mathcal{F}(p_1) \subset \mathcal{A}(e) \textit{ und } \mathcal{F}(e) = \{\} \end{array}\right.$$

$$(\forall e\; p_1 \vee p_2) \Longrightarrow \left[\begin{array}{ll} p_1 \vee (\forall e\; p_2) & \textit{falls } \mathcal{F}(p_1) \cap \mathcal{A}(e) = \{\} \\ (\forall(\sigma_{\neg p_1}\; e)\; p_2) & \textit{falls } \mathcal{F}(p_1) \subset \mathcal{A}(e) \textit{ und } \mathcal{F}(e) = \{\} \end{array}\right.$$

$$\sigma_{p_1 \wedge p_2} (\sigma_{p_3}\; e_1) \times e_2 \Longrightarrow \sigma_{p_2} (\sigma_{p_1 \wedge p_3}\; e_1) \times e_2 \quad \textit{falls } \mathcal{F}(p_1) \subset \mathcal{A}(e_1)$$

$$\sigma^{|\mathcal{A}(e_1)}_{p_1 \wedge p_2} (\sigma_{p_3}\; e_1)^+ \times e_2 \Longrightarrow \sigma^{|\mathcal{A}(e_1)}_{p_2} (\sigma_{p_1 \wedge p_3}\; e_1)^+ \times e_2 \quad \textit{falls } \mathcal{F}(p_1) \subset \mathcal{A}(e_1)$$

Mit der zweiten Gruppe von Regeln werden unzulässige konjunktive und disjunktive Verknüpfungen eliminiert.

$$\begin{array}{lll}
(\forall e\; p_1 \wedge p_2) & \Longrightarrow (\forall e\; p_1) \wedge (\forall e\; p_2) & \textit{falls } \mathcal{F}(p_1 \wedge p_2) \cap \mathcal{A}(e) \neq \{\} \\
& & \textit{und } p_1 \wedge p_2 \textit{ unzulässig} \\
(\exists e\; p_1 \vee p_2) & \Longrightarrow (\exists e\; p_1) \vee (\exists e\; p_2) & \textit{falls } \mathcal{F}(p_1 \vee p_2) \cap \mathcal{A}(e) \neq \{\} \\
& & \textit{und } p_1 \vee p_2 \textit{ unzulässig} \\
p_1 \wedge (p_2 \vee p_3) & \Longrightarrow p_1 \wedge p_2 \vee p_1 \wedge p_3 & \textit{falls } p_2 \vee p_3 \textit{ unzulässig} \\
\sigma_{p_1 \vee p_2}\; e & \Longrightarrow \sigma_{p_1}\; e \cup \sigma_{p_2}\; e & \textit{falls } p_1 \vee p_2 \textit{ unzulässig} \\
\sigma^{|Y}_{p_1 \vee p_2}\; e & \Longrightarrow \sigma^{|Y}_{p_1}\; e \cup \sigma^{|Y}_{p_2}\; e & \textit{falls } p_1 \vee p_2 \textit{ unzulässig} \\
\sigma_{p_1 \wedge p_2}\; e & \Longrightarrow \sigma_{p_1}\; \sigma_{p_2}\; e & \textit{falls } p_1 \wedge p_2 \textit{ unzulässig} \\
\sigma^{|Y}_{p_1 \wedge p_2}\; e & \Longrightarrow \sigma^{|Y}_{p_1}\; \sigma^{|Y}_{p_2}\; e & \textit{falls } p_1 \wedge p_2 \textit{ unzulässig} \\
(\exists(e_1 \cup e_2)\; p) & \Longrightarrow (\exists e_1\; p) \vee (\exists e_2\; p) & \\
(\forall(e_1 \cup e_2)\; p) & \Longrightarrow (\forall e_1\; p) \wedge (\forall e_2\; p) & \\
\sigma_p\; (e_1 \cup e_2) & \Longrightarrow \sigma_p\; e_1 \cup \sigma_p\; e_2 & \\
\sigma^{|Y}_p\; (e_1 \cup e_2) & \Longrightarrow \sigma^{|Y}_p\; e_1 \cup \sigma^{|Y}_p\; e_2 & \\
\Omega^{|Y} (e_1 \cup e_2) & \Longrightarrow \Omega^{|Y} (\Omega^{|Y}\; e_1 \cup \Omega^{|Y}\; e_2) &
\end{array}$$

Die letzten drei Gesetze ergeben sich aus der Linearität von Selektion und Outer-Selektion sowie der Idempotenz der Nullwert-Eliminierung.

Die Menge der zulässigen Selektionsprädikate läßt sich vergrößern, da sich bestimmte Semijoin-Prädikate $(\exists e_u\; p)$ einfach mittels einer Aggregierung ausdrücken lassen. Dies ist generell vorteilhafter, da zur Berechnung der Aggregatfunktion nur einmal auf e_u zugegriffen werden muß. Sei $B \in \mathcal{A}(e_u)$ und $A \notin \mathcal{A}(e_u)$.

$$\begin{array}{ll}
(\exists e_u\; A <^- B) & \Longrightarrow A <^- (\mathit{max}\; B)(e_u) \\
(\exists e_u\; A \leq^- B) & \Longrightarrow A \leq^- (\mathit{max}\; B)(e_u) \\
(\exists e_u\; A >^- B) & \Longrightarrow A >^- (\mathit{min}\; B)(e_u) \\
(\exists e_u\; A \geq^- B) & \Longrightarrow A \geq^- (\mathit{min}\; B)(e_u) \\
(\exists e_u\; A <^+ B) & \Longrightarrow A <^- (\mathit{max}\; B)(e_u) \vee \mathit{null}(A, B) \\
(\exists e_u\; A \leq^+ B) & \Longrightarrow A \leq^- (\mathit{max}\; B)(e_u) \vee \mathit{null}(A, B) \\
(\exists e_u\; A >^+ B) & \Longrightarrow A >^- (\mathit{min}\; B)(e_u) \vee \mathit{null}(A, B) \\
(\exists e_u\; A \geq^+ B) & \Longrightarrow A \geq^- (\mathit{min}\; B)(e_u) \vee \mathit{null}(A, B) \\
\textit{mit } \mathit{null}(A, B) & = (A \equiv \perp \wedge (\exists e_u) \vee (\exists(\sigma_{B \equiv \perp}\; e_u)))
\end{array}$$

Die Zusatzbedingung $\mathit{null}(A, B)$ kann entfallen, falls A bzw. B keinen Nullwert annimmt.

6.2.2 Auflösung von Existenzquantoren

Unteranfrage-Prädikate werden generell mit Hilfe einer gruppierenden Abbildung aufgelöst. Im Falle eines Existenzquantors bedeutet dies

$$\sigma_{(\exists e_u\ p)}\ \mathcal{R} \implies E_{(\exists e_u\ p)}[\mathcal{R}]$$

(E1) Semijoin

Ein Semijoin liegt vor, falls e_u geschlossen und p ein zulässiges Joinprädikat für den Verbund zwischen e_u und einer Relation R ist. In diesem Fall erfolgt normalerweise keine weitere Transformation, es sei denn, das Semijoin-Prädikat kann wie oben mittels einer Aggregierung ausgedrückt werden.

$$E_{(\exists e_u\ p)}[\mathcal{R}] = \sigma_{(\exists e_u\ p)}\ \mathcal{R}$$

(E2) Echte Auflösung

Liegt kein Semijoin vor, so ist eine echte Auflösung entsprechend Regel (EQ) (Satz 5.6) erforderlich.

$$E_{(\exists e_u\ p)}[\mathcal{R}] = \pi_{[\mathcal{A}(\mathcal{R})]}\ \sigma_p\ E_u[\mathcal{R}]$$

Analog hierzu gibt es zwei Möglichkeiten zur Auflösung

$$\sigma^{|Y}_{(\exists e_u\ p)}\ \mathcal{R} \implies E^{|Y}_{(\exists e_u\ p)}[\mathcal{R}]$$

von Existenzquantoren bei der Outer-Selektion.

(E1') Semijoin

$$E^{|Y}_{(\exists e_u\ p)}[\mathcal{R}] = \sigma^{|Y}_{(\exists e_u\ p)}\ \mathcal{R}$$

Die Möglichkeiten zur Vereinfachung des Semijoins durch eine Aggregierung bestehen hier natürlich in gleicher Weise, da nur eine Prädikatumformung vorgenommen wird.

(E2') Echte Auflösung

Die Auflösung erfolgt hier nach Satz 5.9

$$\begin{aligned} E^{|Y}_{(\exists e_u\ p)}[\mathcal{R}] = &\ \pi_{[\mathcal{A}(e)]}\ \sigma^{|Y}_p\ E^+_u[e] \\ &\ \textit{falls}\ p\,(x \bullet [\mathcal{A}(e) : \perp^+]) = \textit{false} \\ &\ \textit{für alle}\ x\ \textit{mit}\ \mathcal{A}(x) = \mathcal{A}(e_u) \end{aligned}$$

Falls $p\,(x \bullet [\mathcal{A}(e) : \perp^+]) = \textit{true}$ für bestimmte Tupel x möglich ist, muß p ergänzt werden: $p' = p \wedge A \not\equiv \perp^+$.

6.2.3 Auflösung von Allquantoren

Zur Auflösung

$$\sigma_{(\forall e_u\, p)}\ \mathcal{R} \implies E_{(\forall e_u\, p)}[\mathcal{R}]$$

eines Allquantors gibt es drei Alternativen, von denen die erste, der Semijoin, vorzuziehen ist, sofern sie einsetzbar ist.

(A1) Semijoin

Voraussetzung für die Verwendung eines (negativen) Semijoins ist, daß e_u geschlossen und $\neg p$ ein zulässiges Joinprädikat ist.

$$E_{(\forall e_u\, p)}[\mathcal{R}] = \sigma_{\neg(\exists e_u\, \neg p)}\ \mathcal{R}$$

(A2) Auflösung durch Differenz

Die Auflösung des Allquantors durch eine Differenz basiert auf der gleichen Regel wie die Auflösung des Existenzquantors (Satz 5.6).

$$E_{(\forall e_u\, p)}[\mathcal{R}] = \mathcal{R} \setminus \pi_{[\mathcal{A}(\mathcal{R})]}\ \sigma_{\neg p}\ E_u[\mathcal{R}]$$

(A3) Auflösung durch Division

Voraussetzung für die Anwendung von Satz 5.7 ist, daß e_u geschlossen ist.

$$E_{(\forall e_u\, p)}[\mathcal{R}] = (\mathit{ifempty}\ e_u\ \mathcal{R}\ (\sigma_p\ e_u \times \mathcal{R}) \div e_u)$$

Da die Division aufwendiger ist als die Differenz, kann sie nur dann günstiger sein, wenn das Prädikat p eine höhere Selektivität aufweist oder einfacher auszuwerten ist als das Prädikat $\neg p$. Dies ist insbesondere dann der Fall, wenn auf den Allquantor ein Existenzquantor folgt, der sich nicht durch einen einfachen Semijoin auflösen läßt. In diesem Fall sollte immer die Division verwendet werden:

$$\sigma_{(\forall e_1 \exists e_2\, p)}\ \mathcal{R} \implies \left(\mathit{ifempty}\ e_1\ \mathcal{R}\ (\pi_{[\mathcal{A}(\mathcal{R}),\mathcal{A}(e_1)]}\ \sigma_p\ \mathcal{R} \times e_1 \times e_2) \div e_1\right)$$

Dies entspricht der Vorgehensweise bei den Regeln (JD), (DS) und (D) (Korollar 5.7).

Analog gelten die folgenden Regeln zur Auflösung von Allquantoren bei einer Outer-Selektion (Satz 5.9)

$$\sigma^{|Y}_{(\forall e_u\, p)}\ \mathcal{R} \implies E^{|Y}_{(\forall e_u\, p)}[\mathcal{R}]$$

(A1') Semijoin

$$E^{|Y}_{(\forall e_u\, p)}[\mathcal{R}] = \sigma^{|Y}_{\neg(\exists e_u\, \neg p)}\ \mathcal{R}$$

(A2') Auflösung durch Differenz

$$E^{|Y}_{(\forall e_u\, p)}[\mathcal{R}] = \mathcal{R} \setminus \pi_{[\mathcal{A}(\mathcal{R})]}\ \sigma_{\neg p \wedge Y \not\equiv \perp^+}\ E_u[\mathcal{R}]$$

(A3') Auflösung durch Division

$$E^{|Y}_{(\forall e_u\, p)}[\mathcal{R}] = (\mathit{ifempty}\ e_u\ \mathcal{R}\ (\sigma^{|Y}_p\ e_u \times \mathcal{R}) \div e_u)$$

6.2.4 Auflösung von Aggregatfunktionen

Zur Auflösung

$$\sigma_{t\,\theta\,(t_u \circ F)(e_u)}\ \mathcal{R} \implies E_{t\,\theta\,(t_u \circ F)(e_u)}[\mathcal{R}]$$

eines Prädikats mit Aggregatfunktionen gibt es drei Alternativen, von denen die erste wenn möglich vorzuziehen ist, da sie mit einer einfachen Aggregierung auskommt. Dies gilt in gleicher Weise auch für Prädikate $t\,\theta\,f(e_u) = t\,\theta\,(\mathtt{f} \circ [\mathtt{f} : f])(e_u)$.

(F1) Einfache Aggregierung

Nach Satz 5.8 ist der Einsatz der einfachen Aggregierung möglich, falls mindestens eine der beiden Bedingungen $\mathcal{R} = \pi_{[\mathcal{A}(\mathcal{R})]}\ E_u[\mathcal{R}]$ oder $t\theta(t_u \circ F)(\{\})\ x = \mathit{false}$ für alle einsetzbaren x zutrifft.

$$E_{t\,\theta\,(t_u \circ F)(e_u)}[\mathcal{R}] = \pi_{[\mathcal{A}(\mathcal{R})]}\ \sigma_{t\theta t_u}\ \phi_{[\mathcal{A}(\mathcal{R})]\ F}\ E_u[\mathcal{R}]$$

Zur Überprüfung der ersten Bedingung muß bekannt sein, welche Relation R die Werte für die freien Attribute von e_u liefert (beim Einsetzen ist dann $\mathcal{R} = E'[R]$ für eine gruppierende Abbildung E'). Sie wird beispielsweise erfüllt, falls $E[\mathcal{R}]$ die Form

$$E[\mathcal{R}] = \sigma_{A\theta' A'}\ \mathcal{R} \times R'$$

hat, wobei θ' einer der Operatoren $=^-, \leq^-, \geq^-, =^+, \leq^+, \geq^+, \equiv$ ist, A keine Nullwerte annimmt, sofern einer der Operatoren $=^-, \leq^-, \geq^-$ vorliegt, und R' durch Umbenennung aus R hervorgeht,.

Die zweite Bedingung ist erfüllt, falls eine Aggregatfunktion ungleich *count* und ein Vergleichsoperator θ^- verwendet wird, oder wenn eine Bedingung der Form $c\theta(\mathit{count}\ t)(e_u)$ vorliegt, die nur für $\mathit{count} > 0$ zu *true* ausgewertet werden kann.

(F2) Verallgemeinerte Aggregierung

Die Verwendung einer verallgemeinerten Aggregierung ergibt sich aus der Basisregel (AG) (Satz 5.6).

$$E_{t\,\theta\,(t_u \circ F)(e_u)}[\mathcal{R}] = \pi_{[\mathcal{A}(\mathcal{R})]}\ \sigma_{t\theta t_u}\ \mathcal{R} \bowtie\!\!\lhd_F E_u[\mathcal{R}]$$

(F3) Einfache Aggregierung und verlustfreie Ersetzung

Nach Satz 5.9 kann anstelle einer verallgemeinerten Aggregierung auch eine einfache Aggregierung mit einer verlustfreien Ersetzung eingesetzt werden, sofern die verlustfreie Ersetzung konstruierbar ist, also in e_u keine Unteranfragen vom Typ (U3) auftreten.

$$E_{t\,\theta\,(t_u \circ F)(e_u)}[\mathcal{R}] = \pi_{[\mathcal{A}(\mathcal{R})]}\ \sigma_{t\theta t_u}\ \phi_{[\mathcal{A}(\mathcal{R})]\ F}\ \Omega^{|\mathcal{A}(e_u)}\ E_u^+[\mathcal{R}]$$

Zur Auflösung einer Outer-Selektion

$$\sigma^{|Y}_{t\,\theta\,(t_u \circ F)(e_u)}\ \mathcal{R} \implies E^{|Y}_{t\,\theta\,(t_u \circ F)(e_u)}[\mathcal{R}]$$

können nur eine verallgemeinerte Aggregierung oder eine einfache Aggrierung mit einer verlustfreien Ersetzung verwendet werden, da keine Tupel von $\mathcal{R}$ verloren gehen dürfen.

(F2') Verallgemeinerte Aggregierung

$$E^{|Y}_{t\,\theta\,(t_u \circ F)(e_u)}[\mathcal{R}] \;=\; \pi_{[\mathcal{A}(\mathcal{R})]}\ \sigma^{|Y}_{t\theta t_u}\ \mathcal{R} \bowtie_F E_u[\mathcal{R}]$$

(F3') Einfache Aggregierung und verlustfreie Ersetzung

$$E^{|Y}_{t\,\theta\,(t_u \circ F)(e_u)}[\mathcal{R}] \;=\; \pi_{[\mathcal{A}(\mathcal{R})]}\ \sigma^{|Y}_{t\theta t_u}\ \phi_{[\mathcal{A}(\mathcal{R})]\,F}\ \Omega^{|\mathcal{A}(e_u)} E^{+}_{u}[\mathcal{R}]$$

6.2.5 Ergebnis der Standardisierung

Sieht man von der unverändert gebliebenen Ergebnisbildung ab, so entsteht als Ergebnis der Standardisierung ein Ausdruck

$$D_K = \bigcup_{1\le i\le k} K_i$$

mit $K_i = E_{p_{i_1}}\,E_{p_{i_2}}\ldots E_{p_{i_m}}(\sigma_{p_1}\ R_1)\times(\sigma_{p_2}\ R_2)\times\ldots\times(\sigma_{p_n}\ R_n)$

bzw. $D_A = \bigcup_{1\le i\le k} A_i$

mit $A_i = E_{p_{i_1}}\,E_{p_{i_2}}\ldots E_{p_{i_m}}\phi_{[Z]\,F}\ D_K$

Jede Abbildung $E_{p_{i_j}}$ ist dabei eine korrekte Auflösung einer Selektion $\sigma_{p_{i_j}}$. Dabei ist p_{i_j}

(1) Ein zulässiges Selektionsprädikat

oder

(2) Ein aufzulösendes quantifiziertes Prädikat oder Prädikat mit Aggregierung.

Im zweiten Fall sind die Auflösungsalternativen in Form einer Abbildung $E_p[\mathcal{R}]$ angegeben. Die Alternativen hierzu ergeben sich aus den vorangehenden Abschnitten:

$$\begin{array}{rcll} E_p[\mathcal{R}] & = & \pi_{[\mathcal{A}(\mathcal{R})]}\ K[\mathcal{R}] & (E2)\\ & | & \pi_{[\mathcal{A}(\mathcal{R})]}\ A[\mathcal{R}] & (E2, F1, F2, F3)\\ & | & \mathcal{R}\setminus\pi_{[\mathcal{A}(\mathcal{R})]}\ K[\mathcal{R}] & (A2)\\ & | & \mathcal{R}\setminus\pi_{[\mathcal{A}(\mathcal{R})]}\ A[\mathcal{R}] & (A2)\\ & | & (\mathit{ifempty}\ e_u\ \mathcal{R}\ (E_{p_1}\,E_{p_2}\ldots E_{p_n}\ e_u\times\mathcal{R})\div e_u) & (A3) \end{array}$$

e_u entspricht einem geschlossenen Ausdruck vom Typ K oder A.

$K[\mathcal{R}]$ entspricht der Auflösung einer Unteranfrage vom Typ (U1):

$$K[\mathcal{R}] \;=\; E_{p_1}\,E_{p_2}\ldots E_{p_n}\,(\mathcal{R}\times(\sigma_{p'_1}\ R_1)\times(\sigma_{p'_2}\ R_2)\times\ldots\times(\sigma_{p'_n}\ R_n))$$

$A[\mathcal{R}]$ entspricht der Auflösung einer Unteranfrage vom Typ (U2) oder (U3), d.h. mit Aggregierung:

$$\begin{array}{rcl} A[\mathcal{R}] & = & E_{p_1}\,E_{p_2}\ldots E_{p_n}\ \phi_{[\mathcal{A}(\mathcal{R}),Z]\,F}\ D_K[\mathcal{R}]\\ & | & \sigma_{t\theta t_u}\ A^{+}[\mathcal{R}]\\ & | & \sigma_{t\theta t_u}\ \phi_{[\mathcal{A}(\mathcal{R})]\,F}\ D_K[\mathcal{R}] \end{array}$$

$D_K[\mathcal{R}]$ kennzeichnet eine Vereinigung von korrekten Ersetzungen $K[\mathcal{R}]$:

$$D_K[\mathcal{R}] \;=\; \bigcup_{1\leq i\leq k} K_i[\mathcal{R}]$$

$A^+[\mathcal{R}]$ ist die Auflösung einer Aggregierung, bei der keine Tupel von $\mathcal{R}$ verloren gehen:

$$\begin{aligned} A^+[\mathcal{R}] \;&=\; \mathcal{R} \bowtie_F D_K[\mathcal{R}] \\ &\mid\; \phi_{[\mathcal{A}(\mathcal{R})]\,F}\; D_K^+[\mathcal{R}] \end{aligned}$$

$D_K^+[\mathcal{R}]$ kennzeichnet eine Vereinigung von verlustfreien Ersetzungen $K^+[\mathcal{R}]$ mit entsprechenden Nullwert-Eliminierungen:

$$D_K^+[\mathcal{R}] \;=\; \Omega^{|\sigma(K_i)} \bigcup_{1\leq i\leq k} K_i^+[\mathcal{R}]$$

$K^+[\mathcal{R}]$ ist die Auflösung einer Unteranfrage vom Typ (U1) durch eine verlustfreie Ersetzung mit einer entsprechenden Nullwert-Eliminierung:

$$\begin{aligned} K^+[\mathcal{R}] \;&=\; \Omega^{|\mathcal{A}(e)}\, E_{p_1}^{|\mathcal{A}(e)} E_{p_2}^{|\mathcal{A}(e)} \ldots E_{p_n}^{|\mathcal{A}(e)} (\mathcal{R} \times \\ &\qquad ((\sigma_{p_1'} R_1) \times (\sigma_{p_2'} R_2) \times \ldots \times (\sigma_{p_n'} R_n))^+) \\ \textit{mit}\;\; &\mathcal{A}(e) = \mathcal{A}(R_1 \times R_2 \times \ldots \times R_n) \end{aligned}$$

$E_p^{|Y}$ entspricht einer Outer-Selektion $\sigma_p^{|Y}$, wobei p wie bei E ein zulässiges Selektionsprädikat oder ein aufzulösendes Prädikat sein kann. Auch die Auflösungsmöglichkeiten sind weitgehend analog aufgebaut:

$$\begin{aligned} E_p^{|Y}[\mathcal{R}'] \;&=\; \pi_{[\mathcal{A}(\mathcal{R}')]}\, \sigma_p^{|Y}\, K^+[\mathcal{R}'] && (E2') \\ &\mid\; \pi_{[\mathcal{A}(\mathcal{R}')]}\, \sigma_p^{|Y}\, A^+[\mathcal{R}'] && (F2', F3') \\ &\mid\; \mathcal{R}' \setminus \pi_{[\mathcal{A}(\mathcal{R}')]}\, K[\mathcal{R}'] && (A2') \\ &\mid\; \mathcal{R}' \setminus \pi_{[\mathcal{A}(\mathcal{R}')]}\, A[\mathcal{R}'] && (A2') \\ &\mid\; (\textit{ifempty}\; e_u\; \mathcal{R} \\ &\qquad (E_{p_1}^{|Y} E_{p_2}^{|Y} \ldots E_{p_n}^{|Y}\, e_u \times \mathcal{R}') \div e_u\big) && (A3') \end{aligned}$$

Die Outer-Selektion $\sigma_p^{|Y}$ muß in den ersten beiden Fällen mit aufgeführt werden, da sie nicht durch $K^+[\mathcal{R}']$ bzw. $A^+[\mathcal{R}']$ erfaßt wird.

6.3 Verbesserung algebraischer Ausdrücke

6.3.1 Durchschieben der Projektion

Aufgrund der Regel (KP)

$$\begin{aligned} \pi_T\; E[r] \;&=\; \pi_{[T]}\; E[\pi_{[X']}\; r] \\ &\quad \textit{falls } E = E[\mathcal{R}^{X,\overline{Y}}] \textit{ und } X' = X \cup (\mathcal{A}(r) \cap \mathcal{F}(T)) \end{aligned}$$

kann die Projektion über gruppierende Abbildungen E geschoben werden. In E einzusetzen ist dabei eine Relation $\pi_{[X']}\; r$, die sowohl die für die gruppierende Abbildung E als auch die für die Projektion T erforderlichen Attribute, die nicht ohnehin von E geliefert werden, umfaßt.

Diese Regel läßt sich auf den Ausdruck D_K bzw. D_A zu einer Anfrage anwenden, sofern die Ergebnisbildung durch eine Projektion erfolgt.

$$\pi_T \bigcup_{1 \leq i \leq k} K_i \;=\; \bigcup_{1 \leq i \leq k} \pi_T K_i$$

$$\pi_T\, E_{p_1} E_{p_2} \ldots E_{p_n}\, e \;=\; \pi_T\, E_{p_1} E_{p_2} \ldots E_{p_n}\, \pi_{[X']}\, e \quad \textit{falls}\ X' = \mathcal{F}(T) \cup (\bigcup_{1 \leq i \leq n} \mathcal{F}(p_i))$$

$$\pi_{[X']}\, e_1 \times e_2 \times \ldots \times e_n \;=\; (\pi_{[X' \cap \mathcal{A}(e_1)]}\, e_1) \times (\pi_{[X' \cap \mathcal{A}(e_2)]}\, e_2) \times \ldots \times (\pi_{[X' \cap \mathcal{A}(e_n)]}\, e_n)$$

Falls der Funktionskonstruktor F nur Aggregatfunktionen enthält, die von der korrekten Anzahl von Duplikaten unabhängig sind, das heißt keine der Funktionen *count, sum* oder *agg*, kann bei einer Aggregierung $\phi_{[Z]\,F}$ zusätzlich eine Projektion eingeführt werden:

$$\phi_{[Z]\,F} \;=\; \phi_{[Z]\,F}\, \pi_{[Z \cup \mathcal{F}(F)]}$$

Eine Projektion kann daher auch bei einer Ergebnisbildung oder einen Ausdruck A mit einer derartigen Aggregierung durchgeschoben werden. Ferner besteht die Möglichkeit, eine Projektion in Semijoin-Ausdrücken einzuführen:

$$(\exists e\ p) \;=\; (\exists (\pi_{[\mathcal{A}(e) \cap \mathcal{F}(p)]}\, e)\ p).$$

Ähnlich erfolgt das Durchschieben einer Projektion in Unteranfrage-Ausdrücken der Form $\pi_{[\mathcal{A}(\mathcal{R})]}\, K[\mathcal{R}]$ bzw. $\pi_{[\mathcal{A}(\mathcal{R})]}\, A[\mathcal{R}]$:

$$\pi_{[\mathcal{A}(\mathcal{R})]}\, E_{p_1} E_{p_2} \ldots E_{p_n}\, E[\mathcal{R}] \;=\; \pi_{[\mathcal{A}(\mathcal{R})]}\, E_{p_1} E_{p_2} \ldots E_{p_n}\, \pi_{[X']}\, E[\mathcal{R}] \quad \textit{falls}\ X' \;=\; \mathcal{A}(\mathcal{R}) \cup (\bigcup_{1 \leq i \leq n} \mathcal{F}(p_i))$$

Entsprechend gilt auch

$$\pi_{[\mathcal{A}(\mathcal{R})]}\, \Omega^{\downarrow \mathcal{A}(e)}\, E_{p_1}^{\downarrow \mathcal{A}(e)} E_{p_2}^{\downarrow \mathcal{A}(e)} \ldots E_{p_n}^{\downarrow \mathcal{A}(e)}\, \mathcal{R} \times (e)^+ \;=\; \pi_{[\mathcal{A}(\mathcal{R})]}\, \Omega^{\downarrow X'}\, E_{p_1}^{\downarrow X'} E_2^{\downarrow X'} \ldots E_n^{\downarrow X'}\, \mathcal{R} \times (\pi_{[X']}\, e)^+ \quad \textit{falls}\ X' \;=\; (\bigcup_{1 \leq i \leq n} \mathcal{F}(p_i)) \setminus \mathcal{A}(\mathcal{R}) \neq \{\}$$

Eine weitergehende Projektion ist möglich, wenn auch die Reihenfolge der E_{p_i} festgelegt wird:

$$\pi_T\, E_{p_1} E_{p_2} \ldots E_{p_n}\, e \;=\; \pi_T\, E_{p_1}\, \pi_{X_1'}\, E_{p_2}\, \pi_{X_2'} \ldots E_{p_n}\, \pi_{[X_n']}\, e \quad \textit{falls}\ X_i' = \mathcal{F}(T) \cup (\bigcup_{1 \leq j \leq i} \mathcal{F}(p_j))$$

Um keine Entscheidungen über die Ausführungsreihenfolge vorwegzunehmen, werden wir diese Eigenschaft jedoch erst bei der Aufzählung von Alternativen nutzen.

6.3.2 Einsparung von Joins

Regeln

Da in unserer Normalform keine Joinprädikate der Form $(X_1) \equiv (X_2)$ auftreten, sind zur Einsparung von Joins nur die Regeln (EJ2), (EJ4), (EJ2'), (EJ4'), (EJD2) und (EJA2) relevant.

Ort der Regelanwendung

Potentiell eliminierbare Joinbedingungen treten in unserer Normalform in folgenden Konstrukten auf:

- $\pi_T\, K \;=\; \pi_T\, E_{p_1} E_{p_2} \ldots E_{p_n} (\sigma_{p'_1}\, R_1) \times (\sigma_{p'_2}\, R_2) \times \ldots \times (\sigma_{p'_n}\, R_n)$
- $\pi_{[\mathcal{A}(\mathcal{R}),Z]}\, K[\mathcal{R}] \;=\; \pi_{[\mathcal{A}(\mathcal{R}),Z]}\, E_{p_1} E_{p_2} \ldots E_{p_n}(\mathcal{R} \times e)$
  $\textit{mit}\; e = (\sigma_{p'_1}\, R_1) \times (\sigma_{p'_2}\, R_2) \times \ldots \times (\sigma_{p'_n}\, R_n)$

  (Hier wie auch im nächsten Fall ist $Z = \{\}$ möglich.)
- $\pi_{[\mathcal{A}(\mathcal{R}),Z]}\, K^+[\mathcal{R}] \;=\; \pi_{[\mathcal{A}(\mathcal{R}),Z]}\, E_{p_1}^{\downarrow\mathcal{A}(e)} E_{p_2}^{\downarrow\mathcal{A}(e)} \ldots E_{p_n}^{\downarrow\mathcal{A}(e)}(\mathcal{R} \times (e)^+)$
  $\textit{mit}\; e = (\sigma_{p'_1}\, R_1) \times (\sigma_{p'_2}\, R_2) \times \ldots \times (\sigma_{p'_n}\, R_n)$
- $(E_{p_1} E_{p_2} \ldots E_{p_n}\, e_u \times \mathcal{R}) \div e_u,\; e_u \neq \{\}$
- $\mathcal{R} \bowtie_F E_{p_1} E_{p_2} \ldots E_{p_n} (\mathcal{R} \times \sigma_{p_1}\, R_1) \times (\sigma_{p_2}\, R_2) \times \ldots \times (\sigma_{p_n}\, R_n))$

Durch Anwendung der Kommutativgesetze lassen sich Projektion (vergl. vorigen Abschnitt) und Joinbedingung so verschieben, daß die Einsparung von Joins auf folgende Fälle beschränkt werden kann (R_1 und R_2 können dabei beliebigen der obigen R_i entsprechen):

(1) $\pi_{[X]}\, \sigma_{(X_1)=-(X_2)}\, (\sigma_{p_1}\, R_1) \times (\sigma_{p_2}\, R_2)$
(ausgehend von $\pi_T\, K$, $\pi_{[\mathcal{A}(\mathcal{R}),Z]}\, K[\mathcal{R}]$, $\pi_{[\mathcal{A}(\mathcal{R}),Z]}\, K^+[\mathcal{R}]$)

(2) $\pi_{[\mathcal{A}(\mathcal{R}),X]}\, \sigma_{(X_1)=-(X_2)}\, \mathcal{R} \times (\sigma_{p_2}\, R_2)$
(ausgehend von $\pi_{[\mathcal{A}(\mathcal{R}),Z]}\, K[\mathcal{R}]$)

(3) $\pi_{[\mathcal{A}(\mathcal{R}),X]}\, \sigma_{(X_1)=-(X_2)}\, (\sigma_{p_1}\, R_1) \times \mathcal{R}$
(ausgehend von $\pi_{[\mathcal{A}(\mathcal{R}),Z]}\, K[\mathcal{R}]$)

(4) $\pi_{[\mathcal{A}(\mathcal{R}),X]}\, \sigma^{\downarrow\mathcal{A}(R_2)}_{(X_1)=-(X_2)}\, \mathcal{R} \times (\sigma_{p_2}\, R_2)^+$
(ausgehend von $\pi_{[\mathcal{A}(\mathcal{R}),Z]}\, K^+[\mathcal{R}]$)

(5) $E[\sigma_{(X_1)=-(X_2)}\, \mathcal{R} \times e_u] \div e_u,\; e_u \neq \{\}$

(6) $\mathcal{R} \bowtie_F \sigma_{(X_1)=-(X_2)}\, \mathcal{R} \times E[e]$

(7) $\sigma_{(\exists(\sigma_{p_2}\, R_2)\ (X_1)=-(X_2))}\, (\sigma_{p_1}\, R_1)$
(ausgehend von K, $K[\mathcal{R}]$, $K^+[\mathcal{R}]$)

(8) $\sigma_{(\exists(\sigma_{p_2}\, R_2)\ (X_1)=-(X_2))}\, \mathcal{R}$
(ausgehend von $K[\mathcal{R}]$)

(9) $\sigma^{\downarrow\mathcal{A}(e)}_{(\exists(\sigma_{p_2}\, R_2)\ (X_1)=-(X_2))}\, \mathcal{R} \times (e)^+$
(ausgehend von $K^+[\mathcal{R}]$)

Vorgehensweise bei der Regelanwendung

(1) $\pi_{[X]}\ \sigma_{(X_1)=-(X_2)}\ (\sigma_{p_1}\ R_1) \times (\sigma_{p_2}\ R_2)$

Voraussetzung für die Anwendung von Regel (EJ2) ist, daß die Bedingungen $X \subset \mathcal{A}(R_1) \cup X_2$, $\mathcal{F}(p_2) \subset X_2$ und $\pi_{(X_1)}\ R_1 \subset \pi_{(X_2)}\ R_2$ erfüllt sind. Ohne zusätzliche Kenntnisse über den Aufbau der Datenbasis läßt sich die letzte Bedingung nur dadurch gewährleisten, daß R_2 durch Umbenennung aus R_1 hervorgeht. Wir erhalten unter diesen Bedingungen

$$\begin{aligned} &\pi_{[X]}\ \sigma_{(X_1)=-(X_2)}\ (\sigma_{p_1}\ R_1) \times (\sigma_{p_2}\ R_2) \\ \Longrightarrow\ &\pi_{[X]}\ \sigma_{p_1 \wedge p_2 \wedge (X_1) \not\equiv \perp}\ \pi_{[\mathcal{A}(R_1),\,(X_2):(X_1)]}\ R_1 \end{aligned}$$

(2) $\pi_{[\mathcal{A}(\mathcal{R}),X]}\ \sigma_{(X_1)=-(X_2)}\ \mathcal{R} \times (\sigma_{p_2}\ R_2)$

Um hier Regel (EJ2) anwenden zu können, muß bekannt sein, welcher Ausdruck für $\mathcal{R}$ eingesetzt wird. Hierzu ist die übergeordnete Abbildung $E_p[\mathcal{R}^Y]$ mit dem Parameter $\mathcal{R}$ zu ermitteln, die (gegebenenfalls nach einer Kommutierung) Bestandteil eines Ausdrucks

$$E_{p_1}\, E_{p_2} \ldots E_{p_n}\, E_p\, (\sigma_{p_1'}\ R_1) \times (\sigma_{p_2'}\ R_2) \times \ldots \times (\sigma_{p_n'}\ R_n)$$

ist. Abhängig von der Kommutierung der Abbildungen und dem Durchschieben von Projektionen wird in E_p ein Ausdruck eingesetzt, der sich in der Form

$$\pi_{[X']}\ E_{p_{j_1}}\, E_{p_{j_2}} \ldots E_{p_{j_l}}\, (\sigma_{p_{i_1}'}\ R_{i_1}) \times \ldots \times (\sigma_{p_{i_k}'}\ R_{i_k})$$

darstellen läßt, wobei $Y \subset X'$ gelten muß. Regel (EJ2) ist nun anwendbar, falls ein R_{i_s} die Rolle von R_1 im Fall (1) einnehmen kann. Es ergibt sich dann die Transformation

$$\begin{aligned} &\pi_{[\mathcal{A}(\mathcal{R}),X]}\ \sigma_{(X_1)=-(X_2)}\ \mathcal{R} \times (\sigma_{p_2}\ R_2) \\ \Longrightarrow\ &\pi_{[\mathcal{A}(\mathcal{R}),X]}\ \sigma_{p_2 \wedge (X_1) \not\equiv \perp}\ \pi_{[\mathcal{A}(\mathcal{R}),\,(X_2):(X_1)]}\ \mathcal{R} \end{aligned}$$

(3) $\pi_{[\mathcal{A}(\mathcal{R}),X]}\ \sigma_{(X_1)=-(X_2)}\ (\sigma_{p_1}\ R_1) \times \mathcal{R}$

Um $\mathcal{R}$ eliminieren zu können, muß es möglich sein, einen Ausdruck der Form

$$\mathcal{R} = \sigma_{p_2}\ \pi_{[X_2]}\ R_2$$

einzusetzen. Es muß also möglich sein, im übergeordneten Ausdruck die Projektion $\pi_{[X_2]}$ durchzuschieben; hierfür muß insbesondere $E_p[\mathcal{R}^Y]$ die Bedingung $Y = X_2$ erfüllen.

Unter dieser Randbedingung und den Voraussetzungen von Fall (1) können wir folgende Transformation anwenden:

$$\begin{aligned} &\pi_{[\mathcal{A}(\mathcal{R}),X]}\ \sigma_{(X_1)=-(X_2)}\ (\sigma_{p_1}\ R_1) \times \mathcal{R} \\ \Longrightarrow\ &\pi_{[X_2,X]}\ \sigma_{p_1 \wedge p_2 \wedge (X_1) \not\equiv \perp}\ \pi_{[(X_2):(X_1),\,\mathcal{A}(R_1)]}\ R_1 \end{aligned}$$

Dies hat zur Folge, daß $\mathcal{R}$ aus dem Teilausdruck eliminiert wird. Impliziert dies eine Transformation $E_p[\mathcal{R}^Y] \Longrightarrow e$ für die gesamte Abbildung, so muß e anstelle von $\sigma_{p_2}\ \pi_{[X_2]}\ R_2$ im übergeordneten Ausdruck eingesetzt werden. Auftreten kann dies, falls $E_p[\mathcal{R}]$ die Form $K[\mathcal{R}]$ oder $A[\mathcal{R}]$ hat.

(4) $\pi_{[\mathcal{A}(\mathcal{R}),X]}\ \sigma^{|\mathcal{A}(R_2)}_{(X_1)=-(X_2)}\ \mathcal{R} \times (\sigma_{p_2}\ R_2)^+$

Analog zu Fall (2) erhalten wir, sofern die gleichen Randbedingungen erfüllt sind, durch Anwendung von Regel (EJ2') die Transformation

$$\begin{array}{ll} & \pi_{[\mathcal{A}(\mathcal{R}),X]}\ \sigma^{|\mathcal{A}(R_2)}_{(X_1)=-(X_2)}\ \mathcal{R} \times (\sigma_{p_2}\ R_2)^+ \\ \Longrightarrow & \pi_{[\mathcal{A}(\mathcal{R}),X]}\ \sigma^{|X_2}_{p_2 \wedge (X_1) \not\equiv \bot}\ \pi_{[\mathcal{A}(\mathcal{R}),\,(X_2):(X_1)]}\ \mathcal{R} \end{array}$$

(5) $E[\sigma_{(X_1)=-(X_2)}\ \mathcal{R} \times e_u] \div e_u,\ e_u \neq \{\}$

Regel (EJD2) ist anwendbar, falls $\mathcal{A}(e_u) = X_2$ und $X_1 \subset \mathcal{A}(\mathcal{R})$.

$$\begin{array}{ll} & E[\sigma_{(X_1)=-(X_2)}\ \mathcal{R} \times e_u] \div e_u \\ \Longrightarrow & E[\sigma_{(X_1)\not\equiv\bot}\ \pi_{[\mathcal{A}(\mathcal{R}),\,(X_2):(X_1)]}\ \mathcal{R}] \div e_u \end{array}$$

(6) $\mathcal{R} \bowtie_F \sigma_{(X_1)=-(X_2)}\ \mathcal{R} \times E[e]$

Regel (EJA2) ist unter den Bedingungen $X_1 \subset \mathcal{A}(\mathcal{R})$ und $X_2 \subset \mathcal{A}(E[e])$ anwendbar.

$$\begin{array}{ll} & \mathcal{R} \bowtie_F \sigma_{(X_1)=-(X_2)}\ \mathcal{R} \times E[e] \\ \Longrightarrow & \mathcal{R} \bowtie_F \sigma_{(X_1)\not\equiv\bot}\ \pi_{[\mathcal{A}(E[e]),\,(X_2):(X_1)]}\ E[e] \end{array}$$

(7) $\sigma_{(\exists(\sigma_{p_2}\ R_2)\ (X_1)=-(X_2))}\ (\sigma_{p_1}\ R_1)$

Zur Anwendung von Regel (EJ4) müssen wie bei Regel (EJ2) im Fall (1) die Bedingungen $\mathcal{F}(p_2) \subset X_2$ und $\pi_{[X_1]}\ R_1 \subset \pi_{[X_2]}\ R_2$ erfüllt sein.

$$\begin{array}{ll} & \sigma_{(\exists(\sigma_{p_2}\ R_2)\ (X_1)=-(X_2))}\ (\sigma_{p_1}\ R_1) \\ \Longrightarrow & \sigma_{p_1 \wedge p_2[(X_2)/(X_1)] \wedge (X_1)\not\equiv\bot}\ R_1 \end{array}$$

(8) $\sigma_{(\exists(\sigma_{p_2}\ R_2)\ (X_1)=-(X_2))}\ \mathcal{R}$

Die Anwendung von Regel (EJ4) erfolgt wie im Fall (7), nur muß nun wie in Fall (2) die für $\mathcal{R}$ einzusetzende Relation r die Bedingung $\pi_{X_1}\ r_1 \subset \pi_{(X_2)}\ R_2$ erfüllen.

$$\begin{array}{ll} & \sigma_{(\exists(\sigma_{p_2}\ R_2)\ (X_1)=-(X_2))}\ \mathcal{R} \\ \Longrightarrow & \sigma_{p_2[(X_2)/(X_1)] \wedge (X_1)\not\equiv\bot}\ \mathcal{R} \end{array}$$

(9) $\sigma^{|\mathcal{A}(e)}_{(\exists(\sigma_{p_2}\ R_2)\ (X_1)=-(X_2))}\ \mathcal{R} \times (e)^+$

Unter den gleichen Voraussetzung wie in (8) gilt

$$\begin{array}{ll} & \sigma^{|\mathcal{A}(e)}_{(\exists(\sigma_{p_2}\ R_2)\ (X_1)=-(X_2))}\ \mathcal{R} \times (e)^+ \\ \Longrightarrow & \sigma^{|\mathcal{A}(e)}_{p_2[(X_2)/(X_1)] \wedge (X_1)\not\equiv\bot}\ \mathcal{R} \times (e)^+ \end{array}$$

6.4 Beispiele für Standardisierung und Verbesserung

In den folgenden Beispielen für Standardisierung und Verbesserung wird der Übergang zur zweiwertigen Logik in der Regel nicht explizit vollzogen, das heißt, es werden Vergleichsoperatoren θ anstelle θ^- verwendet, um eine übersichtlichere Darstellung zu ermöglichen. Dies ist so lange korrekt, wie der Vergleichsoperator nicht negiert werden muß, also kein Vergleichsoperator θ^+ einzusetzen ist. Nur in einem solchen Fall wird der Übergang zur zweiwertigen Logik explizit angegeben (siehe Anfrage A.10).

A.1 *Anzahl der von der Spielzeugabteilung verkauften Puppen*

$$\pi_{(vn)}\ \sigma_{va=Spiel \wedge vi=Puppe}\ V$$

Keine Regelanwendung

A.2 *Namen und Vorgesetzte aller Angestellten der Schuhabteilung mit Einkommen über 3000*

$$\pi_{(an,av)}\ \sigma_{ag>3000 \wedge aa=Schuh}\ A$$

Keine Regelanwendung

A.3 *Artikel, die von Abteilungen der 2. Etage verkauft werden*

$$\pi_{(vi)}\ \sigma_{(\exists e_u)}\ V$$
$$\textit{mit}\quad e_u = \sigma_{oe=2 \wedge oa=va}\ O$$

$$\Longrightarrow\quad \pi_{(vi)}\ \sigma_{(\exists e'_u\ oa=va)}\ V$$
$$\textit{mit}\quad e'_u = \sigma_{oe=2}\ O$$

Quantifizierung und Schachtelung

A.4 *Einkommen von Anderson's Vorgesetzten*

$$\pi_{(ag)}\ \sigma_{(\exists e_u)}\ A$$
$$\textit{mit}\quad e_u = \sigma_{an=av' \wedge an'=Anderson}\ A'$$

$$\Longrightarrow\quad \pi_{(ag)}\ \sigma_{(\exists e'_u\ an=av')}\ A$$
$$\textit{mit}\quad e'_u = \sigma_{an'=Anderson}\ A'$$

Quantifizierung und Schachtelung

A.5 *Namen aller Angestellten, die mehr als ihre Vorgesetzten verdienen*

$$\pi_{(an)}\ \sigma_{(\exists e_u)}\ A$$
$$\textit{mit}\quad e_u = \sigma_{an'=av \wedge ag'<ag}\ A'$$

$$\Longrightarrow\quad \pi_{(an)}\ \sigma_{(\exists A'\ an'=av \wedge ag'<ag)}\ A$$

Quantifizierung

A.6 *Durchschnittliches Einkommen aller Angestellten der Spielzeug- oder Schuhabteilung*

$$(avg\ ag)\ \sigma_{aa=Schuh \vee aa=Spiel}\ A$$

Keine Regelanwendung

A.7 *Anzahl der Artikel vom Typ A*

$$(count\ ki)\ \sigma_{kt=A}\ K$$

Keine Regelanwendung

A.8 *Namen und Gehälter aller Angestellten, die Vorgesetzte von mehr als 10 Mitarbeitern sind*

$$\pi_{(an,ag)}\ \sigma_{10<(count\ an'\ e_u)}\ A$$
$$mit \quad e_u = \sigma_{an=av'}\ A'$$

$$\Longrightarrow \quad \pi_{(an,ag)}\ E[\pi_{[an,ag]}\ A]$$
$$mit \quad E[\mathcal{R}] = \pi_{[\mathcal{A}(\mathcal{R})]}\ \sigma_{10<c}\ \phi_{[\mathcal{A}(\mathcal{R})]\ [c:\ count\ an']}\ \sigma_{an=av'}\ \mathcal{R} \times A'$$

Auflösung der Unteranfrage vom Typ (U2) entsprechend (F2) und Durchschieben der Projektion.
Das Ergebnis läßt sich auch als ein Ausdruck darstellen, da hier keine Entscheidungen über die Auswertungsreihenfolge vorweggenommen werden.

$$\pi_{(an,ag)}\ \sigma_{10<c}\ \phi_{[an,ag]\ [c:\ count\ an']}\ \sigma_{an=av'}\ (\pi_{[an,ag]}\ A) \times A'$$

A.9 *Namen und Gehälter aller Angestellten, die Vorgesetzte von weniger als 10 Mitarbeitern sind*

$$\pi_{(an,ag)}\ \sigma_{10>(count\ an'\ e_u)}\ A$$
$$mit \quad e_u = \sigma_{an=av'}\ A'$$

$$\Longrightarrow \quad \pi_{(an,ag)}\ E[\pi_{[an,ag]}\ A]$$
$$mit \quad E[\mathcal{R}] = \left[\begin{array}{l} \pi_{[\mathcal{A}(\mathcal{R})]}\ \sigma_{10>c}\ \mathcal{R} \bowtie_{[c:\ count\ an']} \sigma_{an=av'}\ \mathcal{R} \times A' \\ \pi_{[\mathcal{A}(\mathcal{R})]}\ \sigma_{10>c}\ \phi_{[\mathcal{A}(\mathcal{R})]\ [c:\ (count\ an')]}\ \Omega^{|\mathcal{A}(A')}\sigma^{|\mathcal{A}(A')}_{an=av'}\ \mathcal{R} \times (A')^{+} \end{array} \right.$$

Auflösung der Unteranfrage vom Typ (U2) mittels (F1) oder (F3) und Durchschieben der Projektion. Im ersten Fall ist noch eine Join-Eliminierung mittels Regel (EAJ2) möglich.

$$\Longrightarrow \quad \pi_{(an,ag)}\ E[\pi_{[an,ag]}\ A]$$
$$mit \quad E[\mathcal{R}] = \pi_{[\mathcal{A}(\mathcal{R})]}\ \sigma_{10>c}\ \mathcal{R} \bowtie_{[c:\ count\ an']} \pi_{[\mathcal{A}(A'),an:av']}\ A'$$

A.10 *Namen aller Angestellten, die mehr als Angestellte der Schuhabteilung verdienen*

$$\pi_{(an)}\ \sigma_{(\forall e_u\ ag>ag')}\ A$$
$$mit \quad e_u = \sigma_{aa'=Schuh}\ A'$$

$$\Longrightarrow \quad \pi_{(an)}\ \sigma_{\neg(\exists e'_u\ ag \leq^{+} ag')}\ A$$
$$mit \quad e_u = \pi_{[ag']}\ \sigma_{aa'=Schuh}\ A'$$

$$\Longrightarrow \quad \pi_{(an)}\ \sigma_{ag>^{+}(max\ ag')(e'_u)}\ A$$
$$mit \quad e_u = \pi_{[ag']}\ \sigma_{aa'=Schuh}\ A'$$
$$falls \quad ag, ag' \not\equiv \bot$$

Durchschieben der Projektion in den Semijoin und Vereinfachung des Semijoin. Falls *ag* oder *ag'* den Nullwert annehmen kann, ist das Prädikat entsprechend der Tabelle zu (E1) zu ergänzen.

A.11 *Lieferanten, die alle Artikel liefern*

$$\begin{aligned}
&\pi_{(ll)}\ \sigma_{\neg(\exists e_{u1})}\ L\\
&\mathit{mit}\quad e_{u1} = \sigma_{\neg(\exists e_{u2})}\ K\\
&\qquad\quad e_{u2} = \sigma_{ll=ll' \wedge li'=ki}\ L'
\end{aligned}$$

$$\begin{aligned}
\Longrightarrow\quad & \pi_{(ll)}\ \sigma_{(\forall K\ (\exists L'\ ll=ll' \wedge li'=ki))}\ L\\
=\quad & \pi_{(ll)}\ (\mathit{ifempty}\ K\ L\ (\pi_{[\mathcal{A}(L),ki]}\ \sigma_{ll=ll' \wedge li'=ki}\ L \times K \times L') \div \pi_{[ki]}\ K)
\end{aligned}$$

$$\Longrightarrow\quad \Big(\mathit{ifempty}\ K\ (\pi_{(ll)}\ L)\ (\pi_{[ll,li]}\ L) \div \pi_{[li:k_i]}\ K\Big)$$

Quantifizierung und Auflösung durch Division sowie Eliminierung von Joins mittels (EJ2), (EJD2).

A.12 *Lieferanten, die jeden Artikel vom Typ A an mindestens eine Abteilung der zweiten Etage liefern*

$$\begin{aligned}
&\pi_{(ll)}\ \sigma_{\neg(\exists e_{u1})}\ L\\
&\mathit{mit}\quad e_{u1} = \sigma_{kt=A \wedge \neg(\exists e_{u2})}\ K\\
&\qquad\quad e_{u2} = \sigma_{ll=ll' \wedge li'=ki \wedge (\exists e_{u3})}\ L'\\
&\qquad\quad e_{u3} = \sigma_{oe=2 \wedge oa=la'}\ O
\end{aligned}$$

$$\begin{aligned}
\Longrightarrow\quad & \pi_{(ll)}\ (\mathit{ifempty}\ K_s\ L\ (\pi_{[\mathcal{A}(L),ki]}\ \sigma_{ll=ll' \wedge li'=ki}\ L \times K_s \times L_s) \div \pi_{[ki]}\ K_s)\\
\text{mit}\quad & K_s = \sigma_{kt=A}\ K\\
& O_s = \sigma_{oe=2}\ O\\
& L_s = \sigma_{(\exists O_s\ oa=la')}\ L'
\end{aligned}$$

$$\Longrightarrow\quad \Big(\mathit{ifempty}\ K_s\ \ (\pi_{(ll)}\ L)\ \ (\pi_{[ll:ll',li']}\ L_s) \div \pi_{[li':ki]}\ K_s\Big)$$

Quantifizierung, Schachtelung, Auflösung durch Division und Eliminierung von Joins.

A.13 *Lieferanten, die an mindestens 2 Abteilungen mehr als 100 Artikel liefern*

$$\begin{aligned}
&\pi_{(ll)}\ \sigma_{2 \leq (\mathit{count_distinct}\ la'\ e_{u1})}\ L\\
&\mathit{mit}\quad e_{u1} = \sigma_{100 < (\mathit{count}\ li''\ e_{u2})}\ L'\\
&\qquad\quad e_{u2} = \sigma_{ll=ll'' \wedge la'=la''}\ L''
\end{aligned}$$

$$\Longrightarrow$$

$$\begin{aligned}
&\pi_{(ll)}\ E_{u1} \pi_{[ll]}\ L\\
&\mathit{mit}\quad E_{u1}[\mathcal{R}] = \sigma_{2 \leq cdla}\ \phi_{[\mathcal{A}(\mathcal{R})]\ [cdla:\ \mathit{count_distinct}\ la']}\ \pi_{[\mathcal{A}(\mathcal{R}),la']}\ E_{u2}\ (\mathcal{R} \times \pi_{[la']}\ L')\\
&\qquad\quad E_{u2}[\mathcal{R}'] = \sigma_{100 < cli}\ \phi_{[\mathcal{A}(\mathcal{R}')]\ [cli:\ \mathit{count}\ li'']}\ \sigma_{ll=ll'' \wedge la'=la''}\ \mathcal{R} \times L''
\end{aligned}$$

$$\begin{aligned}
\Longrightarrow\quad & \pi_{(ll)}\ \sigma_{2 \leq cdla}\ \phi_{[ll,la']\ [cdla:\ \mathit{count_distinct}\ la']}\\
& \quad \sigma_{100 < cli}\ \phi_{[ll,la']\ [cli:\ \mathit{count}\ li'']}\ \pi_{[ll:ll'',la':la'',\mathcal{A}(L'')]}\ L''
\end{aligned}$$

Nach der Auflösung entsprechend (F1) und dem Durchschieben der Projektion werden zwei Joins eliminiert, indem $\pi_{[ll]}\ L$ für $\mathcal{R}$ bzw. $(\pi_{[ll]}\ L)\times(\pi_{[la']}\ L')$ für $\mathcal{R}'$ eingesetzt werden. Hierdurch entfällt $\mathcal{R}'$ und damit auch $\mathcal{R}$, es ergibt sich also ein geschlossener Ausdruck, der keine geschachtelten Abbildungen mehr enthält.

A.13' *Lieferanten, die an mindestens 2 Abteilungen mehr als 100 Artikel liefern*

$$\begin{aligned}&\pi_{(ll)}\ \sigma_{2<\mathtt{cdla}}\ \phi_{[ll,la]\,[\mathtt{cdla}:\ count\_distinct\ la]}\\ &\quad\sigma_{100<\mathtt{cli}}\ \phi_{[ll,la]\,[\mathtt{cli}:\ count\ li]}\ L\end{aligned}$$

Anfrage A.13' ist bereits bis auf Umbenennungen in der Form, in die Anfrage A.13 transformiert wird.

A.14 *Lieferanten, die an maximal 2 Abteilungen weniger als 10 Artikel liefern*

$$\begin{aligned}&\pi_{(ll)}\ \sigma_{2\geq(count\_distinct\ la'\ e_{u1})}\ L\\ &mit\quad e_{u1} = \sigma_{10>(count\ li''\ e_{u2})}\ L'\\ &\qquad\ \ e_{u2} = \sigma_{ll=ll''\ \wedge\ la'=la''}\ L''\end{aligned}$$

$$\Longrightarrow$$

$$\begin{aligned}&\pi_{(ll)}\ E_{u1}\pi_{[ll]}\ L\\ &mit\quad E_{u1}[\mathcal{R}] = \left[\begin{array}{l}\sigma_{2\geq cdla}\ \mathcal{R}\mathbin{⟕}_{[cdla:\ count\_distinct\ la']}\ E_{u2}\,(\mathcal{R}\times\pi_{[la']}\ L')\\ \sigma_{2\geq cdla}\ \phi_{[\mathcal{A}(\mathcal{R})]\,[cdla:\ count\_distinct\ la']}\ \Omega^{|la'}\ E'_{u2}\,(\mathcal{R}\times(\pi_{[la']}\ L')^{+})\end{array}\right.\\ &\qquad\ E_{u2}[\mathcal{R}'] = \left[\begin{array}{l}\sigma_{10>cli}\ \mathcal{R}'\mathbin{⟕}_{[cli:\ count\ li'']}\ \sigma_{ll=ll''\ \wedge\ la'=la''}\ \mathcal{R}'\times L''\\ \sigma_{10>cli}\ \phi_{[\mathcal{A}(\mathcal{R}')]\,[cli:\ count\ li'']}\ \Omega^{|\mathcal{A}(L'')}\sigma^{|\mathcal{A}(L'')}_{ll=ll''\ \wedge\ la'=la''}\ \mathcal{R}'\times(L'')^{+}\end{array}\right.\\ &\qquad\ E'_{u2}[\mathcal{R}'] = \left[\begin{array}{l}\sigma^{|la'}_{10>cli}\ \mathcal{R}'\mathbin{⟕}_{[cli:\ count\ li'']}\ \sigma_{ll=ll''\ \wedge\ la'=la''}\ \mathcal{R}'\times L''\\ \sigma^{|la'}_{10>cli}\ \phi_{[\mathcal{A}(\mathcal{R}')]\,[cli:\ count\ li'']}\ \sigma^{|\mathcal{A}(L'')}_{ll=ll''\ \wedge\ la'=la''}\ \mathcal{R}'\times(L'')^{+}\end{array}\right.\end{aligned}$$

$$\begin{aligned}\Longrightarrow\qquad &E_{u2}[\mathcal{R}'] = \sigma_{10>cli}\ \mathcal{R}'\mathbin{⟕}_{[cli:\ count\ li'']}\ \pi_{[ll:ll'',la':la'',\mathcal{A}(L'')]}\ L''\\ &E'_{u2}[\mathcal{R}'] = \sigma^{|la'}_{10>cli}\ \mathcal{R}'\mathbin{⟕}_{[cli:\ count\ li'']}\ \pi_{[ll:ll'',la':la'',\mathcal{A}(L'')]}\ L''\end{aligned}$$

Für die beiden Unteranfrage-Prädikate gibt es jeweils die beiden Auflösungsmöglichkeiten durch verallgemeinerte Aggregierung oder einfache Aggregierung mit verlustfreier Ersetzung. Wählt man für E_{u2} bzw. E'_{u2} die zweite Möglichkeit, so lassen sich wie bei Anfrage A.13 zwei Joins eliminieren. Wählt man ferner für E_{u1} die verlustfreie Ersetzung, so ergibt sich folgender Ausdruck als Ergebnis der Transformation:

$$\begin{aligned}\Longrightarrow\qquad &\pi_{(ll)}\ \sigma_{2\geq cdla}\ \phi_{[ll]\,[cdla:\ count\_distinct\ la']}\ \Omega^{|la'}\\ &\quad\sigma^{|la'}_{10>cli}\ ((\pi_{[ll]}\ L)\times(\pi_{[la']}\ L')^{+})\mathbin{⟕}_{[cli:\ count\ li'']}\ \pi_{[ll:ll'',la':la'',\mathcal{A}(L'')]}\ L''\end{aligned}$$

A.15 *Abteilungen, die Anzüge verkaufen und deren Angestellte zusammen mehr als 100000 verdienen*

$$\begin{aligned}&\pi_{(va)}\ \sigma_{vi=Anzug\ \wedge\ 100000<(sum\ ag\ e_u)}\ V\\ &mit\quad e_u = \sigma_{aa=va}\ A\end{aligned}$$

$$\begin{aligned}\Longrightarrow\qquad &\pi_{(va)}\ E_u\pi_{[va,vi]}\ (\sigma_{vi=Anzug}\ V)\\ &mit\quad E_u[\mathcal{R}] = \sigma_{100000<\mathtt{sumag}}\ \phi_{[\mathcal{A}(\mathcal{R})]\,[\mathtt{sumag}:\ (sum\ ag)]}\ \sigma_{aa=va}\ \mathcal{R}\times A\end{aligned}$$

$$\Longrightarrow \quad \pi_{(va)}\ E_u \pi_{[va,vi]}\ (\sigma_{vi=Anzug}\ V)$$
$$mit \quad E_u[\mathcal{R}] = \sigma_{100000<sumag}\ \sigma_{aa=va}\ \mathcal{R} \times \phi_{[va]\ [sumag:\ (sum\ ag)]}\ A$$

Nach der Auflösung der Unteranfrage mittels einer Aggregierung läßt sich diese unter Verwendung der Kommutativgesetze nach innen schieben.

A.16 *Artikel, die auf mehr als 2 Etagen verkauft werden*

$$\pi_{(vt)}\ \sigma_{2<(count\_distinct\ oe\ e_{u1})}\ V$$
$$mit \quad e_{u1} = \sigma_{(\exists e_{u2})}\ O$$
$$e_{u2} = \sigma_{va'=oa\ \wedge\ vi'=vi}\ V'$$

$$\Longrightarrow \quad \pi_{(vt)}\ E_{u1}\pi_{[vt,vi]}\ V$$
$$mit \quad E_{u1}[\mathcal{R}] = \sigma_{2<cdoe}\ \phi_{[\mathcal{A}(\mathcal{R})]\ [cdoe:(count\_distinct\ oe)]}\ E_{u2}\ \mathcal{R} \times \pi_{[oe,oa]}\ O$$
$$E_{u2}[\mathcal{R}'] = \pi_{[calA(R')]}\ \sigma_{va'=oa\ \wedge\ vi'=vi}\ \mathcal{R} \times V'$$

Auflösung der Unteranfrage-Prädikate

A.17 *Alle Paare von Abteilungen, die mindestens 3 gleiche Artikel verkaufen*

$$\pi_{(va,va')}\ \sigma_{va\neq va'\ \wedge\ 3<(count\_distinct\ vi''\ e_u)}\ V \times V'$$
$$mit \quad e_u = \sigma_{vi''=vi'''\ \wedge\ va=va''\ \wedge\ va'=va'''}\ V'' \times V'''$$

$$\Longrightarrow \quad \pi_{(va,va')}\ \sigma_{va\neq va'}\ E_u(\pi_{[va]}\ V) \times (\pi_{[va']}\ V')$$
$$mit \quad E_u[\mathcal{R}] = \sigma_{3<cdi}\ \phi_{[\mathcal{A}(\mathcal{R})]\ [cdi:\ (count\_distinct\ vi'')]}\ \pi_{[\mathcal{A}(\mathcal{R}),vi'']}$$
$$\sigma_{vi''=vi'''\ \wedge\ va=va''\ \wedge\ va'=va'''}\ \mathcal{R} \times (\pi_{[va'',vi'']}\ V'') \times (\pi_{[vi''',va''']}\ V''')$$

$$\Longrightarrow \quad \pi_{(va,va')}\ \sigma_{va\neq va'}\ \sigma_{cdi>3}\ \phi_{[va,va']\ [cdi:\ count\_distinct\ vi]}\ \pi_{[va:va'',va':va''',vi'']}$$
$$\sigma_{vi''=vi'''}\ V'' \times V'''$$

Nach der Auflösung können durch Einsetzen von $(\pi_{[va]}\ V) \times (\pi_{[va']}\ V')$ in $E_u[\mathcal{R}]$ zwei Joins eliminiert werden, wodurch der Parameter $\mathcal{R}$ entfällt.

A.17' *Alle Paare von Abteilungen, die mindestens 3 gleiche Artikel verkaufen*

$$\pi_{(va,va')}\ \sigma_{cdi>3}\ \phi_{[va,va']\ [cdi:\ count\_distinct\ vi]}\ \sigma_{va\neq va'\ \wedge\ vi=vi'}\ V \times V'$$

Anfrage A.17' entspricht bis auf Umbenennungen und der Positionierung der Selektion $\sigma_{va\neq va'}$ der Transformation von A.17.

A.18 *Etagen, auf denen eine Abteilung alle Artikel verkauft*

$$\pi_{(oe)}\ \sigma_{\neg(\exists e_{u1})}\ O$$
$$mit \quad e_{u1} = \sigma_{\neg(\exists e_{u2})}\ K$$
$$e_{u2} = \sigma_{va=oa\ \wedge\ vi=ki}\ V$$

$$\Longrightarrow$$
$$\left(ifempty\ K\ \ (\pi_{(oe)}\ O)\ \ \pi_{(oe)}\ (\pi_{[oa,oe,ki]}\ \sigma_{va=oa\ \wedge\ vi=ki}\ K \times O \times V) \div \pi_{[ki]}\ K\right)$$

$$\Longrightarrow \quad \left(ifempty\ K\ \ (\pi_{(oe)}\ O)\ \ \pi_{(oe)}\ (\pi_{[oa,oe,ki:vi]}\ \sigma_{va=oa}\ O \times V) \div \pi_{[ki]}\ K\right)$$

$$\Longrightarrow \quad \left(\mathit{ifempty}\ K\ \ (\pi_{(oe)}\ O)\ \ \pi_{(oe)}\ \sigma_{(\exists V_d\ va=oa)}\ O\right)$$
$$\mathit{mit}\quad V_d = (\pi_{[va,ki:vi]}\ V) \div \pi_{[ki]}\ K$$

Quantifizierung, Auflösung durch Division, Eliminierung eines Join, Kommutativität der Division und Ersetzung eines Join durch einen Semijoin.

A.19 *Etagen, auf denen jede Abteilung einen Artikel vom Typ A verkauft*

$$\pi_{(oe)}\ \sigma_{\neg(\exists e_{u1})}\ O$$
$$\mathit{mit}\quad e_{u1} = \sigma_{oe'=oe\ \wedge\ \neg(\exists e_{u2})}\ O'$$
$$e_{u2} = \sigma_{oa'=va\ \wedge\ ki=vi\ \wedge\ kt=A}\ V \times K$$

$$\Longrightarrow \quad \pi_{(oe)}\ \sigma_{\neg(\exists O'\ oe'=oe\ \wedge\ \neg(\exists V\times K\ oa'=va\ \wedge\ ki=vi\ \wedge\ kt=A))}\ O$$
$$= \quad \pi_{(oe)}\ \sigma_{\neg(\exists O'_s\ oe'=oe)}\ O$$
$$\mathit{mit}\quad O'_s = \sigma_{\neg(\exists V_s\ oa'=va)}\ O'$$
$$V_s = \sigma_{(\exists K_s\ k_i=v_i)}\ V$$
$$K_s = \sigma_{kt=A}\ K$$

Quantifizierung und Schachtelung.

A.20 *Abteilungen, in denen das Durchschnitteinkommen aller Angestellten mehr als 2000 beträgt, mit der Summe des Einkommens der Angestellten*

$$\pi_{(aa,sumag)}\ \sigma_{avgag>=2000}\ \phi_{[aa]\ [sumag:\ sum\ ag,\ avgag:\ avg\ ag]}\ A$$

Keine Transformation

A.21 *Abteilungen, in denen der Durchschnittsverdienst der Angestellten pro angebotenem Artikeltyp mehr als 100 beträgt*

$$\pi_{(aa)}\ \sigma_{avgag>100*(count\_distinct\ kt\ e_u)}\ \phi_{[aa]\ [avgag:\ avg\ ag]}\ A$$
$$\mathit{mit}\quad e_u = \sigma_{va=aa\ \wedge\ vi=ki}\ V \times K$$

$$\Longrightarrow \quad \pi_{(aa)}\ E_u\phi_{[aa]\ [avgag:\ avg\ ag]}\ A$$
$$\mathit{mit}\quad E_u[\mathcal{R}] = \left[\begin{array}{l} \pi_{[\mathcal{A}(\mathcal{R})]}\ \sigma_{avgag>100*cdkt}\ \mathcal{R} \bowtie_{[cdkt:\ (count\_distinct\ kt)]} \\ \qquad \pi_{[\mathcal{A}(\mathcal{R}),kt]}\ \sigma_{va=aa\ \wedge\ vi=ki}\ \mathcal{R}\times V \times K \\ \pi_{[\mathcal{A}(\mathcal{R})]}\ \sigma_{avgag>100*cdkt}\ \phi_{[\mathcal{A}(\mathcal{R})]\ [cdkt:\ (count\_distinct\ kt)]} \\ \qquad \pi_{[\mathcal{A}(\mathcal{R}),kt]}\ \Omega^{|\mathcal{A}(V\times K)}\ \sigma^{|\mathcal{A}(V\times K)}_{va=aa\ \wedge\ vi=ki}\ \mathcal{R}\times (V\times K)^{+} \end{array}\right.$$

$$\Longrightarrow \quad \pi_{(aa)}\ E_u\phi_{[aa]\ [avgag:\ avg\ ag]}\ A$$
$$\mathit{mit}\quad E_u[\mathcal{R}] = \pi_{[\mathcal{A}(\mathcal{R})]}\ \sigma_{avgag>100*cdkt}\ \mathcal{R} \bowtie_{[cdkt:\ (count\_distinct\ kt)]}$$
$$\pi_{[aa:va,kt]}\ \sigma_{vi=ki}\ V \times K$$

Die Unteranfrage läßt sich auf zwei Arten auflösen, wobei jedoch nur bei der ersten eine Join-Eliminierung nach Regel (EJA2) möglich ist.

6.5 Aufzählung algebraischer Ausdrücke

6.5.1 Zielsetzung

Ziel der Aufzählung algebraischer Ausdrücke ausgehend von der standardisierten und vereinfachten Darstellungsform ist nicht die Generierung aller möglichen, sondern die Generierung aller potentiell optimalen (das heißt möglicherweise zu einem optimalen Bearbeitungsplan führenden) Ausdrücke. Dabei ist eine Grundregel zu beachten:

Zwischenergebnisse sollten so klein wie möglich sein.

Selektion und Projektion sollten also so früh wie möglich (sobald auf die betroffenen Relationen zugegriffen wird) durchgeführt werden und Joinoperationen sollten sollten soweit wie möglich anstelle von Kreuzprodukten eingesetzt werden. Die Selektion (und entsprechend die Outer-Selektion) sollte daher nur in einer der folgenden Formen auftreten:

(1) Selektion auf einer Basisrelation

$$\sigma_p \; R$$

p ist dabei ein zulässiges Selektionsprädikat auf R.

(2) Selektion nach einer Aggregierung

$$\sigma_p \; \phi_{[Z]\,F} \; e, \quad \sigma_p \; e_1 \bowtie_F e_2$$

p ist dabei ein zulässiges Selektionsprädikat.

(3) Join

Ein Join entspricht einer Selektion auf dem Kreuzprodukt zweier Relationen.

$$\sigma_p \; e_1 \times e_2$$

p ist dabei ein zulässiges Joinprädikat. Falls keine Joinbedingung vorliegt, kann natürlich auch die Bildung eines Kreuzproduktes notwendig sein.

Die Hauptaufgabe bei der Aufzählung algebraischer Ausdrücke besteht also in der Generierung möglicher Joinreihenfolgen, wobei auch geschachtelt auftretende Auflösungen von Unteranfragen geeignet zu plazieren sind. Die Projektion läßt sich anschließend wie bereits beschrieben nach innen durchschieben.

6.5.2 Plazierung und Integration von Auflösungen

Sobald eine Abbildung $E_p[\mathcal{R}]$ im übergeordneten Ausdruck an einer bestimmten Position plaziert wird, kann für $\mathcal{R}$ ein konkreter Ausdruck e eingesetzt werden. $E_p[\mathcal{R}]$ wird damit in den Gesamtausdruck integriert. Unter der Annahme, daß die Plazierung von außen nach innen fortschreitend vorgenommen wird, tritt in dem jeweiligen übergeordneten Ausdruck kein freier Parameter R mehr auf. Eine Plazierung kann daher in folgenden Typen von Ausdrücken erforderlich sein:

(1) $E_p \; E_{p_1} \; E_{p_2} \ldots E_{p_n} \; e_1 \times e_2 \times \ldots \times e_m$ $\quad (K, A)$

(2) $\Omega^{|Y} \; E_p^{|Y} \; E_{p_1}^{|Y} \; E_{p_2}^{|Y} \ldots E_{p_n}^{|Y} \; e \times (e_1 \times e_2 \times \ldots \times e_m)^+$ $\quad (K^+), \; Y = \mathcal{A}(e_1 \times e_2 \times \ldots \times e_m)$

(1) Der Plazierung liegt hier die Kommutativität gruppierender Abbildungen zugrunde, aus der insbesondere auch $E[\mathcal{R}] \times e = E[\mathcal{R} \times e]$ folgt (Regel (KK), Satz 5.11).

$$E_p\, E_{p_1}\, E_{p_2} \ldots E_{p_n}\, e_1 \times e_2 \times \ldots \times e_m$$

$$\Longrightarrow \quad E_{p_{i_1}} \ldots E_{p_{i_k}}\, E_p[\, E_{p_{i_{k+1}}} \ldots E_{p_{i_n}}\, e_{j_1} \times \ldots \times e_{j_l}] \;\times e_{j_{l+1}} \times \ldots \times e_{j_m}$$

falls – $E_{p_{i_s}}, 1 \leq s \leq k$ benötigt wenigstens ein $e_{j'_s}, l+1 \leq s' \leq m$ oder ist eine aufzulösende Abbildung

– $E_p, E_{p_{i_{k+1}}}, \ldots E_{p_{i_n}}$ benötigen nur $e_{j_1} \times e_{j_2} \times \ldots \times e_{j_l}$

Ausgewählt werden können hier also die e_{j_s}, die vor Auswertung von E_p miteinander verknüpft werden sollen. Ferner können andere aufzulösende Abbildungen, die auf $e_{j_1} \times \ldots \times e_{j_l}$ auswertbar sind, beliebig vor oder nach E_p plaziert werden (die Reihenfolge der Abbildungen ist wählbar). Auf $e_{j_1} \times \ldots \times e_{j_l}$ auswertbare Selektionsbedingungen müssen dagegen vor der Auswertung von E_p angewandt werden, um das Argument von E_p so klein wie möglich zu halten.

Falls $E_p[\mathcal{R}] = \pi_{[\mathcal{A}(\mathcal{R})]}\, E_{p'_1} E_{p'_2} \ldots E_{p'_{n'}} \mathcal{R} \times e'_1 \times e'_2 \times \ldots \times e'_{m'}$

oder $E_p[\mathcal{R}] = \pi_{[\mathcal{A}(\mathcal{R})]}\, E_{p'} \phi_{[\mathcal{A}(\mathcal{R}),Z]\,F}\; \mathcal{R} \times e'_1 \times e'_2 \times \ldots \times e'_{m'}$

kann der in E eingesetzte Ausdruck weiter integriert werden:

$$E_p[\, E_{p_{i_{k+1}}}\, E_{p_{i_{k+2}}} \ldots E_{p_{i_n}}\, e_{j_1} \times e_{j_2} \times \ldots \times e_{j_l}]$$

$$\Longrightarrow \left[\begin{array}{l} \pi_{[X]}\, E_{p'_1} \ldots E_{p'_{n'}}\, E_{p_{i_{k+1}}} \ldots E_{p_{i_n}}\, e_{j_1} \times \ldots \times e_{j_l} \times e'_1 \times \ldots \times e'_{m'} \\ \textit{bzw.} \\ \pi_{[X]}\, E_{p'} \phi_{[X,Z]\,F}\, E_{p'_1} \ldots E_{p'_{n'}}\, E_{p_{i_{k+1}}} \ldots E_{p_{i_n}}\, e_{j_1} \times \ldots \times e_{j_l} \times e'_1 \times \ldots \times e'_{m'} \end{array}\right.$$

mit $X = \mathcal{A}(e_{j_1} \times \ldots \times e_{j_l})$

Diese Integration erweitert die Aufzählungsmöglichkeiten, da die $E_{p'_1} \ldots E_{p'_{n'}}$ nun beliebig mit den $E_{p_{i_{k+1}}} \ldots E_{p_{i_n}}$ vertauscht werden können. Diese Integrationsmöglichkeit ist der Grund, weshalb die Plazierung von Auflösungen getrennt von der Aufzählung von Joinreihenfolgen vorgenommen wird. Bei den übrigen Abbildungsformen ist eine derartige Integration nicht sinnvoll, da $\mathcal{R}$ mehrfach auftritt oder bewahrt werden muß, also der für $\mathcal{R}$ eingesetzte Ausdruck nicht in Teilausdrücke zerlegt werden darf.

(2) Aufgrund der Vorgehensweise bei der Schachtelung sprechen alle $E_p^{|Y}$ Attribute von e an, sind also entweder Selektionsbedingungen auf e oder Joinbedingungen zwischen e und einem oder mehreren der e_i. Die Plazierung erfolgt daher nach Regel (KOS2) (Satz 5.12).

$$
\begin{aligned}
& \Omega^{|Y} E_p^{|Y} E_{p_1}^{|Y} E_{p_2}^{|Y} \ldots E_{p_n}^{|Y} \; e \times (e_1 \times e_2 \times \ldots \times e_m)^+ \\
\Longrightarrow \; & \Omega^{|Y} \Omega^{|Y'} E_{p_{i_1}}^{|Y'} \ldots E_{p_{i_k}}^{|Y'} (\Omega^{|Y''} E^{|Y''} [\, E_{p_{i_{k+1}}}^{|Y''} \ldots E_{p_{i_n}}^{|Y''} e \times (e_{j_1} \times \ldots \times e_{j_l})^+]) \\
& \qquad \times (e_{j_{l+1}} \times \ldots \times e_{j_m})^+ \\
\textit{mit} \; & Y = \mathcal{A}(e_1 \times \ldots \times e_m),\, Y' = \mathcal{A}(e_{j_{l+1}} \times \ldots \times e_{j_m}),\, Y'' = \mathcal{A}(e_{j_1} \times \ldots \times e_{j_l})
\end{aligned}
$$

falls
- $E_{p_{i_s}}^{|Y}, 1 \leq s \leq k$ benötigt wenigstens ein $e_{j'_s}, l+1 \leq s' \leq m$, ist eine aufzulösende Abbildung oder benötigt nur e
- $E_p^{|Y}, E_{p_{i_{k+1}}}^{|Y}, \ldots E_{p_{i_n}}^{|Y}$ benötigen nur $e \times (e_{j_1} \times e_{j_2} \times \ldots \times e_{j_l})^+$

Eine weitere Integration ist nicht sinnvoll, da sich bei verlustfreien Ersetzungen keine Erweiterung der Aufzählungsmöglichkeiten ergibt.

6.5.3 Join-Reihenfolge

Die Join-Reihenfolge wird festgelegt, indem sukzessive zwei miteinander zu verbindende Relationen ausgewählt und die auf ihnen auswertbaren Joinbedingungen nach innen geschoben werden. Dabei werden wieder die Kommutativgesetze genutzt (allgemeine Kommutativität grupierender Abbildungen (Satz 5.11), spezielle Kommutativitätsgesetze für Projektion (Regel (KP), Kor. 5.4), Produkt (Regel (KK), Kor. 5.4) und Outer-Selektion (Regel (KOS2), Satz 5.12)).

(1) Bei einem Ausdruck (K) oder (A) werden zwei ausgewählte Relationen e_1 und e_2 miteinander verbunden.

$$
\begin{aligned}
& E_{p_1} E_{p_2} \ldots E_{p_n} \, e_1 \times e_2 \times \ldots \times e_m \\
\Longrightarrow \; & E_{p_{i_1}} \ldots E_{p_{i_k}} ((E_{p_{i_{k+1}}} \circ \ldots \circ E_{p_{i_n}})[e_1 \times e_2] \times e_3 \times \ldots \times e_m) \\
\textit{falls} \; & \mathcal{F}(p_{i_s}) \cap \mathcal{A}(e_3 \times \ldots \times e_m) \neq \{\},\; 1 \leq s \leq k \\
& \mathcal{F}(p_{i_s}) \subset \mathcal{A}(e_1 \times e_2),\; k+1 \leq s \leq n
\end{aligned}
$$

(2) Bei einem Ausdruck (K^+) wird ein Outer-Join von e mit einer ausgewählten Relation e_1 gebildet.

$$
\begin{aligned}
& \Omega^{|Y} E_{p_1}^{|Y} E_{p_2}^{|Y} \ldots E_{p_n}^{|Y} \; e \times (e_1 \times e_2 \times \ldots \times e_m)^+ \\
\Longrightarrow \; & \Omega^{|Y} \Omega^{|Y'} E_{p_{i_1}}^{|Y'} \ldots E_{p_{i_k}}^{|Y'} \left(\Omega^{|\mathcal{A}(e_1)} (E_{p_{i_{k+1}}}^{|\mathcal{A}(e_1)} \circ \ldots \circ E_{p_{i_n}}^{|\mathcal{A}(e_1)})[e \times (e_1)^+]\right) \times (e_2 \times \ldots \times e_m)^+ \\
\textit{mit} \; & Y = \mathcal{A}(e_1 \times e_2 \times \ldots \times e_m),\, Y' = \mathcal{A}(e_2 \times \ldots \times e_m),
\end{aligned}
$$

falls
- $\mathcal{F}(p_{i_s}) \subset \mathcal{A}(e)$ oder $\mathcal{F}(p_{i_s}) \cap \mathcal{A}(e_2 \times \ldots \times e_m) \neq \{\}, 1 \leq s \leq k$
- $\mathcal{F}(p_{i_s}) \subset \mathcal{A}(e \times e_1), k+1 \leq s \leq n$

6.5.4 Ergebnis der Aufzählung

Als Ergebnis der Aufzählung entstehen Ausdrücke, die folgendermaßen aufgebaut sind (p sei jeweils ein zulässiges Selektionsprädikat):

- Zugriff auf eine Basisrelation

$$\pi_{[X]}\ \sigma_p\ R$$

(Selektion und Projektion dürfen entfallen.)

- Selektion (nach einer Aggregierung)

$$\pi_{[X]}\ \sigma_p\ e$$

- Outer-Selektion (nach Aggregierung oder Outer-Join)

$$\pi_{[X]}\ \sigma^{|Y}_p\ e$$

- Positiver und negativer Semijoin

$$\pi_{[X]}\ \sigma_{(\exists e_1\ p)}\ e_2,\ \pi_{[X]}\ \sigma_{\neg(\exists e_1\ p)}\ e_2,\ \pi_{[X]}\ \sigma^{|Y}_{(\exists e_1\ p)}\ e_2,\ \pi_{[X]}\ \sigma^{|Y}_{\neg(\exists e_1\ p)}\ e_2$$

- Join (Kreuzprodukt)

$$\pi_{[X]}\ \sigma_p\ e_1 \times e_2$$

(Selektion und Projektion dürfen entfallen.)

- Outer-Join

$$\pi_{[X]}\ \Omega^{|\mathcal{A}(e_2)} \sigma^{|\mathcal{A}(e_2)}_p\ e_1 \times (e_2)^+$$

(Selektion und Projektion dürfen entfallen.)

- Vereinigung

$$\bigcup_{1 \leq i \leq k} e_i$$

- Aggregierung

$$\phi_{[Z]\ F}\ e$$

- Aggregierung mit Nullwert-Eliminierung

$$\phi_{[Z]\ F}\ \Omega^{|\mathcal{A}(e) \setminus Z}\ e$$

- Outer-Aggregierung

$$e_1 \bowtie_F e_2$$

- Division

$$(\mathit{ifempty}\ e_1\ e_2\ e_3 \div e_1)$$

- Differenz

$$e_1 \setminus e_2$$

- Ergebnisbildung

$$\pi_{(t_1,\ldots,t_l)}\ e$$
$$\phi_{(t_1,\ldots,t_l)\ [N:\ (\mathit{count}\ A)]}\ e$$
$$((t_1,\ldots,t_l) \circ F)(e)$$

Ein derartig aufgebauter Ausdruck läßt sich direkt durch Auswahl von Bearbeitungsmethoden für die einzelnen Operatoren bzw. Operatorkombinationen implementieren, worauf im folgenden Kapitel genauer eingegangen wird.

Kapitel 7

Implementierung relationaler Operatoren

7.1 Grundlagen

Zur Generierung eines Einprozessor-Bearbeitungsplans sind die Operatoren des algebraischen Ausdrucks durch Bearbeitungsmethoden zu implementieren. Wie bereits in Kap. 3 erläutert, setzen sich diese Bearbeitungsmethoden aus Operationen auf Tupellisten zusammen. Wir werden im folgenden die am häufigsten eingesetzten Zugriffs- und Bearbeitungsoperationen [SmCh75, Seli79, Brat84, DeWi84, DeGe85, Grae89b] funktional definieren, wobei sich der Definitionsstil an [BiWa88] orientiert. Ferner werden wir die durch die Operationen gegebenen Möglichkeiten zur Implementierung relationaler Operatoren in Form von Regeln angeben. Durch Anwendung dieser Implementierungsregeln wird ein Einprozessor-Bearbeitungsplan in Form eines funktionalen Ausdrucks, der sich aus Zugriffs- und Bearbeitungsoperationen zusammensetzt, generiert. Von der Struktur her sind die Implementierungsregeln wesentlich einfacher als die Regeln zur Anfragetransformation, da keine komplexen Umformungen mehr vorgenommen werden, sondern nur noch lokal Bearbeitungsmethoden für relationale Operatoren ausgewählt werden, wozu es jeweils nur einige wenige Möglichkeiten gibt.

7.1.1 Tupellisten

Definition 7.1 Eine Liste mit Elementen des Typs α hat den Typ $\langle\alpha\rangle$. Eine Liste wird folgendermaßen dargestellt:

- $\langle\rangle :: \langle\alpha\rangle$ bezeichnet die leere Liste mit beliebigem Typ α.
- Eine Liste wird konstruiert, indem ihre Elemente mit Hilfe des Listenkonstruktors (:) nach und nach in die Liste eingefügt werden:

$$\begin{aligned} (:) \quad &:: \quad \alpha \rightarrow \langle\alpha\rangle \rightarrow \langle\alpha\rangle \\ (:)\, x\, s \quad &= \quad x : s \end{aligned}$$

- $\langle x_1, x_2, \ldots, x_n\rangle = x_1 : x_2 : \ldots x_n : \langle\rangle$ bezeichnet die Liste mit den Elementen $x_1, x_2, \ldots, x_n$.
- Eine Liste wird durch die folgende Funktion *set* in die zugrundeliegende Menge überführt:

$$\begin{array}{lcl} set & :: & \langle\alpha\rangle \rightarrow \{\alpha\} \\ set\,\langle\rangle & = & \{\} \\ set\,(x:s) & = & \{x\} \cup (set\,s) \end{array}$$

- Zwei Listen heißen *inhaltsgleich*, wenn die zugrundeliegenden Mengen die gleichen Elemente enthalten.

$$s_1 \simeq s_2 \quad falls \quad (set\,s_1) = (set\,s_2)$$

Die Definition der Funktion *set* ist ein Beispiel für die allgemeine Vorgehensweise bei der rekursiven Definition von Funktionen f, die auf Listen operieren: anzugeben ist jeweils der Wert der Funktion auf der leeren Liste $f\,\langle\rangle$ und eine Gleichung der Form $f\,(x:s) = g\,x\,(f\,s)$ für eine Liste, die wenigstens ein Element enthält.

7.1.2 Korrekte Implementierung relationaler Operatoren

Der Begriff der korrekten Implementierung wurde bereits in Kap. 3 eingeführt. Wir können ihn nun präzisieren.

Definition 7.2 Sei

$$E \;::\; \{[X_1]\} \rightarrow \{[X_2]\} \rightarrow \ldots \rightarrow \{[X_n]\} \rightarrow \{[Y]\}$$

ein algebraischer Operator und

$$F \;::\; \langle[X_1]\rangle \rightarrow \langle[X_2]\rangle \rightarrow \ldots \rightarrow \langle[X_n]\rangle \rightarrow \langle[Y]\rangle$$

eine Bearbeitungsmethode, also eine Operation auf Tupellisten (bzw. Tupelströmen). F ist eine *korrekte Implementierung* von E, wenn die folgende Beziehung gilt:

$$(set\,(F\,s_1 \ldots s_n)) \;=\; (E\,(set\,s_1)\;\ldots(set\,s_n)).$$

Ist F eine korrekte Implementierung von E, so schreiben wir $E \rightsquigarrow F$, Implementierungsregeln werden also in der Form $E \rightsquigarrow F$ angegeben.

7.1.3 Eigenschaften von Tupellisten

Die Korrektheit einer Implementierung kann von einer Reihe von Eigenschaften der Operanden abhängen. Zu nennen sind hierbei die Duplikatfreiheit, eine Sortierordnung, die Schlüsseleigenschaft und ein Prädikat, das auf alle Elemente zutrifft. Diese Eigenschaften lassen sich jeweils durch eine boolesche Funktion ausdrücken:

- *Duplikatfreiheit*

$$\begin{array}{lcl} nodup & :: & \langle\alpha\rangle \rightarrow bool \\ nodup\,\langle\rangle & = & true \\ nodup\,(x:s) & = & x \notin (set\,s) \;\wedge\; nodup\,s \end{array}$$

- *Sortierordnung*

  Eine Sortierordnung auf $[X]$ wird durch ein geordnetes Tupel $so = (A_1, A_2, \ldots, A_k)$ von Attributnamen $A_i \in X$ definiert. Es gilt $x_1 \leq_{so} x_2$ genau dann, wenn x_1 in der lexikographischen Ordnung bezüglich $(A_1, A_2, \ldots, A_k)$ kleiner oder gleich x_2 ist. Dabei wird angenommen, daß der Nullwert $\perp$ der kleinste Wert jedes Wertebereichs ist. Die folgende Funktion testet, ob ein Liste $\langle[X]\rangle$ bezüglich *so* sortiert ist:

  $$\begin{array}{lcl} order[so] & :: & \langle[\mathcal{X}^{\mathcal{A}(so)}]\rangle \rightarrow bool \\ order[so]\ \langle\rangle & = & true \\ order[so]\ \langle x\rangle & = & true \\ order[so]\ (x_1 : x_2 : s) & = & x_1 \leq_{so} x_2 \ \wedge\ order[so]\ (x_2 : s) \end{array}$$

  Dabei bezeichnet $\mathcal{A}(so) = \{A_1, A_2, \ldots, A_k\}$ die Menge der Attribute, über die die Sortierordnung spezifiziert ist.

- *Schlüsseleigenschaft*

  Eine Attributmenge Y ist ein Schlüssel einer Relation $\{[\mathcal{X}^Y]\}$ bzw. einer entsprechenden Liste $\langle[\mathcal{X}^Y]\rangle$, wenn zwei Tupel, die in Y übereinstimmen, identisch sind.

  $$\begin{array}{lcl} key[Y] & :: & \langle[\mathcal{X}^Y]\rangle \rightarrow bool \\ key[Y]\ s & = & \forall x_1, x_2 \in (set\ s) :\ x_1.Y \neq x_2.Y \ \vee\ x_1 = x_2 \end{array}$$

- *Prädikateigenschaft*

  Die Prädikateigenschaft ist erfüllt, wenn auf alle Elemente einer Liste ein Prädikat zutrifft; beispielsweise erfüllen nach einer Selektion alle Tupel des Resultats das Selektionsprädikat.

  $$\begin{array}{lcl} predicate & :: & (\alpha \rightarrow bool) \rightarrow \langle\alpha\rangle \rightarrow bool \\ predicate[p]\ \langle\rangle & = & true \\ predicate[p]\ (x : s) & = & (p\ x)\ \wedge\ (predicate[p]\ s) \end{array}$$

Wir werden im folgenden jeweils angeben, ob bzw. unter welchen Bedingungen das Ergebnis einer Operation eine Eigenschaft P erfüllt:

P (**Operation**[*Parameter*] *Operanden*) *falls* *Bedingung(Parameter, Operanden).*

Ist P immer erfüllt, so wird keine Bedingung angegeben.

7.2 Zugriffspfade

7.2.1 Zugriff auf Basisrelationen

Eine Basisrelation wird in einem algebraischen Ausdruck durch einen Namen $R^{\{[X]\}}$ angesprochen, der bei Auswertung des Ausdrucks durch die konkret vorliegende Relation der Datenbasis interpretiert wird. Ähnlich wie in System R und analog zu [Frey87] definieren wir die Operation *fscan* zum sequentiellen Zugriff auf R bzw. Fragmente von R und die Operation *iscan* zum selektiven Zugriff mit Hilfe eines Index.

7.2.1.1 Physisches Datenbankschema

Die Einsatzmöglichkeiten der Operationen für den Zugriff auf Basisrelationen ergeben sich aus dem physischen Datenbankschema. Es beschreibt zumindest die Verteilung der Basisrelationen auf Rechnerknoten und die zur Unterstützung des Zugriffs auf Basisrelationen angelegten Indizes.

Datenverteilung

Wie in Kap. 2 erläutert, berücksichtigen wir die horizontale Fragmentierung ohne Replizierung, die anzahlorientiert oder hashorientiert erfolgen kann. Die Datenverteilung wird beschrieben, indem für jede Basisrelation die Anzahl der Fragmente und die Art der Fragmentierung sowie die Zuordnung der Fragmente zu Rechnerknoten vermerkt wird.

- *Anzahl der Fragmente*

  Die Funktion *anzfrag* liefert die Anzahl der Fragmente einer Basisrelation R.

$$\begin{array}{lcl} \mathit{anzfrag}[R] & :: & \mathit{integer} \\ \mathit{anzfrag}[R] & = & n \\ & \mathit{falls} & R \text{ } \mathit{in} \text{ } n \text{ } \mathit{Fragmente\ zerlegt\ ist} \end{array}$$

  Die $n = \mathit{anzfrag}[R]$ Fragmente einer Basisrelation R bezeichnen wir mit $R^1, R^2, \ldots, R^n$.

- *Art der Fragmentierung*

  Die hashorientierte Fragmentierung läßt sich als Spezialfall der anzahlorientierten Fragmentierung auffassen, da sie ebenfalls eine Zerlegung in annähernd gleich große Fragmente bewirkt. Um die Art der Fragmentierung zu charakterisieren, benötigen wir daher nur die Funktion *hashfrag*, die testet, ob eine hashorientierte Fragmentierung vorliegt.

$$\begin{array}{lcl} \mathit{hashfrag}[n, R] & :: & (\{[\mathcal{A}(R)]\} \rightarrow \{1, \ldots, n\}) \rightarrow \mathit{bool} \\ \mathit{hashfrag}[n, R, h] & = & \left[\begin{array}{ll} \mathit{true} & \mathit{falls}\ \mathit{anzfrag}[R] = n \ \wedge \ R^i = \{x \in R : (h\ x) = i\} \\ \mathit{false} & \mathit{sonst} \end{array} \right. \end{array}$$

  In der Regel wird dabei eine Hashfunktion der Form $h = (h'\ A)$ verwendet, wobei $A^d \in \mathcal{A}(R)$ ein Attribut von R ist und die Hashfunktion $h' :: d \rightarrow \{1, \ldots, n\}$ auf dem Wertebereich d des Attributs A operiert.

- *Abspeicherungsort*

  Für die Zwecke der Anfrageoptimierung reicht es aus, den Abspeicherungsort eines Fragments durch die Identifikationsnummer des Rechnerknotens zu kennzeichnen, dem es zugeordnet ist.[14]

$$\mathit{site}[R^i] = j \quad \mathit{falls\ Fragment}\ R^i\ \mathit{Rechnerknoten}\ j\ \mathit{zugeordnet\ ist}$$

[14] Die Architektur wird im einzelnen im Zusammenhang mit dem Kostenmodell beschrieben.

Indizes

Da die Frage des Indexeinsatzes weitgehend unabhängig von den uns primär interessierenden Strategien zur parallelen Anfragebearbeitung ist, berücksichtigen wir nur die einfachste und am häufigsten verwendete Organisationsform von Indizes: B*-Bäume zu einem Attribut, über die direkt auf Tupel einer Relation zugegriffen werden kann. Im Schema ist daher nur zu vermerken, ob zu einem Attribut $A \in \mathcal{A}(R)$ einer Basisrelation R ein Index angelegt ist.

$$index[R,A] = \begin{cases} true & \text{falls ein Index zu Attribut } A \text{ von Relation } R \text{ existiert} \\ false & \text{sonst} \end{cases}$$

Da über einen Index direkt auf Tupel einer Basisrelation zugegriffen wird, ist der Abspeicherungsort eines Index mit dem der Basisrelation identisch. Insbesondere existiert zu jedem Fragment einer fragmentierten Basisrelation ein Teilindex.

7.2.1.2 Sequentieller Zugriff

Definition

Wir definieren die Zugriffsoperationen sowohl für den Zugriff auf die gesamte Basisrelation, als auch für den Zugriff auf ein einzelnes Fragment. Während wir zunächst die Fragmentierung nicht berücksichtigen und Operationen für den Zugriff auf die gesamte Basisrelation einsetzen, dürfen im endgültigen Bearbeitungsplan nur Zugriffe auf die einzelnen Fragmente auftreten (siehe Kap. 8).

$$\begin{aligned} \mathbf{fscan}[R] &:: \langle [X] \rangle \\ \mathbf{fscan}[R] &= s \\ &\quad mit\ \ (set\ s) = R \end{aligned}$$

bzw.

$$\begin{aligned} \mathbf{fscan}[R^i] &:: \langle [X] \rangle \\ \mathbf{fscan}[R^i] &= s^i \\ &\quad mit\ \ (set\ s^i) = R^i \end{aligned}$$

Eigenschaften

Das Ergebnis eines sequentiellen Zugriffs ist duplikatfrei. Die Schlüsseleigenschaft ist für Schlüssel der Basisrelation erfüllt. Über Sortierordnung und Prädikateigenschaft ist keine Aussage möglich. Es gelten also

$$\begin{array}{lll} nodup & \mathbf{fscan}[R] & \\ key[Y] & \mathbf{fscan}[R] & falls\ \ Y\ Schlüssel\ von\ R \end{array}$$

Implementierungen

$$R \leadsto \mathbf{fscan}[R].$$

7.2.1.3 Selektiver Zugriff

Definition

Sei zu einem Attribut A von R ein Index angelegt (*index*[R, A]).

$$\begin{aligned}\textbf{iscan}[R.A] &:: ([A] \to bool) \to \langle[X]\rangle \\ \textbf{iscan}[R.A,\ ip] &= s \\ &\quad mit\ \ (set\ s) = \sigma_{ip}\ R\end{aligned}$$

bzw.

$$\begin{aligned}\textbf{iscan}[R^i.A] &:: ([A] \to bool) \to \langle[X]\rangle \\ \textbf{iscan}[R^i.A,\ ip] &= s \\ &\quad mit\ \ (set\ s) = \sigma_{ip}\ R\end{aligned}$$

Das Indexprädikat ip hat dabei eine der Formen $A\theta c$, $A \in [c_1, c_2]$, $A \notin [c_1, c_2]$ oder $A \in \{c_1, c_2, \ldots, c_n\}$. Bei mehrfachem selektiven Zugriff innerhalb einer Operation hängt das Indexprädikat von einer freien Attributreferenz ab, die durch einen entsprechenden Attributwert ersetzt werden muß (z.B. beim Join mit Indexunterstützung). **iscan** kann hierzu wie Ausdrücke der erweiterten relationalen Algebra als Funktion aufgefaßt werden, die auf Tupel mit Werten für die freien Attributreferenzen angewandt werden kann.

$$\begin{aligned}\textbf{iscan}[R.A,\ ip] &:: [\mathcal{Y}^{\mathcal{F}(ip)}] \to \langle[X]\rangle \\ \textbf{iscan}[R.A,\ ip]\ y &= \textbf{iscan}[R.A,\ (ip\ y)]\end{aligned}$$

Eigenschaften

Das Ergebnis eines einzelnen selektiven Zugriffs ist duplikatfrei, nach A sortiert, erfüllt die Schlüsseleigenschaft für Schlüssel der Basisrelation und das Indexprädikat. Es gelten also

nodup	**iscan**[$R.A$, ip]	
order[(A)]	**iscan**[$R.A$, ip]	
key[Y]	**iscan**[$R.A$, ip]	*falls* Y *Schlüssel von* R
predicate[ip]	**iscan**[$R.A$, ip]	

Implementierungen

$$\sigma_{ip}\ R \ \leadsto\ \textbf{iscan}[R.A,\ ip]$$

7.2.2 Zugriff auf Tupellisten

Sequentieller Zugriff ohne Sortierordnung

tscan[n] erlaubt den sequentiellen Zugriff auf n Tupellisten.

$$\begin{aligned}\textbf{tscan}[n] &:: (\langle[\mathcal{X}]\rangle, \ldots, \langle[\mathcal{X}]\rangle) \to \langle[\mathcal{X}]\rangle \\ \textbf{tscan}[n]\ (\langle\rangle, \ldots, \langle\rangle) &= \langle\rangle \\ \textbf{tscan}[n]\ (s^1, \ldots, (x_i : s^i), \ldots, s^n) &= (x_i : (\textbf{tscan}[n]\ (s^1, \ldots, s^i, \ldots, s^n)))\end{aligned}$$

Für **tscan**[1] schreiben wir auch abkürzend **tscan** :: $\langle[\mathcal{X}]\rangle \to \langle[\mathcal{X}]\rangle$. Im Fall $n = 1$ bewirkt der sequentielle Zugriff keine Änderung der Tupelliste. Er wird jedoch der Symmetrie halber eingeführt und außerdem später bei der Kostenbewertung des Operandenzugriffs benötigt.

Eigenschaften

Das Ergebnis ist duplikatfrei, falls die Operanden duplikatfrei und disjunkt sind. Eine Sortierordnung bleibt nur im Fall $n = 1$ erhalten. Eine Schlüsseleigenschaft ist nicht aus Eigenschaften der Operanden ableitbar. Eine Prädikateigenschaft gilt, wenn sie für alle Operanden erfüllt ist.

Für $s' = (\mathbf{tscan}[n]\,(s^1, \ldots, s^n))$ gilt also

$$\begin{array}{lll} \textit{nodup}\ s' & \textit{falls} & (\textit{nodup}\ s^1) \wedge \ldots \wedge (\textit{nodup}\ s^n) \wedge \textit{disjoint}(s^1, \ldots, s^n) \\ \textit{order}[so]\ s' & \textit{falls} & n = 1 \wedge \textit{order}[so]\ s^1 \\ \textit{predicate}[p]\ s' & \textit{falls} & (\textit{predicate}[p]\ s^1) \wedge \ldots \wedge (\textit{predicate}[p]\ s^n) \end{array}$$

Implementierungen

tscan wird in der Regel zum selektiven Operandenzugriff im Rahmen einer Bearbeitungsoperation verwendet. Es erlaubt darüber hinaus, eine Vereinigung zu implementieren.

$$\bigcup_{1 \le i \le n} r^i \rightsquigarrow (\mathbf{tscan}[n]\,(s^1, \ldots, s^n))$$

Sequentieller Zugriff mit Sortierordnung

Falls die Tupel der einzelnen Listen sortiert vorliegen und die Sortierordnung erhalten bleiben soll, müssen die Tupellisten mit der Operation **mscan** zusammengefügt werden.

$$\begin{array}{lcl} \mathbf{mscan}[n, so] & :: & (\langle[\mathcal{X}^{\mathcal{A}(so)}]\rangle, \ldots, \langle[\mathcal{X}^{\mathcal{A}(so)}]\rangle) \rightarrow \langle[\mathcal{X}^{\mathcal{A}(so)}]\rangle \\ \mathbf{mscan}[n, so]\,(\langle\rangle) & = & \langle\rangle \\ \mathbf{mscan}[n, so]\,(s^1, \ldots, \langle\rangle, \ldots, s^n) & = & \mathbf{mscan}[n-1, so]\,(s^1, \ldots, s^{i-1}, s^{i+1}, \ldots, s^n) \\ \mathbf{mscan}[n, so]\,(x_1 : s^1, \ldots, x_i : s^i, \ldots, x_n : s^n) & & \\ & = & (x_i : (\mathbf{mscan}[n, so]\,(x_1 : s^1, \ldots, s^i, \ldots, x_n : s^n))) \\ & & \textit{falls}\ x_i \le_{so} x_j, 1 \le j \le n \end{array}$$

Eigenschaften

Für $s' = (\mathbf{mscan}[n, so]\,(s^1, \ldots, s^n))$ gilt analog zu **tscan**

$$\begin{array}{lll} \textit{nodup}\ s' & \textit{falls} & (\textit{nodup}\ s^1) \wedge \ldots \wedge (\textit{nodup}\ s^n) \wedge \textit{disjoint}(s^1, \ldots, s^n) \\ \textit{order}[so]\ s' & \textit{falls} & (\textit{order}[so]\ s^1) \wedge \ldots \wedge (\textit{order}[so]\ s^n) \\ \textit{predicate}[p]\ s' & \textit{falls} & (\textit{predicate}[p]\ s^1) \wedge \ldots \wedge (\textit{predicate}[p]\ s^n) \end{array}$$

Implementierungen

$$\bigcup_{1 \le i \le n} r^i \rightsquigarrow (\mathbf{mscan}[n, so]\,(s^1, \ldots, s^n))$$

Selektiver Zugriff

Der selektive Zugriff auf eine Tupelliste erfolgt durch Anlegen einer Hashtabelle, auf deren Buckets dann gezielt zugegriffen wird. Dies entspricht der Zerlegung einer Liste in n Teillisten anhand der Werte einer Hashfunktion, wobei anschließend auf die Teillisten gezielt zugegriffen werden kann.

$$
\begin{array}{lcl}
\mathbf{hash}[n] & :: & ([\mathcal{X}] \to \{1,\ldots,n\}) \to \langle[\mathcal{X}]\rangle \to (\langle[\mathcal{X}]\rangle, \langle[\mathcal{X}]\rangle, \ldots, \langle[\mathcal{X}]\rangle) \\
\mathbf{hash}[n,h]\ \langle\rangle & = & (\langle\rangle, \langle\rangle, \ldots, \langle\rangle) \\
\mathbf{hash}[n,h]\ (x:s) & = & x :_i (\mathbf{hash}[n,h]\ s) \\
 & \mathit{mit} & i = (h\ x)
\end{array}
$$

Die geordneten Tupel $(\langle\alpha\rangle, \langle\alpha\rangle, \ldots, \langle\alpha\rangle)$ und $(\langle\rangle, \langle\rangle, \ldots, \langle\rangle)$ sind dabei n-stellig. Zum Eintrag in die Ergebnisströme wird die Funktion $(:_i)$ verwendet, die folgendermaßen definiert ist:

$$
\begin{array}{lcl}
(:_i) & :: & \alpha \to (\langle\alpha\rangle, \ldots, \langle\alpha\rangle) \to (\langle\alpha\rangle, \ldots, \langle\alpha\rangle) \\
x :_i (s_1, \ldots, s_i, \ldots, s_n) & = & (s_1, \ldots, x : s_i, \ldots, s_n)
\end{array}
$$

Der Zugriff auf eine derart aufgebaute Hashtabelle erfolgt nun mittels der Operation **hscan**.

$$
\begin{array}{lcl}
\mathbf{hscan}[n] & :: & ([\mathcal{Y}] \to \{1,\ldots,n\}) \to (\langle[\mathcal{X}]\rangle\langle[\mathcal{X}]\rangle, \ldots, \langle[\mathcal{X}]\rangle) \to [\mathcal{Y}] \to \langle[\mathcal{X}]\rangle \\
\mathbf{hscan}[n,h]\ (s_1, s_2, \ldots, s_n) & :: & [\mathcal{Y}] \to \langle[\mathcal{X}]\rangle \\
\mathbf{hscan}[n,h]\ (s_1, s_2, \ldots, s_n)\ y & = & s_i\ \mathit{mit}\ i = (h_2\ y)
\end{array}
$$

Der selektive Zugriff auf eine Tupelliste erfordert also den Aufbau einer Hashtabelle mittels $\mathbf{hash}[n, h_1]$ und anschließenden Zugriff auf die Hashtabelle mittels $\mathbf{hscan}[n, h_2]$. Die Hashfunktionen haben dabei in der Regel den Aufbau $h_1 = (h\ A)$ und $h_2 = (h\ B)$, wobei h die eigentliche Hashfunktion ist, und A und B Attributnamen sind. Insgesamt ergibt sich damit für den selektiven Zugriff auf eine Tupelliste s bezüglich eines Tupels y folgender Ausdruck:

$$\mathbf{hscan}[n, (h\ B)]\ (\mathbf{hash}[n, (h\ A)]\ s)\ y.$$

Eigenschaften

Die Tupel in einer Hashtabelle haben keine Sortierordnung mehr. Die übrigen Eigenschaften bleiben erhalten. Hinzu kommt die Prädikateigenschaft, daß die Tupel eines Hashbuckets den gleichen Hashwert liefern.

Für $s' = (\mathbf{hscan}[n, h_2]\ (\mathbf{hash}[n, h_1]\ s)\ y)$ gilt also

$$
\begin{array}{ll}
\mathit{nodup}\ s' & \mathit{falls}\ \ \mathit{nodup}\ s \\
\mathit{key}[Y]\ s' & \mathit{falls}\ \ \mathit{key}[Y]\ s \\
\mathit{predicate}[p]\ s' & \mathit{falls}\ \ \mathit{predicate}[p]\ s\ \lor\ p = (h_1 = (h_2\ y))
\end{array}
$$

7.2.3 Zugriff auf atomare Werte und Tupel

Geschlossene Ausdrücke der Form $(F\ e)$ oder $(\exists e\ p)$ liefern atomare Werte oder Tupel als Ergebnis. Der Zugriff auf solche Ergebnisse erfolgt mittels der Operation **vscan**. Sie dient insbesondere dazu, bei einer parallelen Implementierung von $(F\ e)$ bzw. $(\exists e\ p)$ die Teilergebnisse geeignet zusammenzufassen.

$$
\begin{array}{lcl}
\mathbf{vscan}[n] & :: & (\alpha \to \alpha \to \alpha) \to (\alpha, \alpha, \ldots, \alpha) \to \alpha \\
\mathbf{vscan}[n,f]\ (x_1, x_2, \ldots, x_n) & = & (f\ x_1\ (f\ x_2\ \ldots\ (f\ x_{n-1}\ x_n)\ ))
\end{array}
$$

Dabei werden Funktionen $f \in \{\lor, \land, +_\bot, \mathit{min}_\bot, \mathit{max}_\bot\}$ oder Funktionstupel der Form $f = [A_1 : f_1, \ldots, A_n : f_n]$, wobei jedes f_i eine derartige Funktion ist, eingesetzt. Die Funktionen $+_\bot, \mathit{min}_\bot, \mathit{max}_\bot$ erlauben die inkrementelle Berechnung von Aggregatfunktionen und werden in Kap. 7.3.4 definiert.

7.3 Sequentielle Bearbeitung relationaler Operatoren

Die Methoden mit sequentiellem Operandenzugriff sind unabhängig davon, welcher Zugriffspfad im einzelnen verwendet wird. Um korrekte Implementierungen zu erhalten, reicht es aus, wenn die über Zugriffspfade gelieferten Tupellisten inhaltsmäßig den Operanden der relationalen Operation entsprechen. Seien also r, r_1 und r_2 Relationen mit $\mathcal{A}(r_i) = X_i$ und s, s_1 und s_2 Tupellisten mit $(set\ s_i) = r_i$.

7.3.1 Konkatenation

Definition

Die Konkatenation kann zur Implementierung der Vereinigung verwendet werden und wird als Hilfsoperation bei mehreren anderen Operationen benötigt. Sie läßt sich allgemein folgendermaßen formulieren:

$$\begin{array}{lcl} (+\!\!+) & :: & \langle\alpha\rangle \to \langle\alpha\rangle \to \langle\alpha\rangle \\ \langle\rangle +\!\!+ s_2 & = & s_2 \\ (x_1 : s_1) +\!\!+ s_2 & = & x_1 : (s_1 +\!\!+ s_2) \end{array}$$

Eigenschaften

$$\begin{array}{lll} nodup\,(s_1 +\!\!+ s_2) & falls & (nodup\ s_1) \wedge nodup s_2 \wedge disjoint(s_1, s_2) \\ order[so]\,(s_1 +\!\!+ s_2) & falls & (order[so]\ s_1) \wedge (order[so]\ s_2) \\ & & \wedge\ \forall x_1 \in (set\ s_1)\ \forall x_2 \in (set\ s_2)\ x_1 \leq_{so} x_2 \\ predicate[p]\,(s_1 +\!\!+ s_2) & falls & (predicate[p]\ s_1) \wedge (predicate[p]\ s_2) \end{array}$$

Implementierungen

Die Vereinigung läßt sich durch eine Konkatenation zweier Listen implementieren:

$$r_1 \cup r_2 \ \leadsto\ s_1 +\!\!+ s_2$$

7.3.2 Filterung

Definition

Die Filterung ist die grundlegende Operation zur Implementierung von einstelligen Operationen wie Selektion und Projektion, die einen einmaligen sequentiellen Durchlauf durch eine Tupelliste erfordern. Sie wendet analog zum Mengen-Filteroperator α eine partielle Funktion f auf jedes Element einer Liste (eines Stroms) an.

$$\begin{array}{lcl} \mathbf{filter} & :: & ([\mathcal{X}] \to [\mathcal{Y}]) \to \langle[\mathcal{X}]\rangle \to \langle[\mathcal{Y}]\rangle \\ \mathbf{filter}[T]\ \langle\rangle & = & \langle\rangle \\ \mathbf{filter}[T]\ (x : s) & = & \left[\begin{array}{ll} (T\ x) : (\mathbf{filter}[T]\ s) & falls\ (T\ x) \neq \perp \\ (\mathbf{filter}[T]\ s) & sonst \end{array} \right. \end{array}$$

Im folgenden wird als Filterfunktion T in der Regel ein bedingter Tupelkonstruktor der Form

$$T = (if\, p\ then\ [Y]) = (p\,|\,[Y])$$

verwendet, wobei $p :: [\mathcal{X}^Y] \rightarrow bool$ einem zulässigen Selektionsprädikat oder einem Semijoinprädikat entspricht.

In zulässigen Selektionsprädikaten p können in geschlossenen quantifizierten Prädikaten sowie bei Prädikaten mit Aggregatfunktionen weitere geschlossene algebraische Ausdrücke auftreten. Dies gilt auch für Semijoinprädikate. Zur Implementierung einer Selektion benötigen wir daher weitere Operationen, die solche Prädikate auswerten. Dies ist zu einem die Operation **exists** zur Auswertung eines Semijoinprädikats, zum anderen die später besprochene Aggregierungsoperation **agg**.

$$\begin{array}{lcl} \textbf{exists} & :: & ([\mathcal{X}] \rightarrow bool) \rightarrow \langle[\mathcal{X}]\rangle \rightarrow bool \\ \textbf{exists}[p]\ \langle\rangle & = & \mathit{false} \\ \textbf{exists}[p]\ (x : s) & = & (p\ x) \vee (\textbf{exists}[p]\ s) \end{array}$$

Implementierungen

Zur Implementierung einer Selektion oder eines Semijoins muß zunächst das Selektions- bzw. Semijoinprädikat p unter Verwendung der Operationen **exists** und **agg** in ein Filterprädikat p' umgewandelt werden:

$$\begin{array}{ccc} \text{Selektionsprädikat } p & \rightsquigarrow & \text{Filterprädikat } p' \\ (\exists r\ jp) & \rightsquigarrow & (\textbf{exists}[jp]\ s) \\ t\ \theta\ f(r) & \rightsquigarrow & t\ \theta\ (\mathbf{f}\ (\textbf{agg}[(), [\mathbf{f} : f]\ s)) \\ t_1\ \theta\ t_2(F\ r) & \rightsquigarrow & t_1\ \theta\ (t_2\ (\textbf{agg}[(), F]\ s)) \end{array}$$

Mit Hilfe der Filterung können wir nun Implementierungen für Selektion, Outer-Selektion und Differenz angeben. Die Implementierungen für Selektion und Outer-Selektion erfassen dabei aufgrund der Prädikatumwandlung auch entsprechende positive und negative Semijoins. Seien $\mathcal{A}(r) = \mathcal{A}(r_1) = \mathcal{A}(r_2) = X, Y \subset X, Z \subset X$.

$$\pi_{[Y]}\ \sigma_p\ r \rightsquigarrow \textbf{filter}[(\mathit{if}\ p'\ \mathit{then}\ [Y])]\ s$$

$$\pi_{[Y]}\ \sigma^{\downarrow Z}_p\ r \rightsquigarrow \textbf{filter}[\mathit{if}\ (p' \vee (Z) \equiv \perp^+)\ \mathit{then}\ [Y]]\ s$$

$$\begin{array}{rcl} r_1 \setminus r_2 & \rightsquigarrow & \textbf{filter}[\mathit{if}\ \neg(\textbf{exists}[(X) \equiv (X')]\ s'_2)\ \mathit{then}\ [X]]\ s_1 \\ \mathit{mit} & & s'_2 = (\textbf{filter}[(X' \leftarrow X)]\ s_2) \end{array}$$

Die Differenz läßt sich also durch negativen Semijoin realisieren. Um das Joinprädikat formulieren zu können, müssen dabei die Attribute von r_2 durch $(X' \leftarrow X)$ umbenannt werden.[15] Falls ein Schlüssel $key[Y]\ r_1$ existiert, müssen beim Semijoin nur die Attribute des Schlüssels verglichen werden ($\textbf{exists}[Y \equiv Y']\ s_1$).

Eigenschaften

Das Ergebnis ist duplikatfrei, falls der Operand duplikatfrei ist und entweder ein Schlüssel projiziert oder über einen Schlüssel genau ein Tupel ausgewählt wird. Sortierordnung, Schlüssel- und Prädikateigenschaft bleiben erhalten, sofern alle benötigten Attribute projiziert werden.

[15] Eine Alternative hierzu wäre, das Joinprädikat mit Hilfe des Lambda-Kalküls in der Form $\lambda t_1.\lambda t_2.(t_1.X \equiv t_2.X)$ zu definieren. Um auf diesen zusätzlichen Mechanismus verzichten zu können, verwenden wir die etwas umständlichere Umbenennung.

Für $s' = \textbf{filter}[\textit{if } p \textit{ then } [Y]]\ s$ gilt also

$$\begin{array}{lll}
\textit{nodup } s' & \textit{falls} & (\textit{nodup } s) \wedge ((\textit{key}[Y]\ s) \\
 & & \quad \vee (p = (Z) \equiv (c) \wedge p') \wedge (\textit{key}[Z]\ s)) \\
\textit{order}[so]\ s' & \textit{falls} & (\textit{order}[so]\ s) \wedge \mathcal{A}(so) \subset Y \\
\textit{key}[K]\ s' & \textit{falls} & ((\textit{key}[K]\ s) \wedge K \subset Y) \vee K = Y \\
\textit{predicate}[q]\ s' & \textit{falls} & \mathcal{A}(q) \subset Y \wedge ((\textit{predicate}[q]\ s) \vee (p = q \wedge q'))
\end{array}$$

7.3.3 Join

Definition

Die Operation **join** ist eine generische Joinmethode, die bei allen Joinoperatoren und bei allen Joinmethoden mit Ausnahme des Sort-Merge-Join verwendet wird.

$$\begin{array}{lll}
\textbf{join} & :: & ([\mathcal{X}_1] \rightarrow [\mathcal{X}_2] \rightarrow [\mathcal{Y}]) \rightarrow ([\mathcal{X}_1] \rightarrow \langle[\mathcal{Y}]\rangle) \rightarrow \\
 & & \quad \langle[\mathcal{X}_1]\rangle \rightarrow ([\mathcal{X}_1] \rightarrow \langle[\mathcal{X}_2]\rangle) \rightarrow \langle[\mathcal{Y}]\rangle \\
\textbf{join}[T_1, T_2]\ \langle\rangle\ s_2 & = & \langle\rangle \\
\textbf{join}[T_1, T_2]\ (x : s_1)\ s_2 & = & \Big((\textbf{filter}[T_1\ x]\ (s_2\ x)) /_{\langle\rangle}\ (T_2\ x)\Big) +\!\!+\ \textbf{join}[T_1, T_2]\ s_1\ s_2
\end{array}$$

s_1 und s_2 sind die beiden Operanden der Joinoperation. Für jedes Element x von s_1 wird über einen Zugriffspfad auf die relevanten Elemente ($s_2\ x$) zugegriffen und jeweils mit dem bedingten Tupelkonstruktor T_1 die Joinbedingung überprüft und gegebenenfalls ein Ergebnis erzeugt. Gibt es zu einem Element x keine passenden Elemente von s_2, so wird durch ($T_2\ x$) eine leere Liste ($T_2 = \langle\rangle$) oder eine einelementige Liste ($T_2 = \langle T_2' \rangle$ mit einem Tupelkonstruktor T_2') als Defaultergebnis geliefert.

Implementierungen

Bei der Bearbeitung von Join und Outer-Join durch einen Nested-Loop-Algorithmus liegt ein sequentieller Zugriffspfad vor, der jeweils den vollständigen zweiten Operanden liefert. Beim Outer-Join müssen wir ein Defaultergebnis vorsehen, das auftritt, wenn zu einem Tupel von r_1 kein Tupel von r_2 existiert, das die Joinbedingung erfüllt. Unter der Voraussetzung $X_1 \cap X_2 = \{\}$ ($X_i = \mathcal{A}(r_i)$) ergeben sich folgende Implementierungen:

$$\pi_{[Y]}\ \sigma_{jp}\ r_1 \times r_2 \quad \leadsto \quad \textbf{join}[(\textit{if } jp \textit{ then } [Y]),\ \langle\rangle]\ s_1\ s_2$$

$$\pi_{[Y]}\ \Omega^{\downarrow X_2} \sigma^{\downarrow X_2}_{jp}\ r_1 \times (r_2)^+ \quad \leadsto \quad \textbf{join}[(\textit{if } jp \textit{ then } [Y]),\ \langle[Y \cap X_1] \bullet [Y \cap X_2 : \perp^+]\rangle]\ s_1\ s_2$$

An der Implementierung des Outer-Join kann man erkennen, weshalb die Nullwert-Eliminierung bei der Generierung algebraischer Ausdrücke jeweils mitgeführt wurde, obwohl die abschließende Nullwert-Eliminierung an sich ausreicht: das Nulltupel muß nur dann herangezogen werden, wenn zu einem Tupel von r_1 kein Tupel von r_2 existiert, das die Joinbedingung erfüllt.

Eigenschaften

- Join: $s' = \textbf{join}[(\textit{if } jp \textit{ then } [Y]),\ \langle\rangle]\ s_1\ s_2$

  Das Ergebnis ist duplikatfrei, falls beide Operanden duplikatfrei sind, ein Schlüssel der äußeren Relation projiziert wird und entweder ein Schlüssel der inneren Relation projiziert wird oder es zu einem Tupel der äußeren Relation maximal ein Tupel der inneren Relation gibt. Eine analoge Aussage gilt für die Schlüsseleigenschaft.

Sortierordnung und Prädikateigenschaft werden von den Operanden übernommen.

$$\begin{array}{lll}
\mathit{nodup}\ s' & \mathit{falls} & (\mathit{nodup}\ s_1)\ \wedge\ (\mathit{nodup}\ s_2)\ \wedge\ (\mathit{key}[Y \cap X_1]\ s_1) \\
 & & \wedge\ ((\mathit{key}[Y \cap X_2]\ s_2) \\
 & & \quad \vee\ ((jp = (Y_1) \equiv (Y_2) \wedge p')\ \wedge\ (\mathit{key}[Y_2]\ s_2))) \\
\mathit{order}[so]\ s' & \mathit{falls} & \mathcal{A}(so) \subset Y \cap X_1\ \wedge\ (\mathit{order}[so]\ s_1) \\
\mathit{key}[K]\ s' & \mathit{falls} & K \subset Y\ \wedge\ (\mathit{key}[K \cap X_1]\ s_1) \\
 & & \wedge\ ((\mathit{key}[K \cap X_2]\ s_2) \\
 & & \quad \vee\ ((jp = (Y_1) \equiv (Y_2) \wedge p')\ \wedge\ (\mathit{key}[Y_2]\ s_2))) \\
\mathit{predicate}[p \wedge q]\ s' & \mathit{falls} & \mathcal{A}(p \wedge q) \subset Y\ \wedge\ (\mathit{predicate}[p]\ s_1)\ \wedge\ (\mathit{predicate}[q]\ s_2)
\end{array}$$

- Outer-Join: $s'' = \mathbf{join}[(\mathit{if}\ jp\ \mathit{then}\ [Y]),\ \langle [Y \cap X_1] \bullet [Y \cap X_2 : \perp^+] \rangle]\ s_1\ \ s_2$

  Die Eigenschaften des Outer-Join lassen sich auf den Join zurückführen. Duplikatfreiheit und Schlüsseleigenschaft werden durch Hinzunahme eines Nulltupels zu s_2 nicht geändert. Eine Sortierordnung bleibt ohnehin nur für s_1 erhalten. Nur bei der Prädikateigenschaft muß das zusätzliche Nulltupel berücksichtigt werden.

$$\begin{array}{lll}
\mathit{nodup}\ s'' & \mathit{falls} & \mathit{nodup}\ s' \\
\mathit{order}[so]\ s'' & \mathit{falls} & \mathit{order}[so]\ s' \\
\mathit{key}[K]\ s'' & \mathit{falls} & \mathit{key}[K]\ s' \\
\mathit{predicate}[p \wedge q]\ s'' & & \\
 & \mathit{falls} & \mathcal{A}(p \wedge q) \subset Y\ \wedge\ (\mathit{predicate}[p]\ s_1)\ \wedge\ (\mathit{predicate}[q]\ ([X_2 : \perp^+] : s_2))
\end{array}$$

7.3.4 Aggregierung

Definition

Die Aggregierung $\phi_{[Z]\,F}\ r$ läßt sich berechnen, indem man schrittweise die Tupel von r in das Ergebnis einbringt und dabei pro entstehender Gruppe inkrementell die Aggregatfunktionswerte berechnet. Voraussetzung ist dabei, daß der Operand duplikatfrei ist. Auf diese Forderung kann verzichtet werden, wenn nur Aggregatfunktionen auftreten, die von der Duplikatanzahl unabhängig sind. Die Operation **agg** ist folgendermaßen definiert:

$$\begin{array}{lll}
\mathbf{agg}[Z, F] & :: & \langle [\mathcal{X}^{Z \cup \mathcal{F}(F)}] \rangle \rightarrow \langle [Z, \mathcal{A}(F)] \rangle \\
\mathbf{agg}[Z, F]\ s & = & \left[\begin{array}{ll} \mathit{fold}\ \mathit{incag}[Z, F]\ \langle\rangle\ s & \mathit{falls}\ Z \neq [] \\ (\mathit{fold}\ \mathit{incag}[[], F]\ \langle\rangle\ s)\ /_{\langle\rangle}\ (F\ \{\}) & \mathit{falls}\ Z = [] \end{array} \right.
\end{array}$$

Die Operation **agg** verwendet eine Reihe von Hilfsfunktionen. *fold* verknüpft die Elemente einer Liste (eines Stroms) zu einem Ergebniswert.

$$\begin{array}{lll}
\mathit{fold} & :: & (\beta \rightarrow \alpha \rightarrow \beta) \rightarrow \beta \rightarrow \langle \alpha \rangle \rightarrow \beta \\
\mathit{fold}\ g\ y\ \langle\rangle & = & y \\
\mathit{fold}\ g\ y\ (x : r) & = & \mathit{fold}\ g\ (g\ y\ x)\ r
\end{array}$$

fold läßt sich beispielsweise dazu verwenden, die Elemente einer Liste natürlicher Zahlen aufsummieren:

$$\begin{array}{lcl}
\mathit{fold}\,(+)\,0 & :: & \langle int\rangle \rightarrow int \\
\mathit{fold}\,(+)\,0\,\langle x_1, x_2, \ldots, x_n\rangle & = & \mathit{fold}\,(+)\,(0+x_1)\,\langle x_2,\ldots,x_n\rangle \\
 & = & \mathit{fold}\,(+)\,((0+x_1)+x_2)\,\langle x_3,\ldots,x_n\rangle \\
 & & \vdots \\
 & = & \mathit{fold}\,(+)\,(\ldots((0+x_1)+x_2)+\ldots x_n)\,\langle\rangle \\
 & = & x_1+x_2+\ldots+x_n
\end{array}$$

Hier sorgt *fold* dafür, daß mit Hilfe der Funktion $incag[Z,\ F]$ die Tupel von s in die korrekte Gruppe eingebracht werden, wobei jeweils die Aggregatfunktionswerte aktualisiert werden. Sei $F = [\mathtt{f}_1 : f_1, \mathtt{f}_2 : f_2, \ldots, \mathtt{f}_j : f_j]$.

$$\begin{array}{lcl}
incag[Z,F] & :: & \langle [Z,TF]\rangle \rightarrow [x] \rightarrow \langle [Z,TF]\rangle \\
incag[Z,F]\,\langle\rangle\,x & = & \langle x.Z \bullet [\ \mathtt{f}_1 : (init(f_1)\,x), \\
 & & \qquad\quad \mathtt{f}_2 : (init(f_2)\,x), \\
 & & \qquad\quad \vdots \\
 & & \qquad\quad \mathtt{f}_j : (init(f_j)\,x)\,]\rangle
\end{array}$$

$$incag[Z,F]\,(y:s)\,x \;=\; \left[\begin{array}{ll}
y : (incag[Z,F]\,s\,x) & \mathit{falls}\ y.Z \not\equiv x.Z \\
 & \\
(y.Z \bullet [\ \mathtt{f}_1 : (add(f_1)\,y.\mathtt{f}_1\,x), & \mathit{falls}\ y.Z \equiv x.Z \\
\qquad\quad \mathtt{f}_2 : (add(f_2)\,y.\mathtt{f}_2\,x), & \\
\qquad\quad \vdots & \\
\qquad\quad \mathtt{f}_j : (add(f_j)\,y.\mathtt{f}_j\,x)\,]) : s &
\end{array}\right.$$

Die Anfangswerte der Aggregatfunktionsberechnung sind dabei folgendermaßen definiert:

$$\begin{array}{lcl}
init\ (sum\ t)\ x & = & t\ x \\
init\ (min\ t)\ x & = & t\ x \\
init\ (max\ t)\ x & = & t\ x \\
init\ (count\ t)\ x & = & \left[\begin{array}{ll} 1 & \mathit{falls}\ t\ x \not\equiv \perp \\ 0 & \mathit{falls}\ t\ x \equiv \perp \end{array}\right. \\
init\ (sum_distinct\ A)\ x & = & (x.A, \langle x.A\rangle) \\
init\ (count_distinct\ A)\ x & = & \left[\begin{array}{ll} (1,\langle x.A\rangle) & \mathit{falls}\ x.A \not\equiv \perp \\ (0,\langle\rangle) & \mathit{falls}\ x.A \equiv \perp \end{array}\right. \\
init\ (pr_1\ t)\ x & = & t\ x
\end{array}$$

Dabei ist angenommen, daß Aggregatfunktionen *avg t* durch (*sum t*)/(*count t*) ersetzt werden. *max_distinct* und *min_distinct* sind zu *max* und *min* äquivalent. Bei den übrigen beiden Funktionen mit Duplikateliminierung muß während der Berechnung eine Liste mit den bisher aufgetretenen Werten aufgebaut werden, um Duplikate eliminieren zu können. Die inkrementelle Berechnung von Aggregatfunktionen erfolgt mit Hilfe der Funktionen $add(f_i)$:

$$
\begin{array}{lcl}
add\ (sum\ t)\ c\ x & = & c +_{\perp} (t\ x) \\
add\ (min\ t)\ c\ x & = & min_{\perp}(c, (t\ x)) \\
add\ (max\ t)\ c\ x & = & max_{\perp}(c, (t\ x)) \\
add\ (count\ t)\ c\ x & = & \left[\begin{array}{ll} c+1 & falls\ t\ x \not\equiv \perp \\ c & falls\ t\ x \equiv \perp \end{array}\right. \\
add\ (sum\_distinct\ A)\ (c,r)\ x & = & \left[\begin{array}{ll} (c + x.A, x.A : r) & falls\ x.A \not\equiv \perp\ \wedge x.A \notin (\ set\ r) \\ (c, r) & sonst \end{array}\right. \\
add\ (count\_distinct\ A)\ (c,r)\ x & = & \left[\begin{array}{ll} (c + 1, x.A : r) & falls\ x.A \not\equiv \perp\ \wedge x.A \notin (\ set\ r) \\ (c, r) & sonst \end{array}\right. \\
add\ (pr_1\ t)\ c\ x & = & \left[\begin{array}{ll} c & falls\ c \equiv (t\ x) \\ error & sonst \end{array}\right.
\end{array}
$$

Die Funktionen $+_{\perp}$, $min_{\perp}$ und $max_{\perp}$ liefern dabei den jeweils anderen Operanden als Ergebnis, wenn einer der beiden Operanden der Nullwert ist. Ist keiner der Operanden der Nullwert, sind sie wie üblich definiert.

Die angegebene Implementierung ist nur dann korrekt, wenn wir die bei Aggregatfunktionen mit Duplikateliminierung entstehenden Resultate (c, s) im Ergebnis auf den tatsächlich benötigten Wert c reduzieren.

Implementierungen

Die Aggregierung läßt sich direkt mit der Operation **agg** implementieren. Die Outer-Aggregierung läßt sich auf die einfache Aggregierung in Kombination mit einer dem natürlichen Outerjoin ähnlichen Operation zurückführen. Sei $Y = X_1 \cap X_2$.

$$
\phi_{[Z]\,F}\ r \ \leadsto \left[\begin{array}{l} \mathbf{agg}[Z, F]\ s \\ \qquad falls\ (nodup\ s)\ oder\ count,\ avg,\ sum\ treten\ in\ F\ nicht\ auf \\ \mathbf{agg}[Z, F]\ \mathbf{agg}[\mathcal{A}(r), ()] \\ \qquad sonst \end{array}\right.
$$

$$
r_1 \bowtie_F r_2 \ \leadsto \left[\begin{array}{l} \mathbf{join}[(if (Y) \equiv (Y')\ then\ [X_1, \mathcal{A}(F)]),\ \langle [X_1] \bullet (F\ \{\}) \rangle] \\ \qquad\qquad s_1\ (\mathbf{filter}[(Y' \leftarrow Y)]\ (\mathbf{agg}[Y, F]\ s_2)) \\ \qquad falls\ (nodup\ s)\ oder\ count,\ avg,\ sum\ treten\ in\ F\ nicht\ auf \\ \mathbf{join}[(if (Y) \equiv (Y')\ then\ [X_1, \mathcal{A}(F)]),\ \langle [X_1] \bullet (F\ \{\}) \rangle] \\ \qquad\qquad s_1\ (\mathbf{filter}[(Y' \leftarrow Y)]\ (\mathbf{agg}[Y, F]\ \mathbf{agg}[\mathcal{A}(r_2), ()] s_2)) \\ \qquad sonst \end{array}\right.
$$

In gleicher Weise läßt sich auch eine Aggregierung, vor der eine Nullwert-Eliminierung erfolgt, implementieren. Es gilt nämlich

$$
\begin{array}{rcl}
\phi_{[Z]\,F}\ \Omega^{|Y}\ r & = & \phi_{[Z]\,F'}\ r \\
 & & mit\ \ F' = F[(agg\ t)/(agg\ (\perp^{+} \notin Y)|t))],
\end{array}
$$

die Nullwert-Eliminierung läßt sich also durch eine Ergänzung der zu den Aggregatfunktionen in F gehörigen Terme erzielen. Dadurch wird jeweils der Nullwert als Ergebnis geliefert, falls eines der Attribute in Y gleich $\perp^+$ ist. Dieser Nullwert wird anschließend bei der inkrementellen Berechnung der Aggregatfunktionen automatisch eliminiert.

Eigenschaften

- Aggregierung: $s' = \mathbf{agg}[Z, F]\ s$

  Das Ergebnis einer Aggregierung ist duplikatfrei, die Gruppierungsattribute bilden einen Schlüssel. Ferner bleiben alle Eigenschaften, die für die Gruppierungsattribute galten, erhalten.

$$\begin{array}{ll} \mathit{nodup}\ s' & \\ \mathit{order}[so]\ s' & \mathit{falls}\ \ \mathcal{A}(so) \subset Z\ \wedge\ (\mathit{order}[so]\ s) \\ \mathit{key}[K]\ s' & \mathit{falls}\ \ (K = Z)\ \vee\ ((K \subset Z)\ \wedge\ (\mathit{key}[K] s)) \\ \mathit{predicate}[p]\ s' & \mathit{falls}\ \ \mathcal{A}(p) \subset Z\ \wedge\ (\mathit{predicate}[p]\ s) \end{array}$$

- Outer-Aggregierung: $s' = \mathbf{join}[(\mathit{if}\,(Y) \equiv (Y')\ \mathit{then}\ [X_1, \mathcal{A}(F)]), \langle [X_1] \bullet (F\ \{\}) \rangle]$
  $s_1\ (\mathbf{filter}[(Y' \leftarrow Y)]\ (\mathbf{agg}[Y, F]\ s_2))$

  Das Ergebnis einer Outer-Aggregierung hat die gleichen Eigenschaften wie der erste Operand.

$$\begin{array}{lll} \mathit{nodup}\ s' & \mathit{falls} & \mathit{nodup}\ s_1 \\ \mathit{order}[so]\ s' & \mathit{falls} & \mathit{order}[so]\ s_1 \\ \mathit{key}[K]\ s' & \mathit{falls} & \mathit{key}[K]\ s_1 \\ \mathit{predicate}[p]\ s' & \mathit{falls} & \mathit{predicate}[p]\ s_1 \end{array}$$

7.3.5 Division

Definition

Die Division $r_1 \div r_2$ läßt sich mit Hilfe der Operation **agg** bei Verwendung einer speziellen, von r_2 abhängigen Aggregatfunktion implementieren. Sei $\mathcal{A}(e_2) = X_2$ und $\mathcal{A}(e_1) = X_1 \cup X_2$ mit $X_1 \cap X_2 = \{\}$. e_1 ist nach X_1 zu gruppieren, für jede Gruppe g ist festzustellen, ob sie e_2 umfaßt ($e_2 \subset \pi_{[X_2]}\ g$). Dieser Test läßt sich sehr einfach mit Hilfe eines Bitvektors $B : [1, \ldots N] \rightarrow \{0, 1\}$ realisieren, wobei jedes Bit zu einem Element $x_i \in r_2$ korrespondiert. Wir können hierzu eine Aggregatfunktion $\mathit{div}(e_2)$ definieren, die diese Bits setzt:

$$(\mathit{div}(e_2)\ g).i \ = \ \left[\begin{array}{ll} 0 & \mathit{falls}\ x_i \notin \pi_{[X_2]}\ g \\ 1 & \mathit{falls}\ x_i \in \pi_{[X_2]}\ g \end{array} \right.$$

Zur Initialisierung werden alle Bits zu 0 gesetzt. Die inkrementelle Berechnung erfolgt, indem man zu einem Tupel x jeweils überprüft, ob $\pi_{[X_2]}\ x \in e_2$ gilt, und gegebenenfalls das entsprechende Bit setzt. Die Überprüfung kann wie die Feststellung der Nummer des entsprechenden Bits durch eine Hashtabelle über r_2 unterstützt werden.

Implementierungen

$$r_1 \div r_2 \ \leadsto\ \mathbf{filter}[\mathit{if}\ (B = [1, 1, \ldots, 1])\ \mathit{then}\ [X_1]]\ \mathbf{agg}[X_1, [B : \mathit{div}(s_2)]]\ s_1$$

Eigenschaften

- Division: $s' = \textbf{filter}[\mathit{if}\ (B = [1,1,\ldots,1])\ \mathit{then}\ [X_1]]\ \textbf{agg}[X_1, [B : \mathit{div}(s_2)]]\ s_1$

  s' hat die gleichen Eigenschaften, wie das Ergebnis einer Aggregierung auf s_1.

  Sei $s'' = \mathit{agg}[X_1, ()]\ s_1$.

$$\begin{array}{lll} \mathit{nodup}\ s' & \mathit{falls} & \mathit{nodup}\ s'' \\ \mathit{order}[so]\ s' & \mathit{falls} & \mathit{order}[so]\ s'' \\ \mathit{key}[K]\ s' & \mathit{falls} & \mathit{key}[K]\ s'' \\ \mathit{predicate}[p]\ s' & \mathit{falls} & \mathit{predicate}[p]\ s'' \end{array}$$

7.3.6 Ergebnisbildung

Vorgehensweise

Bei der Ergebnisbildung muß sichergestellt werden, daß die korrekte Anzahl von Duplikaten erzeugt wird. Der Begriff der korrekten Implementierung reicht also nur für Zwischenergebnisse aus, beim Endergebnis sind Zusatzbedingungen zu erfüllen. Es sind drei Fälle zu unterscheiden.

- Projektion mit Duplikateliminierung

  Nach der Projektion mit Hilfe einer **filter**-Operation muß gegebenenfalls noch eine Duplikateliminierung mittels **agg** erfolgen.

$$\pi_{(t_1,\ldots,t_l)}\ r \ \rightsquigarrow\ s' = \textbf{filter}[(t_1,\ldots,t_l)]\ s$$

$$\mathit{Ergebnis} \ = \ \left[\begin{array}{ll} s' & \mathit{falls}\ (\mathit{nodup}\ s') \\ \textbf{agg}[(1,\ldots,l),\ ()]\ s' & \mathit{sonst} \end{array} \right.$$

- Projektion ohne Duplikateliminierung

  Dies wurde bei der Transformation in die relationale Algebra durch $\phi_{(t_1,\ldots,t_l)\ [N:\ \mathit{count}\ A]}\ r$ ausgedrückt. Tatsächlich benötigt wird jedoch nur $(t_1,\ldots,t_l)$ mit der korrekten Anzahl von Duplikaten. Dies ergibt sich folgendermaßen:

$$\mathit{Ergebnis} \ = \ \left[\begin{array}{ll} \textbf{filter}[(t_1,\ldots,t_l)]\ s & \mathit{falls}\ (\mathit{nodup}\ s) \\ \textbf{filter}[(t_1,\ldots,t_l)]\ \textbf{agg}[[\mathcal{A}(r)],\ ()]\ s & \mathit{sonst} \end{array} \right.$$

- Aggregierung

  Zu $((t_1,\ldots,t_l) \circ F)(r)$ wird mittels **agg** und **filter** genau ein Ergebnistupel geliefert; vor der Aggregierung ist gegebenenfalls eine Duplikateliminierung erforderlich.

$$\mathit{Ergebnis} \ = \ \left[\begin{array}{l} \textbf{filter}[(t_1,\ldots,t_l)]\ \textbf{agg}[()\ F]\ s \\ \quad \mathit{falls}\ (\mathit{nodup}\ s) \lor \ \mathit{count, avg, sum\ treten\ in\ F\ nicht\ auf} \\ \\ \textbf{filter}[(t_1,\ldots,t_l)]\ \textbf{agg}[()\ F]\ \textbf{agg}[[\mathcal{A}(r)],\ ()]\ s \\ \quad \mathit{sonst} \end{array} \right.$$

7.3.7 Beispiel für eine sequentielle Implementierung

A.8 *Namen und Gehalt aller Angestellten, die Vorgesetzter von mehr als 10 Mitarbeitern sind*

$$\pi_{(an,ag)}\ \sigma_{10<c}\ \phi_{[an,ag]\,[c:\ count\ an']}\ \sigma_{an=av'}\ (\pi_{[an,ag]}\ A) \times A'$$

$$\begin{array}{ll} \rightsquigarrow & \textbf{filter}[\mathit{if}\,(10 < c)\ \mathit{then}\,(an, ag)]\ \textbf{agg}[\,[an, ag],\ [c:\ count\ an']\,] \\ & \quad \textbf{join}[(\mathit{if}\,(an = av')\ \mathit{then}\,\varepsilon), \langle\rangle]\ \ (\textbf{filter}[\,[an, ag]\,]\ \textbf{fscan}[A]) \\ & \qquad \textbf{fscan}[A'] \end{array}$$

falls $\mathit{key}[an, ag]\ \textbf{fscan}[A]$

Die angegebene Implementierung von Anfrage A.8 ergibt sich, indem die einzelnen Operatoren sequentiell implementiert werden. Ist $[an, ag]$ nicht Schlüssel von A, so ist noch eine abschließende Duplikateliminierung mit Hilfe einer Aggregierung erforderlich.

7.4 Einsatz von Indizes

Vorgehensweise

Grundsätzlich ist es möglich, den sequentiellen Zugriff auf eine Basisrelation durch einen selektiven Zugriff über einen Index zu ersetzen:

$$\textbf{fscan}[R] \ \simeq\ \textbf{iscan}[R.A, \mathit{true}].$$

Dies kann vorteilhaft sein, wenn nachfolgende Operationen eine Sortierung nach dem Attribut A benötigen. Normalerweise wird ein Index jedoch dazu verwendet, um gezielt auf diejenigen Tupel zuzugreifen, die ein über den Index auswertbares Prädikat erfüllen:

$$\textbf{filter}[\mathit{if}\, p_1 \wedge p_2\ \mathit{then}\, T]\ \textbf{fscan}[R] \ \simeq\ \textbf{filter}[\mathit{if}\, p_2\ \mathit{then}\, T]\ \textbf{iscan}[R.A,\ p_1]$$
$$\mathit{falls}\ \ p_1\ \mathit{ist\ ein\ Indexprädikat}$$

Damit lassen sich bei allen relationalen Operationen, zu deren Implementierung eine derartige **filter**-Operation eingesetzt wird, Indizes verwenden. Dies gilt auch für die **join**-Operation, zu deren Definition auf die **filter**-Operation zurückgegriffen wird:

$$\begin{array}{ll} & \textbf{join}[(\mathit{if}\, A\theta B\ \wedge\ jp\ \mathit{then}\, T_1),\ T_2]\ \ s_1\ \ \textbf{fscan}[R_2] \\ \simeq & \textbf{join}[(\mathit{if}\, jp\ \mathit{then}\, T_1),\ T_2]\ \ s_1\ \ \textbf{iscan}[R_2.B,\ \dot{A}\theta B] \end{array}$$

Implementierungen

Mit den Bezeichnungen des vorangegangenen Abschnitts ergeben sich folgende Implementierungen, falls entsprechende Indizes angelegt sind.

$$\pi_{[Y]}\ \sigma_{p_1 \wedge p_2}\ R \quad \rightsquigarrow \quad \textbf{filter}[\mathit{if}\, p_2'\ \mathit{then}\,[Y]]\ \ \textbf{iscan}[R.A, p_1]$$

$$(\exists R\ A\theta B \wedge jp) \quad \rightsquigarrow \quad (\textbf{exists}[jp]\ \textbf{iscan}[R.B, A\theta B])$$

$$\pi_{[Y]}\ \sigma_{A\theta B \wedge jp}\ r_1 \times R_2 \quad \rightsquigarrow \quad \textbf{join}[(\mathit{if}\, jp\ \mathit{then}\,[Y]),\ \langle\rangle]\ \ s_1\ \textbf{iscan}[R_2.B, A\theta B]$$

$$\begin{array}{lll} \pi_{[Y]}\ \Omega^{|X_2}\sigma^{|X_2}_{A\theta B \wedge jp}\ r_1 \times (R_2)^+ & \rightsquigarrow & \textbf{join}[(\mathit{if}\, jp\ \mathit{then}\,[Y]),\ \langle [Y \cap X_1] \bullet [Y \cap X_2 : \perp^+] \rangle] \\ & & \qquad s_1\ \ \textbf{iscan}[R_2.B, A\theta B] \end{array}$$

Für die folgende Implementierung der Differenz sei $X_1 = X_2 = X = \{A\} \cup Y$ und $R'_2 = \pi_{[(X' \leftarrow X)]} R_2$ eine Umbenennung von R_2.

$$r_1 \setminus R_2 \quad \rightsquigarrow \quad \mathbf{filter}[\mathit{if}\ \neg(\mathbf{exists}[(Y) \equiv (Y')]\ \mathbf{iscan}[R'_2.A, A \equiv A'])\ \mathit{then}\ [X]]\ s_1$$

Beispiel für den Indexeinsatz

A.8 *Namen und Gehalt aller Angestellten, die Vorgesetzter von mehr als 10 Mitarbeitern sind*

$$\pi_{(an,ag)}\ \sigma_{10<c}\ \phi_{[an,ag]\,[c:\ count\ an']}\ \sigma_{an=av'}\ (\pi_{[an,ag]}\ A) \times A'$$

$$\begin{array}{ll} \rightsquigarrow & \mathbf{filter}[\mathit{if}\,(10 < c)\ \mathit{then}\,(an, ag)]\ \mathbf{agg}[\,[an, ag], [c : \mathit{count}\ an']\,] \\ & \quad \mathbf{join}[([an, ag, \mathcal{A}(A')]), \langle\rangle]\ \mathbf{fscan}[A']\ \mathbf{iscan}[A.an, an = av'] \\ \mathit{falls} & \mathit{key}[an, ag]\ \mathbf{fscan}[A] \wedge \mathit{index}[A, an] \end{array}$$

Der Join kann durch einen Index zu Attribut *an* von Relation *A* unterstützt werden (selektiver Zugriff über den Namen).

7.5 Ausnutzung einer Sortierung

Eine Sortierung läßt sich bei einem Equi-Join und bei einer Aggregierung ausnutzen.[16]

7.5.1 Merge-Join

Definition

Der Merge-Join nutzt eine Sortierung der beiden Eingabeströme s_1 und s_2 nach den Attributen *A* und *B* aus. T_1 und T_2 entsprechen den Parametern von **join**, wobei jedoch zusätzlich die Bedingung $A = B$ überprüft wird.

$$\begin{array}{lcl} \mathbf{mjoin}[A, B, T_1, T_2] & :: & \langle[\mathcal{X}_1]\rangle \rightarrow \langle[\mathcal{X}_2]\rangle \rightarrow \langle[\mathcal{Y}]\rangle \\ \mathbf{mjoin}[A, B, T_1, T_2]\ s_1\ s_2 & = & \mathit{merge}[A, B, T_1, T_2]\ s_1\ (\mathit{sgroup}[B]\ s_2\ \langle\rangle) \end{array}$$

Verwendet werden hier die beiden Hilfsfunktionen *sgroup* und *merge*. *sgroup* zerlegt eine Liste (einen Strom) in Teillisten, deren Elemente bezüglich einer Funktion *f* identisch sind.

$$\begin{array}{lcl} \mathit{sgroup} & :: & (\alpha \rightarrow \beta) \rightarrow \langle\alpha\rangle \rightarrow \langle\alpha\rangle \rightarrow \langle\langle\alpha\rangle\rangle \\ \mathit{sgroup}\ f\ \langle\rangle\ s & = & \langle s\rangle \\ \mathit{sgroup}\ f\ (x : s)\ \langle\rangle & = & \mathit{sgroup}\ f\ s\ \langle x\rangle \\ \mathit{sgroup}\ f\ (x : s_1)\ (y : s_2) & = & \left[\begin{array}{ll} \mathit{sgroup}\ f\ s_1\ (x : y : s_2) & \mathit{falls}\ (f\ x) = (f\ y) \\ (y : s_2) : (\mathit{sgroup}\ f\ s_1\ \langle x\rangle) & \mathit{sonst} \end{array} \right. \end{array}$$

Die gewünschte Zerlegung eines Stroms *s* wird durch

$$\mathit{sgroup}\ f\ s\ \langle\rangle$$

erreicht. Der zweite Listenparameter dient nur dazu, die Teillisten aufzubauen.

[16] Darüber hinaus kann auch bei einem entsprechenden Semijoin eine derartige Bearbeitungsoperation definiert werden. Wir verzichten hier jedoch darauf, da diese ganz analog zum Join aufgebaut ist und sich keine neuen Aspekte im Hinblick auf die Parallelisierung ergeben.

Die Funktion *merge* führt den eigentlichen Merge-Join durch.

$$
\begin{array}{lcl}
merge[A,B,T_1,T_2] & :: & \langle[X_1]\rangle \rightarrow \langle\langle[X_2]\rangle\rangle \rightarrow \langle[Y]\rangle \\
merge[A,B,T_1,T_2]\ \langle\rangle\ \langle s_2\rangle & = & \langle\rangle \\
merge[A,B,T_1,T_2]\ (x : s_1)\ \langle\rangle & = & (T_2\ x) +\!\!+\ merge[A,B,T_1,T_2]\ s_1\ \langle\rangle \\
merge[A,B,T_1,T_2]\ (x : s_1)\ ((y : s_2) : ss_2) & = &
\end{array}
$$

$$
\left[\begin{array}{ll}
(join[T_1,T_2]\ \langle x\rangle\ (y : s_2)) +\!\!+\ (merge[A,B,T_1,T_2]\ s_1\ \langle ss_2\rangle) & falls\ x.A \equiv y.B \\
(T_2\ x) +\!\!+\ (merge[A,B,T_1,T_2]\ s_1\ ((y : s_2) : ss_2) & falls\ x.A <^- y.B\ \vee\ x.A \equiv\perp \\
merge[A,B,T_1,T_2]\ (x : s_1)\ \langle ss_2\rangle & falls\ x.A >^- y.B\ \vee\ y.B \equiv\perp
\end{array}\right.
$$

Implementierungen

Wir können nun Joinoperationen mit einem Joinprädikat der Form $A \equiv B \wedge jp$ mit Hilfe von **mjoin** formulieren. Seien s_1 und s_2 Tupelströme zu r_1 und r_2, die nach den Werten der Joinattribute sortiert sind ($order[A]\ s_1$, $order[B]\ s_2$).

$$\pi_{[Y]}\ \sigma_{A\equiv B\wedge jp}\ r_1 \times r_2 \ \rightsquigarrow\ \mathbf{mjoin}[A,\ B,\ (if\ jp\ then\ [Y]),\ \langle\rangle]\ s_1\ s_2$$

$$\pi_{[Y]}\ \Omega^{|X_2}\sigma^{|X_2}_{A\equiv B\wedge jp}\ r_1 \times (r_2)^+$$
$$\rightsquigarrow\ \mathbf{mjoin}[A,\ B,\ (if\ jp\ then\ [Y]),\ \langle[Y \cap X_1] \bullet [Y \cap X_2 : \perp^+]\rangle]\ s_1\ s_2$$

Eigenschaften

Für die Ergebnisse eines Merge-Join gelten die gleichen Eigenschaften wie für die Ergebnisse eines Join. Für

$$
\begin{array}{lcl}
s' & = & \mathbf{mjoin}[A,\ B,\ (if\ jp\ then\ T_1),\ T_2]\ s_1\ s_2 \\
s'' & = & \mathbf{join}[(if\ A \equiv B \wedge jp\ then\ T_1),\ T_2]\ s_1\ s_2
\end{array}
$$

gilt also

$$
\begin{array}{lll}
nodup\ s' & falls & nodup\ s'' \\
order[so]\ s' & falls & order[so]\ s'' \\
key[K]\ s' & falls & key[K]\ s'' \\
predicate[p]\ s' & falls & predicate[p]\ s''
\end{array}
$$

7.5.2 Aggregierung

Definition

Die Aggregierung kann eine Sortierung nach einer Teilmenge der Gruppierungsattribute ausnutzen. Wir können dann den Eingabestrom mittels *sgroup* in einen Strom von Teillisten zerlegen, auf die jeweils der sequentielle Algorithmus zur Aggregierung angewandt wird. Sei $Y \subset Z$ und $order[Y]\ s$.

$$\mathbf{sagg}[Z,F,Y]\ s \ = \ cfilter\ agg[Z,F]\ (sgroup\,[Y]\ s)$$

Die Hilfsfunktion *cfilter* ist dabei ähnlich wie *filter* definiert, jedoch produziert jede Funktionsanwendung nicht ein einzelnes Listenelement sondern eine Teilliste.

$$
\begin{array}{lcl}
\mathit{cfilter} & :: & (\alpha \to \langle\beta\rangle) \to \langle\alpha\rangle \to \langle\beta\rangle \\
\mathit{cfilter}\ f\ \langle\rangle & = & \langle\rangle \\
\mathit{cfilter}\ f\ (x : r) & = & (f\ x) +\!\!+ (\mathit{cfilter}\ f\ r)
\end{array}
$$

Die Operation **sagg** nutzt *cfilter* mit Operanden vom Typ $\alpha = \langle [X] \rangle$ und $\beta = [Z, \mathcal{A}(F)]$.

Implementierungen

$$
\begin{array}{lcl}
\phi_{[Z]\,F}\ r & \leadsto & \mathbf{sagg}[Z, F, Y]\ s \\
 & & \quad \mathit{falls}\ \ \mathit{nodup}\ s,\ (\mathit{order}[Y]\ s),\ Y \subset Z
\end{array}
$$

Eigenschaften

Die Eigenschaften des Ergebnisses von **sagg** entsprechen den Eigenschaften des Ergebnisses von **agg**.

7.5.3 Beispiel für die Ausnutzung einer Sortierung

A.8 *Namen und Gehalt aller Angestellten, die Vorgesetzter von mehr als 10 Mitarbeitern sind*

$$
\pi_{(an,ag)}\ \sigma_{10<c}\ \phi_{[an,ag]\ [c:\ count\ an']}\ \sigma_{an=av'}\ (\pi_{[an,ag]}\ A) \times A'
$$

$$
\begin{array}{l}
\leadsto \\
\qquad \mathbf{filter}[\mathit{if}\,(10 < c)\ \mathit{then}\ (an, ag)]\ \ \mathbf{sagg}[\,[an, ag],\ [c:\ \mathit{count}\ an'],\ [an]\,] \\
\qquad\qquad \mathbf{mjoin}[(\mathit{if}\ an = av'\ \mathit{then}\ [an, ag, \mathcal{A}(A')]),\ \langle\rangle]\ \ \mathbf{iscan}[A'.av, \mathit{true}]\ \ \mathbf{iscan}[A.an, \mathit{true}] \\
\mathit{falls}\quad \mathit{key}[an, ag]\ \mathbf{fscan}[A]\ \wedge\ \mathit{index}[A, an]\ \wedge\ \mathit{index}[A', av']
\end{array}
$$

Der Zugriff über die beiden Indizes liefert Tupellisten, deren Sortierordnung bei Join und Aggregierung genutzt werden kann.

7.6 Verwendung von Hashing

7.6.1 Hashing-Join

Vorgehensweise

Beim Hashing-Join wird wie beim Join mit Indexunterstützung ein selektiver Zugriffspfad auf die innere Relation verwendet. Der Unterschied besteht darin, daß der Zugriffspfad (die Hashtabelle) explizit angelegt werden muß, während er beim Join mit Indexunterstützung permanent vorliegt.

Implementierungen

Sei $[A \equiv B \wedge jp]$ ein Joinprädikat mit $A \in \mathcal{A}(r_1)$ und $B \in \mathcal{A}(r_2)$, und sei $h\ ::\ d \to \{1, \ldots, n\}$ eine Hashfunktion. Wir erhalten damit folgende Implementierungen für den Join mittels Hashing:

$$(\exists r_2\ A \equiv B \wedge jp) \quad \leadsto \quad (\mathbf{exists}[A \equiv B \wedge jp]\ (\mathbf{hscan}[n,(h\ A)]\ (\mathbf{hash}[n,(h\ B)]\ s_2))$$

$$\pi_{[Y]}\ \sigma_{A\equiv B\wedge jp}\ r_1 \times r_2 \quad \leadsto \quad \mathbf{join}[(\mathit{if}\ A \equiv B \wedge jp\ \mathit{then}\ [Y]),\ \langle\rangle]\ s_1\ (\mathbf{hscan}[n,(h\ A)]\ (\mathbf{hash}[n,(h\ B)]\ s_2)$$

$$\pi_{[Y]}\ \Omega^{|X_2}\ \sigma^{|X_2}_{A\equiv B\wedge jp}\ r_1 \times (r_2)^{+} \quad \leadsto \quad \mathbf{join}[(\mathit{if}\ A \equiv B \wedge jp\ \mathit{then}\ [Y]),\ \langle[Y \cap X_1] \bullet [Y \cap X_2 : \perp^{+}]\rangle]\ s_1\ (\mathbf{hscan}[n,(h\ A)]\ (\mathbf{hash}[n,(h\ B)]\ s_2)$$

Für die folgende Implementierung der Differenz sei $X_1 = X_2 = X = \{A\} \cup Y$.

$$r_1 \setminus r_2 \quad \leadsto \quad \mathbf{filter}[\mathit{if}\ \neg(\mathbf{exists}[A \equiv A' \wedge (Y) \equiv (Y')]\ (\mathbf{hscan}[n,(h\ A)]\ (\mathbf{hash}[n,(h\ A')]\ s_2'))\ \mathit{then}\ [X]]\ s_1$$
$$\mathit{mit}\quad s_2' = (\mathbf{filter}[(X' \leftarrow X)]\ s_2)$$

Mit Hilfe dieser Operationen können die entsprechenden Joinoperationen direkt implementiert werden, falls der zur Verfügung stehende Hauptspeicher groß genug ist, um die Hashtabelle für s_2 komplett im Hauptspeicher zu halten. Ist dies nicht der Fall, müssen die Operationen in mehrere Phasen zerlegt werden (siehe unten).

7.6.2 Aggregierung

Definition

Die Aggregierung $\phi_{[Z]\ F}$ läßt sich durch Hashing unterstützen, indem man für den Operanden unter Verwendung einer Hashfunktion $h : [Z] \rightarrow \{1, \ldots, n\}$ eine Hashtabelle aufbaut und auf jeden Hashbucket eine Aggregierungsoperation anwendet. Die Aggregatfunktionen sollten dabei inkrementell beim Aufbau der Hashtabelle berechnet werden, um nur die Zwischenergebnisse der Aggregierung und nicht die vollständigen Tupel des Operanden in die Tabelle eintragen zu müssen.

$$\mathbf{hagg}[Z,F,n,h]\ s \quad = \quad (\mathit{agg}[Z,F]\ s^1) +\!\!+ \ldots +\!\!+ (\mathit{agg}[Z,F]\ s^n)$$
$$\mathit{mit}\quad (s^1, \ldots, s^n) = (\mathit{hash}[n,h]\ s)$$

Implementierungen

$$\phi_{[Z]\ F}\ r \quad \leadsto \quad \mathbf{hagg}[Z,F,n,h]\ s$$
$$\mathit{falls}\quad \mathit{nodup}\ s$$

Eigenschaften

Die Eigenschaften des Ergebnisses von **hagg** entsprechen den Eigenschaften des Ergebnisses von **agg**.

7.6.3 Beispiel für den Einsatz von Hashing

A.8 *Namen und Gehalt aller Angestellten, die Vorgesetzter von mehr als 10 Mitarbeitern sind*

$$\pi_{(an,ag)}\ \sigma_{10<c}\ \phi_{[an,ag]\ [c:\ count\ an']}\ \sigma_{an=av'}\ (\pi_{[an,ag]}\ A) \times A'$$

$$\leadsto$$

$$\begin{array}{l} \textbf{filter}[\mathit{if}\,(10 < c)\ \mathit{then}\,(an, ag)]\ \textbf{hagg}[\,[an, ag],\ [c:\ \mathit{count}\ an'],\ n',\ (h'\ [an, ag])\,] \\ \qquad \textbf{join}[\mathit{if}\,(an = av')\ \mathit{then}\ \varepsilon,\ \langle\rangle]\ \ (\textbf{filter}[\,[an, ag]\,]\ \textbf{fscan}[A]) \\ \qquad\qquad \textbf{hscan}[n, (h\ an)]\ (\textbf{hash}[n, (h\ av')]\ \textbf{fscan}[A]) \end{array}$$

$$\mathit{falls}\quad \mathit{key}[an, ag]\ \textbf{fscan}[A']$$

Join und Aggregierung lassen sich durch Hashing unterstützen.

7.7 Zerlegung von Operationen in Phasen

Während der Bearbeitung von Operationen kann es erforderlich sein, Operanden oder Teilergebnisse im Hauptspeicher zu halten. Dies gilt für den Aufbau einer Hashtabelle zum Operandenzugriff bei Join oder Semijoin und für die Ergebnisbildung bei der Aggregierung. Bei Join und Semijoin ist es sogar generell sinnvoll, die innere Relation hauptspeicherresident zu halten, da auf sie wiederholt zugegriffen wird. Da der Hauptspeicher begrenzt ist, kann es zur Erfüllung dieser Anforderung notwendig sein, die Operation in aufeinanderfolgende Phasen zu zerlegen, die jeweils nur Teiloperanden benötigen bzw. Teilergebnisse erzeugen. Voraussetzung für eine solche Zerlegung von Operationen in Phasen ist eine Zerlegung der Operanden in Partitionen. Dies wird später in analoger Weise für die Parallelisierung mittels Node Splitting eingesetzt.

Definition

Zur Partitionierung von Tupellisten dienen die beiden Operation **parthash** und **partanz**. Die Operation **parthash** bewirkt eine hashorientierte Zerlegung des Operanden und ist analog zur Operation **hash** definiert. Der Unterschied besteht darin, daß keine Hashtabelle aufgebaut, sondern n Ergebnisströme erzeugt werden.

$$\begin{array}{lcl} \textbf{parthash}[n] & :: & (\alpha \to \{1, \ldots, n\}) \to \langle\alpha\rangle \to (\langle\alpha\rangle, \langle\alpha\rangle, \ldots, \langle\alpha\rangle) \\ \textbf{parthash}[n, h]\ \langle\rangle & = & (\langle\rangle, \langle\rangle, \ldots, \langle\rangle) \\ \textbf{parthash}[n, h]\ (x : s) & = & x :_i (\textbf{parthash}[n, h]\ s) \\ & \mathit{mit} & i = (h\ x) \end{array}$$

Die Operation **partanz**[n] zerlegt den Operanden in n annähernd gleich große Teile.

$$\begin{array}{lcl} \textbf{partanz}[n] & :: & \langle\alpha\rangle \to (\langle\alpha\rangle, \langle\alpha\rangle, \ldots, \langle\alpha\rangle) \\ \textbf{partanz}[n]\ s & = & (s^1, s^2, \ldots, s^n) \\ & \mathit{mit} & (s^1, s^2, \ldots, s^n)\ \mathit{ist\ eine\ anzahlorientierte\ Zerlegung\ von}\ s \end{array}$$

Implementierungen

Die Zerlegung von Operationen in Phasen ist in den gleichen Fällen und auf analoge Weise möglich wie die Parallelisierung durch Node Splitting. Hierauf wird im folgenden Kapitel genauer eingegangen. Um bereits hier die Vorgehensweise bei der Phasenzerlegung zu verdeutlichen, wird im folgenden beispielhaft eine Zerlegung für den Equi-Join und die Aggregierung angegeben.

Eine Joinoperation läßt sich mit Hilfe der Partitionierung in Teiljoins zerlegen, falls die gleichen Voraussetzungen wie beim Join mit Indexunterstützung bzw. Hashing-Join erfüllt sind, also T_1 die Form $(\mathit{if}\ A \equiv B \wedge jp\ \mathit{then}\ T_1')$ hat. In diesem Fall gilt

$$\begin{aligned}\textbf{join}[T_1,T_2]\ s_1\ s_2 \ \simeq\ & (\textbf{join}[T_1,T_2]\ s_{11}\ s_{21}) +\!\!+ (\textbf{join}[T_1,T_2]\ s_{12}\ s_{22}) +\!\!+ \\ & \ldots +\!\!+ (\textbf{join}[T_1,T_2]\ s_{1n}\ \ s_{2n})\end{aligned}$$

$$\begin{aligned} \textit{mit}\ \ (s_{11}, s_{11}, \ldots, s_{1n}) &= \textbf{parthash}[n,\ (h\ A)]\ s_1 \\ (s_{21}, s_{22}, \ldots, s_{2n}) &= \textbf{parthash}[n,\ (h\ B)]\ s_2\end{aligned}$$

Analog zur Partitionierung der Operanden eines Join können wir den Operanden einer Aggregierung $\phi_{[Z]\,F}$ durch Partitionierung mit einer Hashfunktion $h : [Z] \rightarrow \{1, \ldots, n\}$ in Teilströme zerlegen, auf die jeweils eine eigene Aggregierungsoperation angewandt wird.

$$\begin{aligned} \phi_{[Z]\,F}\ r \ \rightsquigarrow\ & (\textbf{agg}[Z,F]s_1) +\!\!+ (\textbf{agg}[Z,F]s_2) +\!\!+ \ldots +\!\!+ (\textbf{agg}[Z,F]s_n) \\ \textit{mit}\ \ & (s_1, s_2, \ldots, s_n) = \textbf{parthash}[n,\ h]\ s \\ \textit{falls}\ \ & \textit{nodup}\ s\end{aligned}$$

7.8 Zusammenfassung

In diesem Kapitel wurden die wichtigsten Methoden zur Bearbeitung relationaler Operatoren funktional definiert: sequentielle Bearbeitung, Einsatz von Indizes, Ausnutzung einer Sortierung und Verwendung von Hashing. Ferner wurden entsprechende Implementierungsregeln angegeben. Damit lassen sich zu jedem algebraischen Ausdruck, der aufgrund der im vorigen Kapitel beschriebenen Generierung entsteht, mehrere Ausdrücke mit Bearbeitungsmethoden erzeugen. Die beiden Phasen – Generierung algebraischer Ausdrücke und Auswahl von Bearbeitungsmethoden – können dabei auch verzahnt miteinander durchgeführt werden. Dies ist notwendig, um die Generierung algebraischer Ausdrücke im Rahmen einer Suchstrategie sinnvoll steuern zu können, da erst auf der Basis von Bearbeitungsmethoden eine Kostenbewertung möglich ist (vergl. Kap. 9).

Kapitel 8

Grundlagen der Parallelisierung

8.1 Überblick

Ziel dieses Kapitels ist die Entwicklung einer Menge von Transformationsregeln zur Generierung paralleler Bearbeitungspläne. Wie in Kap. 3 erläutert, werden hierbei Datenflußprogramme bzw. Meta-Datenflußprogramme als Repräsentationsform zugrundegelegt. Diese Repräsentationsformen werden hier genauer definiert. Darauf aufbauend werden die für die folgenden Transformationsschritte benötigten Regeln aufgestellt:

1. Konstruktion eines Datenflußprogramms durch Zerlegung eines aus Bearbeitungsmethoden bestehenden funktionalen Ausdrucks in einzelne Knoten;

2. Abbildung eines Datenflußprogramms auf ein Meta-Datenflußprogramm durch Bestimmung von Parametern, aus denen die Parallelisierungsmöglichkeiten der einzelnen Knoten hervorgehen;

3. Parallelisierung des Meta-Datenflußprogramms durch Node Splitting und Pipelining;

4. Abbildung des Meta-Datenflußprogramms auf ein Datenflußprogramm durch Erzeugung von Teilknoten gemäß des Aufspaltungsgrads der einzelnen Knoten und von Partitionierungsknoten zur Zerlegung der Operanden;

5. Generierung eines parallelen Bearbeitungsplans, indem den Knoten Attribute zugeordnet werden, auf denen die zur Bearbeitungszeit zu treffenden Zuordnungsentscheidungen beruhen.

Die Parallelisierungsmöglichkeiten ergeben sich aus den bekannten parallelen Algorithmen für relationale Operatoren [DeGe85, ScDe89, RiLM87]. Die Idee zur Zerlegung eines Datenflußprogramms in Pipes stammt aus [BaYH87], wo allerdings die dabei zu berücksichtigenden Randbedingungen nicht analysiert werden. Auf weitere Literatur kann nicht zurückgegriffen werden, da die Parallelisierung komplexer Anfragen bisher nur unter sehr starken Einschränkungen untersucht wurde (siehe Kap. 2.4.1). Der Lösungsansatz, die Parallelisierung auf der Ebene von Meta-Datenflußprogrammen durchzuführen, wurde in einer ersten Version gemeinsam mit einem Diplomanden ausgearbeitet [Kilg90]; die im folgenden beschriebene Fassung ist demgegenüber im Hinblick auf eine kompaktere und durchgängig regelbasierte Darstellung stark überarbeitet.

8.2 Datenflußprogramm

8.2.1 Struktur

Ausgangspunkt

Die Konstruktion eines Datenflußprogramms geht von einer korrekten Implementierung eines Ausdrucks der erweiterten relationalen Algebra aus, das heißt von einem aus Bearbeitungs- und Zugriffspfadoperationen bestehenden funktionalen Ausdruck. Sie erfordert die Zerlegung dieses Ausdrucks in Bearbeitungsmethoden, die sich Knoten eines Datenflußprogramms zuordnen lassen. In der funktionalen Schreibweise läßt sich eine derartige Zerlegung unter Verwendung von Variablendefinitionen darstellen:

$$\begin{aligned} E_1 \quad \textit{mit} \quad E_1 &= \mathbf{Methode}_1[E_{i_{11}}, E_{i_{12}}, \ldots, E_{i_{1k_1}}] \\ E_2 &= \mathbf{Methode}_2[E_{i_{21}}, E_{i_{22}}, \ldots, E_{i_{2k_2}}] \\ &\vdots \\ E_n &= \mathbf{Methode}_n[E_{i_{n1}}, E_{i_{n2}}, \ldots, E_{i_{nk_n}}] \end{aligned}$$

Durch jede solche Gleichung ergibt sich ein Zwischenergebnis E_i, das in die Bearbeitungsmethoden weiterer Gleichungen eingeht. Die Variablen $[E_{i_{j1}}, E_{i_{j2}}, \ldots, E_{i_{jk_j}}]$ werden dabei in der Schreibweise $\mathbf{Methode}_j[E_{i_{j1}}, E_{i_{j2}}, \ldots, E_{i_{jk_j}}]$ nur deshalb mit angegeben, um zu verdeutlichen, daß sie von der Bearbeitungsmethode angesprochen werden. Zyklische Beziehungen zwischen den Variablendefinitionen können nicht auftreten, da sich bei Einsetzen der Definitionen für die einzelnen Variablen wieder der ursprüngliche Ausdruck ergeben muß.

Knotenstruktur

Jeder Knoten eines Datenflußprogramms enthält eine Berechnungsvorschrift, die einer Variablendefinition entspricht. Im Rahmen der Parallelisierung eines Datenflußprogramms werden dabei auch Partitionierungsoperationen eingeführt, die eine Reihe von Zwischenergebnissen produzieren. Ferner muß gekenzeichnet werden, ob für die Übergabe eines Zwischenergebnisses Pipelining eingesetzt wird. Wir stellen einen Knoten daher in der Form

$$(E_1, \ldots, E_m) \quad \leftarrow \quad \mathbf{Methode}[E'_1 : \textit{pipe}_1, \ldots, E'_n : \textit{pipe}_n]$$

dar, wobei $\leftarrow$ die Berechnungsrichtung verdeutlichen soll. $[E'_1 : \textit{pipe}_1, \ldots, E'_n : \textit{pipe}_n]$ ist die Operandenliste des Knotens. $\textit{pipe}_i$ ist ein boolescher Wert der angibt, ob Pipelining eingesetzt werden soll.

Der Typ *node* umfaßt alle derartigen Knoten, der Typ V die Variablen, die in einem Datenflußprogramm als Bezeichner für Operanden bzw. Ergebnisse auftreten dürfen. Für den Umgang mit Knoten benötigen wir zwei Funktionen, die die Menge der Operanden bzw. Ergebnisse eines Knoten liefern.

$$\begin{aligned} \textit{opd} \quad &:: \quad \textit{node} \rightarrow \{\mathrm{V}\} \\ (\textit{opd}\; a) \quad &= \quad \{E'_1, \ldots, E'_n\} \end{aligned}$$

$$\begin{aligned} \textit{ergeb} \quad &:: \quad \textit{node} \rightarrow \{\mathrm{V}\} \\ (\textit{ergeb}\; a) \quad &= \quad \{E_1, \ldots, E_m\} \end{aligned}$$

Dabei ist

$$\begin{aligned} a \;&::\; \textit{node} \\ a \;&=\; (E_1, \ldots, E_m) \leftarrow \mathbf{Methode}[E'_1 : \textit{pipe}_1, \ldots, E'_n : \textit{pipe}_n] \end{aligned}$$

ein Knoten.

Phasenzerlegung

Zur Vermeidung von Hauptspeicherüberlauf kann es über diese Knotenstruktur hinaus notwendig sein, einen Knoten in eine Reihe von Phasen zu zerlegen, wobei jede Phase die Form eines einfachen Knotens hat:

$$\begin{aligned} a &= (a^1, \ldots, a^k) \\ mit\ a^i &= (E^i_1, \ldots, E^i_m) \leftarrow \mathbf{Methode}^i[E'^i_1 : pipe^i_1, \ldots, E'^i_n : pipe^i_n] \end{aligned}$$

Der Typ *node* wird so verallgemeinert, daß er auch solche mehrphasigen Knoten umfaßt. Dabei gilt

$$(opd\,(a^1, \ldots, a^k)) = (opd\,a^1) \cup \ldots \cup (opd\,a^k)$$

und

$$(ergeb\,(a^1, \ldots, a^k)) = (ergeb\,a^1) \cup \ldots \cup (ergeb\,a^k).$$

Datenflußprogramm als gerichteter, azyklischer Graph

Ein Datenflußprogramm D ist eine Menge von Knoten, die durch Datenflußbeziehungen miteinander verbunden sind.

$$\begin{aligned} D &:: \{node\} \\ D &= \{a_1, a_2, \ldots, a_n\} \end{aligned}$$

Zwei Knoten $a, b \in D$ stehen in einer Datenflußbeziehung, falls a ein Ergebnis erzeugt, daß von b als Operand weiterverarbeitet wird oder umgekehrt. Die Datenflußbeziehung zwischen zwei Knoten läßt sich durch eine Nachfolgerrelation $\leftarrow$ erfassen:

$$\begin{aligned} (\leftarrow) &:: node \rightarrow node \rightarrow bool \\ b \leftarrow a &= (opd\,b) \cap (ergeb\,a) \neq \{\} \end{aligned}$$

Ein Datenflußprogramm entspricht einem gerichteten, azyklischen Graphen, in dem zwei Knoten genau dann durch eine Kante (a, b) verbunden sind, wenn die Datenflußbeziehung $b \leftarrow a$ erfüllt ist. Die transitive Hülle der Nachfolgerrelation bezeichnen wir mit $\stackrel{*}{\leftarrow}$.

Um Vorgänger- und Folgeknoten bezüglich eines bestimmten Operanden bestimmen zu können, benötigen wir darüber hinaus eine mit dem Operandennamen parametrisierte Version der Nachfolgerrelation:

$$\begin{aligned} (\leftarrow_E) &:: node \rightarrow node \rightarrow bool \\ b \leftarrow_E a &= (E \in (opd\,b) \cap (ergeb\,a)) \end{aligned}$$

Pipestruktur

Die Bearbeitung des Datenflußprogramms schreitet von Knoten, die auf Basisrelationen zugreifen und keine weiteren Operanden benötigen, zu dem Zielknoten, der das Ergebnis liefert, fort. Ein Knoten kann aktiviert werden, sobald die benötigten Operanden vorliegen (kein Pipelining) bzw. paketweise geliefert werden können (Pipelining). Eine Gruppe von Knoten, zwischen denen Operanden paketweise übertragen werden, muß also gemeinsam aktiviert und gleichzeitig bearbeitet werden. Wir nennen eine derartige Gruppe von Knoten eine *Pipe*.

Um Pipes genauer charakterisieren zu können, führen wir die Funktion *pipe* ein, mit der getestet wird, ob über eine Kante ein Operand paketweise übertragen wird.

$$\begin{array}{lcl} pipe[E] & :: & node \rightarrow bool \\ pipe[E]\ a & = & \left[\begin{array}{ll} true & falls\ E : true\ tritt\ in\ der\ Operandenliste\ von\ a\ auf \\ false & sonst \end{array} \right. \end{array}$$

Eine Kante (a, b) mit $b \leftarrow_E a$ nennen wir *Pipekante*, falls $(pipe[E]\ b)$ zutrifft.

Eine Pipe ist nun eine Teilmenge $D^i \subset D$ der Knoten eines Datenflußprogramms mit folgenden Eigenschaften:

1. D^i ist ein über Pipekanten zusammenhängender Teilgraph von D:

   Zu je zwei Knoten $a, b \in D^i$ gibt es Knoten $a_0, a_1, \ldots, a_n \in D^i$ mit $a = a_0$, $b = a_n$ und für je zwei aufeinanderfolgende Knoten ist entweder (a_{j-1}, a_j) oder (a_j, a_{j-1}) eine Pipekante.

2. Keine Kante (a, b) zwischen zwei Knoten $a \in D^i$, $b \in (D \setminus D^i)$ ist eine Pipekante.

Diese beiden Bedingungen bewirken eine eindeutige Zerlegung des Datenflußprogramms in disjunkte Pipes, wobei eine Pipe auch zu einem einzigen Knoten entarten kann. Dabei ist eine Pipe nicht unbedingt eine Folge von Knoten; vielmehr bildet beispielsweise auch ein Knoten mit zwei Vorgängerknoten eine Pipe, sofern eine Verbindung über Pipekanten vorliegt. Die folgende Funktion π nimmt die von D *implizierte Aufteilung in Pipes* vor.

$$\begin{array}{rcl} \pi & :: & \{node\} \rightarrow \{\{node\}\} \\ (\pi\ D) & = & \{D^1, D^2, \ldots, D^n\} \\ & mit & D = D^1 \cup \ldots \cup D^n \\ & & D^1, \ldots, D^n\ sind\ Pipes \end{array}$$

Einen Operanden, der zwischen zwei Knoten innerhalb einer Pipe übergeben wird, nennen wir *interner Operand* der Pipe; einen Operanden, der über eine Kante zwischen zwei Pipes übergeben wird, bezeichnen wir als *externer Operand*. Eine Pipe kann aktiviert werden, sobald alle externen Operanden der Pipe vorliegen, sofern alle internen Operanden der Pipe über Pipekanten übergeben werden.

Zwei Pipes D^i, D^j stehen in einer Datenflußbeziehung, falls es eine Kante (a, b) des Datenflußprogramms mit Knoten $a \in D^i$, $b \in D^j$ gibt. Um dies zu erfassen, erweitern wir die Definition der Nachfolgerrelation auf Knotenmengen:

$$\begin{array}{rcl} (\leftarrow) & :: & \{node\} \rightarrow \{node\} \rightarrow bool \\ D^j \leftarrow D^i & = & D^j \cap D^i = \{\} \wedge (\exists b \in D^j\ \exists a \in D^i\ b \leftarrow a) \end{array}$$

Der *Pipegraph* zu der von D implizierten Aufteilung in Pipes besteht aus Knoten $D^i \in (\pi\ D)$ und Kanten (D^i, D^j) mit $D^j \leftarrow D^i$.

Die von D implizierte Aufteilung in Pipes ist *zulässig*, falls alle internen Operanden einer Pipe über Pipekanten übergeben werden und der zugehörige Pipegraph azyklisch ist, es also nicht zwei Pipes $D^i, D^j \in (\pi\ D)$ gibt, für die sowohl $D^i \overset{*}{\leftarrow} D^j$ als auch $D^j \overset{*}{\leftarrow} D^i$ gilt. Nur unter dieser Voraussetzung ist es möglich, alle Pipes zu aktivieren. Ist sie nicht erfüllt, liegt eine Verklemmung innerhalb einer Pipe oder zwischen den Pipes vor.

8.2.2 Konstruktion

Zur Umsetzung der Implementierung eines algebraischen Ausdrucks in ein Datenflußprogramm sind die einzelnen Methoden zu isolieren und in Knoten umzusetzen. Um alle Parallelisierungsmöglichkeiten zu erfassen, sollte dabei möglichst jeder Bearbeitungsoperation ein eigener Knoten zugeordnet werden, da mehrere einem Knoten zugeordnete Bearbeitungsoperationen nur gleichstark parallelisiert werden können. Aus dem gleichen Grunde ist es in der Regel sinnvoll, Operationen zum Zugriff auf ggf. fragmentierte Basisrelationen von der nachfolgenden Bearbeitungsoperation zu trennen, da die Parallelisierung der Bearbeitungsoperation sonst durch die Fragmentierung festgelegt ist. Um die zwischen Operationen übergebenen Tupellisten klein zu halten sollte hiervon jedoch abgewichen, sofern die Bearbeitungsoperation nur eine einfache Selektion oder Projektion darstellt.

Die Abtrennung ist jedoch nur für solche Operationen möglich, bei denen der mit der Operation f beginnende Teilausdruck (f *Operanden*) keine freien Attributreferenzen enthält. Die **exists**-Operation eines Semijoins sowie eine **iscan**-Operation eines Joins oder Semijoins kann daher keinen eigenen Knoten ausmachen, sondern bleibt Bestandteil des Join- bzw. Semijoinknotens.

Neben dieser Zerlegung ist für jeden Operanden E eines Knotens eine der Zugriffsoperationen **tscan, mscan, vscan** oder **hscan** vorzusehen. Für den Zugriff auf Tupellisten sind also **tscan**- oder **mscan**-Operationen einzusetzen, sofern nicht bereits ein Hashzugriff vorgesehen ist. Dabei muß immer dann **mscan** eingesetzt werden, wenn eine Sortierordnung aufrechtzuerhalten ist. Der Zugriff auf atomare Werte oder Tupel erfolgt mittels **vscan**[f], wobei die Funktion f für die korrekte Ergebnisberechnung bei einer durch die Parallelisierung von Vorgängerknoten bewirkten Zerlegung des Operanden sorgt. Die Funktion f hängt dabei folgendermaßen von der herausgelösten Bearbeitungsoperation ab:

Operation	Zugriff
E = (**exists**[*true s*])	(**vscan**[($\vee$)] E)
E = (**agg**[(), (*sum t*)] s)	(**vscan**[($+_\perp$)] E)
E = (**agg**[(), (*min t*)] s)	(**vscan**[($min_\perp$)] E)
E = (**agg**[(), (*max t*)] s)	(**vscan**[($max_\perp$)] E)
E = (**agg**[(), (*count t*)] s)	(**vscan**[($+_\perp$)] E)
E = (**agg**[(), [$\mathtt{f_1} : f_1, \ldots, \mathtt{f_k} : f_k$] s)	(**vscan**[([$\mathtt{f_1} : f'_1, \ldots, \mathtt{f_k} : f'_k$])]

Bis auf die Disjunktion werden hier die gleichen Funktionen wie bei der inkrementellen Berechnung von Aggregatfunktionen verwendet (siehe Definition der Operation **agg**). Bei Aggregierungen der Form **agg**[(), [$\mathtt{f_1} : f_1, \ldots, \mathtt{f_k} : f_k$] erhält **vscan** ein Funktionstupel [$\mathtt{f_1} : f'_1, \ldots, \mathtt{f_k} : f'_k$], wobei f'_i sich wie in der Tabelle für die einzelnen Aggregatfunktionen angegeben aus f_i ergibt.

Als Ergebnis entstehen Knoten mit dem nachfolgend beschriebenen Aufbau. Die Pipeeinträge sind dabei nicht mit aufgeführt, da $pipe_i$ anfangs überall zu *false* gesetzt ist, Pipelining also erst im Rahmen der Parallelisierung eingeführt wird. Ferner kann in allen Fällen anstelle von **tscan** auch **mscan** eingesetzt werden.

Zugriff auf eine Basisrelation

$$E \leftarrow (\mathbf{fscan}[R])[]$$
$$E \leftarrow (\mathbf{iscan}[R.A, ip])[E_1, \ldots, E_m]$$

Das Indexprädikat kann hier **vscan**-Operationen zum Zugriff auf von anderen Knoten gelieferte Werte oder Tupel enthalten. In analoger Weise können atomare Werte oder Tupel in Filterprädikate, Semijoinprädikate und Joinprädikate eingehen.

Aufbau einer Hashtabelle

$$E \leftarrow (\mathbf{hash}[n,h]\,(\mathbf{tscan}\,E_1))[E_1]$$

Der Aufbau einer Hashtabelle bereitet den selektiven Zugriff auf eine Tupelliste vor, der im Folgeknoten mittels **hscan** erfolgt.

Filterung

$$E \leftarrow (\mathbf{filter}[T]\,(\mathbf{tscan}\,E_1))[E_1, E_2, \ldots, E_m]$$

Existenzquantor

$$E \leftarrow (\mathbf{exists}[p]\,(\mathbf{tscan}\,E_1))[E_1]$$

Semijoin

$$E \leftarrow (\mathbf{filter}[\mathit{if}\,(\mathbf{exists}[jp]\,(\mathbf{tscan}\,E_2))\ \mathit{then}\,[Y]]\ (\mathbf{tscan}\,E_1))[E_1, E_2, \ldots, E_m]$$
$$E \leftarrow (\mathbf{filter}[\mathit{if}\,\neg(\mathbf{exists}[jp]\,(\mathbf{tscan}\,E_2))\ \mathit{then}\,[Y]]\ (\mathbf{tscan}\,E_1))[E_1, E_2, \ldots, E_m]$$

Anstelle des sequentiellen Zugriffs (**tscan** E_2) auf die innere Relation kann auch ein selektiver Zugriff über Index (**iscan**[$R.A, ip$]) oder über Hash (**hscan**[n,h] E_2) erfolgen.

Join

$$E \leftarrow (\mathbf{join}[T_1,T_2]\,(\mathbf{tscan}\,E_1)\,(\mathbf{tscan}\,E_2))[E_1, E_2, \ldots, E_m]$$

Wie beim Semijoin kann der Zugriff auf die innere Relation auch über Index oder über Hash erfolgen.

$$E \leftarrow (\mathbf{mjoin}[A,B,T_1,T_2]\,(\mathbf{mscan}\,E_1)\,(\mathbf{mscan}\,E_2))[E_1, E_2, \ldots, E_m]$$

Aggregierung

$$E \leftarrow (\mathbf{agg}[Z,F]\,(\mathbf{tscan}\,E_1))[E_1]$$
$$E \leftarrow (\mathbf{sagg}[Z,F,Y]\,(\mathbf{mscan}\,E_1))[E_1]$$
$$E \leftarrow (\mathbf{hagg}[Z,F,n,h]\,(\mathbf{tscan}\,E_1))[E_1]$$

Wird die Aggregierung zur Implementierung einer Division genutzt, so tritt innerhalb von F die Aggregatfunktion *div*(**tscan** E_2) auf. Dementsprechend wird dann auch auf einen zweiten Operanden zugegriffen.

8.3 Meta-Datenflußprogramm

8.3.1 Struktur

Zielsetzung

Im Meta-Datenflußprogramm soll sich die Zerlegung von Knoten und der Einsatz von Pipelining vollziehen lassen, indem einfach entsprechende Parameter geändert werden. Beide Transformationen können sowohl zur Vermeidung von Hauptspeicherüberläufen bzw. Auslagerungen auf Externspeicher und zur Erhöhung der potentiellen Parallelität eingesetzt werden. Gegenüber einer direkt auf dem Datenflußprogramm vorgenommenen Transformation hat dies den Vorteil, daß nicht bei jeder Knotenzerlegung neue Knoten generiert werden müssen. Darüber hinaus lassen sich auf einfache Weise die überhaupt vorhandenen Parallelisierungsmöglichkeiten beschreiben.

Knotenstruktur

Das Meta-Datenflußprogramm enthält zu jedem Knoten des zu parallelisierenden Datenflußprogramms einen Metaknoten, der dem ursprünglichen Knoten eine Reihe von Parametern zuordnet, aus denen der mögliche und der bereits vorgenommene Einsatz von Node Splitting und Pipelining hervorgeht. Ein solcher Metaknoten hat folgende Struktur:

$$\underline{a} \;=\; [knot : a, split : (n, k, mod), E_1 : (part_1, pipe_1, pip_1), \ldots, E_m : (part_m, pipe_m, pip_m]$$

Der Typ *meta* erfaßt alle derart aufgebauten Metaknoten. Die einzelnen Einträge haben dabei folgende Bedeutung:

- a ist ein Knoten mit $(opd\ a) = \{E_1, E_2, \ldots, E_m\}$.
- Aus dem Eintrag *split* geht die vorliegende und die mögliche Zerlegung des Knotens hervor. Eine Zerlegung des Knotens kann sowohl zur Parallelisierung eingesetzt werden als auch zur Vermeidung von Hauptspeicherüberlauf erforderlich sein. Sie wird daher durch zwei Parameter n und k beschrieben. n ist die Anzahl der Teilknoten, in die a durch Node Splitting zum Zwecke der Parallelisierung zerlegt ist. k ist die minimale Anzahl der Phasen, die bei der Bearbeitung des Knotens erforderlich ist, um einen Hauptspeicherüberlauf zu vermeiden. Zur Bearbeitung jedes Teilknotens sind also $\lceil k/n \rceil - 1$ oder $\lceil k/n \rceil$ Phasen erforderlich.

  $mod \in$ {*fix, var, folgek*} gibt an, wie die Werte von n und k geändert werden dürfen. Sie sind entweder fest (*fix*), im Rahmen der Randbedingungen der Architektur frei wählbar (*var*) oder mit den Werten des Folgeknotens identisch (*folgek*). Dabei ist *var* der Regelfall; *fix* tritt nur bei Knoten mit Zugriff auf Relationen der Datenbasis auf, *folgek* bei Knoten zum Aufbau eines temporären Zugriffspfads (einer Hashtabelle), der vom Folgeknoten genutzt wird.
- Jedem Operanden E_i werden folgende Parameter zugeordnet:
  - Die zur Zerlegung des Knotens notwendige Zerlegung

    $$part_i \in \{nopart,\ vorgk,\ partanz,\ parthash[(hA)]\}$$

    des Operanden.

    Der Operand geht also entweder vollständig in jeden Teilknoten ein *(nopart)*, oder er muß in n Teile zerlegt sein, wobei jedem der Teilknoten ein Teiloperand zugeordnet wird. Die Zerlegung ergibt sich dabei entweder aus der Zerlegung des

Vorgängerknotens (*vorgk*, im Vorgängerknoten ist *mod* = *folgek*), oder er muß anzahlorientiert (*partanz*) oder hashorientiert (*parthash*[(*h A*)]) zerlegt sein bzw. werden. Die konkrete Hashfunktion h liegt dabei noch nicht fest, falls sich der Umfang des Hashbereichs durch Node Splitting ändern kann. In diesem Fall wird anstelle einer festen Hashfunktion h zunächst eine Hashfunktions-Variable v_h angegeben. Tritt eine Variable mehrfach im Meta-Datenflußprogramm auf, so ist später für jedes Auftreten die gleiche Hashfunktion einzusetzen.

- Ein boolescher Wert $pipe_i$ der angibt, ob Pipelining eingesetzt wird.
- Ein boolescher Wert pip_i der angibt, ob Pipelining einsetzbar ist.

Meta-Datenflußprogramm als gerichteter, azyklischer Graph

Das Meta-Datenflußprogramm läßt sich genauso wie das zugrundeliegende Datenflußprogramm als gerichteter, azyklischer Graph auffassen. Die Nachfolgerrelation auf Metaknoten ergibt sich direkt aus der Nachfolgerrelation auf dem zugrundeliegenden Datenflußprogramm:

$$\begin{array}{rcl} (\leftarrow) & :: & meta \rightarrow meta \rightarrow bool \\ \underline{b} \leftarrow \underline{a} & = & \underline{b}.knot \leftarrow \underline{a}.knot \end{array}$$

Zwei Metaknoten sind also genau dann durch eine Kante $(\underline{a}, \underline{b})$ verbunden, wenn die Beziehung $\underline{b} \leftarrow \underline{a}$ gilt. Die transitive Hülle $\overset{*}{\leftarrow}$ der Nachfolgerrelation und die Folgerelation $\leftarrow_E$ bezüglich eines Operanden E sind analog zu den entsprechenden Relationen auf dem Datenflußprogramm definiert.

Struktur von Metapipes

Im Metaknoten wird Pipelining für einen Operanden in gleicher Weise für alle durch Node Splitting entstehenden Teilknoten eingeführt. Die Metapipes ergeben sich daher analog zu den Pipes im Datenflußprogramm. Die Funktion *mpipe* testet, ob die Partitionen eines Operanden paketweise übertragen werden.

$$\begin{array}{lcl} mpipe[E] & :: & meta \rightarrow bool \\ mpipe[E]\ \underline{a} & = & \left[\begin{array}{ll} true & falls\ E : (part, true, true)\ tritt\ in\ der\ Operandenliste\ von\ a\ auf \\ false & sonst \end{array} \right. \end{array}$$

Eine Kante $(\underline{a}, \underline{b})$ mit $\underline{b} \leftarrow_E \underline{a}$ nennen wir *Metapipekante*, falls (*mpipe*[E] $\underline{b}$) zutrifft. Jede Metapipekante repräsentiert eine Menge von Pipekanten des zugrundeliegenden Datenflußprogramms.

Das Meta-Datenflußprogramm läßt sich anhand der beiden Pipebedingungen (über Metapipekanten zusammenhängender Teilgraph, externe Kanten sind keine Metapipekanten) eindeutig in Metapipes $(\underline{\pi}\ \underline{D}) = \{\underline{D}^1, \ldots, \underline{D}^n\}$ zerlegen. Zwei Metapipes $\underline{D}^i, \underline{D}^j$ stehen in einer Datenflußbeziehung, wenn es eine Kante $(\underline{a}, \underline{b})$ zwischen zwei Knoten $\underline{a} \in \underline{D}^i$, $\underline{b} \in \underline{D}^j$ gibt. Der Metapipegraph zur der von $\underline{D}$ implizierten Aufteilung in Metapipes besteht aus Knoten $\underline{D}^i$, wobei $\underline{D}^i \subset \underline{D}$ eine Metapipe ist, und Kanten $(\underline{D}^i, \underline{D}^j)$ zwischen Metapipes, die in einer Datenflußbeziehung stehen. Die von $\underline{D}$ implizierten Aufteilung in Metapipes ist zulässig, falls der zugehörige Metapipegraph azyklisch ist und alle metapipeinternen Kanten Metapipekanten sind.

Transformationen auf dem Meta-Datenflußprogramm

Um die Parallelisierung auf der Basis eines Meta-Datenflußprogramms vorzunehmen, sind drei Arten von Transformationsregeln anzugeben:

1. *Abbildung eines Datenflußprogramms auf ein Meta-Datenflußprogramm*

   Zu klären ist hier, wie die Parameter der Meta-Knoten festzulegen sind, das heißt, welche Parallelisierungsmöglichkeiten für die einzelnen Knoten bestehen.

2. *Erhöhung des Parallelitätsgrads im Meta-Datenflußprogramm*

   Die Transformationen hierzu sind sehr einfach. Zur Aufspaltung von Knoten ist einfach der Wert von n oder k zu erhöhen, sofern dies zulässig ist ($mod = var$). Ggf. ist dabei der entsprechende Wert in einem Vorgängerknoten gleichzeitig zu erhöhen (falls für einen Operanden $part_i = vorgk$ gilt).

   Zur Einführung von Pipelining ist einfach $pipe_i$ zu *true* zu setzen (falls $pip_i = true$). Dabei ist natürlich jeweils zu überprüfen, ob sich das zugrundeliegende Datenflußprogramm weiterhin korrekt in Pipes zerlegen läßt. Ist dies nicht der Fall, muß entweder die Einführung von Pipelining verhindert werden oder es müssen weitere Pipe-Kanten ergänzt werden.

3. *Abbildung des Meta-Datenflußprogramms auf ein Datenflußprogramm*

   Neben der Generierung der Teilknoten entsprechend des jeweils vorgegebenen Parallelitätsgrads sind hier vor allem Knoten zur Partitionierung von Operanden und die entsprechenden Kanten zur Weiterleitung von Teiloperanden einzuführen

8.3.2 Konstruktion des Meta-Datenflußprogramms: Node Splitting

Bei der Abbildung sind die Möglichkeiten zur Parallelisierung durch Node Splitting und Pipelining zu berücksichtigen. Da diese beiden Aspekte weitgehend unabhängig voneinander sind, beschreiben wir hier zunächst die Transformation von Knoten in Meta-Knoten, ohne die für Pipelining relevanten Parameter zu berücksichtigen.

8.3.2.1 Zugriff auf eine Basisrelation

Der Zugriff auf eine Basisrelation erfolgt mittels **fscan** bzw. **iscan**. Die Zerlegung dieser Operationen orientiert sich an der Fragmentierung der Basisrelation R, auf die zugegriffen wird. Sei $n = anzfrag[R]$ die Anzahl der Fragmente von R.

Sequentieller Zugriff

$$
\begin{aligned}
a &= E \leftarrow (\mathbf{fscan}[R])[] \\
\Longrightarrow \\
\underline{a} &= (\mathbf{FSCAN}\ a) \\
&= [knot: a,\ split{:}(n, 1, fix)]
\end{aligned}
$$

Zugriff über Index

$$
\begin{aligned}
a &= E \leftarrow (\mathbf{iscan}[R.A, ip])\,[E_1, \ldots, E_m] \\
\Longrightarrow \\
\underline{a} &= (\mathbf{ISCAN}\ a) \\
&= [knot: a,\ split{:}(n, 1, fix),\ E_1 : (nopart), \ldots,\ E_m : (nopart)]
\end{aligned}
$$

8.3.2.2 Filterung

Die Zerlegung der Filterung erfordert eine anzahlorientierte Zerlegung der zu filternden Tupelliste, alle übrigen Operanden gehen als atomare Werte oder Tupel vollständig in das Filterprädikat ein. Als Ausgangspunkt der Parallelisierung wird der Parallelitätsgrad $n = 1$ eingetragen.

$$
\begin{aligned}
a &= E \leftarrow (\mathbf{filter}[T]\ (\mathbf{tscan}\ E_1))\ [E_1, E_2, \ldots, E_m] \\
\Longrightarrow \quad & \\
\underline{a} &= (\mathbf{FILTER}\ a) \\
&= [\mathit{knot}: a,\ \mathit{split}: (1, 1, \mathit{var}),\ E_1 : (\mathit{partanz}),\ E_2 : (\mathit{nopart}), \ldots,\ E_m : (\mathit{nopart})]
\end{aligned}
$$

8.3.2.3 Existenzquantor

Die Zerlegung des Existenzquantors erfordert eine anzahlorientierte Zerlegung der Tupelliste. Die Teilergebnis werden im Folgeknoten korrekt durch **vscan** disjunktiv verknüpft.

$$
\begin{aligned}
a &= E \leftarrow (\mathbf{exists}[\mathit{true}]\ (\mathbf{tscan}\ E_1))\ [E_1] \\
\Longrightarrow \quad & \\
\underline{a} &= (\mathbf{EXISTS}\ a) \\
&= [\mathit{knot}: a,\ \mathit{split}: (1, 1, \mathit{var}),\ E_1 : (\mathit{partanz})]
\end{aligned}
$$

8.3.2.4 Join und Semijoin

Für Join und Semijoin gibt es, sofern kein Merge-Join vorliegt, drei Parallelisierungsmöglichkeiten:

1. *Anzahlorientierte Zerlegung der äußeren Relation*

   Ein Join oder Semijoin kann mit einer anzahlorientierten Zerlegung der äußeren Relation aufgespalten werden, sofern auf die innere Relation nicht über einen Index zugegriffen wird.

2. *Anzahlorientierte Zerlegung der inneren Relation*

   Bei einem Join kann eine anzahlorientierte Zerlegung der inneren Relation immer ausgenutzt werden, bei einem Semijoin nur dann, wenn die korrekte Anzahl der Duplikate im Ergebnis nicht relevant ist. Ein Tupel der äußeren Relation kann sich nämlich mehrfach qualifizieren, da es in jeden Teil-Semijoin eingeht.

   Eine Zerlegung der inneren Relation kann bei einem Outer-Join zur Folge haben, daß überflüssige Nulltupel entstehen. Dies ist jedoch unerheblich, da auf einen Outer-Join immer (ggf. nach einer Reihe von Zwischenoperationen) eine Aggregierung folgt, bei der überflüssige Nulltupel automatisch eliminiert werden.

3. *Joinorientierte Zerlegung*

   Im Falle einer Equijoin-Bedingung kann eine joinorientierte, also gleichartig hashorientierte Zerlegung der beiden Operanden ausgenutzt werden.

Die konkrete Formulierung der Übersetzungsregel für diese drei Fälle hängt davon ab, ob auf die innere Relation sequentiell, über Hash oder über einen Index zugegriffen wird.

Sequentieller Zugriff

$$a \in \left\{ \begin{array}{l} E \leftarrow (\textbf{filter}[\mathit{if}(\textbf{exists}[jp]\,(\textbf{tscan}\ E_2))\ \mathit{then}\,[Y]]\ \ (\textbf{tscan}\ E_1))\,[E_1, E_2, \ldots, E_m] \\ E \leftarrow (\textbf{filter}[\mathit{if}\,\neg(\textbf{exists}[jp]\,(\textbf{tscan}\ E_2))\ \mathit{then}\,[Y]]\ \ (\textbf{tscan}\ E_1))\,[E_1, E_2, \ldots, E_m] \\ E \leftarrow (\textbf{join}[(\mathit{if}\,jp\ \mathit{then}\,[Y]),\ T_2]\,(\textbf{tscan}\ E_1)\,(\textbf{tscan}\ E_2))\,[E_1, E_2, \ldots, E_m] \end{array} \right\}$$

$\Longrightarrow$

$$\begin{aligned} \underline{a} &= (\textbf{SJOIN\_OP}\ a) \\ &= [\mathit{knot}: a,\ \mathit{split}: (1, 1, \mathit{var}),\ E_1: (\mathit{nopart}), E_2: (\mathit{partanz}), \\ &\qquad E_3: (\mathit{nopart}),\ \ldots,\ E_m: (\mathit{nopart})] \end{aligned}$$

$$\begin{aligned} \underline{a} &= (\textbf{SJOIN\_IP}\ a) \\ &= [\mathit{knot}: a,\ \mathit{split}: (1, 1, \mathit{var}),\ E_1: (\mathit{partanz}), E_2: (\mathit{nopart}), \\ &\qquad E_3: (\mathit{nopart}), \ldots,\ E_m: (\mathit{nopart})] \end{aligned}$$

falls ein Join vorliegt oder die Duplikatanzahl nicht relevant ist

$$\begin{aligned} \underline{a} &= (\textbf{SJOIN\_JP}\ a) \\ &= [\mathit{knot}: a,\ \mathit{split}: (1, 1, \mathit{var}),\ E_1: (\mathit{parthash}[(v_h\ A)]),\ E_2: (\mathit{parthash}[(v_h\ B)]), \\ &\qquad E_3: (\mathit{nopart}), \ldots,\ E_m: (\mathit{nopart})] \end{aligned}$$

falls $jp = A \equiv B\ \wedge\ jp'$ *ein Equijoinprädikat ist*

Zugriff über Index

$$a \in \left\{ \begin{array}{l} E \leftarrow (\textbf{filter}[\mathit{if}(\textbf{exists}[jp]\,(\textbf{iscan}[R_2.B, A\theta B]))\ \mathit{then}\,[Y]] \\ \qquad\qquad (\textbf{tscan}\ E_1))\,[E_1, E_3, \ldots, E_m], \\ E \leftarrow (\textbf{filter}[\mathit{if}\,\neg(\textbf{exists}[jp]\,(\textbf{iscan}[R_2.B, A\theta B]))\ \mathit{then}\,[Y]] \\ \qquad\qquad (\textbf{tscan}\ E_1))\,[E_1, E_3, \ldots, E_m], \\ E \leftarrow (\textbf{join}[(\mathit{if}\,jp\ \mathit{then}\,[Y]),\ T_2]\,(\textbf{tscan}\ E_1) \\ \qquad\qquad (\textbf{iscan}[R_2.B, A\theta B]))\,[E_1, E_3, \ldots, E_m] \end{array} \right\}$$

$\Longrightarrow$

$$\begin{aligned} \underline{a} &= (\textbf{IJOIN\_IP}\ a) \\ &= [\mathit{knot}: a, \mathit{par}: (n, \mathit{false}), E_1: \mathit{nopart}, E_3: \mathit{nopart}, \ldots, E_m: \mathit{nopart}] \end{aligned}$$

falls $\mathit{anzfrag}[R_2] = n$
und ein Join vorliegt oder die Duplikatanzahl nicht relevant ist

$$\begin{aligned} \underline{a} &= (\textbf{IJOIN\_JP}\ a) \\ &= [\mathit{knot}: a,\ \mathit{split}:\ (n, 1, \mathit{fix}), E_1: (\mathit{parthash}[(h\ A)]),\ E_3: (\mathit{nopart}),\ \ldots, E_m: (\mathit{nopart})] \end{aligned}$$

falls $\mathit{hashfrag}[n, R_2, (h\ B)]$ *gilt und* $(A\theta B) = (A \equiv B)$ *ein Equijoinprädikat ist*

Der Indexzugriff auf eine fragmentierte Basisrelation darf beim Semijoin nur dann eingesetzt werden, wenn eine Equijoin-Bedingung unterstützt wird oder wenn die korrekte Anzahl von Duplikaten nicht relevant ist, da nur in diesen beiden Fällen eine Zerlegung des Semijoin entsprechend der Fragmentierung der Basisrelation möglich ist.

Zugriff über Hashing

Im Fall einer Equijoin-Bedingung kann auf die innere Relation auch mittels **hscan** zugegriffen werden. Die zugehörige Hashtabelle wird durch den Vorgängerknoten aufgebaut, der daher gleichartig parallelisiert werden muß.

$$
\begin{aligned}
a &\in \left\{\begin{array}{l}
E \leftarrow (\mathbf{filter}[\mathit{if}(\mathbf{exists}[A \equiv B \wedge jp]\,(\mathbf{hscan}[n,\,(h\ A)]\ E_2))\ \mathit{then}\,[Y]] \\
\qquad\qquad (\mathbf{tscan}\ E_1))\ [E_1, E_2, \ldots, E_m], \\
E \leftarrow (\mathbf{filter}[\mathit{if}(\mathbf{exists}[A \equiv B \wedge jp]\,(\mathbf{hscan}[n,\,(h\ A)]\ E_2))\ \mathit{then}\,[Y]] \\
\qquad\qquad (\mathbf{tscan}\ E_1))\ [E_1, E_2, \ldots, E_m], \\
E \leftarrow (\mathbf{join}[(\mathit{if}\ A \equiv B \wedge jp\ \mathit{then}\,[Y]),\ T_2] \\
\qquad\qquad (\mathbf{tscan}\ E_1)\ (\mathbf{hscan}[n,\,(h\ A)]\ E_2))\ [E_1, E_2, \ldots, E_m]
\end{array}\right\} \\
b &= E_2 \leftarrow (\mathbf{hash}[n,\,(h\ B)]\ (\mathbf{tscan}\ E_2'))[E_2']
\end{aligned}
$$

$$\Longrightarrow$$

$$
\begin{aligned}
(\underline{a},\underline{b}) &= (\mathbf{HJOIN\_OP}\ (a,b))\ \mathit{mit} \\
\underline{a} &= [\mathit{knot}: a,\ \mathit{split}: (1,1,\mathit{var}),\ E_1: (\mathit{partanz}),\ E_2: (\mathit{nopart}), \\
&\qquad E_3: (\mathit{nopart}), \ldots,\ E_m: (\mathit{nopart})] \\
\underline{b} &= [\mathit{knot}: b,\ \mathit{split}: (1,1,\mathit{fix}),\ E_2': (\mathit{nopart})]
\end{aligned}
$$

$$
\begin{aligned}
(\underline{a},\underline{b}) &= (\mathbf{HJOIN\_IP}\ (a,b))\ \mathit{mit} \\
\underline{a} &= [\mathit{knot}: a,\ \mathit{split}: (1,1,\mathit{var}),\ E_1: (\mathit{nopart}),\ E_2: (\mathit{vorgk}), \\
&\qquad E_3: (\mathit{nopart}), \ldots,\ E_m: (\mathit{nopart})] \\
\underline{b} &= [\mathit{knot}: b,\ \mathit{split}: (1,1,\mathit{folgek}),\ E_2': (\mathit{partanz})]
\end{aligned}
$$

$$
\begin{aligned}
(\underline{a},\underline{b}) &= (\mathbf{HJOIN\_JP}\ (a,b))\ \mathit{mit} \\
\underline{a} &= [\mathit{knot}: a,\ \mathit{split}: (1,1,\mathit{var}),\ E_1: (\mathit{parthash}[(v_h\ A)]),\ E_2: (\mathit{vorgk}), \\
&\qquad E_3: (\mathit{nopart}), \ldots,\ E_m: (\mathit{nopart})] \\
\underline{b} &= [\mathit{knot}: b,\ \mathit{split}: (1,1,\mathit{folgek}),\ E_2': (\mathit{parthash}[(v_h\ B)])]
\end{aligned}
$$

8.3.2.5 Merge-Join

Ein Merge-Join kann im Falle eine Equijoin-Bedingung eingesetzt werden, sofern die Operanden sortiert vorliegen. Um die Sortierordnung aufrechtzuerhalten, muß zur Parallelisierung eine joinorientierte Zerlegung der Operanden mit einer ordnungserhaltenden Hashfunktion v_h^o (also eine intervallorientierte Zerlegung) eingesetzt werden.

$$
\begin{aligned}
a &= E \leftarrow (\mathbf{mjoin}[A, B, T_1, T_2]\ (\mathbf{mscan}\ E_1)\ (\mathbf{mscan}\ E_2))[E_1, E_2, \ldots, E_m] \\
\Longrightarrow\ \underline{a} &= (\mathbf{MJOIN}\ a) \\
&= [\mathit{knot}: a,\ \mathit{split}: (1,1,\mathit{var}),\ E_1: (\mathit{parthash}[(v_h^o\ A)]),\ E_2: (\mathit{parthash}[(v_h^o\ B)]), \\
&\qquad E_3: (\mathit{nopart}), \ldots,\ E_m: (\mathit{nopart})]
\end{aligned}
$$

8.3.2.6 Aggregierung

Hashorientierte Zerlegung

Eine Parallelisierung der Aggregierung mittels einer hashorientierten Zerlegung des Operanden ist möglich, wenn eine Gruppierung erfolgt und die durch die Gruppierung bewirkte Zerlegung feiner als die Zerlegung des Operanden ist. Der Operand muß hierzu hashorientiert bezüglich (h Z), wobei Z die Gruppierungsattribute sind, zerlegt sein.

$$a \in \left\{ \begin{array}{l} E \leftarrow (\textbf{agg}[Z, F]\,(\textbf{tscan}\ E_1))\,[E_1] \\ E \leftarrow (\textbf{sagg}[Z, F, Y]\,(\textbf{mscan}\ E_1))\,[E_1] \\ E \leftarrow (\textbf{hagg}[Z, F, n, h]\,(\textbf{tscan}\ E_1))\,[E_1] \end{array} \right\}$$

$$\Longrightarrow$$

$$\begin{array}{rcl} \underline{a} & = & (\textbf{AGG\_HP}\ a) \\ & = & [knot: a,\ split: (1, 1, var),\ E_1 : (parthash[h\ Z])] \end{array}$$

Diese Transformation gilt auch, wenn die Aggregierung zur Implementierung der Division eingesetzt wird. Der zweite Operand darf dann nicht zerlegt sein, muß also vollständig an jeden Teilknoten gehen.

Anzahlorientierte Zerlegung

Eine anzahlorientierte Zerlegung des Operanden kann ausgenutzt werden, wenn die Teilergebnisse der Aggregierung zu einem korrekten Gesamtergebnis zusammengefaßt werden können. Dies setzt voraus, daß keine der beiden Funktionen *sum_distinct, count_distinct* auftritt, zu deren Berechnung eine Duplikateliminierung während der Aggregierung erforderlich ist.

Liegt keine Gruppierung vor, geht das Ergebnis der Aggregierung also als Tupel in einen **vscan** ein, so werden die Teilergebnisse einer parallelen Aggregierung durch den **vscan** automatisch korrekt zusammengefaßt. Für **agg** und entsprechend für die übrigen Varianten der Aggregierung ist also folgende Zerlegung möglich:

$$a = E \leftarrow (\textbf{agg}[(),\ F]\,(\textbf{tscan}\ E_1))\,[E_1]$$

$$\Longrightarrow$$

$$\begin{array}{rcl} \underline{a} & = & (\textbf{AGG\_AP1}\ a) \\ & = & [knot: a, split: (1, 1, var), E_1 : (partanz)] \end{array}$$

falls sum_distinct, count_distinct in F nicht auftreten

Liegt eine Gruppierung vor, so muß zur Ergebnisbildung eine Aggregierung **agg**[Z, F'] nachgeschaltet werden. F' entsteht dabei aus F indem die Aggregatfunktionen folgendermaßen angepaßt werden:

Funktion in F	*Funktion in F'*
$A : (sum\ t)$	$A : (sum\ A)$
$A : (max\ t)$	$A : (max\ A)$
$A : (min\ t)$	$A : (min\ A)$
$A : (count\ t)$	$A : (sum\ A)$

Mit Ausnahme von *count* werden also die gleichen Aggregatfunktionen verwendet, bei *count* sind die Teilergebnisse mit *sum* zu addieren. Die Transformation von **agg** für den Fall, daß Gruppierungsattribute vorliegen, lautet also

$$
\begin{array}{rcl}
a & = & E \leftarrow (\mathbf{agg}[Z,F]\,(\mathbf{tscan}\;E_1))\,[E_1] \\
\Longrightarrow & & \\
a & = & E_1' \leftarrow (\mathbf{agg}[Z,F]\,(\mathbf{tscan}\;E_1))\,[E_1] \\
a' & = & E \leftarrow (\mathbf{agg}[Z,F']\,(\mathbf{tscan}\;E_1'))\,[E_1'] \\
\Longrightarrow & & \\
(\underline{a},\underline{a}') & = & (\mathbf{AGG\_AP2}\,(a,a'))\;\mathit{mit} \\
\underline{a} & = & [\mathit{knot}: a,\ \mathit{split}: (1,1,\mathit{var}),\ E_1 : (\mathit{partanz})] \\
\underline{a}' & = & [\mathit{knot}: a',\ \mathit{split}: (1,1,\mathit{fix}),\ E_1' : (\mathit{nopart})]
\end{array}
$$

falls sum_distinct, count_distinct in F nicht auftreten

Die nachgeschaltete Aggregierungsoperation a' könnte nur durch eine hashorientierte Zerlegung parallelisiert werden. Dies ist nicht sinnvoll, da es dann günstiger wäre, gleich Regel **AGG_HP** anzuwenden. Dementsprechend ist $\underline{a}'.\mathit{split} = (1,1,\mathit{fix})$ gesetzt.

8.3.3 Konstruktion des Meta-Datenflußprogramms: Pipelining

Aufeinanderfolgende Knoten a und b können parallel zueinander bearbeitet werden, wenn der Vorgängerknoten a einen kontinuierlichen Tupelstrom erzeugt, der vom Folgeknoten b fortlaufend weiterverarbeitet werden kann, ohne das gesamte Ergebnis von a zu kennen.

Jeder Knoten a, der einen kontinuierlichen Tupelstrom als Ergebnis liefert, ist also ein möglicher Pipeanfang oder eine mögliche Pipefortsetzung. Eine Pipe muß beim Operandenzugriff beendet werden, wenn der Operand für die Bearbeitung eines Knotens b vollständig vorliegen muß. Sie muß bei der Ergebnisbildung beendet werden, wenn a nur ein vollständiges Ergebnis liefert.

In Abb. 8.1 ist angegeben, welche Operationen einen Pipe-Anfang oder eine Pipe-Fortsetzung bilden und welche Operationen eine Pipe bei Operandenzugriff oder Ergebnisbildung beenden. Da Pipelining nur für solche Operanden einsetzbar ist, auf die generell sequentiell mittels **tscan** oder **mscan** zugegriffen wird, sind die Zugriffspfadoperationen in der Tabelle nicht mit angegeben.

Eine Pipe kann bei allen Operationen mit Ausnahme von **exists**, **hash**, **agg** und **hagg** begonnen oder fortgesetzt werden. Kontinuierlich weiterverarbeitet werden können dabei eine zu filternde Tupelliste, die äußere Relation bei Join und Semijoin, die beiden zu verbindenden Relationen eines Merge-Join sowie der Operand von Aggregierungs- und Partitionierungsoperationen.

Die Pipe-Einträge pipe_i, pip_i zu einem Operanden E_i in einem Metaknoten $\underline{a}$ werden nun folgendermaßen gesetzt:

- $\mathit{pipe}_i = \mathit{false}$

  Bei der Einführung von Pipelining muß überprüft werden, ob konsistente Pipes abgeleitet werden können bzw. welche Korrekturmaßnahmen hierfür erforderlich sind (Ergänzung zusätzlicher Pipe-Kanten). Die dazu benötigten Informationen (Werte von pip_i) gehen erst aus dem Meta-Datenflußprogramm hervor. Im initialen Meta-Datenflußprogramm ist daher noch kein Pipelining vorgesehen.

  Pipe-Kanten können anschließend aus zwei Gründen eingeführt werden: um das Auslagern umfangreicher Operanden zu vermeiden und um zusätzliche Parallelverarbeitung zu ermöglichen. Der erste Punkt ist bereits bei der Generierung von Einprozessor-Bearbeitungsplänen sinnvoll; dies deutet darauf hin, daß die Konstruktion eines Meta-Datenflußprogramms auch dann sinnvoll ist, wenn keine Parallelisierung erfolgt.

	Operandenzugriff		Ergebnisbildung	
	Pipe-Ende	Pipe-Fortsetz.	Pipe-Ende	Pipe-Anfang Pipe-Fortsetz.
fscan$[R]$				×
iscan$[R, A, ip][E_1, \ldots, E_n]$	$E_1, \ldots, E_n$			×
$($**hash**$[n, (h\ A)]\ (E_1))[E_1]$		E_1	×	
$($**filter**$[T]\ (E_1))[E_1, E_2, \ldots, E_n]$	$E_2, \ldots, E_n$	E_1		×
$($**exists**$[true]\ (E_1))[E_1]$		E_1	×	
$($**join**$[T_1, T_2]$ $(E_1)\ (E_2))[E_1, E_2, \ldots, E_n]$	$E_2, \ldots, E_n$	E_1		×
$($**mjoin**$[A, B, T_1, T_2]$ $(E_1)\ (E_2))[E_1, E_2, \ldots, E_n]$	$E_3, \ldots, E_n$	E_1, E_2		×
$($**agg**$[Z, F]\ (E_1))[E_1]$		E_1	×	
$($**sagg**$[Z, F, Y]\ (E_1))[E_1]$		E_1		×
$($**hagg**$[Z, F, n, h]\ (E_1))[E_1]$		E_1	×	
$($**partanz**$[n]\ (E_1))[E_1]$		E_1		×
$($**parthash**$[n, (h\ A)]\ (E_1))[E_1]$		E_1		×

Abbildung 8.1 Pipelining bei relationalen Operationen

- $pip_i = \left[\begin{array}{ll} true & \textit{falls Pipelining möglich} \\ false & \textit{sonst} \end{array} \right.$

Pipelining ist möglich, wenn für den Operanden E_i von a eine Pipe-Fortsetzung beim Operandenzugriff und für den Vorgängerknoten $b = (vorgk[E_i]\ a)$ eine Pipe-Fortsetzung bei der Ergebnisbildung möglich ist. Die entsprechenden Informationen ergeben sich aus Abb. 8.1.

8.3.4 Beispiel für die Konstruktion eines Meta-Datenflußprogramms

Die Implementierung

$$\begin{array}{l} \textbf{filter}[\mathit{if}\,(10 < c)\ \mathit{then}\,(an, ag)]\ \textbf{agg}[\,[an, ag],\ [c : \mathit{count}\ an']\,] \\ \quad \textbf{join}[\mathit{if}\,(an = av')\ \mathit{then}\,\varepsilon,\ \langle\rangle]\ \ (\textbf{filter}[\,[an, ag]\,]\,\textbf{fscan}[A]) \\ \qquad\qquad \textbf{hscan}[n, (h\ an)]\ (\textbf{hash}[n, (h\ av')]\ \textbf{fscan}[A']) \end{array}$$

von Anfrage A.8 (siehe Kap. 7) wird in folgendes Datenflußprogramm überführt:

$$\begin{array}{lll} a_1 & = & E_1 \leftarrow \textbf{filter}[\mathit{if}\,(10 < c)\ \mathit{then}\,(an, ag)]\ (\textbf{tscan}\ E_2) \\ a_2 & = & E_2 \leftarrow \textbf{agg}[\,[an, ag],\ [c : \mathit{count}\ an']\,]\ (\textbf{tscan}\ E_3) \\ a_3 & = & E_3 \leftarrow \textbf{join}[\mathit{if}\,(an = av')\ \mathit{then}\,\varepsilon,\ \langle\rangle]\ (\textbf{tscan}\ E_3)\ (\textbf{hscan}[n, (h\ an)]\ E_5) \\ a_4 & = & E_4 \leftarrow \textbf{filter}[\,[an, ag]\,]\,\textbf{fscan}[A] \\ a_5 & = & E_5 \leftarrow \textbf{hash}[n, (h\ av')]\ (\textbf{tscan}\ E_6) \\ a_6 & = & E_6 \leftarrow \textbf{fscan}[A'] \end{array}$$

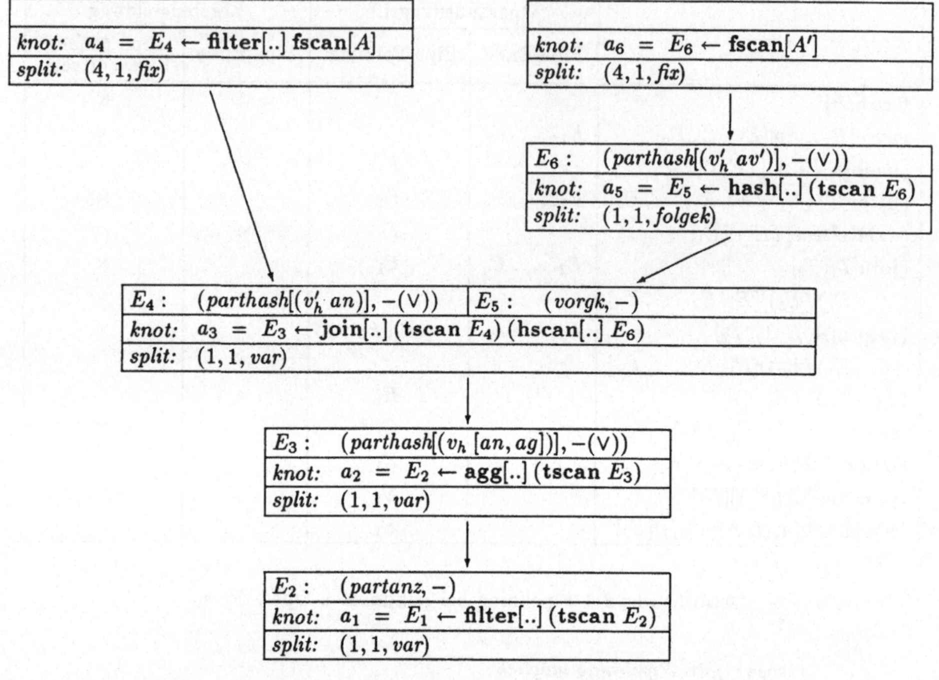

Abbildung 8.2 Initiales Meta-Datenflußprogramm zu Anfrage A.8

Wählt man für den Join a_3 eine joinorientierte Zerlegung und für die Aggregierung a_2 eine hashorientierte Zerlegung, so ergibt sich hierzu folgendes Meta-Datenflußprogramm:

$$\begin{aligned}
\underline{a}_1 &= [\mathit{knot}: a_1,\ \mathit{split}: (1,1,\mathit{var}),\ E_1 : (\mathit{partanz},\ \mathit{false},\ \mathit{false})] \\
\underline{a}_2 &= [\mathit{knot}: a_2,\ \mathit{split}: (1,1,\mathit{var}),\ E_2 : (\mathit{parthash}[v_h\ [an, ag]],\ \mathit{false},\ \mathit{true})] \\
\underline{a}_3 &= [\mathit{knot}: a_3,\ \mathit{split}: (1,1,\mathit{var}),\ E_4 : (\mathit{parthash}[v'_h\ av'],\ \mathit{false},\ \mathit{true}), \\
&\qquad\qquad\qquad\qquad\qquad\quad E_5 : (\mathit{vorgk},\ \mathit{false},\ \mathit{false})] \\
\underline{a}_4 &= [\mathit{knot}: a_4,\ \mathit{split}: (4,1,\mathit{fix})] \\
\underline{a}_5 &= [\mathit{knot}: a_5,\ \mathit{split}: (1,1,\mathit{folgek}),\ E_6 : (\mathit{parthash}[v'_h\ av'],\ \mathit{false},\ \mathit{true})] \\
\underline{a}_6 &= [\mathit{knot}: a_6,\ \mathit{split}: (4,1,\mathit{var})]
\end{aligned}$$

Dabei wird angenommen, daß die Basisrelation A (also auch A') in 4 Fragmente zerlegt ist, bei $\underline{a}_4$ und $\underline{a}_6$ also eine entsprechende Anzahl von Teilknoten vorzusehen ist. Das resultierende Meta-Datenflußprogramm ist in Abb. 8.2 veranschaulicht. Pipeeinträge (.., $pipe_i$, pip_i) werden dabei vereinfacht dargestellt: (.., −) entspricht (.., *false*, *false*), (.., −(∨)) entspricht (.., *false*, *true*) und (.., ∨) entspricht (im folgenden) (.., *true*, *true*).

8.4 Transformationen auf dem Meta-Datenflußprogramm

Ein Meta-Datenflußprogramm läßt sich durch Einsatz von Node Splitting und Pipelining transformieren. Bei der nachfolgenden Formulierung der Transformationsregeln ist $\underline{D}$ das zu transformierende Meta-Datenflußprogramm, $\underline{a}, \underline{b} \in \underline{D}$ sind Meta-Knoten aus $\underline{D}$ und $\underline{D}^i, \underline{D}^j \in (\pi\ \underline{D})$ Meta-Pipes von $\underline{D}$.

8.4.1 Node Splitting

Ein Knoten wird in eine Reihe von Teilknoten bzw. Phasen zerlegt, um den Parallelitätsgrad zu erhöhen bzw. Hauptspeicherüberlauf zu vermeiden. Um die Zerlegung einzuführen oder zu modifizieren, muß nur der Wert n bzw. k in dem zugehörigen Metaknoten $\underline{a}$ erhöht werden. Die Transformation **SPLITNODE** nimmt diese Zerlegung eines einzelnen Knotens vor:

$$\begin{array}{rcl} \underline{a} & = & [knot : a, split : (n, k, mod), \ldots] \\ \Longrightarrow & & \\ \underline{a}' & = & (\textbf{SPLITNODE}\ \underline{a}\ n'\ k') \\ & = & [knot : a, split : (n', k', mod), \ldots] \\ falls & & mod \neq fix \end{array}$$

Die isolierte Zerlegung eines einzelnen Knotens $\underline{a}$ ist jedoch nur dann möglich, wenn $\underline{a}.split = (n, k, var)$ gilt, und es keinen Operanden $E_i \in (opd\ a.knot)$ gibt, dessen Zerlegung sich aus der Aufspaltung des entsprechenden Vorgängerknotens ergibt ($\underline{a}.E_i = (vorgk, pipe_i, pip_i)$. Allgemein ist daher nicht ein einzelner Knoten $\underline{a}$, sondern eine ganze Menge von Knoten aufzuspalten. Die Funktion em splitset liefert die mit einem Knoten $\underline{a}$ gemeinsam aufzuspaltende Menge von Knoten:

$$\begin{array}{rcl} splitset & :: & meta \rightarrow \{meta\} \\ splitset\ \underline{a} & = & \{\underline{a}\} \cup \{\underline{b} \in \underline{D} : (\exists \underline{a}_1, \underline{a}_2, \ldots, \underline{a}_n \in \underline{D}\ \ \underline{a} = \underline{a}_1 \leftarrow_{E_1} \underline{a}_2 \leftarrow_{E_2} \cdots \leftarrow_{E_{n-1}} \underline{a}_n = \underline{b} \\ & & \wedge\ \underline{a}_i.E_i = (vorgk, pipe_i, pip_i), 1 \leq i \leq (n-1)\} \end{array}$$

Node Splitting wird nun durch die Regel **SPLIT** durchgeführt, die einen frei aufspaltbaren Knoten zusammen mit allen mit ihm verbundenen Knoten aufspaltet:

$$\begin{array}{rcl} (\textbf{SPLIT}\ \underline{a}\ n'\ k') & = & \forall \underline{a}' \in (splitset\ \underline{a})\ \ (\textbf{SPLITNODE}\ \underline{a}'\ n'\ k') \\ & & falls\ \ \underline{a}.split = (n, k, var)\ \wedge\ (\forall \underline{a}' \in (splitset\ \underline{a})\ \ \underline{a}'.split \neq (n, k, fix)) \end{array}$$

Die gemeinsame Zerlegung aufeinderfolgender Knoten tritt zunächst nur dann auf, wenn der Vorgängerknoten eine Hashtabelle aufbaut, auf die vom Folgeknoten mittels **hscan** zugegriffen wird. Wir werden in Kap. 10 jedoch Heuristiken einführen, mit denen die Parallelisierung mehrerer aufeinanderfolgender Knoten gekoppelt wird.

8.4.2 Pipelining

Pipelining kann ebenso wie Node Splitting sowohl zur Steigerung des Parallelitätsgrads als auch zur Vermeidung von Auslagerungen auf Externspeicher eingesetzt werden. Es wird auf einer Kante des Meta-Datenflußprogramms eingeführt, indem der zugehörige Eintrag $pipe_i$ zu *true* gesetzt wird. Dies setzt natürlich voraus, daß die durch die Kante verbundenen Knoten die paketweise Verarbeitung erlauben ($pip_i = true$). Die folgende Transformation **PIPEOP** führt Pipelining für einen Operanden E_i eines Meta-Knotens $\underline{b}$ ein:

$$\begin{array}{rcl} \underline{b} & = & [\ldots, E_i : (part, false, true), \ldots] \\ \Longrightarrow & & \\ \underline{b}' & = & (\textbf{PIPEOP}\ \underline{b}\ E_i) \\ & = & [\ldots, E_i : (part, true, true), \ldots] \end{array}$$

Eine notwendige Voraussetzung für die Anwendung dieser Transformation ist, daß die von dem Meta-Datenflußprogramm implizierte Aufteilung in Metapipes weiterhin zulässig ist. Um Pipelining in zulässiger Weise einzuführen, muß also die jeweils implizierte Aufteilung in Metapipes betrachtet werden: es sind jeweils zwei in einer Datenflußbeziehung stehende Metapipes $\underline{D}^i$, $\underline{D}^j$ zu vereinigen. Hierzu sind alle Kanten, die zwei Knoten $\underline{a} \in \underline{D}^i$, $\underline{b} \in \underline{D}^j$ der beiden Metapipes verbinden, zu Metapipekanten zu machen. *mdf_kanten* liefert alle diese Kanten:

$$\begin{array}{lcl} \textit{mdf\_kanten} & :: & \{meta\} \rightarrow \{meta\} \rightarrow \{(meta, meta, \mathrm{V})\} \\ \textit{mdf\_kanten}\, \underline{D}^i\, \underline{D}^j & = & \{(\underline{a}, \underline{b}, E) : \underline{a} \in \underline{D}^i \,\wedge\, \underline{b} \in \underline{D}^j \,\wedge\, \underline{b} \leftarrow_E \underline{a}\} \end{array}$$

Nur auf einer Kante Pipelining einzuführen, reicht also nur in dem Spezialfall aus, daß $\underline{D}^i$ und $\underline{D}^j$ nur über eine Kante verbunden sind.

Um Pipelining einführen zu können, muß auf allen von *mdf_kanten* gelieferten Verbindungskanten zwischen den beiden zu vereinigenden Meta-Pipes Pipelining möglich sein. Darüber hinaus muß sichergestellt werden, daß der Metapipegraph azyklisch bleibt. Dies ist der Fall, wenn es keine dritte Metapipe $\underline{D}^k$ gibt, die im Metapipegraph Nachfolger von $\underline{D}^i$ und Vorgänger von $\underline{D}^j$ ist. Die folgende Funktion *pipe_bedingung* testet, ob diese Bedingungen für zwei Metapipes $\underline{D}^i$ und $\underline{D}^j$ erfüllt sind:

$$\begin{array}{lcl} \textit{pipe\_bedingung} & :: & \{meta\} \rightarrow \{meta\} \rightarrow bool \\ \textit{pipe\_bedingung}\, \underline{D}^i\, \underline{D}^j & = & \underline{D}^i \in (\underline{\pi}\ \underline{D}) \,\wedge\, \underline{D}^j \in (\underline{\pi}\ \underline{D}) \,\wedge\, \underline{D}^i \neq \underline{D}^j \,\wedge\, (\textit{mdf\_kanten}\, \underline{D}^i\, \underline{D}^j) \neq \{\} \\ & & \wedge\ (\nexists \underline{D}^k \in ((\underline{\pi}\ \underline{D}) \setminus \{\underline{D}^i, \underline{D}^j\})\ \underline{D}^j \overset{*}{\leftarrow} \underline{D}^k \overset{*}{\leftarrow} \underline{D}^i) \\ & & \wedge\ (\forall (\underline{a}, \underline{b}, E) \in (\textit{mdf\_kanten}\, \underline{D}^i\, \underline{D}^j)\ \underline{b}.E = (part, false, true)) \end{array}$$

Ist diese Bedingung erfüllt, so lassen sich $\underline{D}^i$ und $\underline{D}^j$ vereinigen, indem mittels **PIPEOP** auf allen Verbindungskanten Pipelining eingeführt wird:

$$\begin{array}{lcl} (\mathbf{PIPE}\ \underline{D}^i\ \underline{D}^j) & = & \forall (\underline{a}, \underline{b}, E) \in (\textit{mdf\_kanten}\, \underline{D}^i\, \underline{D}^j)\ (\mathbf{PIPEOP}\ \underline{b}\ E) \\ & & \textit{falls}\ \ (\textit{pipe\_bedingung}\, \underline{D}^i\, \underline{D}^j) \end{array}$$

8.4.3 Beispiel für den Einsatz von Node Splitting und Pipelining

In Abb. 8.3 ist ein parallelisiertes Meta-Datenflußprogramm dargestellt, das durch Anwendung der folgenden Regeln auf das initiale Meta-Datenflußprogramm aus Abb. 8.2 entsteht:

- (**SPLIT** $\underline{a}_3$ 4 8)
- (**SPLIT** $\underline{a}_2$ 4 2)
- (**PIPE** $\{\underline{a}_4\}$ $\{\underline{a}_3\}$)
- (**PIPE** $\{\underline{a}_4, \underline{a}_3\}$ $\{\underline{a}_2\}$)
- (**PIPE** $\{\underline{a}_6\}$ $\{\underline{a}_5\}$)

Damit ist überall dort Pipelining eingeführt, wo es möglich ist. Ferner sind der Join- und der Aggregierungs-Knoten durch Node Splitting aufgespalten.

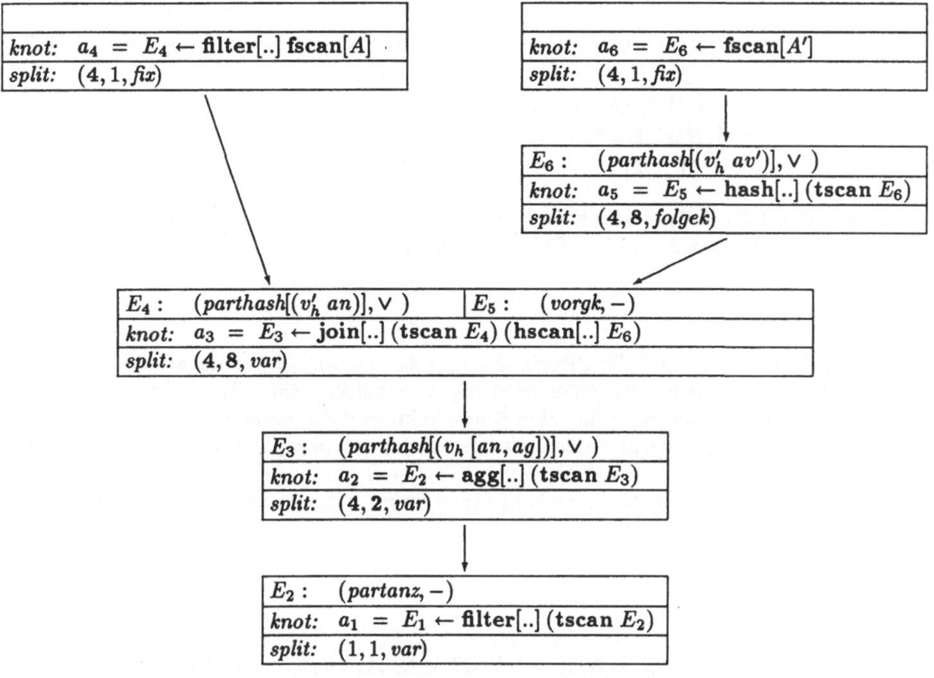

Abbildung 8.3 Parallelisiertes Meta-Datenflußprogramm

8.5 Abbildung des Meta-Datenflußprogramms auf ein Datenflußprogramm

Zur Abbildung des Meta-Datenflußprogramms auf ein Datenflußprogramm ist pro Metaknoten die geforderte Anzahl von Teilknoten zu generieren. Beinhaltet der zu zerlegende Knoten einen Zugriff auf eine fragmentierte Basisrelation, so sind in den zugehörigen Zugriffsoperationen der Teilknoten die unterschiedlichen Fragmentnamen einzutragen.

Ferner sind Kanten zur Weiterleitung von Teiloperanden einzuführen, wobei gegebenenfalls zusätzliche Partitionierungsknoten erforderlich sind. Ob dies der Fall ist, hängt davon ab, ob die aufgrund der Zerlegung des Vorgängerknotens bereits vorliegende Zerlegung in Teiloperanden mit der im Metaknoten geforderten Zerlegung (*nopart, vorgk, partanz, parthash*) kompatibel ist.

8.5.1 Generierung der Teilknoten

Zu einem Metaknoten $\underline{a}$ mit Zerlegungsgrad n sind n Teilknoten zu generieren. Darüber hinaus werden für jeden Operanden, dessen Zerlegung nicht ausreicht, Partitionierungsknoten benötigt. Die Regel NODES veranlaßt die Generierung dieser Teil- und Partionierungsknoten:

$$\begin{array}{rcl} \underline{a} & = & [knot: a, split: (n,k,mod), E_1: (part_1, pipe_1, pip_1), \ldots, E_m: (part_m, pipe_m, pip_m)] \\ \Longrightarrow & & \\ \{a_i, p_j\} & = & (\textbf{NODES}\ \underline{a}) \\ & = & \{(\textbf{NODE}\ \underline{a}\ 1), \ldots, (\textbf{NODE}\ \underline{a}\ n)\} \\ & & \cup\ (\textbf{PART}\ \underline{a}\ E_1) \cup \ldots \cup (\textbf{PART}\ \underline{a}\ E_m) \end{array}$$

Ist die Anzahl der Teilknoten n kleiner als die Anzahl der Phasen k, so sind einige oder (falls $k > 2 \cdot n$) alle Teilknoten in mehrere Phasen zerlegt. Mit

$$d_{(i,n,k)} = \left\lceil i \cdot \frac{max\{n,k\}}{n} \right\rceil$$

lassen sich dem Teilknoten i die Phasen $d_{(i-1,n,k)} + 1$ bis $d_{(i,n,k)}$ zuordnen: die Anzahl der Phasen der einzelnen Teilknoten differiert damit maximal um eins. Darüber hinaus ist diese Beschreibung der Zerlegung auch im Fall $k \leq n$ korrekt, da dann jedem Teilknoten aufgrund $i = d_{(i,n,k)} = d_{(i-1,n,k)}+1$ genau eine Phase entspricht. Teilknoten a_i ergibt sich nun folgendermaßen:

$$\begin{array}{rcl} \underline{a} & = & [knot: a, split: (n,k,mod), E_1: (part_1, pipe_1, pip_1), \ldots, E_m: (part_m, pipe_m, pip_m)] \\ mit\ a & = & E \leftarrow \textbf{Methode}[E_1, \ldots, E_m] \\ \Longrightarrow & & \\ a_i & = & (\textbf{NODE}\ \underline{a}\ i) \\ & = & (a^{d_{(i-1,n,k)}+1}, \ldots, a^{d_{(i,n,k)}}) \\ mit\quad a^j & = & E^j \leftarrow \textbf{Methode}^j[(\textbf{OP}\ \underline{a}\ E_1\ j): pipe_1, \ldots, (\textbf{OP}\ \underline{a}\ E_m\ j): pipe_m] \\ \textbf{Methode}^j & = & \textbf{Methode}[R/R^j,\ E_1/(\textbf{OP}\ \underline{a}\ E_1\ j),\ \ldots,\ E_m/(\textbf{OP}\ \underline{a}\ E_m\ j)] \end{array}$$

Der Unterschied zwischen dem Ursprungsknoten a und dem Teilknoten a_i liegt allein in der Anpassung des Zugriffs auf Operanden und Basisrelationen. Wird in a nicht auf eine Basisrelation zugegriffen, so ist die Ersetzung $[R/R^j]$ irrelevant.

Insgesamt entstehen bei der Zerlegung des Metaknotens $\underline{a}$ $max\{n,k\}$ Teilergebnisse. In den Folgeknoten ist auf diese Teilergebnisse oder auf die Ergebnisse von ggf. zwischengeschalteten Partitionierern zuzugreifen. Zur Definition der entsprechenden Funktionen **OP** und **PART** müssen wir zunächst die aufgrund der Zerlegung in Teilknoten bzw. Phasen entstehende Zerlegung der Operanden charakterisieren.

8.5.2 Vorliegende Zerlegung der Operanden

Anzahl der Partitionen

Die Zerlegung eines Knotens in eine Reihe von Teilknoten und Phasen bewirkt eine entsprechende Zerlegung des Operationsergebnisses in Teilergebnisse, die als Teiloperanden an Folgeknoten weitergeleitet werden können. Beim Zugriff auf einen Operanden kann daher zumindest von einer anzahlorientierten Zerlegung entsprechend der Anzahl der Phasen der Vorgängerknoten ausgegangen werden. Die folgende Funktion *anzpart* liefert die Anzahl der Partitionen, in die ein Operand im Rahmen eines Meta-Datenflußprogramms $\underline{D}$ zerlegt ist.

$$\begin{array}{rcl} anzpart[E] & :: & integer \\ anzpart[E] & = & max\{n,k\} \\ & & falls\ \ (\exists \underline{a} \in \underline{D}\ \ (ergeb\ \underline{a}.knot) = E\ \wedge\ \underline{a}.split = (n,k,mod)) \end{array}$$

Ist $anzpart[E] = m$, so liegen bei einem Zugriff auf den Operanden E aufgrund der Aufspaltung des Vorgängerknotens gemäß der obigen Transformation m Teiloperanden $E^1, \ldots, E^m$ vor:

$$\begin{array}{lcl} teiloperanden[E] & :: & (\mathbf{V}, \ldots, \mathbf{V}) \\ teiloperanden[E] & = & (E^1, \ldots, E^m) \\ & falls & anzpart[E] = m \end{array}$$

Feststellung einer hashorientierten Zerlegung

Über die Anzahl der Partitionen hinaus ist es für den Operandenzugriff wichtig, ob eine hashorientierte Zerlegung vorliegt. Die Funktion *hashpart* testet, ob die Teiloperanden $E^1, \ldots, E^m$ eine hashorientierte Zerlegung von E darstellen.

$$\begin{array}{lll} hashpart[m, h, E] & :: & bool \\ hashpart[m, h, E] & falls & teiloperanden[E] = (E^1, \ldots, E^m) = (\mathbf{parthash}[m, h]\ E) \\ & & \textit{für jede aufgrund der Struktur des Meta-Datenflußprogramms} \\ & & \textit{mögliche Belegung der Variablen } E \end{array}$$

Um $hashpart[m, h, E]$ überprüfen zu können, dürfen in dem Metaknoten $\underline{a}$, der E als Ergebnis liefert, und in dessen Vorgängerknoten keine Hashfunktions-Variablen mehr auftreten; etwaige Variable müssen also bereits durch konkrete Hashfunktionen ersetzt sein. Dies ist leicht zu garantieren, wenn die Analyse des Meta-Datenflußprogramms ausgehend von Knoten, die auf Basisrelationen zugreifen und keine Operanden benötigen, schrittweise entsprechend der Datenflußbeziehung fortschreitet. Eine hashorientierte Zerlegung von E liegt vor, falls der Vorgängerknoten $\underline{a}$ entsprechend einer der folgenden Alternativen aufgebaut ist:

- Zugriff auf eine hashorientiert fragmentierte Basisrelation
- Filterung auf einem hashorientiert zerlegten Operanden, bei der das Zerlegungsattribut projiziert wird
- Semijoin, der eine hashorientierte Zerlegung des äußeren Operanden nutzt (entspricht der Filterung)
- Join, der unter Nutzung eines hashorientiert zerlegten Operanden aufgespalten ist und das Zerlegungsattribut projiziert
- Aggregierung, die eine hashorientierte Zerlegung des Operanden nach einem Gruppierungsattribut ausnutzt

Das folgende Hilfsprädikat $use\_hashpart[m, h, E', \underline{a}]$ testet, ob bei der Zerlegung von $\underline{a}$ eine hashorientierte Zerlegung des Operanden E' genutzt wird:

$$\begin{array}{lcl} use\_hashpart[m, h, E', \underline{a}] & = & \underline{a}.split = (n, k, mod) \ \wedge \ m = max\{n, k\} \ \wedge \\ & & (\ \underline{a}.E' = (parthash[h], \ldots) \\ & & \vee \ \underline{a}.E' = (partanz, \ldots) \ \wedge \ hashpart[m, h, E']\ ) \end{array}$$

Mit Hilfe dieses Hilfsprädikats können die Fälle, in denen $hashpart[m, h, E]$ gilt, formal erfaßt werden (siehe Definition in Abb. 8.4).

$$
\begin{array}{l}
hashpart[m,h,E] \\
\quad falls\ \exists \underline{a} \in \underline{D}\ (ergeb\ \underline{a}.knot) = E\ \wedge \\
(\quad \underline{a}.knot \in \left\{ \begin{array}{l} E \leftarrow (\mathbf{fscan}[R])[], \\ E \leftarrow (\mathbf{iscan}[R.A, ip])[E_1,\ldots,E_n] \end{array} \right\} \\
\qquad \wedge\ hashfrag[m,R,h] \\
\vee \quad \underline{a}.knot = E \leftarrow (\mathbf{filter}[(if\ p\ then\ [Y]]\ (\mathbf{tscan}\ E_1)[E_1,\ldots,E_n] \\
\qquad \wedge\ \mathcal{F}(h) \subset Y\ \wedge\ use\_hashpart[m,h,E_1,\underline{a}] \\
\vee \quad \underline{a}.knot \in \left\{ \begin{array}{l} E \leftarrow (\mathbf{join}[(if\ p\ then\ [Y], T_2]\ (\mathbf{tscan}\ E_1)\ s_2)[E_1,\ldots,E_n], \\ E \leftarrow (\mathbf{mjoin}[A,B,(if\ p\ then\ [Y],T_2]\ (\mathbf{tscan}\ E_1)\ s_2)[E_1,\ldots,E_n] \end{array} \right\} \\
\qquad \wedge\ \mathcal{F}(h) \subset Y \cap \mathcal{A}(E_1)\ \wedge\ use\_hashpart[m,h,E_1,\underline{a}] \\
\vee \quad \underline{a}.knot \in \left\{ \begin{array}{l} E \leftarrow (\mathbf{join}[(if\ p\ then\ [Y], \langle\rangle]\ (\mathbf{tscan}\ E_1)\ (\mathbf{tscan}\ E_2))[E_1,\ldots,E_n], \\ E \leftarrow (\mathbf{mjoin}[A,B,(if\ p\ then\ [Y],\langle\rangle] \\ \qquad\qquad (\mathbf{tscan}\ E_1)\ (\mathbf{tscan}\ E_2))[E_1,\ldots,E_n] \end{array} \right\} \\
\qquad \wedge\ \mathcal{F}(h) \subset Y \cap \mathcal{A}(E_2)\ \wedge\ use\_hashpart[m,h,E_2,\underline{a}] \\
\vee \quad \underline{a}.knot = E \leftarrow (\mathbf{join}[(if\ p\ then\ [Y], \langle\rangle]\ (\mathbf{tscan}\ E_1)\ (\mathbf{hscan}[n',h']\ E_2))[E_1,\ldots,E_n] \\
\qquad \wedge\ \mathcal{F}(h) \subset Y \cap \mathcal{A}(E_2)\ \wedge\ use\_hashpart[m,h,E_2,\underline{a}] \\
\vee \quad \underline{a}.knot = E \leftarrow (\mathbf{join}[(if\ p\ then\ [Y], \langle\rangle]\ (\mathbf{tscan}\ E_1)\ \mathbf{iscan}[R.A,ip)[E_1,\ldots,E_n] \\
\qquad \wedge\ \mathcal{F}(h) \subset Y \cap \mathcal{A}(R)\ \wedge\ hashfrag[m,R,h] \\
\vee \quad \underline{a}.knot \in \left\{ \begin{array}{l} E \leftarrow (\mathbf{agg}[Z,F]\ (\mathbf{tscan}E_1))[E_1], \\ E \leftarrow (\mathbf{sagg}[Z,F,Y]\ (\mathbf{tscan}E_1))[E_1], \\ E \leftarrow (\mathbf{hagg}[Z,F,n',h']\ (\mathbf{tscan}E_1))[E_1] \end{array} \right\} \\
\qquad \wedge\ \mathcal{F}(h) \subset Z\ \wedge\ use\_hashpart[m,h,E_1,\underline{a}] \qquad)
\end{array}
$$

Abbildung 8.4 Definition der Funktion *hashpart*

Auswahl konkreter Hashfunktionen für Hashfunktions-Variable

Zur Transformation eines Meta-Datenflußprogramms in ein Datenflußprogramm und zum Test, ob eine bestimmte hashorientierte Zerlegung vorliegt, sind Hashfunktions-Variable durch konkrete Hashfunktionen zu ersetzen. Die Hashfunktion h zu einer Variablen v sollte dabei möglichst so gewählt werden, daß eine hashorientierte Zerlegung $hashpart[m, h', E]$ eines Operanden ausgenutzt werden kann. Dies ist nicht nur dann möglich, wenn die vorliegende Zerlegung genau der benötigten Zerlegung entspricht, sondern bereits dann, wenn sie feiner als die benötigte Zerlegung ist:

$$\begin{array}{lcl} \mathit{subpart} & :: & (d \rightarrow num) \rightarrow (d \rightarrow num) \rightarrow bool \\ \mathit{subpart}\; h_1\; h_2 & = & (\forall x_1, x_2 \in d\; (h_1\; x_1) = (h_1\; x_2) \Rightarrow (h_2\; x_1) = (h_2\; x_2)) \end{array}$$

Die Ersetzung unter Berücksichtigung vorliegender Zerlegungen läßt sich damit folgendermaßen vollziehen:

$$\begin{array}{lcl} \underline{D} \Longrightarrow \underline{D}' & = & (\textbf{HASHFUNKTION}\; \underline{D}\; v\; h) \\ & = & \underline{D}[v/h] \\ \textit{falls} & \multicolumn{2}{l}{\exists \underline{a} \in D\; \exists E \in \mathrm{V}\;\; \underline{a}.split = (n, k, mod) \wedge \underline{a}.E = (parthash[(v\; A)], \ldots) \wedge} \\ & \multicolumn{2}{l}{(h\; ::\; d \rightarrow \{1, \ldots, max\{n, k\}\})} \\ \textit{und} & \multicolumn{2}{l}{hashpart[m, h', E] \Rightarrow (subpart\; h'\; h)\;\; \textit{falls möglich}} \end{array}$$

Falls der Vorgängerknoten eine anzahlorientierte Zerlegung nutzt, kann es möglich und vorteilhaft sein, diese zu einer hashorientierten Zerlegung zu spezialisieren und so einen Partitionierungsschritt einzusparen. Hierzu ist die Ersetzung von Partitionierungsanforderungen so zu erweitern, daß nicht nur eine Hashfunktion, sondern auch eine hashorientierte anstelle einer anzahlorientierten Partitionierung gewählt werden kann. Im einzelnen ist hierzu

- ein Prädikat $hashpart\_possible[m, h, E]$ analog zu $hashpart[m, h, E]$ zu definieren und
- **HASHFUNKTION** so zu erweitern, daß gleichzeitig mit dem Einsetzen einer konkreten Hashfunktion im Vorgängerknoten eine anzahlorientierte durch eine hashorientierte Zerlegung ersetzt werden kann.

8.5.3 Partitionierung und Anpassung des Operandenzugriffs

Zugriff auf nicht zu zerlegende Operanden *(nopart)*

In diesem Fall müssen alle vorliegenden Teiloperanden zusammengefaßt werden, eine Partitionierung ist nicht erforderlich.

$$\begin{array}{rcl} (\textbf{OP}\; \underline{a}\; E_i\; j) & = & (E_i^1, \ldots, E_i^{m_i}) \\ (\textbf{PART}\; \underline{a}\; E_i) & = & \{\} \\ & & \textit{falls}\;\; \underline{a}.E_i = (nopart, \ldots) \wedge anzpart[E_i] = m_i \end{array}$$

Zugriff auf korrekt zerlegte Operanden *(vorgk)*

Ist der Operand korrekt zerlegt, so erhält die Methode jeder Phase genau einen Teiloperanden:

$$\begin{array}{rcl} (\textbf{OP}\; \underline{a}\; E_i\; j) & = & E_i^j \\ (\textbf{PART}\; \underline{a}\; E_i) & = & \{\} \\ & & \textit{falls}\;\; \underline{a}.E_i = (vorgk, \ldots) \end{array}$$

Zugriff auf anzahlorientiert zu zerlegende Operanden *(partanz)*

Eine anzahlorientierte Zerlegung des Operanden kann direkt genutzt werden, wenn die Anzahl der Partitionen groß genug ist.

$$\begin{aligned}
(\mathbf{OP}\ \underline{a}\ E_i\ j) &= (E_i^{d_{(j-1,k',m_i)}+1}, \ldots, E_i^{d_{(j,k',m_i)}}) \\
(\mathbf{PART}\ \underline{a}\ E_i) &= \{\} \\
\textit{falls}\quad & \underline{a}.E_i = (\textit{partanz}, \ldots) \ \wedge\ k' \leq m_i \ \wedge \\
& \underline{a}.\textit{split} = (n, k, \textit{mod}) \ \wedge\ k' = \textit{max}\{n, k\} \ \wedge\ \textit{anzpart}[E_i] = m_i
\end{aligned}$$

Ist $k' > m_i$, so müssen Partitionierer eingeführt werden. Um das Kommunikationsaufkommen zu minimieren, ist es sinnvoll, dabei jedem Teilknoten des Vorgängerknotens einen Partitionierer nachzuschalten.

$$\begin{aligned}
(\mathbf{OP}\ \underline{a}\ E_i\ j) &= E'^{j}_i \\
(\mathbf{PART}\ \underline{a}\ E_i) &= \{p_1, \ldots, p_{m_i}\} \\
\textit{mit}\ p_l &= (E'^{d_{(l-1,m_i,k')}+1}_i, \ldots, E'^{d_{(l,m_i,k')}}_i) \leftarrow (\mathbf{partanz}[d_{(l,m_i,k')} - d_{(l-1,m_i,k')}] \\
&\qquad (\mathbf{tscan}\ E^l_i))[E^l_i : \textit{pipe}_i] \\
\textit{falls}\quad & \underline{a}.E_i = (\textit{partanz}, \ldots) \ \wedge\ k' > m_i \ \wedge \\
& \underline{a}.\textit{split} = (n, k, \textit{mod}) \ \wedge\ k' = \textit{max}\{n, k\} \ \wedge\ \textit{anzpart}[E_i] = m_i \ \wedge \\
& \textit{pipe}_i = \textit{true},\ \textit{falls der Vorgängerknoten Pipelining erlaubt}
\end{aligned}$$

Die Partitionierung kann dabei auch direkt von den Teilknoten des Vorgängerknotens vorgenommen werden, falls E_i nicht an mehrere Folgeknoten mit unterschiedlichem Aufspaltungsgrad weiterzuleiten ist. Dies entspricht der Vorgehensweise in Gamma [DeWi90].

Zugriff auf hashorientiert zu zerlegende Operanden *(parthash)*

Analog zur anzahlorientierten Zerlegung kann eine vorliegende Zerlegung ausgenutzt werden, falls sie feiner ist als die benötigte.

$$\begin{aligned}
(\mathbf{OP}\ \underline{a}\ E_i\ j) &= (E_i^{d_{(j-1,k',m_i)}+1}, \ldots, E_i^{d_{(j,k',m_i)}}) \\
(\mathbf{PART}\ \underline{a}\ E_i) &= \{\} \\
\textit{falls}\quad & \underline{a}.E_i = (\textit{parthash}[h], \ldots) \ \wedge\ (\textit{subpart}\ h_i\ h) \ \wedge \\
& \underline{a}.\textit{split} = (n, k, \textit{mod}) \ \wedge\ k' = \textit{max}\{n, k\} \ \wedge\ \textit{hashpart}[m_i, h_i, E_i]
\end{aligned}$$

Liegt keine nutzbare Zerlegung vor, so sind wiederum Partitionierer einzusetzen, wobei jedoch nun jede Teiloperation von jedem Partitionierer Teiloperanden erhält. Diese hohe Anzahl von Teiloperanden tritt typischerweise bei der Parallelisierung eines Equi-Join auf. Sie führt dort zwar zu einem nicht unerheblichen Zusatzaufwand im Vergleich zu einer nutzbaren Zerlegung, der Einsatz der hashorientierten Partitionierung kann jedoch trotzdem sinnvoll sein [ScDe89].

$$\begin{aligned}
(\mathbf{OP}\ \underline{a}\ E_i\ j) &= (E'^{j,1}_i, \ldots, E'^{j,l}_i) \\
(\mathbf{PART}\ \underline{a}\ E_i) &= \{p_1, \ldots, p_{m_i}\} \\
\textit{mit}\ p_l &= (E'^{1,l}_i, \ldots, E'^{k,l}_i) \leftarrow (\mathbf{parthash}[k', h]\ (\mathbf{tscan}\ E^l_i))[E^l_i : \textit{pipe}_i] \\
\textit{falls}\quad & \underline{a}.E_i = (\textit{parthash}[h], \ldots) \\
& \underline{a}.\textit{split} = (n, k, \textit{mod}) \ \wedge\ k' = \textit{max}\{n, k\} \ \wedge\ \textit{anzpart}[E_i] = m_i \ \wedge \\
& \textit{pipe}_i = \textit{true},\ \textit{falls der Vorgängerknoten Pipelining erlaubt}
\end{aligned}$$

Auch hier ist eine Integration der Partitionierung in den Vorgängerknoten möglich, falls nur die hashorientierte Zerlegung von E_i benötigt wird.

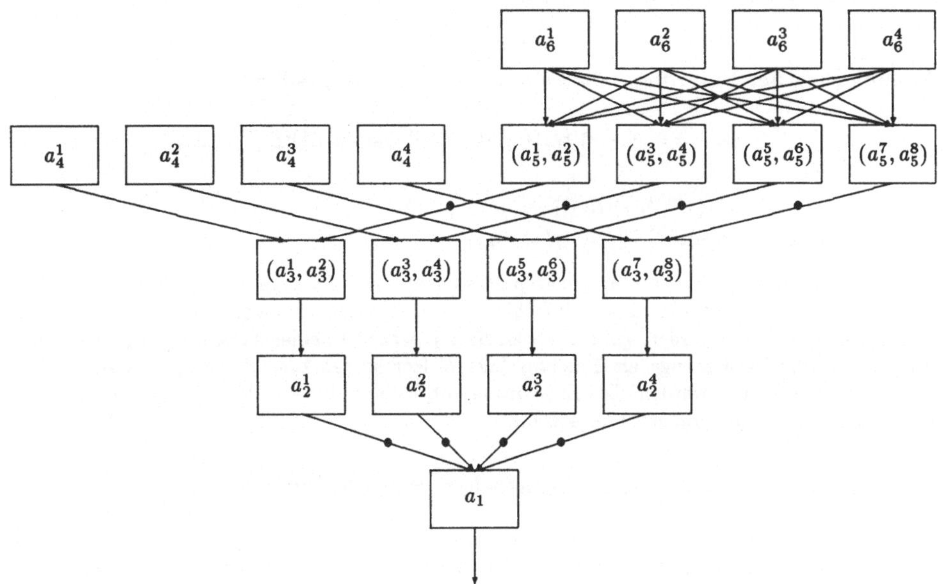

Abbildung 8.5 Parallelisiertes Datenflußprogramm

8.5.4 Beispiel für die Abbildung auf ein Datenflußprogramm

Das in Abb. 8.5 dargestellte parallelisierte Datenflußprogramm ergibt sich aus dem obigen Meta-Datenflußprogramm (Abb. 8.3), falls Relation A (bzw. A') hashorientiert bezüglich Attribut *an* zerlegt ist (*hashfrag*[4, A, (h *an*)]). Diese Zerlegung kann sowohl beim Join als auch bei der nachfolgenden Aggregierung genutzt werden. Eine Partitionierung ist daher nur für die hashorientierte Zerlegung von A' bezüglich *av'* erforderlich.

Kanten, auf denen kein Pipelining eingesetzt wird, sind in der Abbildung durch • gekennzeichnet.

8.5.5 Einsparung überflüssiger Knoten

Eine Filterung kann vereinfacht oder eingespart werden, wenn bekannt ist, daß alle oder kein Tupel der zu filternden Tupelliste das Filterprädikat erfüllen. Als Folge hiervon können ggf. weitere Knoten eliminiert werden.

Vereinfachung der Filterung, falls alle Tupel das Filterprädikat erfüllen

$$
\begin{array}{lrcl}
 & a & = & E \leftarrow \textbf{filter}[\textit{if } p \textit{ then } [Y]]\,(\textbf{tscan } E_1)[E_1, \ldots, E_m] \\
\Longrightarrow & & & \\
 & a' & = & E \leftarrow \textbf{filter}[[Y]]\,(\textbf{tscan } E_1)[E_1] \\
\textit{falls} & \multicolumn{3}{l}{\textit{predicate}[p]\; E_1}
\end{array}
$$

Werden die Operanden $E_2, \ldots, E_m$ nicht von weiteren Knoten benötigt, so können auch die entsprechenden Vorgängerknoten eingespart werden. Diese Einsparung kann sich rekursiv fortsetzen.

Eliminierung der Filterung, falls kein Tupel das Filterprädikat erfüllt

$$D \ mit \ (a = E \leftarrow \mathbf{filter}[if\ p\ then\ [Y]]\ (\mathbf{tscan}\ E_1)[E_1, \ldots, E_m]) \in D$$

$$\Longrightarrow$$

$$D' = (D \setminus \{a\})[E/\langle\rangle]$$
$$falls \ (predicate[p']\ E_1) \wedge (p' \Rightarrow \neg p))$$

Vorgängerknoten können wie oben eingespart werden, falls ihr Ergebnis nicht mehr benötigt wird. Nachfolgerknoten können vereinfacht werden: E kann aus einem **tscan** mit mehreren Tupellisten gestrichen werden; geht E als einziger Operand in einen **tscan** ein, und liefert der Folgeknoten die leere Menge als Ergebnis falls E leer ist, so kann der Folgeknoten wie der Filterknoten eliminiert werden. Die Einsparung von Knoten, die eine leere Menge als Ergebnis liefern, kann sich damit rekursiv fortsetzen.

8.6 Generierung eines parallelen Bearbeitungsplans

Ein paralleler Bearbeitungsplan entsteht, indem den Knoten eines Datenflußprogramms Attribute zugeordnet werden, auf denen die zur Bearbeitungszeit zu treffenden Zuordnungsentscheidungen basieren. Dies sind nach Kap. 2 die Verteilung von Knoten auf Prozessoren, die Aktivierung von Knoten und die Zuordnung von Knoten. Darüber hinaus muß festgelegt werden, welche Operanden auf Externspeicher ausgelagert werden.

- *Verteilung von Knoten auf Prozessoren*

  Knoten, die auf ein Fragment R^i einer Basisrelation zugreifen, müssen auf dem Prozessor $site[R^i]$ bearbeitet werden, dem das Fragment zugeordnet ist. Alle anderen Knoten können auf einem beliebigen Prozessor bearbeitet werden, sofern, wie hier angenommen, keine funktionale Dedizierung der Prozessoren erfolgt. Die Festlegung der Verteilung von Knoten auf Prozessoren dient also dazu
  - Knoten, die nur auf einem bestimmten Prozessor bearbeitet werden können, diesem zuzuordnen, und
  - Knoten, die auf unterschiedlichen Prozessoren bearbeitet werden können, aber zur Minimierung von Bearbeitungskosten bzw. Bearbeitungszeit auf demselben Prozessor bearbeitet werden sollten, zu Gruppen zusammzufassen.

  Zur Erreichung des zweiten Ziels ist es nicht unbedingt erforderlich, die Verteilung von Knoten auf Prozessoren zu fixieren. Statt dessen kann die Auswahl eines Prozessors für eine Gruppe auf die Bearbeitungszeit verschoben werden.

  Für die Anfrageoptimierung ist es unerheblich, ob ein Knoten einem festen Prozessor oder zunächst nur einer Gruppe von Knoten, die alle auf demselben Prozessor zu bearbeiten sind, zugeordnet wird. Es reicht hier also aus, nur eine Verteilung von Knoten auf feste Prozessoren anzugeben:

$$\begin{aligned} proc \quad &:: \quad node \rightarrow \mathbf{P} \\ proc[a] \quad &= \quad P_j \\ &\quad falls \ \ Knoten\ a\ von\ Prozessor\ P_j\ zu\ bearbeiten\ ist \end{aligned}$$

- *Aktivierung von Knoten*

  Die Knoten einer Pipe können aktiviert werden, sobald alle externen Operanden der Pipe vorliegen, wobei alle Knoten einer Pipe gleichzeitig aktiviert werden müssen. Dies setzt natürlich voraus, daß die hierfür benötigten Betriebsmittel (Prozessoren, Hauptspeicher) zur Verfügung stehen. Wie sich diese spezifizieren lassen, wird im folgenden Kapitel im Zusammenhang mit dem Kostenmodell diskutiert.

  Es ist nun möglich, daß zu einem Zeitpunkt mehrere Pipes aktivierbar sind, jedoch aufgrund des Betriebsmittelbedarfs nicht alle gleichzeitig aktiviert werden können. In diesem Fall ist es notwendig, eine Reihe von Pipes auszuwählen, die tatsächlich aktiviert werden. Hierzu ist ein geeignetes Auswahlkriterium erforderlich, aus dem sich die Aktivierungsreihenfolge ergibt. Unabhängig davon, welches Kriterium zugrundegelegt wird, läßt sich die Aktivierungsreihenfolge festlegen, indem den einzelnen Pipes entsprechende Nummern zugeordnet werden:

$$\begin{array}{lcl} \mathit{pipe\#} & :: & \mathit{node} \rightarrow \mathit{num} \\ \mathit{pipe\#}[D^j] & = & i, \textit{ falls Pipe } D^j \textit{ als } i\textit{-te Pipe zu aktivieren ist} \end{array}$$

  Das Auswahlkriterium bewirkt dann die Festlegung dieser Nummern, wobei natürlich die Datenflußbeziehungen zu berücksichtigen sind ($D_i < D_j \Leftarrow \mathit{pipe\#}[D^i] < \mathit{pipe\#}[D^j]$). Welche Kriterien sinnvoll sind, werden wir im Zusammenhang mit den Parallelisierungsstrategien diskutieren.

- *Zuordnung von Knoten*

  Zu einem Zeitpunkt können auf einem Prozessor sowohl mehrere Knoten einer Pipe als auch Knoten unterschiedlicher Pipes aktiv sein. Es ist daher eine geeignete Zuordnungsstrategie erforderlich, die Knoten so häufig bzw. lange zuordnet, daß die Bearbeitung in optimaler Weise fortschreitet. Im Rahmen einer Pipe sind dabei aufwendige Knoten insgesamt länger zuzuordnen als weniger aufwendige. Darüber hinaus sind Knoten einer zeitkritischen Pipe länger zuzuordnen als Knoten einer Pipe mit geringer Priorität.

  Die Zuordnung läßt sich steuern, indem den auf einem Prozessor aktiven Knoten ein bestimmter Anteil der CPU-Leistung zugeteilt wird. Dies kann beispielsweise realisiert werden, indem dem Prozeß zur Bearbeitung eines Knotens eine der gewünschten Aufnahme an CPU-Leistung entsprechende Priorität gegeben wird. Der Knoten wird dann im Mittel so lange bzw. häufig zugeordnet, wie es der gewünschten Leistungsaufnahme entspricht. Die Bearbeitungszeit für einen Knoten entspricht dann den CPU-Kosten ($C^{CPU}\ a$), dividiert durch die Leistungsaufnahme:[17]

$$\begin{array}{lcl} \mathit{cpu\text{-}use} & :: & \mathit{node} \rightarrow \mathit{num} \\ \mathit{cpu\text{-}use}[a] & = & \textit{Anteil der dem Knoten zugeteilten CPU-Leistung} \end{array}$$

$$\begin{array}{lcl} \mathit{time} & :: & \mathit{node} \rightarrow \mathit{num} \\ \mathit{time}[a] & = & \dfrac{(C^{CPU}\ a)}{\mathit{cpu\text{-}use}[a]} \end{array}$$

- *Auslagerung von Operanden*

  Zwischenergebnisse müssen ausgelagert werden, wenn sie nicht paketweise übergeben werden und zu groß sind, um im Hauptspeicher gehalten werden zu können. Darüber hinaus

[17] Die CPU-Kosten ($C^{CPU}\ a$) eines Knotens werden im folgenden Kapitel genauer definiert.

kann eine zwischenzeitliche Auslagerung eines Operanden, der erst zu einem späteren Zeitpunkt benötigt wird, nützlich sein, um Hauptspeicher für andere Knoten zur Verfügung stellen zu können. Ein ausgelagerter Operand muß dabei zur Bearbeitung einer Phase eines Knotens in den meisten Fällen nur einmal eingelesen werden, da er entweder nur einmal sequentiell verarbeitet wird oder aufgrund der Phasenzerlegung klein genug ist, um im Hauptspeicher gehalten werden zu können. Dies kann nur dann nicht garantiert werden, wenn durch die Phasenzerlegung die Größe eines mehrmals eingelesenen Operanden nicht verringert wird (innerer Operand bei einem Join oder Semijoin, der durch anzahlorientierte Zerlegung des äußeren Operanden aufgespalten wird).

$$\begin{array}{lcl} \mathit{disc} & :: & \mathbf{V} \rightarrow \mathit{bool} \\ \mathit{disc}[E] & = & \left[\begin{array}{ll} \mathit{true} & \mathit{falls}\ E\ \mathit{ausgelagert\ wird} \\ \mathit{false} & \mathit{sonst} \end{array} \right. \end{array}$$

Dabei kann *disc*[*E*] nur dann zu *true* gesetzt werden, wenn es mindestens einen Knoten gibt, der *E* nicht paketweise verarbeitet, da bei Pipelining eine Auslagerung nicht notwendig ist.

8.7 Zusammenfassung

In diesem Kapitel wurde gezeigt, wie sich die Möglichkeiten zur Generierung paralleler Bearbeitungspläne auf der Basis von Meta-Datenflußprogrammen einfach und kompakt beschreiben lassen. Insbesondere wurden Transformationsregeln

- zur Abbildung eines Datenflußprogramms auf ein Meta-Datenflußprogramm,
- zur Parallelisierung eines Meta-Datenflußprogramms mittels Node Splitting und Pipelining
- und zur Generierung eines parallelen Bearbeitungsplans ausgehend von einem Meta-Datenflußprogramm

aufgestellt.

Da es eine sehr große Anzahl von Möglichkeiten zur Parallelisierung gibt, stellt sich im Hinblick auf die Tragfähigkeit des vorgestellten Ansatzes noch die Frage, wie die Anwendung der Regeln im Rahmen einer Suchstrategie so gesteuert werden kann, daß möglichst schnell ein günstiger paralleler Bearbeitungsplan generiert wird. Hierauf wird in Kap. 10 eingegangen. Grundlage für die dort dargestellten Parallelisierungsstrategien ist das im folgenden Kapitel entwickelte Kostenmodell für die Bewertung paralleler Bearbeitungspläne.

Kapitel 9

Kostenmodell

9.1 Zielsetzung und Vorgehensweise

Mit Hilfe des Kostenmodells soll die Qualität unterschiedlicher paralleler Bearbeitungspläne bewertet werden können. Hierzu sind sowohl die Bearbeitungskosten als auch die Bearbeitungszeit eines parallelen Bearbeitungsplans zu bestimmen. Ferner ist es zur Parallelisierung auf der Ebene von Meta-Datenflußprogrammen notwendig, auch die Bearbeitungszeit bzw. -kosten eines Meta-Datenflußprogramms abschätzen zu können. Das Kostenmodell setzt sich aus folgenden Elementen zusammen:

- *Kostenarten*

  Aufgrund der Nutzung unterschiedlicher Typen von Betriebsmitteln des zugrundeliegenden Rechnersystems fallen bei der Bearbeitung unterschiedliche Kostenarten an.

- *Kostenanteile*

  Die Kosten eines Bearbeitungsplans lassen sich in unterschiedliche Kostenanteile zerlegen. In unserem Zusammenhang fallen pro Knoten des Datenflußprogramms Kosten an, und zwar für Operandenzugriffe, die Bearbeitungsoperation und die Ergebnisbildung.

- *Kostenfaktoren*

  Kostenfaktoren gehen als Parameter in die Kostenbewertung ein. Sie ergeben sich aus der Systemarchitektur und dem Aufbau der Datenbasis. Beispielsweise werden die Leistungsfähigkeit des Kommunikationsnetzes, die CPU-Zeiten zur Bearbeitung elementarer Funktionen und die Kardinalität und Größe der Basisrelationen durch Kostenfaktoren erfaßt.

- *Kostenfunktionen*

  Mit Hilfe von Kostenfunktionen, in die die Kostenfaktoren eingehen, lassen sich die Kostenanteile eines Bearbeitungsplans bestimmen.

- *Kostenbewertung*

  Zur Bewertung der Bearbeitungskoten und der Bearbeitungszeit eines Bearbeitungsplans bzw. Meta-Datenflußprogramms sind die einzelnen Kostenanteile geeignet miteinander zu verrechnen.

Kostenarten, Kostenfaktoren, Kostenfunktionen und eine Bewertung der Bearbeitungskosten treten explizit oder implizit in allen bekannten Kostenmodellen zur Bewertung von Bearbeitungsplänen in relationalen Datenbanksystemen auf (z.B. [Lehn88, RiLM87, Seli79, Yao79]), wobei die Parallelität bisher jedoch nur ungenügend berücksichtigt wurde. Neu an dem im folgenden genauer definierten Kostenmodell ist daher die aus der Parallelisierung herrührende Unterscheidung von Kostenanteilen und die Aufstellung eines Parallelitätsprofils zur Bewertung der nicht-temporalen Bearbeitungskosten und der Bearbeitungszeit eines parallelen Bearbeitungsplans.

Kostenfaktoren und Kostenfunktionen sind im wesentlichen aus [Kilg90] übernommen, wo sie in Anlehnung an bekannte Kostenmodelle, insb. [Lehn88], definiert wurden. Sie sind bewußt einfach gehalten, da es wenig Sinn hat, ohne die Möglichkeit zur Validierung anhand eines realen parallelen Datenbanksystems ein sehr detailliertes Kostenmodell zu entwickeln. Dies ist für die Formulierung von Parallelisierungsstrategien auch gar nicht erforderlich, da sie nur voraussetzen, daß die Kostenanteile eines Bearbeitungsplans bzw. Meta-Datenflußprogramms bestimmbar sind.

9.2 Kostenarten

Kosten entstehen aufgrund der Nutzung von Betriebsmitteln des zugrundeliegenden Rechnersystems, das heißt von Prozessoren, Hauptspeichern, Hintergrundspeichern und Kommunikationsverbindungen. Dementsprechend fallen bei der Bearbeitung einer Aufgabe (einer Operation, eines Knotens oder eines Datenflußprogramms) folgende Arten temporaler Kosten an:

CPU-Kosten: Summe der Zeiten, während denen Prozessoren für die Bearbeitung der Aufgabe belegt sind.

I/O-Kosten: Summe der Zeiten, während denen Hintergrundspeicher durch Zugriffe für eine Aufgabe belegt ist.

Transport-Kosten: Summe der Zeiten, während denen das Kommunikationsnetz Übertragungen für eine Aufgabe durchführt.

Ferner fallen folgende Arten nichttemporaler Betriebsmittel-Kosten an:

Hauptspeicher-Kosten: Umfang des zu einem Zeitpunkt für die Bearbeitung einer Aufgabe belegten Hauptspeichers.

Prozessor-Kosten: Anzahl der für die Bearbeitung einer Aufgabe benötigten Prozessoren.

Dabei wird angenommen, daß Hintergrundspeicher in ausreichendem Maße zur Verfügung steht, der Umfang der Belegung des Hintergrundspeichers also keinen Engpaß darstellt.

Die temporalen Kosten gehen unmittelbar in die Bearbeitungskosten und die Bearbeitungszeit eines Datenflußprogramms ein. Die nichttemporalen Kosten wirken sich zunächst nur in Form einer Randbedingung aus, da nicht mehr Prozessoren oder Hauptspeicher belegt werden können, als im System insgesamt zur Verfügung stehen. Im Mehrbenutzerbetrieb konkurrieren jedoch mehrere Datenflußprogramme um die Betriebsmittel Hauptspeicher und Prozessoren, so daß ein erhöhter Bedarf verlängerte Wartezeiten bis zu ihrer Zuteilung zur Folge haben kann, was sich in längeren Antwortzeiten und geringerem Durchsatz niederschlägt.

Die Kosten eines Datenflußprogramms D lassen sich also durch einen Vektor der Form

$$(C\,D) = ((C^{CPU}\,D), (C^{I/O}\,D), (C^{T}\,D), (C^{M}\,D), (C^{P}\,D))$$

erfassen, wobei C^{CPU} die CPU-Kosten, $C^{I/O}$ die I/O-Kosten, C^{T} die Transfer-Kosten, C^{M} die Hauptspeicher-Kosten und C^{P} die Prozessor-Kosten bezeichnet.

9.3 Kostenanteile

Ein Datenflußprogramm besteht aus einer Menge von Knoten mit Bearbeitungsmethoden. Die Kosten des Datenflußprogramms sind aus den Kosten

$$(C\,a) \;=\; ((C^{CPU}\;a),(C^{I/O}\;a),(C^{T}\;a),(C^{M}\;a))$$

der einzelnen Knoten $a \in D$ herleitbar. Die drei temporalen Kosten des Datenflußprogramms ergeben sich einfach durch Aufsummierung der temporalen Kosten der einzelnen Knoten. Bei der Bestimmung der Hauptspeicher- und der Prozessor-Kosten des Datenflußprogramms ist die Zuordnung der Knoten zu Prozessoren mit zu berücksichtigen (siehe Kap. 8.6).

Entsprechend ergeben sich auch die temporalen Kosten eines in eine Reihe von Phasen zerlegten Knotens durch Aufsummierung der Kosten der einzelnen Phasen. Die Hauptspeicher-Kosten des Knotens entsprechen den Hauptspeicher-Kosten der einzelnen Phasen, die (zumindest annähernd) identisch sind. Für einen mehrphasigen Knoten $a = (a^1, \ldots, a^k)$ gilt also:

$$\begin{aligned}
(C^{CPU}\;(a^1,\ldots,a^k)) &= (C^{CPU}\;a^1) + \ldots + (C^{CPU}\;a^k)\\
(C^{I/O}\;(a^1,\ldots,a^k)) &= (C^{I/O}\;a^1) + \ldots + (C^{I/O}\;a^k)\\
(C^{T}\;(a^1,\ldots,a^k)) &= (C^{T}\;a^1) + \ldots + (C^{T}\;a^k)\\
(C^{M}\;(a^1,\ldots,a^k)) &= max\,\{(C^{M}\;a^i) : 1 \le i \le k\} \;\approx\; (C^{M}\;a^i)
\end{aligned}$$

Die Bearbeitung eines Knotens (bzw. einer Phase) läßt sich weiter unterteilen in die Aktivierung, den Zugriff auf die Operanden und maximal eine Basisrelation, die Übermittlung der Ergebnisse an die Folgeknoten sowie die eigentliche Bearbeitungsoperation. Dementsprechend lassen sich vier Typen von Kostenanteilen unterscheiden, bei denen unterschiedliche Kostenarten anfallen können: Aktivierung, Operandenzugriff, Bearbeitungsoperation und Ergebnisübermittlung. Die Kosten eines Knotens

$$a \;=\; (E_1,\ldots,E_n) \leftarrow \mathbf{Methode}[E'_1,\ldots,E'_m]$$

ergeben sich durch nach Kostenarten getrennte Aufsummierung der einzelnen Kostenanteile. Beispielsweise erhält man die CPU-Kosten folgendermaßen:

$$\begin{aligned}
(C^{CPU}\;a) \;=\;& (C^{CPU}_{aktiv}\;a)\\
&+ (C^{CPU}_{zugriff}\;a\;E'_1) + \ldots + (C^{CPU}_{zugriff}\;a\;E'_m) + (C^{CPU}_{zugriff}\;a\;R)\\
&+ (C^{CPU}_{operat}\;a)\\
&+ (C^{CPU}_{ergeb}\;a\;E_1) + \ldots + (C^{CPU}_{ergeb}\;a\;E_n)
\end{aligned}$$

Der Anteil $(C^{CPU}_{zugriff}\;a\;R)$ tritt dabei nur dann auf, wenn a einen Zugriff auf die Basisrelation (bzw. das Fragment) R erfordert. Die übrigen Kostenarten $(C^{I/O}\;a)$, $(C^{T}\;a)$ und $(C^{M}\;a)$ ergeben sich analog.

Aktivierung

Zur Aktivierung eines Knotens muß ein Prozeß zur Bearbeitung des Knotens beauftragt oder gestartet werden. Hierbei können CPU- und Transport-Kosten anfallen.

$$(C_{aktiv}\;a) \;=\; (t_{aktiv}, 0, t_{net} \cdot nodesize, 0)$$

(Die Kostenfaktoren t_{aktiv}, t_{net} und *nodesize* werden unten definiert.)

Zugriffsoperation

Der Operandenzugriff erfolgt durch eine der Operationen **vscan, tscan, hscan, fscan** oder **iscan**. Alle diese Zugriffsoperationen verursachen CPU-Kosten. I/O-Kosten fallen an, falls der Operand vom Hintergrundspeicher eingelesen werden muß. Dies ist bei **fscan** und **iscan** erforderlich, sofern es sich nicht um hauptspeicherresidente Relationen handelt, bei den Zugriffspfaden auf Tupellisten, sofern der Operand ausgelagert wurde. Transport-Kosten können auftreten, wenn der Operand sich nicht im Hauptspeicher oder Hintergrundspeichers des Prozessors befindet, auf dem der Knoten bearbeitet wird. Ein über die Größe eines Tupelpaketes hinausgehender Hauptspeicherbedarf tritt bei Operanden auf, die vollständig im Hauptspeicher gehalten werden, also insbesondere für Hashtabellen (**hscan**).

$$(C_{zugriff}\ a\ E) \;=\; ((C^{CPU}_{zugriff}\ a\ E),\ (C^{I/O}_{zugriff}\ a\ E),\ (C^{T}_{zugriff}\ a\ E),\ (C^{M}_{zugriff}\ a\ E))$$

bzw.

$$(C_{zugriff}\ a\ R) \;=\; ((C^{CPU}_{zugriff}\ a\ R),\ (C^{I/O}_{zugriff}\ a\ R),\ (C^{T}_{zugriff}\ a\ R),\ (C^{M}_{zugriff}\ a\ R))$$

Bearbeitungsoperation

Die Bearbeitungsoperation selbst erfordert an temporalen Kosten nur CPU-Kosten. Falls das Ergebnis komplett zusammengestellt werden muß, bevor es weitergegeben werden kann (Aggregierung), fällt ein über den statischen Arbeitsspeicher hinausgehender Hauptspeicherbedarf an.

$$(C_{operat}\ a\ E) \;=\; ((C^{CPU}_{operat}\ a),\ 0,\ 0,\ (C^{M}_{operat}\ a))$$

Ergebnisübermittlung

Bei der Ergebnisübermittlung können abhängig davon, ob eine echte Übertragung, ein Halten im Hauptspeicher oder eine Auslagerung auf Hintergrundspeicher notwendig ist, neben CPU-Kosten auch I/O-Kosten, Transport-Kosten und Hauptspeicher-Kosten auftreten.

$$(C_{ergeb}\ a\ E) \;=\; ((C^{CPU}_{ergeb}\ a\ E),\ (C^{I/O}_{ergeb}\ a\ E),\ (C^{T}_{ergeb}\ a\ E),\ (C^{M}_{ergeb}\ a\ E))$$

9.4 Kostenfaktoren

Kostenfaktoren gehen als Parameter in die Kostenberechnung ein. Sie ergeben sich aus der Systemarchitektur, dem Aufbau der Datenbasis und Eigenschaften des zu bewertenden Datenflußprogramms. Im folgenden sind die wichtigsten für die Kostenbewertung benötigten Parameter aufgeführt.

Hardware-Parameter

anzproc	Anzahl der Prozessoren **P** $= \{P_1, \ldots, P_{anzproc}\}$ des Datenbankrechners
(*discproc-1*, ..., *disproc-n*)	Zuordnung von Plattenlaufwerken zu Prozessoren: der boolesche Wert *discproc-i* gibt an, ob Prozessor P_i eine Platte besitzt oder nicht
page	Seitengröße in KB
mem_{loc}	Größe des prozessorlokalen Hauptspeichers (Anzahl der Seiten)
$t_{io,seq}$	I/O-Zeit für den sequentiellen Zugriff auf eine Seite
t_{net}	Zeit zum Übertragen einer Seite über das Netz

Wie in Kap. 2 erläutert, legen wir ein schwach gekoppeltes System mit partitioniertem Datenzugriff zugrunde. Seine Struktur wird vereinfacht durch die Anzahl der vorhandenen Prozessoren, sowie die Zuordnung von Plattenlaufwerken zu Prozessoren beschrieben. Damit wird natürlich von der tatsächlich vorliegenden Struktur stark abstrahiert. Insbesondere wird nicht unterschieden, ob einem Prozessor eine oder mehrere Platten zugeordnet sind, also die ggf. mögliche Parallelität beim Plattenzugriff nicht erfaßt.

Bei der Definition der Leistungs-Parameter wird angenommen, daß jeder Prozessor über einen gleichgroßen prozessorlokalen Hauptspeicher verfügt, und daß die Transport-Kosten unabhängig davon sind, welche Prozessoren miteinander kommunizieren.

Trotz dieser Einschränkungen läßt sich die Architektur existierender Datenbankmaschinen wie GAMMA oder BUBBA mit den aufgeführten Parametern adäquat beschreiben (zumindest, soweit dies aus der Literatur ersichtlich ist). Läßt man eine oder sogar alle dieser Einschränkungen fallen, so ändert sich zunächst einmal die Kostenbewertung. Außerdem läßt sich die Generierung paralleler Bearbeitungspläne ggf. verbessern, wenn man Parallelität beim Hintergrundspeicherzugriff oder von der Topologie des Komunikationsnetzes abhängige Transport-Kosten berücksichtigt.

Software-Parameter

pasize	Größe von Paketen einer Pipes (Anzahl der Seiten)
anz-pa-per-pipe	Maximale Anzahl von Paketen, die sich in einer Pipe anstauen dürfen
$t_{send,loc}$	Zeit zum Versenden einer lokalen Nachricht
$t_{rec,loc}$	Zeit zum Empfangen einer lokalen Nachricht
$t_{send,rem}$	Zeit zum Versenden einer entfernten Nachricht
$t_{rec,rem}$	Zeit zum Empfangen einer entfernten Nachricht
t_{aktiv}	Zeit, um einen Knoten zu aktivieren
nodesize	Größe der Nachricht zur Aktivierung eines Knotens
$(t_{test}\ p)$	Zeit, um zu überprüfen, ob ein Tupel das Prädikat p erfüllt
$(t_{construct}\ T)$	Zeit, um den Tupelkonstruktor T auf ein Tupel anzuwenden
$(t_{function}\ F)$	Zeit, um den Funktionskonstruktor F auf ein Tupel anzuwenden
$(t_{exists}\ p\ s)$	Zeit, um zu überprüfen, ob es in der Tupelliste s ein Tupel gibt, das p erfüllt
t_{finit}, t_{fget}	Zeit zur Initialisierung bzw. zum Zugriff auf ein Tupel bei einem **fscan**
t_{iinit}, t_{iget}	Zeit zur Initialisierung bzw. zum Zugriff auf ein Tupel bei einem **iscan**
t_{tinit}, t_{tget}	Zeit zur Initialisierung bzw. zum Zugriff auf ein Tupel bei einem **tscan** ohne Auslagerung
$t_{tinit(d)}, t_{tget(d)}$	Zeit zur Initialisierung bzw. zum Zugriff auf ein Tupel bei einem **tscan** mit Auslagerung
t_{minit}, t_{mget}	Zeit zur Initialisierung bzw. zum Zugriff auf ein Tupel bei einem **mscan** ohne Auslagerung
$t_{minit(d)}, t_{mget(d)}$	Zeit zur Initialisierung bzw. zum Zugriff auf ein Tupel bei einem **mscan** mit Auslagerung
t_{hash}	Zeit, um zu einem Tupel einen Hashwert zu berechnen
t_{enter}	Zeit, um ein Tupel bei gegebenem Hashwert in eine Hashtabelle einzutragen
t_{lookup}	Zeit, um ein Tupel bei gegebenem Hashwert in einer Hashtabelle zu suchen
$(t_{merge}\ n)$	Zeit, die beim Zusammenfassen von n sortierten Listen pro Tupel anfällt.

Aus der softwaremäßigen Realisierung des Datenbanksystems ergeben sich vor allem die CPU-Kosten für elementare Operationen, die für eine detailliertere Modellierung natürlich verfeinert werden können. Zur Modellierung der Kosten von Pipelining wird darüber hinaus die Größe eines Pakets einer Pipe sowie die maximale Anzahl von Paketen, die sich in einer Pipe anstauen dürfen, benötigt.

Physisches Schema

anzfrag[R]	Anzahl der Fragmente einer Basisrelation R
(*hashfrag*[n, R, h]	Angabe, ob R bezüglich h hashorientiert in n Fragmente zerlegt ist
site[R^i]	Prozessor $P_i \in \mathbf{P}$, an dem Fragment R^i von Basisrelation R abgelegt ist
index[R, A]	Angabe, ob zu Basisrelation R ein Index über Attribut A angelegt ist
clustfactor[R, A]	Faktor, um den der Zugriff auf die gesamte Relation R über den Index zu Attribut A langsamer ist als der sequentielle Zugriff;

Im wesentlichen wurde das physische Schema bereits in Kap. 7.2 beschrieben. Nicht genannt wurde dort der allein für die Kostenbewertung des Indexzugriffs benötigte *clustfactor*[R, A], aus dem hervorgeht, in wieweit sich die Abspeicherungsreihenfolge von R an den Werten von A orientiert (vgl. [Lehn88]). Sind die Tupel von R nach A sortiert abgespeichert, bestimmt der Index also die Abspeicherungsreihenfolge, so liegt ein geclusterter Index mit *clustfactor*[R, A] $= 1$ vor.

Statistikdaten

$\|R\|$	Kardinalität einer Basisrelation bzw. eines Fragments (Anzahl der Tupel)
$\|\|R\|\|$	Größe einer Basisrelation bzw. eines Fragments (Anzahl der Seiten)
$\|E\|$	Kardinalität einer als Zwischenergebnis entstehenden Tupelliste (Anzahl der Tupel)
$\|\|E\|\|$	Größe einer als Zwischenergebnis entstehenden Tupelliste (Anzahl der Seiten)

Grundlage für die Bestimmung der Kardinalität und die Größe von Basisrelationen und Zwischenergebnissen sind statistische Informationen, die neben den aufgeführten Daten zu einer Basisrelation u.a. die Verteilung der Werte eines Attributs und die Korrelation zwischen Werten unterschiedlicher Attribute umfassen. Solche Informationen werden im *Relationsprofil* zusammengefaßt. Attributwertverteilungen können darin durch unterschiedliche parametrisierte Verteilungsfunktionen oder nichtparametrisierte Abschätzungen beschrieben werden [CePe85, MaCS88, Lync88]. Für uns ist hier der konkrete Aufbau des Relationsprofils unwichtig; wichtig ist nur, daß sich die Kardinalität und die Größe von Zwischenergebnissen hinreichend genau abschätzen lassen.

9.5 Kostenfunktionen

9.5.1 Kosten der Zugriffsoperationen

Die Kosten des Zugriffs auf einen Operanden ($C_{zugriff}\ a\ E$) oder eine Basisrelation ($C_{zugriff}\ a\ R$) hängen von der verwendeten Zugriffsoperation und der Häufigkeit des Zugriffs ab. Auf einen Operanden bzw. eine Basisrelation wird nur dann mehrfach zugegriffen, wenn es sich um die innere Relation eines Join bzw. Semijoin handelt, wobei sich die Anzahl der Zugriffe aus der Kardinalität der äußeren Relation ergibt:

$$\left.\begin{array}{l} iterat[a,E] \\ iterat[a,R] \end{array}\right\} = \left[\begin{array}{ll} |E'| & \textit{falls E bzw. R die innere und E' die äußere Relation} \\ & \textit{des Join bzw. Semijoin a ist} \\ 1 & \textit{sonst} \end{array}\right.$$

Ist die innere Relation keine Basisrelation sondern eine Tupelliste, so liegt sie aufgrund der Phasenzerlegung in den meisten Fällen spätestens nach dem ersten Zugriff im Hauptspeicher des den Knoten bearbeitenden Prozessors vor. Nur im Falle einer Parallelisierung durch anzahlorientierte Zerlegung der äußeren Relation kann nicht garantiert werden, daß die innere Relation klein genug ist, um hauptspeicherresident gehalten werden zu können.

Zugriff auf Operanden

$$(C^{CPU}_{zugriff}\ a\ E) = (C^{CPU}_{receive}\ a\ E) + iterat[a,E] \cdot (C^{CPU}_{xscan}\ a\ E)$$
$$\textit{falls } (\mathbf{xscan}\ (..E..)) \textit{ in a auftritt}$$
$$(\mathbf{xscan} \in \{\mathbf{tscan}, \mathbf{mscan}[n], \mathbf{hscan}[n,h], \mathbf{vscan}[f]\})$$

$$(C^{CPU}_{receive}\ a\ E) = \left[\begin{array}{ll} t_{rec,loc} & \textit{falls } (proc\ a) = (proc\ b) \wedge \neg(pipe[E]\ a) \\ \lceil \frac{|E|}{pasize} \rceil \cdot t_{rec,loc} & \textit{falls } (proc\ a) = (proc\ b) \wedge (pipe[E]\ a) \\ t_{rec,rem} & \textit{falls } (proc\ a) \neq (proc\ b) \wedge \neg(pipe[E]\ a) \\ \lceil \frac{|E|}{pasize} \rceil \cdot t_{rec,rem} & \textit{falls } (proc\ a) \neq (proc\ b) \wedge (pipe[E]\ a) \end{array}\right.$$
$$\textit{falls b den Operanden E liefert } (E \in (ergeb\ b))$$

$$(C^{CPU}_{tscan}\ a\ E) = \left[\begin{array}{ll} t_{tinit} + |E| \cdot t_{tget} & \textit{falls } \neg disc[E] \vee (pipe[E]\ a) \\ t_{tinit(d)} + |E| \cdot t_{tget(d)} & \textit{falls } disc[E] \wedge \neg(pipe[E]\ a) \end{array}\right.$$

$$(C^{CPU}_{mscan[n]}\ a\ E) = \left[\begin{array}{ll} t_{minit} + |E| \cdot (t_{mget} + (t_{merge}\ n)) & \textit{falls } \neg disc[E] \vee (pipe[E]\ a) \\ t_{minit(d)} + |E| \cdot t_{mget(d)} & \textit{falls } disc[E] \wedge \neg(pipe[E]\ a) \end{array}\right.$$

$$(C^{CPU}_{hscan[n,h]}\ a\ E) = t_{hash} + |E| \cdot t_{lookup}$$

$$(C^{CPU}_{vscan[f]}\ a\ E) = (t_{function}\ f)$$

$$(C^{I/O}_{zugriff}\ a\ E) = \left[\begin{array}{ll} ||E|| \cdot t_{io,seq} & \textit{falls } (disc[E]) \wedge \neg(pipe[E]\ a) \wedge ||E|| \leq mem_{loc} \\ iterat[a,E] \cdot ||E|| \cdot t_{io,seq} & \\ & \textit{falls } (disc[E]) \wedge \neg(pipe[E]\ a) \wedge ||E|| > mem_{loc} \\ 0 & \textit{sonst} \end{array}\right.$$

$$(C^{T}_{zugriff}\ a\ E) = \left[\begin{array}{ll} ||E|| \cdot t_{net} & \textit{falls } (proc\ a) \neq (proc\ b) \wedge E \in (ergeb\ b) \\ 0 & \textit{sonst} \end{array}\right.$$

$$(C^{M}_{zugriff}\ a\ E) = \left[\begin{array}{ll} ||E|| & \textit{falls } (\neg(disc[E]) \wedge \neg(pipe[E]\ a)) \vee iterat[a,E] > 1 \\ pasize \cdot anz\text{-}pa\text{-}per\text{-}pipe & \textit{sonst} \end{array}\right.$$

Zugriff auf Basisrelationen

$(C^{CPU}_{zugriff}\ a\ R)$	$=$	$iterat[a, R] \cdot (C^{CPU}_{xscan})$
		falls **xscan** $\in$ {**fscan**$[R]$, **iscan**$[R.A, ip]$*tritt in a auf*
$C^{CPU}_{fscan[R]}$	$=$	$t_{finit} + \lvert R\rvert \cdot t_{fget}$
$C^{CPU}_{iscan[R.A,ip]}$	$=$	$t_{iinit} + \lvert \mathbf{iscan}[R.a, ip]\rvert \cdot t_{iget}$
$(C^{I/O}_{zugriff}\ a\ R)$	$=$	$iterat[a, R] \cdot (C^{I/O}_{xscan})$
		falls **xscan** $\in$ {**fscan**$[R]$, **iscan**$[R.A, ip]$*tritt in a auf*
$C^{I/O}_{fscan[R]}$	$=$	$\lVert R\rVert \cdot t_{io,seq}$
$C^{I/O}_{iscan[R.A,ip]}$	$=$	$\lVert \mathbf{iscan}[R.a, ip]\rVert \cdot t_{io.seq} \cdot clustfactor[R, A]$
$(C^{T}_{zugriff}\ a\ R)$	$=$	0
$(C^{M}_{zugriff}\ a\ R)$	$=$	0

Bei der Kostenbewertung des Zugriffs auf Basisrelationen wird davon ausgegangen, daß die Zugriffsoperation immer auf dem Prozessor erfolgt, an dem die Relation (bzw. das Fragment) abgelegt ist. Transfer-Kosten treten daher nicht auf. Auch Hauptspeicher-Kosten müssen nicht gesondert aufgeführt werden, da der Datenbankpuffer keine Kosten verursacht, die einem einzelnen Datenflußprogramm zuzurechnen wären, sondern den insgesamt für die Bearbeitung von Datenflußprogrammen zur Verfügung stehenden Hauptspeicher verkleinert.

9.5.2 Kosten der Bearbeitungsoperationen

Bei einer Bearbeitungsoperation fallen CPU-Kosten und Hauptspeicher-Kosten an. Wir werden im folgenden Kostenfunktionen angeben, in denen nur der relevante Teil eines Knotens in der Form

$$a = (..\mathbf{Operation}\ s..)$$

angegeben wird. s repräsentiert dabei eine Zugriffsoperation bzw. die von ihr gelieferte Tupelliste, deren Kardinalität und Größe sich direkt aus der Zugriffsoperation und der Basisrelation bzw. dem Operanden ergibt, auf den zugegriffen wird.

CPU-Kosten der Bearbeitungsoperationen

$(C^{CPU}_{operat}\ (..\mathbf{filter}[\mathit{if}\ p\ \mathit{then}\ [Y]]\ s..))$	$=$	$\lvert s\rvert \cdot (t_{test}\ p) +$ $\lvert\mathbf{filter}[\mathit{if}\ p]\ s\rvert \cdot (t_{construct}\ [Y])$
$(C^{CPU}_{operat}\ (..\mathbf{join}[\mathit{if}\ jp\ \mathit{then}\ [Y],\ \langle\rangle]\ s_1\ s_2..))$	$=$	$\lvert s_1\rvert \cdot \lvert s_2\ x\rvert \cdot (t_{test}\ jp) +$ $\lvert\mathbf{join}[\mathit{if}\ jp]\ s_1\ s_2\rvert \cdot (t_{construct}\ [Y])$
$(C^{CPU}_{operat}\ (..\mathbf{join}[\mathit{if}\ jp\ \mathit{then}\ [Y],\ \langle T\rangle]\ s_1\ s_2..))$	$=$	$\lvert s_1\rvert \cdot \lvert s_2\ x\rvert \cdot (t_{test}\ jp) +$ $\lvert\mathbf{join}[\mathit{if}\ jp]\ s_1\ s_2\rvert \cdot (t_{construct}\ [Y]) +$ $\lvert\mathbf{filter}[\mathit{if}\ \neg(\mathbf{exists}[jp]\ s_2)]\ s_1\rvert \cdot (t_{construct}\ T)$
$(C^{CPU}_{operat}\ (..\mathbf{mjoin}[A, B, \mathit{if}\ jp\ \mathit{then}\ [Y],\ \langle\rangle]\ s_1\ s_2..))$	$=$	$(\lvert s_1\rvert + \lvert s_2\rvert) \cdot (t_{test}\ A \equiv B) +$ $\lvert\mathbf{join}[\mathit{if}\ A \equiv B]\ s_1\ s_2\rvert \cdot (t_{test}\ jp) +$ $\lvert\mathbf{join}[\mathit{if}\ A \equiv B \wedge jp]\ s_1\ s_2\rvert \cdot (t_{construct}\ [Y])$
$(C^{CPU}_{operat}\ (..\mathbf{mjoin}[A, B, \mathit{if}\ jp\ \mathit{then}\ [Y],\ \langle T\rangle]\ s_1\ s_2..))$	$=$	$(\lvert s_1\rvert + \lvert s_2\rvert) \cdot (t_{test}\ A \equiv B) +$ $\lvert\mathbf{join}[\mathit{if}\ A \equiv B]\ s_1\ s_2\rvert \cdot (t_{test}\ jp) +$ $\lvert\mathbf{join}[\mathit{if}\ A \equiv B \wedge jp]\ s_1\ s_2\rvert \cdot (t_{construct}\ [Y])$ $\lvert\mathbf{filter}[\mathit{if}\ \neg(\mathbf{exists}[A \equiv B \wedge jp]\ s_2)]\ s_1\rvert \cdot (t_{construct}\ T)$
$(C^{CPU}_{operat}\ (..\mathbf{agg}[Z, F]\ s..))$	$=$	$\lvert s\rvert \cdot ((t_{function}\ F) +$ $\lvert\mathbf{agg}[Z, F]\ s\rvert \cdot (t_{test}\ (Z \equiv Z'))$
$(C^{CPU}_{operat}\ (..\mathbf{sagg}[Z, F]\ s..))$	$=$	$\lvert s\rvert \cdot ((t_{function}\ F) + (t_{test}\ (Z \equiv Z'))$
$(C^{CPU}_{operat}\ (..\mathbf{agg}[Z, F]\ s..))$	$=$	$\lvert s\rvert \cdot (t_{hash} + (t_{function}\ F) +$ $(\lvert\mathbf{agg}[Z, F]\ s\rvert / n) \cdot (t_{test}\ (Z \equiv Z'))$
$(C^{CPU}_{operat}\ (..\mathbf{partanz}[n]\ s..))$	$=$	0
$(C^{CPU}_{operat}\ (..\mathbf{parthash}[n, h]\ s..))$	$=$	$\lvert s\rvert \cdot t_{hash}$

Hauptspeicherkosten einer Bearbeitungsoperation

$(C^{M}_{operat}\ a)$	$=$	$(C^{M\text{-}stat}_{operat}\ a) + (C^{M\text{-}dyn}_{operat}\ a)$	
$(C^{M\text{-}dyn}_{operat}\ a)$	$=$	$\lVert(\mathit{ergeb}\ a)\rVert$ 0	*falls* **agg** *oder* **hagg** *die Bearbeitungsoperation von a ist* *sonst*

$(C^{M\text{-}stat}_{operat}\ a)$ ist der für die Bearbeitung eines Knotens mit einer bestimmten Bearbeitungsoperation immer anfallende Speicherbedarf. Er entspricht dem statischen Speicherbedarf (Programmcode, Keller) eines Prozesses, der die Operation ausführen kann.

9.5.3 Kosten der Ergebnisübermittlung

$$(C^{CPU}_{ergeb}\ a\ E) = \sum_{b:E\in(opd\ b)} (C^{CPU}_{send}\ a\ b\ E)$$

$$(C^{CPU}_{send}\ a\ b\ E) = \begin{cases} t_{send,loc} & \textit{falls } (proc\ a) = (proc\ b) \wedge \neg(pipe[E]\ b) \\ \lceil \frac{|E|}{pasize} \rceil \cdot t_{send,loc} & \textit{falls } (proc\ a) = (proc\ b) \wedge (pipe[E]\ b) \\ t_{send,rem} & \textit{falls } (proc\ a) \neq (proc\ b) \wedge \neg(pipe[E]\ b) \\ \lceil \frac{|E|}{pasize} \rceil \cdot t_{send,rem} & \textit{falls } (proc\ a) \neq (proc\ b) \wedge (pipe[E]\ b) \end{cases}$$

$$(C^{I/O}_{ergeb}\ a\ E) = \begin{cases} ||E|| \cdot t_{io,seq} & \textit{falls } (disc\ E) \wedge \neg(pipe[E]\ a) \\ 0 & \textit{sonst} \end{cases}$$

$$(C^{T}_{ergeb}\ a\ E) = \sum_{b:E\in(opd\ b)} (C^{T}_{ergeb}\ a\ b\ E)$$

$$(C^{T}_{ergeb}\ a\ b\ E) = \begin{cases} ||E|| \cdot t_{net} & \textit{falls } (proc\ a) \neq (proc\ b) \\ 0 & \textit{sonst} \end{cases}$$

$$(C^{M}_{ergeb}\ a\ E) = \begin{cases} ||E|| & \textit{falls } (\neg(disc[E])) \wedge (\exists b\ E \in (opd\ b) \wedge \neg(pipe[E]\ b)) \\ pasize & \textit{sonst} \end{cases}$$

9.6 Bewertung eines parallelen Bearbeitungsplans

Zur Bewertung eines parallelen Bearbeitungsplans sind die unterschiedlichen temporalen und nichttemporalen Kosten sowie die Bearbeitungszeit zu bestimmen. Die temporalen Kosten ergeben sich durch Aufsummierung der temporalen Kosten der einzelnen Knoten. Bei der Bewertung der nichttemporalen Hauptspeicher- und Prozessor-Kosten reicht die Betrachtung einzelner Knoten nicht aus. Vielmehr ist zu berücksichtigen, welche Knoten jeweils gleichzeitig aktiv sind. Um dies festzuhalten stellen wir ein Parallelitätsprofil auf, aus dem hervorgeht, welche Knoten zu einem Zeitpunkt auf einem Prozessor aktiv sind und in welchem Maße sie CPU und Hauptspeicher benötigen. Es abstrahiert von einem Ablaufplan (siehe Kap. 2.4.2), da es nur Informationen über zu einem Zeitpunkt aktive Knoten, nicht jedoch Informationen über gerade bearbeitete Knoten enthält. Aus der Länge des Parallelitätsprofils ergibt sich direkt die Bearbeitungszeit.

9.6.1 Definition und Kennzahlen eines Parallelitätsprofils

Definition

Ein Parallelitätsprofil $\rho[D]$ zu einem parallelen Bearbeitungsplan ist eine Abbildung, die zu einem Zeitpunkt t und einem Prozessor P die Menge $\{a_1, \ldots, a_n\}$ der zu dem Zeitpunkt auf dem Prozessor aktiven Knoten liefert.

$$\begin{array}{lcl} \rho[D] & :: & num \times \mathbf{P} \rightarrow \{node\} \\ (\rho[D]\,(t,P)) & = & \{a_1,\ldots,a_n\} \\ & \textit{falls} & \textit{die Knoten } a_1,\ldots,a_n \textit{ zum Zeitpunkt } t \textit{ auf Prozessor } P \textit{ aktiv sind} \end{array}$$

Wir lassen dabei auch die Anwendung von $\rho[D]$ auf Zeitintervalle bzw. Prozessormengen zu:

$$\rho[D]\,[t_0,t_1] \times \{P_1,\ldots,P_k\} = \bigcup_{t\in[t_0,t_1]} \bigcup_{P\in\{P_1,\ldots,P_k\}} (\rho[D]\,(t,P))$$

Ablesen des Betriebsmittelbedarfs

Aus dem Parallelitätsprofil zu einem Bearbeitungsplan läßt sich ablesen, welche Betriebsmittel zu einem Zeitpunkt t während der Bearbeitung belegt werden.

- Die *Prozessoranzahl* ist die Anzahl der Prozessoren, an denen zu einem Zeitpunkt Knoten des Bearbeitungsplans aktiv sind.

$$\begin{array}{lcl} \textit{proc-num} & :: & (\textit{num} \times \mathbf{P} \rightarrow \textit{node}) \rightarrow \textit{num} \rightarrow \textit{num} \\ (\textit{proc-num}\ \rho[D]\ t) & = & \textit{count}\ (\rho[D]\ \{t\} \times \mathbf{P}) \end{array}$$

- Die *Prozessornutzung* ist die für eine Knotenmenge insgesamt benötigte CPU-Leistung.

$$\begin{array}{lcl} \textit{cpu-use} & :: & \{\textit{node}\} \rightarrow \textit{num} \\ (\textit{cpu-use}\ \{a_1, \ldots, a_n\}) & = & \textit{cpu-use}[a_1] + \ldots + \textit{cpu-use}[a_n] \end{array}$$

Die Prozessornutzung zum Zeitpunkt t auf einem Prozessor P bzw. auf allen Prozessoren $\mathbf{P}$ ist damit

$$(\textit{cpu-use}\ (\rho[D]\ (t, P)))$$

bzw.

$$(\textit{cpu-use}\ (\rho[D]\ \{t\} \times \mathbf{P})).$$

Damit wird insofern von der während der Bearbeitung tatsächlich anfallenden Prozessornutzung abstrahiert, als angenommen wird, daß die Leistungsaufnahme eines Knotens a während der gesamten Bearbeitungszeit konstant ist, nämlich gleich der mittleren Leistungsaufnahme *cpu-use*$[a]$.

- Die *Hauptspeichernutzung* ist die Größe des durch eine Knotenmenge insgesamt belegten Hauptspeichers.

$$\begin{array}{lcl} \textit{mem-use} & :: & \{\textit{node}\} \rightarrow \textit{num} \\ (\textit{mem-use}\ \{a_1, \ldots, a_n\}) & = & (C^M\ a_1) + \ldots + (C^M\ a_n) \end{array}$$

Die Hauptspeichernutzung zum Zeitpunkt t auf einem Prozessor P bzw. auf allen Prozessoren $\mathbf{P}$ ist damit

$$(\textit{mem-use}\ (\rho[D]\ (t, P)))$$

bzw.

$$(\textit{mem-use}\ (\rho[D]\ \{t\} \times \mathbf{P})).$$

- Der *Auslastungsgrad* zum Zeitpunkt t ist die mittlere Nutzung der Prozessoren, auf denen zum Zeitpunkt t Knoten aktiv sind.

$$\begin{array}{lcl} \textit{proc-use} & :: & ((\textit{num}, \mathbf{P}) \rightarrow \{\textit{node}\}) \rightarrow \textit{num} \rightarrow \textit{num} \\ (\textit{proc-use}\ \rho[D]\ t) & = & \dfrac{(\textit{cpu-use}\ \rho[D]\ \{t\} \times \mathbf{P})}{(\textit{proc-num}\ \rho[D]\ t)} \end{array}$$

Korrektheitsbedingungen

Im Parallelitätsprofil müssen alle Knoten eines Bearbeitungsplans aufgetragen sein, wobei nicht mehr Betriebsmittel belegt werden dürfen, als vorhanden.

- Jeder Knoten ist genau einmal auf einem Prozessor für die Dauer seiner Bearbeitungszeit aktiv:

$$\begin{array}{lll} \forall a \in D\ \exists P \in \mathbf{P}\ \exists t_0 \geq 0 & & a \in \bigcap_{t \in [t_0, t_0 + time[a]]} (\rho[D]\,(t, P)) \\ & \wedge & a \notin (\rho[D]\,(num \times \mathbf{P}\ \setminus [t_0, t_0 + [time[a]] \times \{P\})) \end{array}$$

- Hauptspeicher- und Prozessornutzung sind nicht höher als möglich:

$$\begin{array}{llll} \forall t \geq 0\ \forall P \in \mathbf{P} & (cpu\text{-}use\,(\rho[D]\,(t, P)) & \leq & 1 \\ \forall t \geq 0\ \forall P \in \mathbf{P} & (mem\text{-}use\,(\rho[D]\,(t, P)) & \leq & mem_{loc} \end{array}$$

Kennzahlen des Parallelitätsprofils

Wichtige Kennzahlen sind nun zum einen die Länge des Parallelitätsprofils, die der Bearbeitungszeit entspricht, zum anderen Mittelwert und Standardabweichung von Prozessoranzahl, Prozessornutzung und Hauptspeichernutzung. Die Standardabweichung wird zur Bewertung mit herangezogen, da ein gleichmäßiger Verbrauch an Betriebsmitteln günstiger ist, als ein stark schwankender: Spitzen im Betriebsmittelbedarf führen mit höherer Wahrscheinlichkeit zur gegenseitigen Behinderung bei der Bearbeitung unterschiedlicher Anfragen.

- Die *Länge des Profils* ist die Zeitdauer, während der Knoten in Bearbeitung sind:

$$\begin{array}{lll} (len\,\rho[D]) & = & t_l \\ & & falls\ \ (\rho[D]\,(t_l, P)) \neq \{\}\ \wedge\ (\rho[D]\,(t_l, \infty) \times \mathbf{P}) = \{\} \end{array}$$

- *Mittelwert und Standardabweichung der Prozessoranzahl*

$$(\overline{proc\text{-}num}\,\rho[D]) = \frac{1}{(len\,\rho[D])} \cdot \int_0^{(len\,\rho[D])} (proc\text{-}num\,\rho[D]\,t)\,dt$$

$$(s_{proc\text{-}num}\,\rho[D]) = \sqrt{\frac{1}{(len\,\rho[D])} \int_0^{(len\,\rho[D])} ((\overline{proc\text{-}num}\,\rho[D]) - (proc\text{-}num\,\rho[M]\,t))^2\,dt}$$

- *Mittelwert und Standardabweichung der Prozessornutzung*

$$(\overline{proc\text{-}use}\,\rho[D]) = \frac{1}{(len\,\rho[D])} \cdot \int_0^{(len\,\rho[D])} (proc\text{-}use\,\rho[D]\,(t, \mathbf{P}))\,dt$$

$$(s_{proc\text{-}use}\,\rho[D]) = \sqrt{\frac{1}{(len\,\rho[D])} \int_0^{(len\,\rho[D])} ((\overline{proc\text{-}use}\,\rho[D]) - (proc\text{-}use\,\rho[D]\,(t, \mathbf{P})))^2\,dt}$$

- *Mittelwert und Standardabweichung des Hauptspeicherbedarfs*

$$(\overline{mem\text{-}use}\ \rho[D]) \;=\; \frac{1}{(len\ \rho[D])} \cdot \int_0^{(len\ \rho[D])} ((mem\text{-}use\ \rho[D]\ (t, \mathbf{P}))\ dt$$

$$(s_{mem\text{-}use}\ \rho[D]) \;=\; \sqrt{\frac{1}{(len\ \rho[D])} \int_0^{(len\ \rho[D])} ((\overline{mem\text{-}use}\ \rho[D]) - (mem\text{-}use\ \rho[D]\ (t, \mathbf{P})))^2\ dt}$$

- Der *Parallelitätsgrad* während eines Zeitintervalls $[t^s, t^e]$ ist definiert als die durchschnittliche Prozessornutzung in dem Zeitintervall.

$$(pargrad\ \rho[D]\ t^s\ t^e) \;=\; \frac{1}{l} \cdot \int_{t^s}^{t^e} (cpu\text{-}use\ \rho[D]]\ (t, \mathbf{P}))\ dt$$

9.6.2 Konstruktion eines Parallelitätsprofils

Ausgangspunkt

Die Konstruktion eines Parallelitätsprofils zu einem Bearbeitungsplan geht von folgenden Zuordnungs- und Kostendaten pro Knoten des zugrundeliegenden Datenflußprogramms aus:

- Bearbeitungszeit: *time*[*a*]
- Leistungsaufnahme: *cpu-use*[*a*]
- Hauptspeicherkosten: $(C^M\ a)$
- Verteilung auf Prozessoren: *proc*[*a*]
- Pipe-Nummer: $pipe\#[D^j]$

CPU-Kosten, I/O-Kosten und Transport-Kosten gehen in die Festlegung von Bearbeitungszeit und Leistungsaufnahme ein und werden daher implizit mit berücksichtigt. Bei der Festlegung der Leistungsaufnahme sind nämlich drei Randbedingungen zu beachten:

1. Die Bearbeitungszeit für einen Knoten muß groß genug sein, um nicht nur die eigentliche Bearbeitung durch die CPU, sondern auch die mit dem Knoten verbundene Externspeicherzugriffe und Kommunikationsvorgänge abwickeln zu können.

   Nimmt man an, daß Externspeicherzugriffe und Kommunikationsvorgänge echt parallel zur eigentlichen Bearbeitung durchgeführt werden können, so kann diese Randbedingung folgendermaßen überprüft werden:

   $$time[a] = \frac{(C^{CPU}\ a)}{cpu\text{-}use[a]} \geq max\{(C^{I/O}\ a), (C^T\ a)\}$$

   Abhängig von der konkreten Systemarchitektur muß dies ggf. präzisiert werden. So ist es nicht immer möglich, Externspeicherzugriffe und Kommunikationsvorgänge echt parallel zur eigentlichen Bearbeitung durchzuführen. Ferner lassen sich I/O-Vorgänge parallel abwickeln, falls ein Operand über mehrere Platten verteilt ist.

2. Da alle Knoten einer Pipe D^i gleichzeitig aktiv sein müssen, ist die Leistungsaufnahme der einzelnen Knoten so festzulegen, daß ihre Bearbeitungszeit identisch ist:

$$(\forall a, b \in D^i: \ time[a] = time[b])$$

3. Bei der Aktivierung ist sicherzustellen, daß die gesamte Leistungsaufnahme der auf einem Prozessor aktiven Knoten 1 nicht übersteigt. Insbesondere darf die Leistungsaufnahme der Knoten einer Pipe, die demselben Prozessor zugeordnet sind, nicht größer als 1 sein.[18]

   Bei diesem Kriterium wird von einer gleichförmigen Leistungsaufnahme *cpu-use*[*a*] während der gesamten Bearbeitungszeit *time*[*a*] eines Knotens *a* ausgegangen. Dies ist bei der Bearbeitung einer Pipe jedoch nur angenähert der Fall: Mit der Bearbeitung eines Knotens, dem Operanden paketweise übergeben werden, kann tatsächlich erst dann begonnen werden, wenn die Vorgängerknoten bereits jeweils das erste Tupelpaket geliefert haben. Ferner wird innerhalb einer Pipe nur die erste Phase eines mehrphasigen Knotens echt gleichzeitig mit den Vorgängerknoten bearbeitet. Dementsprechend schwankt die Leistungsaufnahme der einzelnen Knoten.

   Spitzen in der Leistungsaufnahme eines Knotens können nun zu Konkurrenzsituationen mit anderen Knoten und damit zu einer Verzögerung bei der Bearbeitung führen. Dies hat ggf. eine Verlängerung des Parallelitätsprofils zu Folge.

   Ein denkbarer Ausweg hieraus ist, die maximale Nutzung der einzelnen Prozessoren auf einen Wert kleiner als 1 zu senken, um einen Spielraum für Schwankungen in der Leistungsaufnahme zu haben. Um festzustellen, ob und ggf. in welchem Umfang dies erforderlich ist, sind Leistungsuntersuchungen anhand eines realen parallelen Datenbanksystems vorzunehmen. Dabei ist zu ermitteln, wie stark die auftretenden Schwankungen in der Leistungsaufnahme tatsächlich sind und welche Auswirkungen sie haben.

Vorgehensweise

Das Parallelitätsprofil kann ausgehend von den Zuordnungs- und Kostendaten in zwei Schritten konstruiert werden, sofern die Leistungsaufnahme in zulässiger Weise festgelegt ist:

1. Zunächst wird für jede Pipe des Datenflußprogramms ein eigenes Parallelitätsprofil aufgestellt, das wir als Pipebox bezeichnen. Die Pipeboxen ergeben sich aus der Bearbeitungszeit der Knoten einer Pipe und ihrer Verteilung auf Prozessoren.

2. Ausgehend von den Pipeboxen wird ein vollständiges Parallelitätsprofil aufgebaut. Dabei wird die durch die Pipe-Nummern gegebene Aktivierungsreihenfolge und der Betriebsmittelverbrauch der einzelnen Pipes berücksichtigt.

Konstruktion einer Pipebox

Eine Pipebox $\rho[D^i]$ zu einer Pipe D^i ist sehr einfach aufgebaut, da alle Knoten der Pipe gleichzeitig aktiv sein und die gleiche Bearbeitungszeit haben müssen. Sie ergibt sich, indem Knoten $a \in D^i$ entsprechend der Bearbeitungsdauer $t_l = time[a]$ dem Prozessor *proc*[*a*] zugeordnet werden:

[18] Hier ließe sich auch leicht ein Rechnerknoten berücksichtigen, der aus mehreren Prozessoren besteht: die Obergrenze für die Leistungsaufnahme wäre dann gleich der Anzahl der Prozessoren, wobei natürlich die Leistungsaufnahme eines einzelnen Knotens des Datenflußprogramms nicht größer als 1 sein darf.

$$\rho[D^i]\,(t,P) \;=\; \begin{cases} \{a \in D^i : proc[a] = P\} & falls\ t \in [0,t_l] \\ \{\} & sonst \end{cases}$$

Die Verteilung der Knoten einer Pipe auf Prozessoren und ihre Bearbeitungsdauer darf natürlich nur so festgelegt sein, daß bei der Konstruktion des Parallelitätsprofils die Korrektheitanforderungen bezüglich Hauptspeicher- und Prozessornutzung eingehalten werden.

Zusammensetzung der Pipeboxen zu einem Parallelitätsprofil

Ein Parallelitätsprofil ergibt sich, indem Startzeitpunkte für die Pipeboxen festgelegt werden: kennt man den Startzeitpunkt $start[D^i]$ einer Pipebox, so sind die Knoten der Pipe für die Länge der Pipebox auf den ihnen zugeordneten Prozessoren aktiv.

$$(\rho[D]\,(t,P)) \;=\; \bigcup_{D^i \in (\pi\ D):\ t_i^s \le t \le t_i^e} D^i$$

$$falls\quad t_i^s = start[D^i] \;\wedge\; t_i^e = t_i^s + (len\ \rho[D^i])\ für\ alle\ D^i \in (\pi\ D)$$

Eine Pipebox $\rho[D^i]$ kann dabei ab Zeitpunkt t_i^s in das Parallelitätsprofil eingetragen werden, wenn alle externen Operanden vorliegen, das heißt jede Pipebox $\rho[D^j]$ zu einer Vorgängerpipe $D^j < D^i$ zu einem Zeitpunkt $t_j^s < t_i^s - (len\ \rho[D^j])$ in das Parallelitätsprofil eingetragen wurde, und wenn die zur Bearbeitung von D^i erforderlichen Betriebsmittel bereitgestellt werden können. Aus diesen Randbedingungen und der Aktivierungsreihenfolge ergibt sich folgende Definition des Startzeitpunkts einer Pipe D^i:

> Sei $\rho[D']$ mit $D' = \{a \in D : (\exists D^j \in (\pi\ D)\ pipe\#[D^j] < pipe\#[D^i] \;\wedge\; a \in D^j\}$ das Parallelitätsprofil, in das bereits alle vor D^i zu aktivierenden Pipes eingetragen sind.
>
> $t_i^s = start[D^i]$ ist der kleinste Zeitpunkt $t_i^s \ge 0$, für den die beiden folgenden Bedingungen erfüllt sind:
>
> 1. $\forall D_j \in (\pi\ D)\ D^j < D^i \Rightarrow t_j^s < t_i^s - (len\ \rho[D^j])$
> 2. $\forall t \in [t_i^s, t_i^s + (len\ \rho[D^i])]\ \forall P \in \mathbf{P}$
> $(cpu\text{-}use\ \rho[D']\,(t,P)) + (cpu\text{-}use\ \rho[D^i]\,(t - t_i^s)) < 1 \;\wedge$
> $(mem\text{-}use\ \rho[D']\,(t,P)) + (mem\text{-}use\ \rho[D^i]\,(t - t_i^s)) < mem_{loc}$

Kennzahlen einer Pipebox

Einer Pipebox können aufgrund ihrer Konstruktion und ihrer Plazierung im Parallelitätsprofil zwei Kennzahlen zugeordnet werden, die für die Formulierung von Parallelisierungsstrategien von Bedeutung sind.

- *Auslastungsgrad einer Pipebox*

  Eine wichtige Kennzahl für die Bewertung einer Pipebox ist ihr Auslastungsgrad, das heißt der Auslastungsgrad $(proc\text{-}use\ \rho[D^i]\ t)$, der für alle $t \in [0, (len\ \rho[D^i])]$ identisch ist: eine Pipebox mit geringem Auslastungsgrad kann durch Node Splitting verkürzt werden, ohne daß dabei notwendigerweise mehr Prozessoren benötigt werden.

- *Parallelitätsgrad einer Pipebox*

  Eine weitere wichtige Kennzahl ist der Parallelitätsgrad einer Pipebox, das heißt der Parallelitätsgrad $(pargrad\ \rho[D]\ start[D^i]\ (start[D^i] + (len\ \rho[D^i]))$ in dem Zeitintervall $[start[D^i], start[D^i] + (len\ \rho[D^i])]$, während dem die Pipe bearbeitet wird: Pipeboxen mit geringem Parallelitätsgrad sind gute Kandidaten für eine stärkere Parallelisierung.

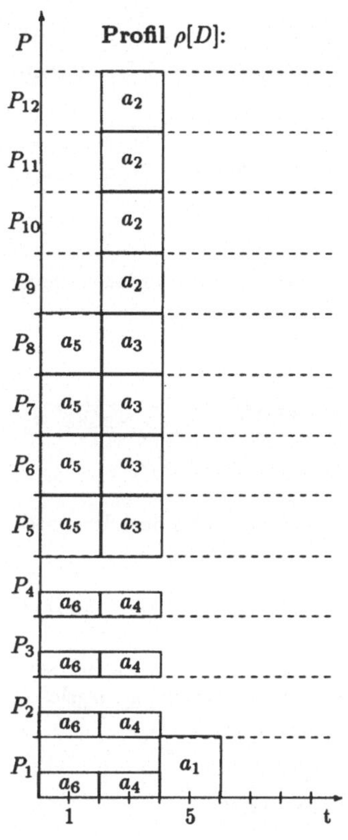

Zuordnung:

a	*cpu-use*[a]	*time*[a]	*proc*[a]
a_1 :	100%	2	P_1
a_2^i :	100%	2	$P_9, P_{10}, P_{11}, P_{12}$
a_3^i :	100%	2	P_5, P_6, P_7, P_8
a_4^i :	40%	2	P_1, P_2, P_3, P_4
a_5^i :	100%	2	P_5, P_6, P_7, P_8
a_6^i :	40%	2	P_1, P_2, P_3, P_4

Kennzahlen:

$$\begin{aligned} (\mathit{len}\ \rho[D]) &= 6 \\ (\overline{\mathit{proc\text{-}num}}\ \rho[D]) &= 7 \\ (s_{\mathit{proc\text{-}num}}\ \rho[D]) &= 4.55 \\ (\overline{\mathit{proc\text{-}use}}\ \rho[D]) &= 5.4 \\ (s_{\mathit{proc\text{-}use}}\ \rho[D]) &= 3.51 \end{aligned}$$

Abbildung 9.1 Konstruktion eines Parallelitätsprofils

Beispiel für die Konstruktion des Parallelitätsprofils

In Abb. 9.1 ist ein Parallelitätsprofil zu dem im vorigen Kapitel konstruierten parallelisierten Datenflußprogramm (Abb. 8.5) dargestellt.[19] Es ergibt sich direkt, indem die Pipeboxen zu den Pipes $\{a_5^i, a_6^i\}$, $\{a_4^i, a_3^i, a_2^i\}$ und a_1 konstruiert und entsprechend der Datenflußbeziehung hintereinander in das Parallelitätsprofil eingetragen werden.

9.6.3 Bestimmung der Bearbeitungskosten und der Bearbeitungszeit

Mit Hilfe des Parallelitätsprofils lassen sich die nicht-temporalen Kosten eines Bearbeitungsplans sowie seine Bearbeitungszeit bestimmen.

Bearbeitungszeit

Die Bearbeitungszeit entspricht der Länge des Parallelitätsprofils:

$$(\mathit{Time}\ D) \ = \ (\mathit{len}\ \rho[D])$$

[19] Die Indizes der einzelnen Teilknoten a_j^i zu einem Knoten a_j sind im Profil zur besseren Lesbarkeit nicht mit angegeben.

Hauptspeicher-Kosten

Die Hauptspeicher-Kosten lassen sich als gewichtete Summe von Mittelwert und Standardabweichung der Hauptspeicher-Nutzung beschreiben:

$$(C^M\ D) \quad = \quad w_{m1} \cdot (\overline{mem\text{-}use}\ \rho[D]) + w_{m2} \cdot (s_{mem\text{-}use}\ \rho[D])$$

Prozessor-Kosten

Die Prozessor-Kosten lassen sich als gewichtete Summe von Mittelwert und Standardabweichung von Prozessoranzahl und Prozessornutzung beschreiben:

$$\begin{aligned}(C^P\ D) \quad = \quad & w_{p1} \cdot (\overline{proc\text{-}num}\ \rho[D]) + w_{p2} \cdot (s_{proc\text{-}num}\ \rho[D]) + \\ & w_{p3} \cdot (\overline{proc\text{-}use}\ \rho[D]) + w_{p4} \cdot (s_{proc\text{-}use}\ \rho[D])\end{aligned}$$

Verrechnung der Kostenarten

Die Gesamtkosten eines Bearbeitungsplans lassen sich durch eine gewichtete Summe der einzelnen Kostenarten ausdrücken:

$$(Cost\ D) \quad = \quad w_{CPU} \cdot (C^{CPU}\ D) + w_{I/O} \cdot (C^{I/O}\ D) + w_T \cdot (C^T\ D) + w_M \cdot (C^M\ D) + w_P \cdot (C^P\ D)$$

Welche Gewichtungsfaktoren zu wählen sind hängt davon ab, wie stark die einzelnen Betriebsmittel in einer konkreten Systemkonfiguration und bei einer konkreten Anwendung ausgelastet werden. Es ist also nicht möglich, allgemein gültige Faktoren anzugeben.

9.7 Bewertung eines Meta-Datenflußprogramms

9.7.1 Ausgangspunkt

In einem Meta-Datenflußprogramm liegen die zur exakten Kostenbewertung erforderlichen Informationen noch nicht vollständig vor:

- Es ist noch nicht bekannt, in welchem Umfang Partitionierer eingesetzt werden müssen und Teilknoten eingespart werden können.
- Die Zuordnungsentscheidungen (Verteilung von Knoten auf Prozessoren, Pipe-Reihenfolge, Leistungsaufnahme, Auslagerung) sind noch nicht getroffen.

Um Kostenanteile bestimmen und ein Parallelitätsprofil aufbauen zu können, ohne explizit einen Bearbeitungsplan zu konstruieren, müssen für diese offenen Punkte plausible Annahmen getroffen werden. Damit ist selbstverständlich nur eine annähernde Abschätzung der Kosten möglich, die jedoch genau genug sein sollte, um die Parallelisierung sinnvoll steuern zu können.

Ziel der Parallelisierung ist die Minimierung der Bearbeitungszeit, wobei ein vorgegebenes Kostenlimit nicht überschritten werden darf. Um die Suche nicht über das Limit hinaus fortzusetzen, müssen die Kosten pessimistisch bewertet werden. Droht ein Überschreiten des Limits, ist explizit ein Bearbeitungsplan zu konstruieren, aus dem hervorgeht, ob die Parallelisierung noch weiter fortgesetzt werden kann. Wir gehen dementsprechend bei der Bewertung eines Meta-Datenflußprogramms von folgenden Annahmen aus:

1. *Einsatz von Partitionierern*

   Partitionierer können erforderlich sein, falls ein anzahlorientiert oder hashorientiert zerlegter Operand benötigt wird. Bei der Bewertung eines Meta-Datenflußprogramms ist also davon auszugehen, daß in diesen Fällen Partitionierer eingesetzt werden. Um hierdurch die Suche nicht zu stark einzuschränken, werden im folgenden Kapitel Heuristiken angegeben, bei denen die Aufspaltung aufeinanderfolgender Knoten so gekoppelt wird, daß eine Partitionierung nicht erforderlich ist.

2. *Einsparung überflüssiger Teilknoten*

   Bei der Bewertung eines Meta-Datenflußprogramms wird nicht überprüft, ob sich Teilknoten einsparen lassen. Da die Gesamtgröße eines Operanden unabhängig von der Anzahl der Teilknoten, die die ihn produzieren, abgeschätzt werden kann, ist die Kostenrelevanz dieser Annahme nicht sehr groß, es sei denn, die Aktivierung eines Knotens ist sehr aufwendig.

3. *Verteilung von Teilknoten auf Prozessoren*

   Die Verteilung von Teilknoten auf Prozessoren ist sowohl für die Bewertung der Kommunikationskosten als auch für die Konstruktion eines Parallelitätsprofils relevant. Im Hinblick auf die Kommunikationskosten ist anzunehmen, daß immer eine nicht lokale Kommunikation erforderlich ist. Für die Konstruktion des Parallelitätsprofils werden unten Heuristiken angegeben, die neben der Verteilung von Teilknoten auch die Pipe-Reihenfolge und die Leistungsaufnahme festlegen.

4. *Auslagerung*

   Es ist davon auszugehen, daß alle Zwischenergebnisse ausgelagert werden, die in die Phasen 2 bis k eines k-phasigen Knotens eingehen oder nicht klein genug sind, um ohne Problem im Hauptspeicher gehalten werden zu können (wobei die Obergrenze für hauptspeicherresidente Operanden systemspezifisch festzulegen ist, abhängig von dem verfügbaren Hauptspeicher und den gesamten Hauptspeicher-Anforderungen).

Unter diesen pessimistischen Annahmen können die Kosten eines Metaknotens abgeschätzt werden. Ferner können Heuristiken zur Konstruktion von Pipeboxen und eines Parallelitätsprofils angegeben werden.

9.7.2 Kosten der Teilknoten eines Metaknotens

Zu einem Metaknoten $\underline{a}$ mit Zerlegungsgrad n werden bei der Abbildung eines Meta-Datenflußprogramms auf ein Datenflußprogramm mit Hilfe der Regel **NODES** n Teilknoten und soweit erforderlich Partitionierer generiert. Die Kosten der Teilknoten können im Rahmen der Kostenbewertung als identisch angenommen werden, da in jedem Teilknoten die gleiche Operation ausgeführt wird und die Operanden in (zumindest annähernd) gleichgroße Teile zerlegt werden.

Um bei der Bewertung eines Meta-Datenflußprogramms nicht explizit Partitionierer einführen zu müssen, können die Partitionierungskosten den Kosten des Zugriffs auf die entstehenden Teiloperanden zugeschlagen werden: Zusätzlich zu den normalen Zugriffskosten werden die (CPU-)Kosten, die pro Tupel bei einer Partitionierung anfallen (lokaler Operandenzugriff, ggf. Anwendung einer Hashfunktion, Schreiben in eine Ergebnispipe), berechnet.

Unter diesen Annahmen lassen sich die pro Teilknoten entstehenden Kosten mit Hilfe der in Kap. 9.5 aufgestellten Kostenfunktionen bestimmen. Wir erhalten damit

$$(C\,a_i) \;=\; ((C^{CPU}\,a_i),\,(C^{I/O}\,a_i),\,(C^{T}\,a_i),\,(C^{M}\,a_i)),\; 1 \le i \le n.$$

Um diese Kosten nur einmal führen zu müssen, können sie dem Metaknoten zugeordnet werden:

$$(C\,\underline{a}) \;=\; (C\,a_i),\; 1 \leq i \leq n$$

Hieraus läßt sich unter Beachtung der gleichen Randbedingungen wie bei der Zuordnung von Knoten (Kap. 8.6) die minimale Zeit *time*[*a*] für die Bearbeitung eines Teilknotens von $\underline{a}$ sowie die damit verbundene Aufnahme an CPU-Leistung *cpu-use*[$\underline{a}$] bestimmen. Bei der Konstruktion des Parallelitätsprofils zu einem Meta-Datenflußprogramm können diese Werte zugrundegelegt werden, wobei noch eine Verlängerung der Bearbeitungszeit bei einer entsprechenden Verringerung von *cpu-use*[$\underline{a}$] möglich ist.

9.7.3 Initiale Verteilung von Teilknoten auf Prozessoren

Zur Konstruktion der Pipeboxen und des Parallelitätsprofils zu einem Meta-Datenflußprogramm ist die Verteilung von Teilknoten auf Prozessoren festzulegen: Ein Teilknoten, der auf ein Fragment einer Basisrelation zugreift, muß dort bearbeitet werden, wo sich das Fragment befindet; alle übrigen Teilknoten können beliebigen Prozessoren zugeordnet werden.

Einem Metaknoten mit Aufspaltungsgrad n sind dementsprechend n Prozessoren zuzuordnen, die festliegen, falls auf Fragmente einer Basisrelation zugegriffen wird, und ansonsten variabel sind. Dies läßt sich durch eine Menge $\mathbf{P}_v = \{\mathcal{P}_1, \mathcal{P}_2, \ldots\}$ von Prozessorvariablen nachvollziehen, wobei eine Variable schließlich mit einem bestimmten Prozessor gleichgesetzt wird. Die Funktion *proc* liefert als Verallgemeinerung der entsprechenden Funktion auf Knoten bei Anwendung auf einen Metaknoten die diesem zugeordneten Prozessoren bzw. Prozessorvariablen:

$$\begin{array}{lcl} proc & :: & meta \rightarrow (\mathbf{P} \cup \mathbf{P}_V, \ldots, \mathbf{P} \cup \mathbf{P}_V) \\ proc[\underline{a}] & = & (proc[a^1], \ldots, proc[a^n]) \\ & = & \left[\begin{array}{l} \{site[R^1], \ldots, site[R^n]\} \subset \mathbf{P} \\ \qquad \textit{falls } \underline{a} \textit{ auf } R \textit{ mit } \text{anzfrag}[R] = n \textit{ zugreift} \\ \\ \{\mathcal{P}_1, \ldots, \mathcal{P}_n\} \subset \mathbf{P}_V \\ \qquad \textit{sonst} \end{array}\right. \end{array}$$

Dabei werden unterschiedlichen Metaknoten (und später unterschiedlichen Metapipes) anfangs unterschiedliche Variable zugeordnet:

$$proc[\underline{a}].i \in \mathbf{P}_V \;\wedge\; proc[\underline{b}].j \in \mathbf{P}_V \;\wedge\; \underline{a} \neq \underline{b} \;\;\Rightarrow\;\; proc[\underline{a}].i \neq proc[\underline{b}].j$$

Im Laufe der Konstruktion des Parallelitätsprofils werden diese Variablen zum einen untereinander gleichgesetzt, um festzuhalten, daß die entsprechenden Teilknoten unterschiedlicher Metaknoten demselben Prozessor zuzuordnen sind. Zum anderen werden Prozessorvariable durch konkrete Prozessoren ersetzt, womit eine konkrete Zuordnung von Teilknoten zu Prozessoren festgelegt wird.

9.7.4 Konstruktion von Pipeboxen

Inhalt einer Pipebox

Eine Metapipe kann bei der Abbildung auf ein Datenflußprogramm zu mehreren voneinander unabhängigen Pipes führen, da die Teilknoten einer Metapipe nicht über Datenflußbeziehungen verbunden sein müssen (beispielsweise wenn die Metapipe aus einem einzelnen Metaknoten mit

Aufspaltungsgrad $n > 1$ besteht). Dementsprechend kann eine Pipebox zu einer Metapipe mehrere Pipeboxen des zugrundeliegenden Datenflußprogramms zusammenfassen. Dies spiegelt den Effekt der Parallelisierung wieder: die unabhängigen Pipeboxen des Datenflußprogramms entstehen aufgrund von Node Splitting, sollten also parallel zueinander in ein Parallelitätsprofil eingetragen werden, was bei der Konstruktion einer Pipebox zu der Metapipe automatisch geschieht.

Anpassung der Bearbeitungszeiten durch Verringerung der Leistungsaufnahme

Um eine Pipebox zu einer Metapipe $\underline{D}^i$ konstruieren zu können, müssen zunächst die Bearbeitungszeiten der Teilknoten aneinander angeglichen werden. Sei

$$t_m = max\,\{time[\underline{a}] : \underline{a} \in \underline{D}^i\}$$

das Maximum der (anfangs minimalen) Bearbeitungszeiten der Teilknoten. Die Bearbeitungszeit aller Teilknoten muß auf diesen Maximalwert gesetzt werden:

$$\begin{aligned} \forall \underline{a} \in \underline{D}^i : \quad & time[\underline{a}] \leftarrow t_m \\ & cpu\text{-}use[\underline{a}] \leftarrow \frac{(C^{CPU}\ \underline{a})}{time[\underline{a}]} \end{aligned}$$

Um ausgehend hiervon eine Pipebox konstruieren zu können, darf die gesamte Aufnahme an CPU-Leistung nicht größer sein als die Anzahl der vorhandenen Prozessoren:[20]

$$\sum_{\underline{a} \in \underline{D}^i} cpu\text{-}use[\underline{a}] \cdot \underline{a}.split.1 \leq anzproc$$

Ferner darf die Leistungsaufnahme der einem Prozessor P bereits zugeordneten Knoten nicht größer als 1 sein:

$$\forall P \in \mathbf{P} : \left(\sum_{\underline{a} \in \underline{D}^i, i \geq 1:\ proc[\underline{a}].i = P} cpu\text{-}use[\underline{a}] \right) \leq 1$$

Ist eine dieser beiden Bedingungen verletzt, so muß die Leistungsaufnahme soweit verringert werden, bis sie unterhalb der vorgegebenen Maximalwerte liegt. Die Bedingungen sind notwendig, jedoch nicht hinreichend dafür, daß eine korrekte Zuordnung möglich ist: die Leistungsaufnahme der einzelnen Teilknoten kann so verteilt sein, daß es unmöglich ist, die Prozessoren auszulasten. Stehen beispielsweise nur 8 Prozessoren zur Verfügung, so muß die Leistungsaufnahme der Metapipe $\{\underline{a}_2, \underline{a}_3, \underline{a}_4\}$ im Vergleich zu Abb. 9.1 um den Faktor 1.4 verringert werden damit eine Pipebox konstruierbar ist, während aus den obigen Bedingungen nur der Faktor 1.2 resultiert. Dies ist in Abb. 9.2 daran ankennbar, daß die Prozessoren P_5 bis P_8 nicht vollständig ausgelastet sind.

Liegt ein solcher Fall vor, ist also eine Zuordnung zunächst nicht möglich, so muß die Leistungsaufnahme iterativ immer weiter verringert und jeweils erneut eine Zuordnung versucht werden. Damit wird die Bearbeitungszeit für die Metapipe also schrittweise erhöht, bis eine Zuordnung schließlich möglich ist.

---

[20] $\underline{a}.split.1$ entspricht gemäß der Definition von Metaknoten dem Aufspaltungsgrad.

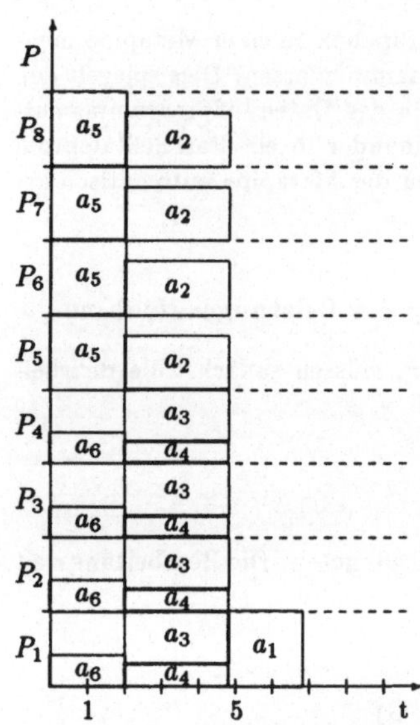

Zuordnung:

$\underline{a}$	*cpu-use*[$\underline{a}$]	*time*[$\underline{a}$]	$\underline{a}$.*split*
$\underline{a}_1$:	100%	2	$(1, 1, var)$
$\underline{a}_2$:	71%	2.8	$(4, 2, var)$
$\underline{a}_3$:	71%	2.8	$(4, 8, var)$
$\underline{a}_4$:	29%	2.8	$(4, 1, fix)$
$\underline{a}_5$:	100%	2	$(4, 8, folgek)$
$\underline{a}_6$:	40%	2	$(4, 1, fix)$

Abbildung 9.2 Anpassung der Bearbeitungszeiten in einer Pipe

Zuordnung von Teilknoten zu Prozessoren

Eine Pipebox ergibt sich nun automatisch, wenn man die Verteilung der Teilknoten auf Prozessoren festgelegt. Die Prozessoren sind dabei nach wie vor variabel, es sei denn, es wird auf Fragmente einer Basisrelation zugegriffen. Bei der Festlegung einer Pipebox müssen folgende Ziele bzw. Randbedingungen berücksichtigt werden:

1. *Anzahl der Prozessoren*

   Die Pipebox sollte sowenig Prozessoren wie möglich belegen, um die Konkurrenz mit anderen Aufgaben bezüglich der benötigten Prozessoren zu minimieren.

2. *Hauptspeicherbedarf*

   Auf jedem Prozessor kann nicht mehr Hauptspeicher belegt werden, als vorhanden ist. Diese Anforderung läßt sich in der Regel durch eine hinreichend feine Phasenzerlegung erfüllen.

3. *Kommunikationskosten*

   Die prozessorlokale Kommunikation ist kostengünstiger als die prozessorübergreifende. Um die Kommunikationskosten niedrig zu halten, sollten daher aufeinanderfolgende Knoten möglichst dem gleichen Prozessor zugeordnet werden. Dies gilt insbesondere dann, wenn das Kommunikationsvolumen sehr hoch ist. Da die Kommunikation bei der Bewertung eines Meta-Datenflußprogramms immer als nicht-lokal angenommen wird, ist diese Anforderung hier noch nicht relevant, sondern kommt erst bei der Konstruktion eines Bearbeitungsplans zum Tragen.

Da der Hauptspeicherbedarf durch eine geeignete Phasenzerlegung reduziert werden kann, und die Art der Kommunikation bei der (nur approximativen) Bewertung eines Meta-

Datenflußprogramms noch keine Rolle spielt, ist hier zunächst nur das erste Kriterium ausschlaggebend. Die weiteren Randbedingungen müssen natürlich bei der Konstruktion eines Bearbeitungsplans zu einem Meta-Datenflußprogramm berücksichtigt werden. Wir gehen daher bei der Entwicklung eines Algorithmus für die Zuordnung von Teilknoten zu Prozessoren in zwei Schritten vor: Im ersten Schritt wird für die Bewertung eines Meta-Datenflußprogramms ein einfacher Algorithmus entwickelt, der Hauptspeicherbedarf und Kommunikationskosten nicht berücksichtigt; im zweiten Schritt (siehe Kap. 10.4) wird dieser Algorithmus im Hinblick auf die Zuordnung des parallelisierten Datenflußprogramms so erweitert, daß diese Einschränkungen aufgehoben werden.

Das Problem, die Teilknoten einer Metapipe auf eine möglichst kleine Anzahl von Prozessoren zu verteilen, läßt sich in einer ersten Annäherung als *Bin-Packing-Problem* auffassen: jeder Prozessor entspricht einer Schachtel (Bin) der Kapazität 1, jeder Teilknoten eines Metaknotens $\underline{a}$ entspricht einem Teil der Größe *cpu-use*[$\underline{a}$], gesucht ist eine Zuordnung der Teile zu einer möglichst geringen Anzahl von Schachteln, bei der die Schachtelkapazität nicht überschritten wird. Dieses Problem ist NP-vollständig, es ist jedoch ein relativ guter Näherungsalgorithmus bekannt [GaJo79]: eine *Best-Fit-Decreasing*-Strategie, mit der die nach fallender Größe sortierten Teile nacheinander in die jeweils am besten passende Schachtel einsortiert werden, benötigt im schlechtesten Fall $\frac{11}{9} \cdot n_{opt} + 4$ Schachteln.

Im Vergleich zum klassischen Bin-Packing-Problem kommt bei uns die Randbedingung hinzu, daß die Verteilung von Teilknoten, die auf Fragmente einer Basisrelation zugreifen, a priori festliegt. Die Best-Fit-Decreasing-Strategie kann daher nur bei den übrigen Knoten eingesetzt werden. Damit ergibt sich folgender Algorithmus für die Festlegung der Prozessorzuordnung:

Sei

$$\mathbf{P}^i = \Big(\bigcup_{\underline{a} \in UD, j \geq 1} proc[\underline{a}].j \Big) \cap \mathbf{P} = \{P_1^i, \ldots, P_k^i\}$$

die Menge der bereits festliegenden Prozessoren,

$$\mathbf{P}_V^i = \{\mathcal{P}_1^i, \ldots, \mathcal{P}_m^i\}$$

eine Menge von Prozessorvariablen mit $k + m = anzproc$,

$$\begin{aligned} cpu\text{-}use[P_i^s] &= \sum_{\underline{a} \in \underline{D}_i, j \geq 1 : proc[\underline{a}].j = P_s^i} cpu\text{-}use[\underline{a}] \\ cpu\text{-}use[\mathcal{P}_s^i] &= 0 \end{aligned}$$

die anfängliche Leistungsaufnahme der Prozessoren, und

$$\{\underline{a}_1, \ldots, \underline{a}_n\} \subset \underline{D}^i$$

die Menge der noch nicht fest zugeordneten Metaknoten, geordnet nach fallender CPU-Nutzung:

$$cpu\text{-}use[\underline{a}_j] \geq cpu\text{-}use[\underline{a}_{j-1}].$$

Die Teilknoten der Metaknoten werden nun in dieser Reihenfolge (also nach fallender CPU-Leistung) nacheinander zugeordnet. Für einen Teilknoten a_j^s wird dabei jeweils der Prozessor gewählt, der die am besten passende Restkapazität hat:

- Wähle $P \in \mathbf{P}^i \cup \mathbf{P}^i_V$ mit

$$\begin{aligned} & \textit{cpu-use}[P] - \textit{cpu-use}[a^s_j] \\ = \ & \min \{d = \textit{cpu-use}[P'] - \textit{cpu-use}[a^s_j] : P' \in \mathbf{P}^i \cup \mathbf{P}^i_V \ \wedge \ d > 0\} \end{aligned}$$

- Setze $\textit{proc}[a_j].s \leftarrow P$
- Setze $\textit{cpu-use}[P] \leftarrow \textit{cpu-use}[P] + \textit{cpu-use}[a^s_j]$

Gibt es dabei für einen Teilknoten a^s_i keinen passenden Prozessor, so muß wie oben erläutert die Leistungsaufnahme der Knoten verringert und anschließend erneut eine Zuordnung versucht werden. Ausgehend von der damit schließlich gefundenen Zuordnung kann direkt eine Pipebox aufgestellt werden:

$$\begin{aligned} \rho[\underline{D}^i] \ & :: \ (\textit{num}, \mathbf{P} \cup \mathbf{P}_V) \rightarrow \textit{node} \\ \rho[\underline{D}^i]\,(t,P) \ & = \ \begin{cases} \{\} & \textit{falls } t \notin [0, \textit{time}[\underline{a}]] \textit{ für } \underline{a} \in \underline{D}^i \\ \{a^s_j : \underline{a}_j \in \underline{D}^i \wedge \textit{proc}[\underline{a}_j].s = P\} & \textit{sonst} \end{cases} \end{aligned}$$

9.7.5 Zusammensetzen der Pipeboxen zu einem Parallelitätsprofil

Das Parallelitätsprofil zu einem Datenflußprogramm wurde aufgebaut, indem die Pipeboxen entsprechend der Aktivierungsreihenfolge nacheinander in das Parallelitätsprofil eingetragen wurden. Diese Reihenfolge steht bei einem Meta-Datenflußprogramm noch nicht vollständig, das heißt nur bei Metapipes, die in einer Datenflußbeziehung stehen, fest. Zur Festlegung der Reihenfolge voneinander unabhängiger Metapipes sind unterschiedliche Heuristiken denkbar, die zu unterschiedlichen Parallelitätsprofilen führen können:

- Voneinander unabhängige Metapipes $\underline{D}^i$ werden nach fallender Prozessoranzahl ($\overline{\textit{proc-num}}\ \rho[\underline{D}^i]$) oder Prozessornutzung ($\overline{\textit{proc-use}}\ \rho[\underline{D}^i]$) geordnet. Dadurch werden Pipeboxen mit größerem Prozessorbedarf, die schwieriger im Profil einzutragen sind, bevorzugt zugeordnet.

- Die Pipeboxen werden nach fallendem Flächeninhalt

$$(\textit{len}\ \rho[\underline{D}^i]) \cdot (\overline{\textit{proc-use}}\ \rho[\underline{D}^i])$$

  geordnet. Damit werden Pipes mit hohen Bearbeitungskosten bevorzugt betrachtet.

- Die Reihenfolge kann sich an den aus der Theorie der Ablaufplanung bekannten Kritischer-Pfad-Algorithmen orientieren ([Coff76, GrKS87], siehe Kap. 2.4.2). Der kritische Pfad kann dabei bezüglich der Länge oder bezüglich des Flächeninhalts der Pipeboxen bestimmt werden.

Welche Heuristik das beste Parallelitätsprofil liefert ist eine offene Frage, zu deren Beantwortung empirische Untersuchungen erforderlich sind.

Beim Eintragen einer Pipebox in das Parallelitätsprofil sind die Prozessorvariablen durch konkrete Prozessoren zu ersetzen. Eine Pipebox ist eintragbar, falls alle Vorgängerpipes beendet sind und es eine Ersetzung von Prozessorvariablen gibt, bei der die bei der Konstruktion des Parallelitätsprofils zu einem Datenflußprogramm angegebenen Randbedingungen hinsichtlich des Ressourcenverbrauchs eingehalten werden. Eine solche Ersetzung kann wie oben mit einem Best-Fit-Decreasing-Algorithmus konstruiert werden.

9.7.6 Bestimmung der Bearbeitungskosten und der Bearbeitungszeit

Ausgehend von den Kosten der Teilknoten und dem Parallelitätsprofil können auf die gleiche Weise wie bei einem Datenflußprogramm die Bearbeitungskosten (*Cost* $\underline{D}$) und die Bearbeitungszeit (*Time* $\underline{D}$) eines Meta-Datenflußprogramms berechnet werden.

9.7.7 Neubewertung nach einem Parallelisierungsschritt

Nach einer Parallelisierung durch Node Splitting oder Pipelining müssen die Kosten eines Meta-Datenflußprogramms nicht vollständig neu bestimmt werden. Vielmehr reicht es aus, die aufgespaltenen Meta-Knoten bzw. die zusammengefaßten Meta-Pipes zu betrachten.

Veränderung der Kosten der Teilknoten eines Meta-Knotens bei Node Splitting

Betrachtet man die Struktur der Kostenformeln, so stellt man leicht fest, daß sich die Kosten eines Teilknotens in einen fixen Anteil und einen von der Anzahl der Teilknoten (der Größe der zu partitionierenden Operanden) abhängigen Anteil aufspalten lassen. Bei allen Meta-Knoten, die nicht durch Anwendung der Regel **SJOIN_JP** (Equi-Join mit sequentiellem Zugriff, d.h. Nested-Loop-Join ohne Indexunterstützung) entstanden sind, bedeutet dies

$$\begin{aligned}(C\ \underline{a}) = (\ & (C_{fix}^{CPU}\ \underline{a}) + \frac{(C_{lin}^{CPU}\ \underline{a})}{\underline{a}.split.1}, (C_{fix}^{I/O}\ \underline{a}) + \frac{(C_{lin}^{I/O}\ \underline{a})}{\underline{a}.split.1}, \\ & (C_{fix}^{T}\ \underline{a}) + \frac{(C_{lin}^{T}\ \underline{a})}{\underline{a}.split.1}, (C_{fix}^{M}\ \underline{a}) + \frac{(C_{lin}^{M}\ \underline{a})}{\underline{a}.split.1}\ )\end{aligned}$$

Wie die Aufteilung in einen fixen und in einen linear sinkenden Kostenanteil vorzunehmen ist, hängt dabei nicht nur von dem Knoten $\underline{a}$*.knot*, sondern auch von dem Parallelisierungsschema des Meta-Knotens ab.

Bei Anwendung der Regel **SJOIN_JP** gibt es darüber hinaus einen Anteil der CPU-Kosten, der sich quadratisch bezüglich der Anzahl der Teiloperanden verringert. In diesem Fall ist es jedoch entweder günstiger, einen Hashing-Join einzusetzen, oder der innere Operand ist so klein, daß eine Parallelisierung nicht lohnt [Schr86, VaGa84].

Veränderung der Kosten bei Einführung von Pipelining

Die Einführung von Pipelining auf einer Kante $\underline{b} \leftarrow_E \underline{a}$ des Meta-Datenflußprogramms beeinflußt die Ergebnisbildung bei $\underline{a}$ und den Operandenzugriff auf E bei $\underline{b}$. In beiden Fällen

- steigen die CPU-Kosten, da eine größere Anzahl von Nachrichten zu versenden bzw. zu empfangen ist;
- entfallen I/O-Kosten und CPU-Kosten, falls E vorher ausgelagert wurde;
- reduzieren sich die Hauptspeicher-Kosten, falls E vorher nicht ausgelagert wurde und (beim Operandenzugriff) auf E nicht mehr als einmal zugegriffen wird.

Darüber hinaus können Engpaß-Situationen auf dem Kommunikationsnetz durch Einführung von Pipelining ggf. vermieden werden [RiLM87]. Pipelining ist insgesamt auf jeden Fall kostengünstiger, falls hierdurch eine Auslagerung eingespart wird und durch Bildung einer größeren Pipe keine neuen Auslagerungen erforderlich werden.

Die Kostenanteile der von der Einführung von Pipelining betroffenen Meta-Knoten müssen aufgrund der aufgeführten Änderungen neu bestimmt werden.

Modifikation des Parallelitätsprofils

Aufgrund einer Parallelisierung durch Node Splitting oder Pipelining muß eine Pipebox neu konstruiert werden, die eine oder zwei Pipeboxen des vorher bestehenden Parallelitätsprofils ersetzt. Wird aufgrund der Kopplung der Parallelisierung aufeinanderfolgender Knoten (*vorgk* bzw. *folgek*) mehr als ein Knoten durch Node Splitting aufgespalten, so kann es auch erforderlich sein, mehrere Pipeboxen durch jeweils eine neue Pipebox zu ersetzen.

Im neuen Parallelitätsprofil können alle Pipeboxen, deren Startzeitpunkte vor denen der zu ersetzenden Pipeboxen liegen, so eingetragen werden wie bisher. Das Parallelitätsprofil muß also nur zum Teil neu konstruiert werden.

9.7.8 Beispiel für die Bewertung anhand des Parallelitätsprofils

Um die Bewertung paralleler Bearbeitungspläne zu illustrieren, werden im folgenden die Auswirkungen einer Folge von Parallelisierungsschritten auf das Parallelitätsprofil unseres als Beispiel gewählten Datenflußprogramms illustriert. Dabei wird zur Vereinfachung der Darstellung angenommen, daß durch die Parallelisierung keine Zusatzkosten entstehen. Die folgenden Anfangswerte für das Meta-Datenflußprogramm entstehen, wenn die Bearbeitungszeit der Knoten zum Zugriff auf Basisrelationen ($\underline{a}_4, \underline{a}_6$) durch die Zeit für den Hintergrundspeicherzugriff dominiert wird und die der übrigen Knoten durch die CPU-Zeit.

Anfangswerte:

$\underline{a}$	*cpu-use*[$\underline{a}$]	*time*[$\underline{a}$]	$\underline{a}$.*split*
$\underline{a}_1$:	100%	2	(1, 1, *var*)
$\underline{a}_2$:	100%	8	(1, 2, *var*)
$\underline{a}_3$:	100%	8	(1, 8, *var*)
$\underline{a}_4$:	40%	2	(4, 1, *fix*)
$\underline{a}_5$:	100%	8	(1, 8, *folgek*)
$\underline{a}_6$:	40%	2	(4, 1, *fix*)

Profil des nicht parallelisierten Datenflußprogramms:

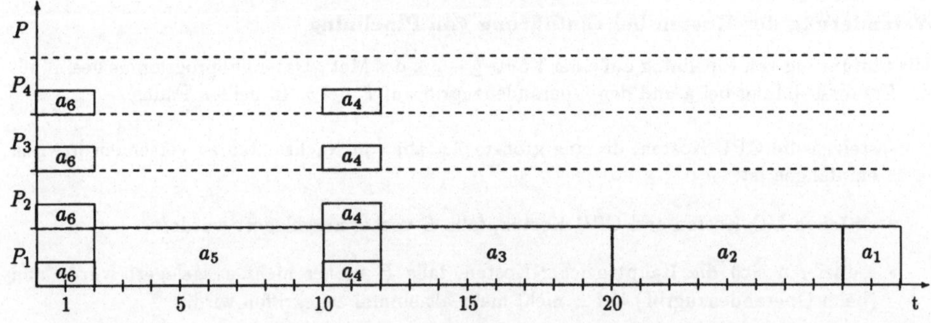

Pipelining: $\{a_5, a_6\}$ **und** $\{a_2, a_3, a_4\}$

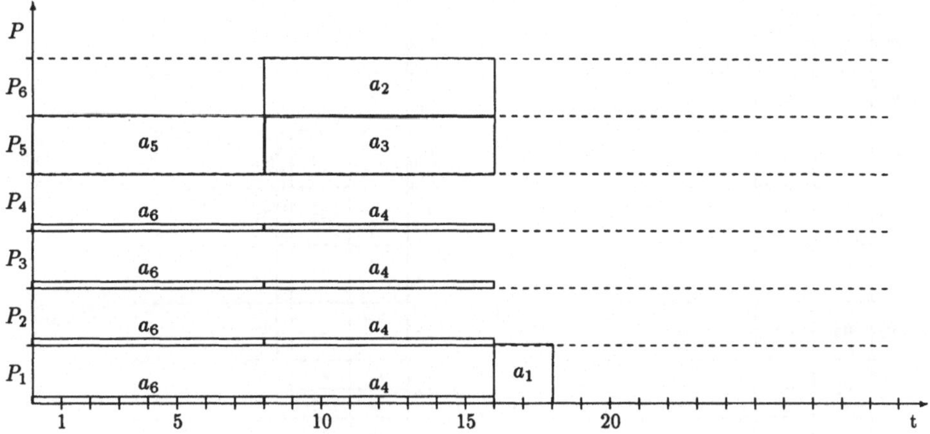

Aufspaltung:

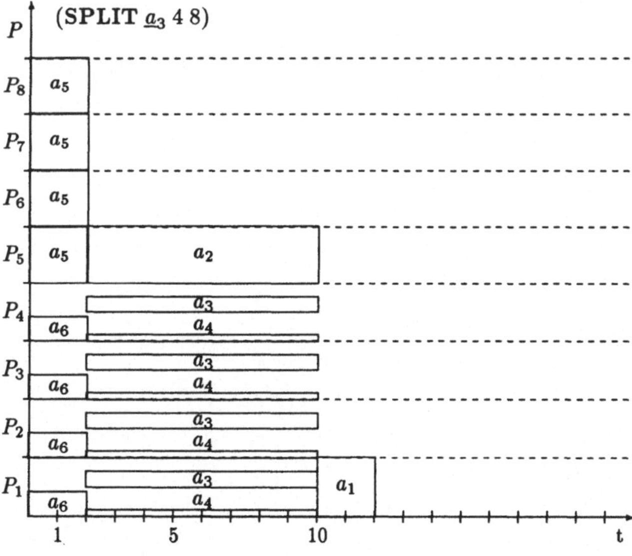

Aufspaltung:

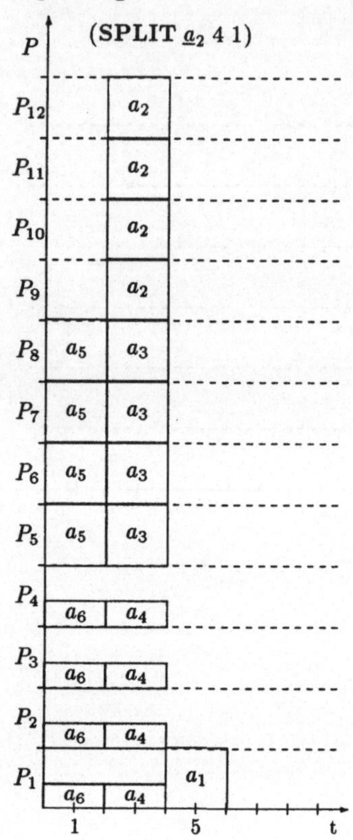

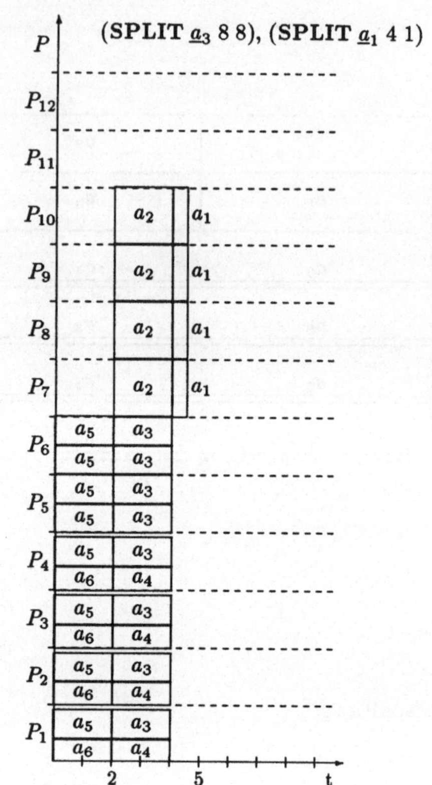

Kapitel 10

Parallelisierungsstrategien

10.1 Aufgaben einer Parallelisierungsstrategie

Das Ziel der Parallelisierung ist die Generierung paralleler Bearbeitungspläne, die die Bearbeitungszeit (*Time D*) unter unterschiedlichen Randbedingungen hinsichtlich des Ressourcenverbrauchs (*Cost D*) minimieren. Ausgegangen wird dabei von einem oder einer Reihe kostengünstiger, nicht parallelisierter Datenflußprogramme. Die Generierung paralleler Bearbeitungspläne ausgehend von diesen Datenflußprogrammen erfolgt mittels der in Kap. 8 entwickelten Transformationsregeln

- zur Abbildung eines Datenflußprogramms auf ein Meta-Datenflußprogramm,
- zum Einsatz von Node Splitting und Pipelining, um Hauptspeicherüberlauf zu verhindern und die Parallelität zu steigern,
- zur Generierung eines parallelen Bearbeitungsplans ausgehend von einem Meta-Datenflußprogramm (Rückabbildung auf ein Datenflußprogramm, Vereinfachung des Datenflußprogramms im Rahmen einer Nachverarbeitung und Festlegung der Zuordnung der Knoten des Datenflußprogramms).

Durch Anwendung dieser Transformationsregeln läßt sich eine sehr große Anzahl unterschiedlicher paralleler Bearbeitungspläne konstruieren, der durch die Transformationsregeln beschriebene Suchraum ist also sehr umfangreich. Daher kommt nur eine Suchstrategie in Frage, die nur einen Teil der möglichen Bearbeitungspläne generiert und bewertet. Denkbar ist dabei sowohl eine unsystematische, heuristische Suche, die iterativ das jeweils vorliegenden Objekt des Suchraums (Datenflußprogramm, Meta-Datenflußprogramm, Bearbeitungsplan) durch Anwendung einer Transformationsregel in ein neues Objekt überführt, als auch eine systematische, best-first Suche, die eine Transformation jeweils auf das am besten bewertete der bisher generierten Objekte des Suchraums anwendet.

Auf ein Objekt des Suchraums sind normalerweise sehr viele Regeln anwendbar, insbesondere Meta-Datenflußprogramme lassen sich auf vielfältige Weise weiter parallelisieren. Der Auswahl einer geeigneten Regel kommt daher im Rahmen der Suchstrategie eine große Bedeutung zu. Da es hierbei um die Vorgehensweise bei der Parallelisierung geht, bezeichnen wir diesen Aspekt der Suchstrategie im folgenden als Parallelisierungsstrategie. Aufgabe der Parallelisierungsstrategie ist also, Transformationsregeln so auszuwählen, daß möglichst schnell ein (zumindest annähernd) optimaler paralleler Bearbeitungsplan erreicht wird.

Bei der Lösung komplexer Optimierungsprobleme eingesetzte Suchstrategien wählen die jeweils anzuwendende Transformationsregel in der Regel mit Hilfe von Heuristiken aus [Pear84]. Da diese nicht die Auswahl der günstigsten Regel garantieren können, führt dies im Falle unsystematischer Suchstrategien dazu, daß das Erreichen einer optimalen Lösung nicht garantiert werden kann, im Falle einer systematischen Suche, daß ggf. zurückgesetzt und eine andere

Transformationsregel als die zunächst ausgewählte angewandt werden muß. Im Rahmen einer systematischen Suche können daher Heuristiken eingesetzt werden, die die anwendbaren Transformationsregeln bewerten und jeweils die am günstigsten bewerteten unter den noch nicht angewandten Regeln auswählen.

Aufgrund der höheren Flexibilität bei der Entwicklung von Heuristiken sowie der Möglichkeit, das Erreichen eines optimalen Bearbeitungsplans zu garantieren, formulieren wir im folgenden Heuristiken für Parallelisierungsstrategien unter der Annahme einer systematischen, best-first Suche. Stellt sich bei einer späteren Analyse der Parallelisierungsstrategien heraus, daß hinreichend gute Bearbeitungspläne erreicht werden, wenn jeweils nur eine einzige Regel heuristisch ausgewählt und angewandt wird, kann natürlich zu einer unsystematischen Suche übergegangen werden.

Bei der Abbildung eines Datenflußprogramms auf ein Meta-Datenflußprogramm sowie bei der Gewinnung eines vereinfachten Datenflußprogramms ausgehend von einem Meta-Datenflußprogramm bestehen nur wenig Freiheitsgrade im Bezug auf die Anwendung von Transformationsregeln. Primäre Aufgabe einer Parallelisierungsstrategie ist daher, Node Splitting und Pipelining gezielt zur Erreichung des Optimierungsziels einzusetzen, und die Zuordnung in geeigneter Weise vorzunehmen.

Das Ziel bei der Anwendung einer Transformationsregel auf ein Meta-Datenflußprogramm ist, die Bearbeitungszeit möglichst stark zu reduzieren, und dabei den mit der Parallelisierung in den meisten Fällen verbundenen Kostenanstieg möglichst klein zu halten. Besonders günstig sind dabei natürlich die Spezialfälle, in denen sowohl die Bearbeitungskosten als auch die Bearbeitungszeit gesenkt werden können. Beispielsweise können Auslagerungen auf Externspeicher durch Einsatz von Node Splitting oder Pipelining ggf. vermieden werden; Kommunikationskosten und Partitionierungskosten können eingespart werden, wenn ein Folgeknoten so aufgespalten wird, daß eine von dem Vorgängerknoten bewirkte anzahlorientierte oder hashorientierte Partitionierung direkt ausgenutzt werden kann.

Um diese auf jeden Fall vorteilhaften Spezialfälle bevorzugt berücksichtigen zu können, gliedern wir die Transformationen zur Parallelisierung bzw. die mit ihnen verbundenen Heuristiken in drei Schritte:

1. Erzeugung eines günstigen Meta-Datenflußprogramms als Ausgangspunkt der weiteren Parallelisierung

   Nach der Konstruktion des Meta-Datenflußprogramm und der zur Verhinderung von Hauptspeicherüberlauf notwendigen Phasenzerlegung werden hier erste Transformationen zur Verbesserung des Meta-Datenflußprogramms angewandt, die insbesondere die günstigen Spezialfälle berücksichtigen. Zu nennen ist hier der Einsatz von Node Splitting und Pipelining zur Vermeidung von Auslagerungen und die Kopplung der Parallelisierung aufeinanderfolgender Knoten zur Reduktion von Kommunikations- und Partitionierungskosten. Die Heuristiken erfordern noch keine detaillierte Kostenbewertung. Neben der Struktur des Meta-Datenflußprogramms muß nur noch der Hauptspeicherbedarf analysiert werden.

2. Parallelisierung des Meta-Datenflußprogramms

   Die Heuristiken zur weiteren Parallelisierung basieren auf einer Analyse des Parallelitätsprofils. Für den Einsatz von Node-Splitting ist eine zeitkritische Meta-Pipe mit einem geringen Parallelitätsgrad und innerhalb dieser ein aufwendiger Meta-Knoten auszuwählen: nur die Aufspaltung eines solchen Knotens kann eine Reduktion der Bearbeitungszeit bei einem geringen Kostenanstieg bewirken. Für den Einsatz von Pipelining sind entsprechend zwei aufeinanderfolgende Meta-Pipes zu bestimmen, die zeitkritisch sind und einen geringen Parallelitätsgrad aufweisen. Zeitkritische Meta-Pipes ergeben sich dabei durch Bestimmung des kritischen Pfades des Meta-Datenflußprogramms.

3. Generierung des parallelen Bearbeitungsplan

   Die Abbildung eines Meta-Datenflußprogramms auf ein Datenflußprogramm und dessen Vereinfachung im Rahmen einer Nachverarbeitung erfolgt deterministisch und erfordert keine Heuristiken. Freiheitsgrade bestehen nur bei der Festlegung der Zuordnung der Knoten eines Datenflußprogramms. Heuristiken hierfür können auf Ergebnisse aus der Theorie der Ablaufplanung (siehe Kap. 2.4.2) zurückgreifen.

Die Grundideen für die im folgenden näher beschiebenen Heuristiken wurden erstmals in [Bült89] skizziert und gemeinsam mit einem Diplomanden [Kilg90] weiter ausgearbeitet. Sie sind als Ansatzpunkte für eine Parallelisierungsstrategie zu verstehen und bedürfen sicherlich noch einer genaueren Analyse.

10.2 Heuristiken zur Erzeugung eines Meta-Datenflußprogramms

10.2.1 Konstruktion des Meta-Datenflußprogramms

Die in Kap. 8.3.2 angegebenen Regeln zur Konstruktion des Meta-Datenflußprogramms lassen Alternativen nur bei der Wahl des Parallelisierungsschemas für Join bzw. Semijoin und Aggregierung zu. In allen anderen Fällen ergibt sich ein Meta-Knoten durch Anwendung einer der Regeln **FSCAN, ISCAN, FILTER** oder **EXISTS** auf einen Knoten des Datenflußprogramms mit der entsprechenden Bearbeitungsmethode.

10.2.1.1 Auswahl des Parallelisierungsschemas beim Join

Eine generelle Aussage darüber, welches Parallelisierungsschema (anzahlorientierte Zerlegung des äußeren (**JOIN_OP**) oder inneren Operanden (**JOIN_IP**), joinorientierte Zerlegung (**JOIN_JP**)) für einen Join am günstigsten ist, kann nicht gemacht werden. Der Hauptgrund hierfür ist, daß die von den Vorgängerknoten bewirkte Zerlegung der Operanden zum Zeitpunkt der Konstruktion des Meta-Datenflußprogramms nur dann bekannt ist, wenn die Vorgängerknoten auf Basisrelationen zugreifen. Es lassen sich jedoch folgende Auswirkungen auf die einzelnen Kostenanteile feststellen:

- *Temporale Kosten der Bearbeitungsoperation*

  Die temporalen Kosten der Bearbeitungsoperation sind bei einer joinorientierten Zerlegung beider Operanden generell günstiger als bei einer anzahlorientierten Zerlegung eines Operanden.

- *Hauptspeicherbedarf und Auslagerungskosten*

  Der innere Operand muß entweder hauptspeicherresident gehalten werden oder wiederholt ein- und ausgelagert werden. Die joinorientierte Zerlegung und die anzahlorientierte Zerlegung des inneren Operanden ist also im Hinblick auf Hauptspeicherbedarf und Auslagerungskosten der anzahlorientierten Zerlegung des äußeren Operanden vorzuziehen. Dieses Argument wird weitgehend entkräftet, wenn der innere Operand so klein ist, daß er ohne Probleme komplett im Hauptspeicher gehalten werden kann (obwohl natürlich auch dann der Haupspeicherbedarf bei einer Zerlegung des inneren Operanden niedriger ist).

- *Transportkosten*

  Müssen beide Operanden über das Netz übermittelt werden, so ist im Hinblick auf das Transportvolumen eine joinorientierte Zerlegung günstiger als eine anzahlorientierte Zerlegung, und bei letzterer eine Zerlegung des größeren Operanden günstiger als eine Zerlegung des kleineren Operanden.

  Generell von Vorteil ist, wenn die Zerlegung eines oder beider Operanden direkt (das heißt ohne Transport der Partitionen zu anderen Prozessoren) ausgenutzt werden kann.

- *Partitionierungskosten*

  Auch die Partitionierungskosten werden minimiert, wenn die Zerlegung eines oder beider Operanden ausgenutzt werden kann.

Da bei der Konstruktion eines Meta-Datenflußprogramms die nach Abschluß der Parallelisierung vorliegende Zerlegung der Operanden noch nicht bekannt ist, können bei der Formulierung einer Heuristik für die Wahl des Parallelisierungsschemas beim Join bzw. Semijoin nur die von der Zerlegung unabhängigen Kostenanteile berücksichtigt werden. Dies gilt natürlich nur dann, wenn man daran festhält, das Parallelisierungsschema bei der Konstruktion des Meta-Datenflußprogramms festzulegen. Darauf kann jedoch nicht verzichtet werden, da sich nur unter dieser Voraussetzung ein Parallelitätsprofil konstruieren und die weitere Parallelisierung vornehmen läßt.

Die folgende Heuristik kann daher nicht immer die günstigste Wahl treffen; dies ist im Rahmen einer best-first Suche tolerierbar, da dort zurückgesetzt und ein anderes Parallelisierungsschema gewählt werden kann.

1. Eine joinorientierte Zerlegung wird, sofern sie einsetzbar ist, vorrangig ausgewählt. Sie ist bei allen Kriterien, die nicht die Kenntnis der Zerlegung der Operanden voraussetzen, günstiger als eine anzahlorientierte Zerlegung eines der beiden Operanden.

2. Eine anzahlorientierte Zerlegung des äußeren Operanden wird nur dann einer Zerlegung des inneren Operanden vorgezogen, wenn

   (a) der innere Operand so klein ist, daß er ohne Probleme hauptspeicherresident gehalten werden kann,

   (b) der äußere Operand wesentlich umfangreicher ist als der innere, so daß die Transportkosten schwerer wiegen als der Hauptspeicherbedarf bzw. die Auslagerungskosten, oder

   (c) die Zerlegung des inneren Operanden nicht möglich ist (korrekte Duplikatanzahl beim Semijoin).

10.2.1.2 Auswahl des Parallelisierungsschemas bei der Aggregierung

Eine Auswahl ist nur dann zu treffen, wenn eine Gruppierung erforderlich ist, da sonst nur Regel **AGG_AP1** anwendbar ist. Zur Parallelisierung einer Aggregierung mit Gruppierung kann eine hashorientierte und, sofern die Aggregatfunktionen *sum_distinct* und *count_distinct* nicht auftreten, eine anzahlorientierte Partitionierung des Operanden genutzt werden (**AGG_HP** bzw. **AGG_AP2**).

Eine generelle Aussage darüber, welches Parallelisierungsschema günstiger ist, ist wiederum nicht möglich. Abzuwägen ist zwischen den Kosten für die zusätzliche, bei der anzahlorientierten Partitionierung zur Ergebnisbildung erforderliche Aggregierungsoperation einerseits, und den Kosten für die ggf. notwendige hashorientierte Partitionierung andererseits. Entscheidend ist dabei die Größe der durch die Aggregierung zusammenzufassenden Teilergebnisse: sind sie *klein*, so ist Regel **AGG_AP2** bevorzugt einzusetzen, sonst Regel **AGG_HP**. Was *klein* hierbei bedeutet, muß durch eine Leistungsanalyse für die jeweilige Systemumgebung bestimmt werden.

10.2.1.3 Beispiel

Das bereits in Abb. 8.2 dargestellte Meta-Datenflußprogramm

$$
\begin{aligned}
\underline{a}_1 &= [knot: a_1,\ split: (1,1,var),\ E_1: (partanz,\ false,\ false)] \\
\underline{a}_2 &= [knot: a_2,\ split: (1,1,var),\ E_2: (parthash[v_h\ [an, ag]],\ false,\ true)] \\
\underline{a}_3 &= [knot: a_3,\ split: (1,1,var),\ E_4: (parthash[v'_h\ av'],\ false,\ true), \\
&\qquad E_5: (vorgk,\ false,\ false)] \\
\underline{a}_4 &= [knot: a_4,\ split: (4,1,fix)] \\
\underline{a}_5 &= [knot: a_5,\ split: (1,1,folgek),\ E_6: (parthash[v'_h\ av'],\ false,\ true)] \\
\underline{a}_6 &= [knot: a_6,\ split: (4,1,var)]
\end{aligned}
$$

entsteht, indem für den Join eine joinorientierte Zerlegung (**HJOIN_JP** a_3 a_5) und für die Aggregierung eine hashorientierte Zerlegung (**AGG_HP** a_2) gewählt wird.

10.2.2 Phasenzerlegung: Vermeidung von Hauptspeicherüberlauf

Eine Phasenzerlegung ist *notwendig*, wenn Operanden oder Ergebnisse, die während der Bearbeitung hauptspeicherresident gehalten werden müssen, hierfür ohne eine Zerlegung zu umfangreich sind. Dies kann beim Aufbau einer bzw. Zugriff auf eine Hashtabelle (**hash** bzw. **hscan**) und bei der Bildung des Ergebnisses einer Aggregierung (**agg** bzw. **hagg**) auftreten.

Eine Phasenzerlegung ist *sinnvoll*, wenn damit vermieden werden kann, einen Operanden mehrfach vom Hintergrundspeicher einzulesen. Dies tritt beim inneren Operanden einer Join- oder Semijoin-Operation auf, der zu umfangreich ist, um hauptspeicherresident gehalten zu werden. Voraussetzung dafür, daß mit einer Phasenzerlegung ein Hauptspeicherüberlauf vermieden werden kann, ist allerdings, daß ein Parallelisierungsschema mit einer joinorientierten Partitionierung oder einer anzahlorientierten Partitionierung der inneren Relation vorliegt. Ist dies nicht gegeben (anzahlorientierte Partitionierung der äußeren Relation), so hilft eine Phasenzerlegung nicht.

Da mehrere Knoten gleichzeitig auf einem Prozessor aktiv sein können, reicht es nicht aus, mit der Phasenzerlegung nur zu garantieren, daß ein Operand bzw. ein Ergebnis hauptspeicherresident gehalten werden kann. Vielmehr müssen die betroffenen Operanden bzw. Ergebnisse so stark zerlegt werden, daß Konflikte bei der Hauptspeichernutzung unwahrscheinlich werden. Dies läßt sich durch eine Konstante $mem_{op} \ll mem_{loc}$ steuern: die Phasenzerlegung muß garantieren, daß die Größe eines Teiloperanden bzw. Teilergebnisses unterhalb dieses Wertes liegt.

Die Phasenzerlegung läßt sich dementsprechend folgendermaßen durch Anwendung der Regel **SPLIT** auf einen Metaknoten $\underline{a}$ vollziehen (unter der Annahme, daß dies der erste Transformationsschritt auf dem Meta-Datenflußprogramm ist):

Phasenzerlegung bei Join und Semijoin

(SPLIT $\underline{a}$ 1 k**)**

falls $\underline{a}$*.knot ist ein Join oder Semijoin*
und $\underline{a}.split = (1, 1, var)$
und für den inneren Operanden E gilt
$\underline{a}.E \neq (nopart)$ *und* $k = \frac{\|E\|}{mem_{op}}$

Phasenzerlegung bei einer Aggregierung

(SPLIT $\underline{a}$ 1 k**)**

falls $\underline{a}$*.knot ist eine Aggregierung (***agg** *bzw.* **hagg***)*
und $\underline{a}.split = (1, 1, var)$
und für das Ergebnis E der Aggregierung gilt
$k = \frac{\|E\|}{mem_{op}}$

Da eine Hashtabelle nur zur Unterstützung von Join, Semijoin und Aggregierung aufgebaut wird, ist durch Anwendung dieser Regeln auch sichergestellt, daß die auftretenden Hashtabellen nicht zu umfangreich sind.

Beispiel

Um zu dem parallelisierten Meta-Datenflußprogramm aus Abb. 8.3 zu gelangen, muß ausgehend von dem oben noch einmal aufgeführten Meta-Datenflußprogramm unter anderem folgende Phasenzerlegung des Join $\underline{a}_3$ und der Aggregierung $\underline{a}_2$ vorgenommen werden:

(SPLIT $\underline{a}_3$ 1 8**)**

(SPLIT $\underline{a}_2$ 1 2**)**

10.2.3 Node Splitting und Pipelining zur Vermeidung von Auslagerungen

Aufspaltung entsprechend der Phasenzerlegung

Auslagerungen können durch Einsatz von Node Splitting vermieden werden, wenn man den Aufspaltungsgrad soweit erhöht, daß er mindestens so groß ist wie die Anzahl der Teilphasen. Eine denkbare Heuristik ist daher, eine derartige Aufspaltung immer dann vorzunehmen, wenn eine genügend große Anzahl von Prozessoren zur Verfügung steht:

(SPLIT $\underline{a}$ k k**)**

falls $\underline{a}.split = (1, k, var)$
und $k < anzproc$

Es ist allerdings denkbar, daß eine derartige Heuristik eine ungünstige Parallelisierung für das gesamte Meta-Datenflußprogramm nach sich zieht. Ob und ggf. unter welchen Bedingungen dies der Fall ist, muß eine genauere Analyse der Parallelisierungsstrategie ergeben.

Pipelining bei Knoten mit geringem Hauptspeicherbedarf

Der Einsatz von Pipelining ist kostengünstig, falls eine Auslagerung eingespart werden kann und durch Zusammenfassung einer größeren Anzahl von Knoten kein zu hoher Hauptspeicherbedarf entsteht. Dies wird in der Regel der Fall sein, wenn die Knoten keine oder nur geringe dynamische Hauptspeicheranforderungen für Operanden und Ergebnisse stellen, der Hauptspeicherbedarf also unterhalb einer Schranke *max-mem* liegt.

Anfangs stellt jeder Meta-Knoten eine eigene, isolierte Pipe dar. Pipelining läßt sich dementsprechend folgendermaßen einführen (vergl. Kap. 8.4.2):

$$\begin{array}{rl} \forall \underline{D}^i \in (\pi\ \underline{D})\ \forall \underline{D}^j \in (\pi\ \underline{D}): & (\mathit{pipebedingung}\ \underline{D}^i\ \underline{D}^j) \\ \wedge & (\ \underline{D}^j = \{\underline{b}\}\ \wedge\ (C^M\ \underline{b}) < \mathit{max\text{-}mem} \\ & \vee\ \underline{D}^i = \{\underline{a}\}\ \wedge\ (C^M\ \underline{a}) < \mathit{max\text{-}mem}\ ) \\ \Longrightarrow & (\mathrm{PIPE}\ \underline{D}^i\ \underline{D}^j) \end{array}$$

Da die Pipebedingung durch Zusammenfassung von Vorgängerpipes wahr werden kann, betrachtet man die einzelnen Pipes dabei am besten in einer der Datenflußbeziehung entsprechenden Reihenfolge.

Beispiel

Im Meta-Datenflußprogramm aus Abb. 8.3 ist die Aggregierung entsprechend der erforderlichen Phasenzerlegung aufgespalten:

$$(\mathrm{SPLIT}\ \underline{a}_2\ 2\ 2)$$

Die Filteroperationen $\underline{a}_4$ und $\underline{a}_6$ stellen keine hohen Hauptspeicheranforderungen, sollten also entsprechend der obigen Heuristik mit dem jeweiligen Nachfolgerknoten zu einer Pipe zusammengefaßt werden:

$$(\mathrm{PIPE}\ \{\underline{a}_4\}\ \{\underline{a}_3\})$$

$$(\mathrm{PIPE}\ \{\underline{a}_6\}\ \{\underline{a}_5\})$$

Pipelining ist auch zwischen dem Join $\underline{a}_3$ und der Aggregierung $\underline{a}_2$ möglich. Beide Operationen haben jedoch einen hohen Hauptspeicherbedarf für die Zwischenspeicherung des inneren Operanden bzw. des Ergebnisses. Es ist daher nicht notwendigerweise vorteilhaft, Pipelining einzuführen.

10.2.4 Kopplung der Parallelisierung aufeinanderfolgender Knoten

Von einer Kopplung der Parallelisierung zweier Meta-Knoten $\underline{a}$ und $\underline{b}$, die in einer Datenflußbeziehung $\underline{b} \leftarrow_E \underline{a}$ stehen, sprechen wir, wenn $\underline{a}$ grundsätzlich gleichstark wie $\underline{b}$ aufgespalten wird ($\underline{a}.\mathit{split} = (n, k, \mathit{folgek})$). Ein Beispiel hierfür ist die Verbindung des Hash-Knotens und des Joins-Knotens bei einem Hashing-Join (wie bei den Knoten $\underline{a}_3$ und $\underline{a}_5$ in unserem Beispiel).

Eine derartige Kopplung ist immer dann möglich, wenn aufgrund der Aufspaltung des Vorgängerknotens $\underline{a}$ eine im Folgeknoten $\underline{b}$ nutzbare Zerlegung von E entsteht. Dies ist generell der Fall, wenn nur eine anzahlorientierte Zerlegung erwartet wird ($\underline{b}.E = (\mathit{partanz})$). Wird eine hashorientierte Zerlegung erwartet ($\underline{b}.E = (\mathit{parthash}[(v_h\ A)])$), so muß getestet werden, ob $\underline{a}$ eine entsprechende Zerlegung liefern kann, das heißt, ob es eine Hashfunktion h gibt, so daß

$$\mathit{hashpart}[\underline{a}.\mathit{split}.1, (h\ A), E]$$

gilt (vergl. Kap. 8.5.2). Die Kopplung wird dementsprechend durch folgende Regel vollzogen:

$$\begin{aligned}
\underline{a} &= [\mathit{knot}: a, \mathit{split}: (n_a, k_a, \mathit{mod}_a), \ldots] \\
\underline{b} &= [\mathit{knot}: b, \mathit{split}: (n_b, k_b, \mathit{mod}_b), E: (\mathit{part}_E), \ldots] \\
\Longrightarrow & \\
(\underline{a}', \underline{b}') &= (\textbf{KOPPLE}\ \underline{a}\ \underline{b})\ \mathit{mit} \\
\underline{a}' &= [\mathit{knot}: a, \mathit{split}: (n'_a, k'_a, \mathit{mod'}_a), \ldots] \\
& \quad \mathit{mit}\ (n'_a, k'_a, \mathit{mod'}_a) = \left[\begin{array}{ll} (n_a, k_a, \mathit{fix}) & \mathit{falls}\ \mathit{mod}_a = \mathit{fix} \\ (n_b, k_b, \mathit{folgek}) & \mathit{falls}\ \mathit{mod}_a = \mathit{var} \end{array}\right. \\
\underline{b}' &= [\mathit{knot}: b, \mathit{split}: (n'_b, k'_b, \mathit{mod'}_b), E: (\mathit{vorgk}), \ldots] \\
& \quad \mathit{mit}\ (n'_b, k'_b, \mathit{mod'}_b) = \left[\begin{array}{ll} (n_a, k_a, \mathit{fix}) & \mathit{falls}\ \mathit{mod}_a = \mathit{fix} \\ (n_b, k_b, \mathit{var}) & \mathit{falls}\ \mathit{mod}_a = \mathit{var} \end{array}\right. \\
\mathit{falls} \quad & \{E\} = (\mathit{ergeb}\ a) \cap (\mathit{opd}\ b) \\
& \wedge\ \mathit{mod}_a \neq \mathit{folgek} \\
& \wedge\ (\ \mathit{part}_E = \mathit{partanz} \\
& \quad \vee\ \mathit{part}_E = \mathit{parthash}[(v_h\ A)]\ \wedge\ \mathit{hashpart}[\underline{a}.\mathit{split}.1, (h\ A), E]\ )
\end{aligned}$$

Eine Kopplung der Parallelisierung aufeinanderfolgender Knoten schränkt die Parallelisierungsmöglichkeiten ein, reduziert also den Suchraum. Dies ist sinnvoll, wenn die Suche damit auf kostengünstige Fälle konzentriert, aber nicht zu stark eingeschränkt wird. Eine deutliche Kostenersparnis tritt ein, wenn ein im Vergleich zu den Kosten des Knotens aufwendiger Partitionierungs- und Kommunikationsschritt eingespart werden kann. Derartige Fälle lassen sich anhand folgender Kriterien charakterisieren:

- *Art der Partitionierung*

  Eine anzahlorientierte Partitionierung ist sowohl vom eigentlichen Partitionierungsaufwand als auch vom Nachrichtenaufkommen her deutlich kostengünstiger als eine hashorientierte Partitionierung.

- *Aufwand des Knotens*

  Knoten mit einer der Operationen **filter** (kein Semijoin), **exists**, **agg** (ohne Gruppierung) oder **sagg** erfordern einen linearen Zeitaufwand bezüglich der Größe des Operanden und erzeugen zudem ein vom Umfang her kleineres Ergebnis. Sie sind also wenig aufwendig im Vergleich zu einem Partitionierungs- und Kommunikationsschritt.

  Knoten mit einer der übrigen Operationen sind aufwendiger, wobei Join-Operationen auch ein Ergebnis erzeugen können, das umfangreicher ist als die Operanden. Sie sind also zumindest im Vergleich zu einer anzahlorientierten Partitionierung aufwendig.

Diese Charakterisierung legt die folgende Heuristik für die Kopplung der Parallelisierung aufeinanderfolgender Knoten nahe:

- Die Parallelisierung eines wenig aufwendigen Knoten (das heißt mit einer der oben aufgeführten Operationen) wird mit der des Vorgängerknotens gekoppelt. Dies ist immer möglich, da bei den entsprechenden Operationen nur eine anzahlorientierte Zerlegung erforderlich ist.

  In den meisten Fällen werden hierdurch zwei Knoten miteinander gekoppelt, die innerhalb einer Pipe liegen, da die Operationen Pipelining beim Operandenzugriff erlauben.

Konnte jedoch aufgrund des Vorgängerknotens oder der Pipestruktur kein Pipelining eingeführt werden, so werden Knoten zweier unterschiedlicher Pipes miteinander gekoppelt. Bei einer genaueren Analyse der Heuristiken muß daher geklärt werden, ob hierdurch die Parallelisierung zu stark eingeschränkt wird.

- Eine Kopplung der aufwendigeren Knoten erscheint nur dann gerechtfertigt, wenn dadurch eine hashorientierte Partitionierung eingespart werden kann. Unter der Voraussetzung, daß hierdurch zwei Knoten miteinander gekoppelt werden, die innerhalb einer Pipe liegen und beide frei parallelisiert werden können, werden hierdurch die Parallelisierungsmöglichkeiten nicht wesentlich eingeschränkt. Ist dies nicht der Fall, so ist wie oben zu klären, ob eine Kopplung tatsächlich sinnvoll ist.

Beispiel

Die Filterung $\underline{a}_1$ erfordert einen relativ geringen Aufwand. Es wird daher in der Regel günstig sein, sie mit der Aggregierung $\underline{a}_2$ zu koppeln:

(**KOPPLE** $\underline{a}_2$ $\underline{a}_1$).

Join und Aggregierung erfordern eine hashorientierte Zerlegung des Operanden, die vom jeweiligen Vorgängerknoten geliefert werden kann. Eine Kopplung ist also aufgrund der zweiten Heuristik denkbar:

(**KOPPLE** $\underline{a}_4$ $\underline{a}_3$),

(**KOPPLE** $\underline{a}_3$ $\underline{a}_2$).

Damit wird die Parallelisierung des Joins und der Aggregierung durch die Fragmentierung der Basisrelation (Aufspaltung von $\underline{a}_4$) festgelegt, es bestehen also keine Parallelisierungsmöglichkeiten mehr.

10.3 Heuristiken auf der Basis des Parallelitätsprofils

10.3.1 Betrachtung zeitkritischer Meta-Pipes

Die Heuristiken sollen dazu dienen, Node Splitting und Pipelining so einzusetzen, daß möglichst schnell ein (zumindest annähernd) optimaler Bearbeitungsplan erreicht wird. Vorteilhaft sind dabei solche Parallelisierungsschritte, die eine Verkürzung der Bearbeitungszeit unter einem möglichst geringen Kostenanstieg erzielen.

Die Bearbeitungszeit läßt sich nur durch stärkere Parallelisierung zeitkritischer (Meta-)Pipes verringern. Eine Pipe ist dabei auf jeden Fall zeitkritisch, wenn sie auf dem bezüglich der Länge der Pipeboxen kritischen Pfad (vergl. Kap. 2.4.2) des Datenflußprogramms liegt:

$$
\begin{array}{lll}
\mathit{kritpfad} & :: & \{\mathit{meta}\} \rightarrow \{\{\mathit{meta}\}\} \\
(\mathit{kritpfad}\ \underline{D}) & = & \{\underline{D}^1, \underline{D}^2, \ldots, \underline{D}^n\} \subset (\underline{\pi}\ \underline{D}) \\
 & \mathit{mit} & \underline{D}^n \leftarrow \ldots \leftarrow \underline{D}^2 \leftarrow \underline{D}^1 \ \wedge\ \forall \{\underline{D}^{p_1}, \ldots, \underline{D}^{p_k}\} \subset (\underline{\pi}\ \underline{D}) : \\
 & & \underline{D}^{p_k} \leftarrow \ldots \leftarrow \underline{D}^{p_2} \leftarrow \underline{D}^{p_1} \Rightarrow \sum_{1 \le i \le k} (\mathit{len}\ \rho[\underline{D}^{p_i}]) \le \sum_{1 \le i \le n} (\mathit{len}\ \rho[\underline{D}^i])
\end{array}
$$

Die Bearbeitungszeit eines Meta-Datenflußprogramms ist mindestens so groß wie die Summe der Bearbeitungszeiten der Pipes auf dem kritischen Pfad.

Die Betrachtung des kritischen Pfades des Datenflußprogramms reicht jedoch nicht aus, um alle zeitkritischen Pipes zu erfassen. Vielmehr muß zusätzlich berücksichtigt werden, wie die Pipes in das Parallelitätsprofil eingetragen werden. Es kann im Parallelitätsprofil nämlich Pipeboxen geben, die nicht auf dem kritischen Pfad liegen, und parallel zu denen keine Box einer Pipe des kritischen Pfades eingetragen ist. Insbesondere bei Pipes, die eine große Anzahl von Prozessoren benötigen, kann aufgrund der begrenzten Prozessoranzahl leicht der Fall auftreten, daß keine Pipe des kritischen Pfades gleichzeitig bearbeitet werden kann. Derartige Pipes verlängern die Bearbeitungszeit des Datenflußprogramms über die Länge des kritischen Pfades hinaus und sind ebenfalls zeitkritisch:

$$\begin{array}{lcl} \textit{\textbf{kritpipes}} & :: & \{\textit{meta}\} \rightarrow \{\{\textit{meta}\}\} \\ (\textit{\textbf{kritpipes}}\ \underline{D}) & = & (\textit{\textbf{kritpfad}}\ \underline{D}) \cup \\ & & \{\ \underline{D}^i \in (\underline{\pi}\ \underline{D}) :\ \exists t > 0\ \ \underline{D}^i \cap (\rho[D]\,(t,\mathbf{P})) \neq \{\} \wedge \\ & & \qquad\qquad \underline{D}^j \in (\textit{\textbf{kritpfad}}\ \underline{D}) \Rightarrow \underline{D}^j \cap (\rho[D]\,(t,\mathbf{P})) = \{\}\} \end{array}$$

Die im folgenden erläuterten Heuristiken betrachten nur diese Menge der zeitkritischen (Meta-)Pipes. Ihre Aufgaben sind

1. die Auswahl von Meta-Pipes, bei denen Node Splitting vorteilhaft eingesetzt werden kann;
2. die Auswahl und Aufspaltung geeigneter Meta-Knoten innerhalb der gewählten Meta-Pipes; und
3. die Auswahl aufeinanderfolgender Meta-Pipes, bei denen der Einsatz von Pipelining sinnvoll ist.

Durch die Heuristiken werden damit solche Fälle ausgewählt, bei denen eine Regelanwendung sinnvoll erscheint.

10.3.2 Auswahl von Meta-Pipes für den Einsatz von Node Splitting

Für die Verkürzung der Bearbeitungszeit des Meta-Datenflußprogramms sind Meta-Pipes interessant, die

- eine große Bearbeitungszeit besitzen (lange Pipebox) und durch eine Parallelisierung beschleunigt werden können (geringe Prozessornutzung der Pipebox), oder die
- einen geringen Parallelitätsgrad aufweisen, insbesondere also selbst die Prozessoren nicht stark nutzen, dabei jedoch nicht eine zu geringe Bearbeitungszeit haben.

Das Ziel im ersten Fall ist, die Länge des kritischen Pfades zu verkürzen. Im zweiten Fall wird angestrebt, Lücken im Parallelitätsprofil (Zeitabschnitte mit einem geringen Parallelitätsgrad) aufzufüllen.

Die Heuristik zur Auswahl einer Meta-Pipe läßt sich dementsprechend durch folgende Parameter steuern:

long-pipe	Wenn eine Pipebox länger als *long-pipe*$\cdot l_{max}$ ist, wobei l_{max} die maximale Länge einer Pipebox des Datenflußprogramms ist, gilt sie als lang.
max-proc-use	Die Prozessornutzung einer Pipebox ist gering genug, wenn sie unterhalb *max-proc-use* liegt.
max-par-grad	Der Parallelitätsgrad einer Pipebox gilt als gering, wenn er unterhalb *max-par-grad* liegt.
min-pipe-len	Grundsätzlich kommt nur eine Pipe in Frage, deren Bearbeitungszeit oberhalb *min-pipe-len* liegt.

Damit werden folgende Pipes als Kandidaten für die Aufspaltung ausgewählt:

$$
\begin{array}{ll}
\textit{split-kandidaten} & :: \ \{\textit{meta}\} \rightarrow \{\{\textit{meta}\}\} \\
(\textit{split-kandidaten}\ \underline{D}) & = \\
\quad \{\underline{D}^i \in (\textit{kritpipes}\ \underline{D}) : & \\
\qquad (\textit{len}\ \rho[\underline{D}^i]) \geq l_{max} \cdot \textit{long-pipe} \ \wedge \ (\overline{\textit{proc-use}}\ \rho[\underline{D}^i]) < \textit{max-proc-use} & \\
\quad \vee \ (\textit{pargrad}\ \rho[\underline{D}^i]\ \textit{start}[\underline{D}^i]\ \textit{start}[\underline{D}^i] + (\textit{len}\ \rho[\underline{D}^i])) < \textit{max-par-grad} & \\
\qquad \wedge\ (\textit{len}\ \rho[\underline{D}^i]) > \textit{min-pipe-len} & \\
\textit{mit} \ \ l_{max} = \max \{(\textit{len}\ \rho[\underline{D}^i]) : \ \underline{D}^i \in (\textit{kritpipes}\ \underline{D})\} &
\end{array}
$$

Die Anzahl der hierdurch ausgewählten Pipes hängt davon ab, wie die Parameter eingestellt werden. Sie legen also die Größe des Suchraums an dieser Stelle fest.

Beispiel

Die Pipe-Auswahl läßt sich anhand der am Ende des vorigen Kapitels angegebenen Parallelitätsprofile illustrieren. Darin sind jeweils alle Pipes zeitkritisch.

- Nach der Einführung von Pipelining sind $\underline{D}^1 = \{\underline{a}_5, \underline{a}_6\}$ und $\underline{D}^2 = \{\underline{a}_2, \underline{a}_3, \underline{a}_4\}$ lange Pipes, wobei $\underline{D}^1$ den geringeren Parallelitätsgrad aufweist.
- Nach der Aufspaltung (**SPLIT** $\underline{a}_3$ 4 8) ist Pipe $\underline{D}^2$ eine lange Pipe.
- Nach der Aufspaltung (**SPLIT** $\underline{a}_2$ 4 1) sind alle Pipes gleich lang, wobei $\underline{D}^3 = \{\underline{a}_1\}$ den geringsten Parallelitätsgrad aufweist.

Dementsprechend werden in den Parallelisierungsschritten nacheinander die Pipes $\underline{D}^1$, $\underline{D}^2$ und $\underline{D}^3$ ausgewählt.

10.3.3 Parallelisierung einer Meta-Pipe durch Node Splitting

Auswahl eines Meta-Knotens

Bei der Auswahl eines Meta-Knotens, der zur Verkürzung der Bearbeitungszeit einer Meta-Pipe geeignet ist, sind zwei Aspekte zu berücksichtigen:

1. Es sollte ein möglichst aufwendiger Knoten gewählt werden, da dessen Aufspaltung in der Regel eine stärkere Verringerung der Bearbeitungszeit unter einem begrenzten Kostenanstieg erlaubt, als die Aufspaltung eines weniger aufwendigen Knotens.
2. Entsprechend der Konstruktion der Pipebox (Kap. 9.7.4) gibt es entweder einen Prozessor, der durch den aufwendigsten Knoten voll ausgelastet wird, oder die Leistungsaufnahme der einzelnen Knoten mußte verringert werden, um eine korrekte Zuordnung zu ermöglichen. Im ersten Fall ist klar, daß zur Reduktion der Bearbeitungszeit der aufwendigste Knoten aufgespalten werden muß. Im zweiten Fall muß ein Knoten auf einem stark ausgelasteten Prozessor aufgespalten werden, um so anschließend die Leistungsaufnahme der einzelnen Knoten wieder erhöhen und damit die Bearbeitungszeit verringern zu können.

Beide Aspekte werden durch die Wahl des aufwendigsten Knotens, der einem stark ausgelasteten Prozessor zugeordnet ist, adäquat berücksichtigt:

$$
\begin{array}{lcl}
\textit{split-kandidat} & :: & \{\textit{meta}\} \rightarrow \textit{meta} \\
(\textit{split-kandidat}\ \underline{D}^i) & = & \underline{a} \in \underline{D}^i \\
& \textit{mit} & \textit{cpu-use}[\underline{a}] = \max \{\textit{cpu-use}[\underline{b}] : \underline{b} \in \underline{D}^i \wedge \\
& & \qquad \textit{proc}[\underline{b}] \in (\textit{high-use-proc}\ \rho[\underline{D}^i])\} \\
& & (\textit{high-use-proc}\ \rho[\underline{D}^i]) = \{P \in \mathbf{P} \cup \mathbf{P}_V :\ \forall P' \in \mathbf{P} \cup \mathbf{P}_V \\
& & \quad (\textit{cpu-use}\ (\rho[\underline{D}^i]\ (t, P)) \geq \textit{use-factor} \cdot (\textit{cpu-use}\ (\rho[\underline{D}^i]\ (t, P'))\}
\end{array}
$$

Der Parameter *use-factor* legt dabei fest, ab welchem Wert ein Prozessor als hoch ausgelastet im Bezug auf die übrigen Prozessoren angesehen wird.

Festlegung des Aufspaltungsgrads

Der Aufspaltungsgrad eines Metaknotens $\underline{a}$ kann auf einen Wert, der zwischen dem bisherigen Aufspaltungsgrad $\underline{a}$.*split*.1 und der Anzahl der verfügbaren Prozessoren *anzproc* liegt, festgesetzt werden (Regel **SPLIT**). Es ist grundsätzlich möglich, den Aufspaltungsgrad bei jedem Parallelisierungsschritt nur um 1 zu erhöhen. Damit werden jedoch viele Transformationen benötigt, wenn der optimale Aufspaltungsgrad weit über dem bisherigen Aufspaltungsgrad liegt. Bei einer stärkeren Erhöhung des Aufspaltungsgrads sind folgende Aspekte zu berücksichtigen:

- Der Aufspaltungsgrad darf nur so stark erhöht werden, daß der auftretende Kostenanstieg nicht zu hoch ist.
- Falls es bei einem bestimmten Aufspaltungsgrad möglich ist, die vorliegende Zerlegung eines Operanden direkt zu nutzen, sollte dieser bevorzugt gewählt werden, da es sich dann um einen kostengünstigen Fall handelt.
- Der Aufspaltungsgrad sollte nicht stärker erhöht werden, als es erforderlich ist, um alle Prozessoren durch die Pipe nutzen zu können (hierzu ist ggf. eine Rückkopplung durch Konstruktion von Pipeboxen erforderlich).

Welcher dieser Aspekte in welchem Umfang relevant ist, muß die genauere Analyse der Parallelisierungsstrategie ergeben.

Beispiel

Bei der Parallelisierung unseres Meta-Datenflußprogramms wird immer der aufwendigste Knoten aufgespalten. Dieser Knoten lastet jeweils die betreffenden Prozessoren voll aus. Der Aufspaltungsgrad orientiert sich mit Ausnahme der letzten Aufspaltung (**SPLIT** $\underline{a}_3$ 8 8) an dem Aufspaltungsgrad des jeweiligen Vorgängerknotens.

10.3.4 Auswahl von Meta-Pipes für den Einsatz von Pipelining

Die Vereinigung zweier aufeinanderfolgender Pipes bewirkt eine Reduktion der Bearbeitungszeit, wenn die Parallelitätsgrade beider Pipes kleiner als die Anzahl der Prozessoren sind. Damit eine Vereinigung möglich ist, muß die Pipebedingung erfüllt sein, und darf der Hauptspeicherbedarf der entstehenden Pipe nicht zu hoch sein. Die Auswahl läßt sich dementsprechend durch zwei Parameter steuern:

pipe-par-grad	Der Parallelitätsgrad ist nicht zu hoch, falls er unterhalb *pipe-par-grad* liegt.
max-mem-use	Der Hauptspeicherbedarf der entstehenden Pipe darf nicht höher als *max-mem-use* sein.

Die Kandidaten für die Einführung von Pipelining lassen sich damit folgendermaßen bestimmen:

$$\begin{array}{ll} \textit{pipe-kandidaten} & :: \ \{meta\} \rightarrow \{\{meta\}\} \\ (\textit{pipe-kandidaten}\ \underline{D}) & = \\ \multicolumn{2}{l}{\quad \{(\underline{D}^i, \underline{D}^j) : \ \{\underline{D}^i, \underline{D}^j\} \subset (\textit{kritpipes}\ \underline{D})} \\ \quad\quad \wedge & (\textit{pargrad}\ \rho[\underline{D}^i]\ \textit{start}[\underline{D}^i]\ \textit{start}[\underline{D}^i] + (\textit{len}\ \rho[\underline{D}^i])) < \textit{pipe-par-grad} \\ \quad\quad \wedge & (\textit{pargrad}\ \rho[\underline{D}^j]\ \textit{start}[\underline{D}^j]\ \textit{start}[\underline{D}^j] + (\textit{len}\ \rho[\underline{D}^j])) < \textit{pipe-par-grad} \\ \quad\quad \wedge & (\textit{mem-use}\underline{D}^{ij}) < \textit{max-mem-use}\ \} \\ & (\underline{D}^{ij}\ \textit{sei die durch Vereinigung von}\ \underline{D}^i\ \textit{und}\ \underline{D}^j\ \textit{entstehende Pipe}) \end{array}$$

Zur Bestimmung des Hauptspeicherbedarfs der entstehenden Pipe muß diese nicht unbedingt konstruiert werden: er ergibt sich aus der Summe des Speicherbedarfs der beiden einzelnen Pipes abzüglich der Größe der externen Operanden, die zwischen den beiden Pipes nun paketweise übertragen werden.

Beispiel

In dem noch nicht parallelisierten Meta-Datenflußprogramm weisen alle Pipes (alle Metaknoten) einen geringen Parallelitätsgrad auf. Sie können daher entsprechend der Heuristik im ersten Parallelisierungsschritt vereinigt werden.

10.4 Heuristiken für die Zuordnung

Zur Generierung eines parallelen Bearbeitungsplans ausgehend von einem parallelisierten Datenflußprogramm sind folgende Zuordnungsentscheidungen zu treffen:
- Verteilung von Knoten auf Prozessoren,
- Pipe-Reihenfolge,
- Leistungsaufnahme der Knoten und
- Auslagerung von Zwischenergebnissen.

Die einfachste Lösung hierfür ist, wie bei der Bewertung eines Meta-Datenflußprogramms vorzugehen. Zusammengefaßt heißt dies:

- Alle Zwischenergebnisse, deren Größe oberhalb einer bestimmten Grenze liegt, oder die in die Phasen 2 bis k eines k-phasigen Knotens eingehen, werden ausgelagert.

- Pipeboxen werden nach einer Best-First-Decreasing-Strategie, die nur die Prozessornutzung berücksichtigt, konstruiert, wobei die Leistungsaufnahme der einzelnen Knoten ggf. schrittweise reduziert wird.

- Die Pipeboxen werden nach einer der in Kap. 9.7.5 aufgeführten Heuristiken in eine Reihenfolge gebracht und entsprechend in das Parallelitätsprofil eingetragen, wodurch die Verteilung der einzelnen Knoten auf die Prozessoren festgelegt wird.

Diese Zuordnungsheuristik klammert zwei wichtige Aspekte aus: die Hauptspeichernutzung und die Kommunikationskosten.

Der verfügbare Hauptspeicher muß als zusätzliche Randbedingung bei der Konstruktion der Pipeboxen und des Parallelitätsprofils berücksichtigt werden: Knoten können auf einem Prozessor nicht aktiviert werden, falls dort nicht genügend Hauptspeicher vorhanden ist. Diese Randbedingung kann dazu führen, daß es nicht mehr möglich ist, die Prozessoren voll auszunutzen. Um dies zu vermeiden, kann die Best-Fit-Decreasing-Strategie so erweitert werden, daß sie neben der CPU-Nutzung auch den Hauptspeicherbedarf berücksichtigt: Neben das primäre Kriterium, für einen Knoten jeweils einen bezüglich der CPU-Nutzung möglichst gut passenden Prozessor auszuwählen, tritt das sekundäre Kriterium, die anteilige Hauptspeichernutzung etwa in der gleichen Höhe wie die CPU-Nutzung zu halten, um so noch Spielraum für die Zuordnung weiterer Knoten zu einem noch nicht voll ausgelasteten Prozessor zu haben.

Die Kommunikationskosten stellen ebenfalls einen Aspekt dar, der bei der Zuordnung zusätzlich berücksichtigt werden muß. Bei der Konstruktion einer Pipebox sollten Knoten mit geringer CPU-Nutzung, zwischen denen umfangreiche Operanden übergeben werden, möglichst demselben Prozessor zugeordnet werden. Gute Kandidaten hierfür sind Knoten, deren Parallelisierung gekoppelt wurde. Derartige Knoten sollten so zusammengefaßt werden, daß sie im Rahmen der Best-Fit-Decreasing-Strategie (evtl. sogar bereits im Datenflußprogramm) als ein Knoten angesehen werden.

Auch bei der Konstruktion des Parallelitätsprofils sollten Knoten aufeinanderfolgender Pipes, zwischen denen umfangreiche Zwischenergebnisse übergeben werden, wenn möglich demselben Prozessor zugeordnet werden. Dies gilt insbesondere dann, wenn diese während der Bearbeitung der Knoten hauptspeicherresident gehalten werden müssen (insb. Hashtabellen), durch eine direkt aufeinanderfolgende Aktivierung der Knoten auf demselben Prozessor also sowohl Hauptspeicher- als auch Kommunikationskosten eingespart werden können. Pipes mit derartigen Anknüpfungspunkten sollten daher direkt aufeinanderfolgend in das Parallelitätsprofil eingetragen werden.

10.5 Zusammenfassung

Ziel dieses Kapitels war, die wichtigsten Ansatzpunkte für eine Parallelisierungsstrategie aufzuzeigen. Die dabei vorgestellten Heuristiken bedürfen sicherlich noch einer genaueren Analyse. Es sollte jedoch klar geworden sein, daß sich die Parallelisierung auf der Ebene von Meta-Datenflußprogrammen und unter Nutzung des Parallelitätsprofils sinnvoll steuern läßt.

Kapitel 11

Zusammenfassung und Ausblick

11.1 Hauptergebnisse der Arbeit

In der vorliegenden Arbeit wird die Frage untersucht, wie die bekannten Techniken zur parallelen Anfragebearbeitung in optimaler Weise zur parallelen Bearbeitung von komplexen SQL-Anfrage eingesetzt werden können. Zu lösen ist hierzu folgendes Optimierungsproblem: *Bestimme einen parallelen Bearbeitungsplan, der die Bearbeitungszeit unter einem begrenzten Anstieg der Bearbeitungskosten (gegenüber dem kostengünstigsten Plan) minimiert.*

Bei der Konzeption des Optimierers wird, wie in den meisten neueren Arbeiten zur Anfrageoptimierung, das Prinzip der regelbasierten Optimierung zugrundegelegt: Unterschiedliche *Darstellungen* für eine Anfrage (insb. alternative Bearbeitungspläne) werden durch Anwendung von *Transformationsregeln* gemäß einer *Suchstrategie* generiert und mit Hilfe von *Kostenfunktionen* bewertet, so daß letztlich der günstigste gefundene Plan ausgewählt werden kann. Die wesentliche Frage bei der Lösung des Optimierungsproblems ist damit, wie sich die relevanten, das heißt potentiell optimalen, parallelen Bearbeitungspläne durch Anwendung von Transformationsregeln systematisch generieren lassen.

Der Optimierungsvorgang wird in eine Reihe aufeinanderfolgender Phasen zerlegt, denen unterschiedliche Transformationsregeln zugeordnet sind:

Anfragetransformation: Die Anfrage wird in eine standardisierte, vereinfachte und verbesserte Darstellungsform transformiert. Dabei wird eine logische Optimierung der Anfrage angestrebt.

Generierung von Bearbeitungsplänen: Ausgehend von der Normalform wird ein kostenminimaler Bearbeitungsplan erzeugt. Dabei werden unterschiedliche Alternativen generiert und bewertet.

Diese ersten beiden Phasen sind bei den bekannten Techniken zur Anfrageoptimierung generell anzutreffen. Bei der Generierung paralleler Bearbeitungspläne kommen hierzu zwei weitere Phasen hinzu:

Parallelisierung: Die potentielle Parallelität bei der Bearbeitung einer Anfrage wird durch Einsatz von Node Splitting und Pipelining vergrößert. Auch hier werden unterschiedliche Alternativen generiert und bewertet, wobei die Suche durch den maximal zulässigen Kostenanstieg begrenzt wird.

Zuordnung: Zur Bearbeitung einer Anfrage werden die Knoten des Datenflußprogramms (des parallelen Bearbeitungsplans) Prozessoren zugeordnet.

Die wesentlichen Beiträge der Arbeit zu diesem allgemeinen Lösungsansatz sind nun in drei Punkten zu sehen:

1. *Integration der bekannten Optimierungstechniken auf der Basis einer funktionalen Darstellungsform*

2. *Theoretische Fundierung und Ergänzung der Anfragetransformation*
3. *Parallelisierung auf der Ebene von Meta-Datenflußprogrammen*

Diese Punkte werden im folgenden näher erläutert.

Integration der bekannten Optimierungstechniken auf der Basis einer funktionalen Darstellungsform

Spezialisierte Techniken für die ersten beiden Optimierungsphasen sind in einer Vielzahl von Darstellungsformen (SQL, relationaler Kalkül, relationale Algebra, Bearbeitungspläne) mit entsprechend unterschiedlichen Transformationsregeln bekannt. Alle diese Techniken haben ihren Wert im jeweiligen begrenzten Anwendungsbereich, sollten also in einer Gesamtlösung berücksichtigt werden. Eine derartige Integration stand bisher jedoch noch aus. Das Problem liegt dabei zum einen in den unterschiedlichen Darstellungsformen begründet, zum anderen ist das Zusammenwirken der einzelnen Techniken oft unklar.

Um dieses Problem zu lösen, wird in dieser Arbeit eine einheitliche funktionale Darstellungsform zugrundegelegt. Für die Wahl einer funktionalen Sprache als zur Repräsentation von Anfrage während der Optimierung sprechen dabei im wesentlichen drei Gründe. Ersten implementieren die Algorithmen zur Bearbeitung relationaler Anfragen Operatoren der relationalen Algebra, die sich als funktionale Sprache auffassen läßt. Zweitens werden parallele Bearbeitungspläne üblicherweise in der Form von Datenflußprogrammen dargestellt, also in einer funktionalen Sprache. Drittens können bei der Wahl einer funktionalen Sprache Transformationsregeln sehr einfach angegeben werden, nämlich als Termersetzungsregeln. Insbesondere kann aufgrund der formalen Definition der Sprache (im Gegensatz zu SQL) die Korrektheit der Regeln nachgewiesen werden. Im einzelnen wird in der Arbeit

- eine erweiterte relationale Algebra als funktionale Sprache definiert (Kap. 4);
- gezeigt, daß sich SQL-Anfragen relativ direkt in die erweiterte relationale Algebra übersetzen lassen (was im wesentlichen der Angabe der denotationalen Semantik von SQL entspricht) (Kap. 4);
- gezeigt, daß sich die bekannten Optimierungstechniken in der erweiterten relationalen Algebra wiedergeben lassen (Kap. 5);
- eine Vorgehensweise bei der Anfragetransformation entwickelt, die die bekannten Optimierungstechniken integriert (Kap. 6);
- gezeigt, daß sich Algorithmen zur Bearbeitung relationaler Operatoren auf elegante Weise funktional definieren lassen, wodurch sich eine Ergänzung der funktionalen Darstellungsform ergibt (Kap. 7);
- der Zusammenhang zwischen Datenflußprogrammen und funktionalen Ausdrücken aufgezeigt (Kap. 8).

Theoretische Fundierung und Ergänzung der Anfragetransformation

Die bekannten Techniken der Anfragetransformation reichen zur Lösung des Optimierungsproblems nicht aus, da die für die parallele Bearbeitung erforderliche Transformation einer SQL-Anfrage in einen algebraischen Ausdruck bzw. einen Bearbeitungsplan mit Operationen zur Bearbeitung relationaler Operatoren niemals vollständig behandelt wird (im konventionellen Einprozessorfall ist dies nicht unbedingt erforderlich, eröffnet jedoch auch dort weitergehende Optimierungsmöglichkeiten). Insgesamt weitgehend unberücksichtigt bleiben Nullwerte und arithmetische Operationen, darüber hinaus werden Disjunktionen und Unteranfrage-Prädikate nur lückenhaft erfaßt. Ferner sind die Regeln insbesondere bei der Transformation von geschachtelten Unteranfragen mit Aggregatfunktionen teilweise fehlerhaft.

Um diese Probleme zu lösen, ist eine Ergänzung und ein Korrektheitsnachweis der in der erweiterten relationalen Algebra angegebenen Regeln zur Anfragetransformation erforderlich. Hierfür wird von den einzelnen relationalen Operatoren abstrahiert, um allgemeine Gesetze herzuleiten, die für alle relationalen Operatoren (natürlich unter gewissen einschränkenden Randbedingungen) gelten (Kap. 5). Grundlegend ist dabei der Begriff der *gruppierenden Abbildung*, die aus relationalen Operatoren aufgebaut ist und ein Tupel der Argumentrelation jeweils mit einer Gruppe zugehöriger Tupel verbindet. Mit Hilfe gruppierender Abbildungen können sowohl geschachtelte SQL-Prädikate, die mit Hilfe von Unteranfragen formuliert sind, aufgelöst, als auch allgemeine Kommutativ- und Distributivgesetze sowie Regeln zur Eliminierung von Join-Operatoren angegeben werden. Ausgehend von dieser formalen Grundlage lassen sich die Regeln für die Anfragetransformation aufstellen, indem bekannte Regeln ausgewählt und soweit notwendig korrigiert und ergänzt werden.

Parallelisierung auf der Ebene von Meta-Datenflußprogrammen

Die Generierung paralleler Bearbeitungspläne wurde bisher nur sehr eingeschränkt untersucht. Problematisch ist dabei weniger die Erfassung, als vielmehr die große Anzahl der Möglichkeiten zur Parallelisierung durch Node Splitting und Pipeling, die eine zielgerichtete und effiziente Suche unabdingbar machen. Zur Lösung dieses Problems wird in dieser Arbeit eine Technik entwickelt, mit der unterschiedliche parallele Bearbeitungspläne auf effiziente Weise generiert und bewertet werden können. Die Steuerung der Suche erfolgt darauf aufbauend mittels heuristischer Regeln.

Um die Parallelisierung einfach und kompakt beschreiben zu können, werden *Meta-Datenflußprogramme* eingeführt, die von den zugrundeliegenden Bearbeitungsplänen abstrahieren (Kap. 8); die mögliche und die bereits vorgenommene Parallelisierung geht darin aus einigen wenigen Parameter pro Knoten des zu parallelisierenden Datenflußprogramms hervor (Anzahl der Teilknoten und erforderliche Partitionierung der Operanden bei Node Splitting, Einführung von Pipelining). Ein solches Meta-Datenflußprogramm läßt sich auch als Parallelisierungsschema auffassen.

Transformationsregeln sind dementsprechend erforderlich zur Abbildung eines Datenflußprogramms auf ein initiales Meta-Datenflußprogramm, aus dem zunächst nur die Möglichkeiten zur Parallelisierung hervorgehen (aufgrund der unterschiedlichen parallelen Algorithmen gibt es hierzu in der Regel mehrere Alternativen); zur Erhöhung des Parallelitätsgrads in einem Meta-Datenflußprogramm; und zur Übersetzung eines Meta-Datenflußprogramms in einen parallelen Bearbeitungsplan, wobei auch die Zuordnungsentscheidungen getroffen werden (Kap. 8).

Während der Parallelisierung ist es wichtig, die Güte eines Meta-Datenflußprogramms, das heißt die Bearbeitungskosten und die Bearbeitungszeit, schnell bewerten zu können, ohne den zugrundeliegenden Bearbeitungsplan explizit konstruieren zu müssen. Die Kosten der einzelnen Bearbeitungsoperationen lassen sich dabei wie in konventionellen Datenbanksystemen üblich anhand eines Kostenmodells bewerten. Zur Bestimmung der Bearbeitungszeit wird ein *Parallelitätsprofil* aufgestellt, in dem die parallel zueinander bearbeitbaren Operationen entsprechend der Anzahl der verfügbaren Prozessoren parallel zueinander aufgetragen werden (Kap. 9). Eine Abschätzung der Bearbeitungszeit ergibt sich direkt aus der Länge des Parallelitätsprofils. Ferner lassen sich aus dem Parallelitätsprofil Parallelisierungsstrategien, das heißt heuristische Regeln zur Steuerung der Parallelisierung, ableiten (Kap. 10).

11.2 Weiterführende Arbeiten

Die in der Arbeit entwickelte Optimierungstechnik ist eine gute Grundlage für weiterführender Untersuchungen in drei Richtungen:

1. *Vorgehensweise bei der Realisierung des Optimierers*

2. *Umsetzung der Optimierungsentscheidungen durch die interne Ablaufsteuerung eines parallelen Datenbanksystems*

3. *Parallelisierung der Anfragebearbeitung in Datenbanksystemen mit erweiterter Funktionalität*

Im folgenden werden die dabei jeweils auftretenden Probleme und die hierfür durch die Arbeit eröffneten Lösungsansätze kurz erläutert.

Realisierung des Optimierers

Die Arbeit konzentriert sich auf die grundsätzliche Vorgehensweise bei der Anfrageoptimierung, das heißt die Frage, wie sich potentiell optimale parallele Bearbeitungspläne durch Anwendung von Transformationsregeln systematisch generieren lassen. Im Hinblick auf die Umsetzung der dabei entwickelten Konzepte in eine konkrete Realisierung sind noch einige weitere Fragen zu klären. Diese betreffen vor allem die Darstellung des Suchraums, die Suchstrategie und die Umsetzung der Transformationsregeln.

Bei der Darstellung des Suchraums ist zu beachten, daß Transformationen in der Regel nur einen kleinen Teil der Anfragedarstellung modifizieren. Bei der Suche entsteht deshalb eine große Anzahl von Anfragedarstellungen, die sich oft nur wenig unterscheiden, nämlich nur in der Lösung von Teilproblemen. Es ist daher wünschenswert, daß eine mehrfach verwendete Lösung für ein Teilproblem möglichst nur einmal geführt wird. Die Suche kann dann eine einmal gefundene optimale Lösung für ein Teilproblem immer wieder verwenden.

Überlegungen, wie sich eine derartige Repräsentation des Suchraums im Rahmen des vorgestellten Gesamtkonzepts realisieren läßt, finden sich in [Theo90] für den Bereich von Anfragetransformation und Generierung von Bearbeitungsplänen und in [Kilg90] für die Parallelisierung auf der Ebene von Meta-Datenflußprogrammen. Die Grundidee besteht in beiden Fällen darin, die Speicherung von Teilausdrücken von der Speicherung der Struktur des Gesamtausdrucks zu trennen. Im ersten Fall werden Teilausdrücke darüberhinaus durch Eigenschaften wie die angesprochenen Relationen und angewandten Prädikate charakterisiert, um so feststellen zu können, ob Teilausdrücke identisch sind und daher nur einmal geführt werden müssen. Einem Teilausdruck kann dann jeweils der günstigste, bis zu einem gewissen Punkt der Suche gefundene Teil-Bearbeitungsplan zugeordnet werden. Im zweiten Fall ist es im Vergleich hierzu sehr einfach, gemeinsame Teilausdrücke zu erkennen, da es sich hierbei nur um gemeinsam verwendete Meta-Knoten handeln kann.

Im Hinblick auf die Suchstrategie bei der Generierung nicht-paralleler Bearbeitungspläne erscheint es sinnvoll, in einem ersten Ansatz wie in [Seli79, LeFL88] dynamische Programmierung einzusetzen, da mit dieser auf effiziente Weise ein optimaler Plan gefunden werden kann. Dies ist natürlich nur möglich, so lange die Komplexität der Anfragen nicht höher ist, als dies in heutigen Anwendungen normalerweise der Fall ist (weniger als 5-10 Join-Operationen). Werden die Anfragen komplexer, so ist es zu aufwendig, das Erreichen eines optimalen Plans zu garantieren, und es muß zu einer anderen Suchstrategie übergegangen werden (vergl. Kap. 1), wobei heute noch offen ist, welche Suchstrategie hierfür am günstigsten ist.

Zur Steuerung der Parallelisierung wurden in dieser Arbeit eine Reihe von Ansatzpunkten für Heuristiken aufgezeigt. Diese müssen in künftigen Arbeiten weiter ausgearbeitet und anhand einer Realisierung des Optimierers genauer analysiert werden.

Die regelbasierte Beschreibung des Optimierungsvorgangs dient zunächst einmal dazu, eine klare Strukturierung und leichte Erweiterbarkeit des Optimierers zu erreichen. Darüber hinaus stellt sich die Frage, ob und ggf. unter Zugrundelegung welcher Sprache zur Regelformulierung es möglich ist, mit Hilfe eines auf die Anfrageoptimierung zugeschnittenen Regel-Interpreters oder Regel-Compilers ausgehend von einer Regelmenge automatisch einen Optimierer zu generieren. Eine Reihe von Arbeiten deutet darauf hin, daß dies möglich ist [Lehn88, LeFL88, GrDe87, ScSi90]. Das Problem liegt dabei weniger in der Umsetzung des eigentlichen Transformationsschritts, als in der Prüfung der zum Teil sehr komplexen Bedingungen für die Anwendbarkeit einer Regel (vergl. beispielsweise die Regeln zur Join-Eliminierung, Kap. 6.3). Daher werden in [GrDe87] und [LeFL88] die Anwendungsbedingungen in Form von C-Funktionen formuliert und nicht automatisch generiert. In [Lehn88] wird hingegen gezeigt, daß die Anwendungsbedingungen für Implementierungsregeln und Prädikatumformungen durch (Horn-Klausel)-Prädikate formulierbar sind. Die Frage, inwiefern dieses Resultat verallgemeinerbar ist, ist noch offen.

Interne Ablaufsteuerung eines parallelen Datenbanksystems

Durch einen parallelen Bearbeitungsplan werden die meisten Zuordnungsentscheidungen getroffen, die zu einer optimalen parallelen Bearbeitung führen. Ein Freiheitsgrad besteht nur noch in der konkreten Festlegung derjenigen Prozessoren, die nicht auf Basisrelationen zugreifen. Dies kann im Rahmen einer Lastverteilung erfolgen.

Die Hauptaufgabe der Ablaufsteuerung besteht anschließend darin, dafür zu sorgen, daß die parallele Bearbeitung tatsächlich in der geplanten Weise fortschreitet. Dies ist aus verschiedenen Gründen keinesfalls trivial. Betrachten wir hierzu zunächst den einfacheren Fall, daß nur eine einzelne Anfrage in optimaler Weise parallel bearbeitet werden soll (also kein Mehrbenutzerbetrieb). Falls die Kostenabschätzung hinreichend genau ist, muß dann nur dafür gesorgt werden, daß die Knoten eines Bearbeitungsplans entsprechend der festgelegten Verteilung, Aktivierungsreihenfolge und Leistungsaufnahme bearbeitet werden. Die Kostenabschätzung kann jedoch nicht vollkommen exakt sein, da sie auf im Relationsprofil zusammengefaßten statistischen Informationen basiert, die niemals hunderprozentig genau sein und zudem einen veralteten Datenbankzustand widerspiegeln können. Dies hat zur Folge, daß die Bearbeitung einzelner Knoten aufwendiger oder weniger aufwendig sein kann, als geplant. Hierauf kann die Ablaufsteuerung auf unterschiedliche Weise reagieren:

- Beschleunigung verspäteter und Abbremsen verfrühter Knoten durch Anpassung der Leistungsaufnahme
- Erhöhung des Aufspaltungsgrads, falls Operanden umfangreicher sind, als erwartet; entsprechend Verringerung, falls das Gegenteil der Fall ist
- Generierung eines neuen parallelen Bearbeitungsplans (erneute Optimierung)

Um die letzten beiden Entscheidungen in sinnvoller Weise treffen zu können, ist eine genauere Analyse ihrer Auswirkungen erforderlich, wozu der Optimierer herangezogen werden kann (Konstruktion von Parallelitätsprofilen unter verschiedenen Randbedingungen).

Das Problem der Ablaufsteuerung wird weiter verschärft, wenn man den Mehrbenutzerbetrieb betrachtet, in dem unterschiedliche Anfragen um logische und physische Ressourcen konkurrieren (Sperren auf Datenobjekte bzw. Betriebsmittel des Rechnersystems). Weitgehend ausgeschaltet werden können gegenseitige Behinderungen, wenn man Ressourcen vorab reserviert, also zunächst die benötigten Sperren anfordert (was beispielsweise durch Verwendung von

Präzisionssperren leicht möglich ist, ohne auf die Datenbank zuzugreifen [JBBa81, BILD88]), und anschließend die Knoten erst dann verteilt, wenn physische Ressourcen in ausreichendem Umfang zur Verfügung stehen. Es ist allerdings zu überprüfen, ob diese Vorgehensweise nicht zu lange Wartezeiten zur Folge hat und damit insbesondere Anfragen hoher Dringlichkeit zu stark behindert. Wie in diesem Fall weiter vorgegangen werden kann, wurde noch nicht untersucht.

Datenbanksysteme mit erweiterter Funktionalität

Ein großer Teil der Datenbankforschung konzentriert sich heute auf die Entwicklung von Datenbanksystemen mit einer erweiterten Funktionalität (objektorientierte Datenbanksysteme, deduktive Datenbanksysteme). Durch die Zugrundelegung der regelbasierten Optimierung auf einer funktional definierten erweiterten relationalen Algebra ist bereits gute Voraussetzung dafür geschaffen, daß die in der Arbeit vorgestellte Optimierungstechnik in eine derartige Richtung weiterentwickelt werden kann. Die entscheidende Randbedingung ist dabei, daß es möglich sein muß, Anfragen in eine funktionale Sprache, die sich überwiegend auf mengenorientierte Operatoren stützt, zu übersetzen, und daß diese Operatoren auch als Grundlage für eine Implementierung geeignet sein müssen.

Anhang A

Notation

Namenskonventionen für Bezeichner	Bedeutung
$c, c_1, c_2, \ldots$	Werte atomarer Datentypen
$x, x_1, x_2, \ldots$	Tupel (z.T. auch beliebige Werte)
$m, m_1, m_2, \ldots$	Mengen
$r, r_1, r_2, \ldots$	Relationen
$R, R_1, R_2, \ldots$	Namen von Relationen der Datenbasis
$s, s_1, s_2, \ldots$	Listen bzw. Ströme
$f, f_1, f_2, \ldots$	Funktionen
$\tau, \tau_1, \tau_2, \ldots$	Typen
$d, d_1, d_2, \ldots$	atomare Typen
$A, A_1, A_2, \ldots, B, B_1, B_2, \ldots$	Attributnamen
$X, X_1, X_2, \ldots, Y, Y_1, Y_2, \ldots$	Mengen von Attributnamen
$t, t_1, t_2, \ldots$	Terme (attributwertige Ausdrücke)
$p, p_1, p_2, \ldots$	Prädikate (boolesche Ausdrücke)
$e, e_1, e_2, \ldots$	relationale Ausdrücke
e, e_u	SQL-Anfrage bzw. Unteranfrage
$T, T_1, T_2, \ldots$	Tupelkonstruktoren
$F, F_1, F_2, \ldots$	Funktionskonstruktoren
$\alpha, \alpha_1, \alpha_2, \ldots, \beta, \beta_1, \beta_2, \ldots$	Typvariablen
$\mathcal{X}, \mathcal{X}_1, \mathcal{X}_2, \ldots, \mathcal{Y}, \mathcal{Y}_1, \mathcal{Y}_2, \ldots$	Variablen für Attributmengen
$v, v_1, v_2, \ldots$	Variablen für Ausdrücke
$\mathcal{R}, \mathcal{R}_1, \mathcal{R}_2, \ldots$	Relationsvariablen
$a, a_1, a_2, \ldots, b, b_1, b_2, \ldots$	Knoten eines Datenflußprogramms
$\underline{a}, \underline{a}_1, \underline{a}_2, \ldots, \underline{b}, \underline{b}_1, \underline{b}_2, \ldots$	Meta-Knoten
$D, D^1, D^2, \ldots$	Datenflußprogramm bzw. Pipe
$\underline{D}, \underline{D}^1, \underline{D}^2, \ldots$	Meta-Datenflußprogramm bzw. Meta-Pipe

Typen	Bedeutung	Definition
bool	Wahrheitswerte	S. 57
num	numerische Werte	S. 57
string	Zeichenketten	S. 57
$\mathbf{U}$	Menge der Attributnamen	S. 58
$[A_1 : \tau_1, A_2 : \tau_2, \ldots, A_n : \tau_n]$	Tupeltyp	S. 58
$[A_1, A_2, \ldots, A_n]$, $[X]$	abkürzende Schreibweisen für Tupeltypen	S. 58
$[X_1, X_2]$	Typ eines Tupels mit Attributen $X_1 \cup X_2$ bei disjunkten X_1, X_2	S. 58
$(\tau_1, \tau_2, \ldots, \tau_n)$	Geordnetes Tupel	S. 58
$[\mathcal{X}]$, $[\mathcal{X}^X]$, $[\mathcal{X}^{X,\overline{Y}}]$	frei wählbarer Tupeltyp, der ggf. die Attribute X umfasst und die Attribute Y nicht umfaßt	S. 59
$\{\tau\}$	fester Mengentyp	S. 58
$\{\alpha\}$	frei wählbarer Mengentyp	S. 59
$\{[X]\}$	Relationstyp	S. 58
$\{[\mathcal{X}]\}$, $[\mathcal{X}^X]$, $[\mathcal{X}^{X,\overline{Y}}]$	frei wählbarer Relationstyp	S. 59
$\langle\alpha\rangle$	frei wählbarer Listentyp	S. 133
$\tau_1 \rightarrow \tau_2 \rightarrow \ldots \rightarrow \tau_n \rightarrow \tau$	Funktionstyp	S. 59

Werte	Bedeutung	Definition
$\perp$, $\perp^+$	üblicher und speziell gekennzeichneter Nullwert	S. 68
$[A_1 : c_1, A_2 : c_2, \ldots, A_n : c_n]$	Tupel	S. 58
$(c_1, c_2, \ldots, c_n)$	geordnetes Tupel	S. 58
$\{x_1, x_2, \ldots, x_n\}$	Menge bzw. Relation	S. 58
$\langle x_1, x_2, \ldots, x_n\rangle$, $x_1 : x_2 : \ldots x_n : \langle\rangle$	Liste	S. 133
(O)	Funktion zu einem binären Operator O	S. 59

Grundfunktionen	Bedeutung	Definition
ε	identische Abbildung	S. 59
$(f_1 \circ f_2)$	Komposition der Funktionen f_1 und f_2	S. 60
$(p\|f)$	Bedingte Ausführung von f in Abhängigkeit von dem Prädikat p	S. 60
$(f_1 /_c f_2)$	Wert von f_2, falls f_1 den Wert c als Ergebnis liefert, sonst Wert von f_1	S. 60
$+, -, *, /$	Arithmetische Operatoren	S. 60
$=, \neq, <, >, \leq, \geq, \equiv, \not\equiv,$ $=^-, \neq^-, <^-, >^-, \leq^-, \geq^-,$ $=^+, \neq^+, <^+, >^+, \leq^+, \geq^+$	Vergleichsoperatoren	S. 60
$\overline{\theta}$	zu θ inverser Vergleichsoperator	S. 60
$\neg, \vee, \wedge, \exists, \forall$	Boolesche Operatoren	S. 61
$(X)\Theta(Y)$, $(X)\theta(Y)$, $(X)\theta t$	Kompakte Prädikatdarstellungen	S. 67
$x.A$	Zugriff auf Attribut A des Tupels x	S. 61
$x.Y$	Projektion des Tupels x auf die Attribute Y	S. 61
$x_1 \bullet x_2$	Komposition der Tupel x_1 und x_2	S. 61
$[A_1 : f_1, \ldots, A_n : f_n]$	Tupelkonstruktor, Funktionskonstruktor	S. 62
$(p \,\|\, [A_1 : f_1, \ldots, A_n : f_n])$	bedingter Tupelkonstruktor	S. 62
$[A_1, \ldots, A_n]$ $(t_1, \ldots, t_n)$ $(B_1, \ldots, B_n \leftarrow A_1, \ldots, A_n)$ $(Y \leftarrow X)$ $(B_1, \ldots, B_n) : (A_1, \ldots, A_n)$ $(Y) : (X)$ $[X, A'_1 : t'_1, \ldots, A'_m : t'_m]$ $[A_1, \ldots, A_n, T]$ $[X, T]$	Abkürzende Schreibweisen für Tupelkonstruktoren	S. 66
max, min, sum, avg, count, *max_distinct, min_distinct,* *sum_distinct, avg_distinct,* *count_distinct,* pr_1	Aggregatfunktionen	S. 62
$\cup, \cap, \setminus$	mengenalgebraische Operatoren	S. 63
$(:)\ x\ s\ =\ x : s$	Listenkonstruktor	S. 133
set s	Überführung einer Liste in eine Menge	S. 133

Relationale Operatoren	Bedeutung	Definition
$\alpha_f\ r$	(Mengen-)Filteroperator	S. 63
$r_1 \bowtie r_2$	natürlicher Join	S. 64
$\phi_{[Z]\,F}\ r$	Aggregierung	S. 64
$\sigma_p\ r$	Selektion	S. 67
$\pi_T\ r$	Projektion	S. 67
$r_1 \div r_2$	Division	S. 67
$(r)^+$	Nullwert-Ergänzung	S. 68
$\sigma^{\mid Y}_p\ r$	Outer-Selektion	S. 68
$\Omega^{\mid Y}\ r$	Nullwert-Eliminierung	S. 68
$r_1 \bowtie_F r_2$	Outer-Aggregierung	S. 68

Listenoperationen	Bedeutung	Definition
$s_1 \simeq s_2$	Inhaltgleichheit	S. 134
nodup s	Duplikatfreiheit	S. 134
order[*so*] s	Sortierordnung	S. 135
key[Y] s	Schlüsseleigenschaft	S. 135
predicate[p] s	Prädikateigenschaft	S. 135
fscan[R]	Sequentieller Zugriff auf eine Basisrelation	S. 137
iscan[$R.A$, *ip*]	Selektiver Zugriff auf eine Basisrelation	S. 138
tscan[n] $(s^1, \ldots, s^n)$	Sequentieller Zugriff auf Tupellisten ohne Aufrechterhaltung einer Sortierordnung	S. 138
mscan[n, *so*] $(s^1, \ldots, s^n)$	Sequentieller Zugriff auf Tupellisten mit Aufrechterhaltung einer Sortierordnung	S. 139
hash[n, h] s	Aufbau einer Hashtabelle	S. 139
hscan[n, h] $(s_1, \ldots, s_n)$	Zugriff auf eine Hashtabelle	S. 140
vscan[n, f] $(x_1, \ldots, x_n)$	Zugriff auf atomare Werte oder Tupel	S. 140
$s_1 \mathbin{+\!\!+} s_2$	Konkatenation	S. 141
filter[T] s	Filterung	S. 141
exists[p] s	Implementierung eines Existenzquantors	S. 142
join[T_1, T_2] $s_1\ s_2$	Joinoperation (Nested-Loop-Join, Index-Join, Hashing-Join)	S. 143
agg[Z, F] s	Sequentielle Aggregierung	S. 144
mjoin[A, B, T_1, T_2] $s_1\ s_2$	Merge-Join	S. 150
sagg[Z, F, Y] s	Aggregierung mit Ausnutzung einer Sortierordnung	S. 151
hagg[Z, F, n, h] s	Aggregierung mit Aufbau einer Hashtabelle	S. 153
parthash[n, h] s	Hashorientierte Zerlegung	S. 154
partanz[n] s	Anzahlorientierte Zerlegung	S. 154

Ausdrücke	Bedeutung	Definition
$R^{\{[X]\}}$	Relationsname	S. 64
c^d	Konstante	"
A^d	Attributnamen	"
v^τ	Variable	"
$(f^{\tau_1 \to \tau_2 \to \ldots \to \tau_n \to \tau}\ e_1^{\tau_1}\ e_2^{\tau_2} \ldots e_n^{\tau_n})^\tau$	Funktionsanwendung	"
$(e^\tau\ mit\ v_1^{\tau_1} = e_1^{\tau_1} \ldots v_n^{\tau_n} = e_n^{\tau_n})^\tau$	Ausdruck mit Variablen	"

Algebraische Abbildungen	Bedeutung	Definition
$E[\mathcal{R}^{X,\overline{Y}}]$	algebraische Abbildung (X und $\overline{Y}$ dürfen entfallen)	S. 88
E_p	korrekte Auflösung einer Selektion σ_p	S. 96
$E_p^{\|Y}$	korrekte Auflösung einer Outer-Selektion $\sigma_p^{\|Y}$	S. 96

Metafunktionen	Bedeutung	Definition
$\mathcal{A}(e)$	Menge der Attribute eines tupelwertigen oder relationalen Ausdrucks	S. 58
$\mathcal{F}(e)$	Menge der in einem Ausdruck e freien Attribute	S. 65
$\mathcal{G}(E)$	Gruppenattribute einer gruppierenden Abbildung E	S. 88
$\mathcal{T}(e)$	Korrekte Ersetzung eines relationalen Ausdrucks e	S. 93
$\mathcal{T}^+(e)$	Verlustfreie Ersetzung eines relationalen Ausdrucks e	S. 94
$\rightsquigarrow$	Korrekte Implementierung	S. 134
$b \leftarrow a,\ D^j \leftarrow D^i,$	Nachfolgerrelation zwischen Knoten, Pipes,	S. 159
$\underline{b} \leftarrow \underline{a},\ \underline{D}^j \leftarrow \underline{D}^i$	Metaknoten und Metapipes	
$b \leftarrow_E a,\ \underline{b} \leftarrow_E \underline{a}$	Nachfolger bezüglich eines Operanden E	S. 159
$\overset{*}{\leftarrow}$	transitive Hülle der Nachfolgerrelation	S. 159
$(\pi\ D)$	Aufteilung eines Datenflußprogramms in Pipes	S. 160
$(\underline{\pi}\ \underline{D})$	Aufteilung eines Meta-Datenflußprogramms in Metapipes	S. 164

Aufbau eines Metaknotens	Bedeutung	Definition
$\underline{a}$ :: $[knot, split, E_1, \ldots, E_m]$	Einträge eines Metaknotens	S. 163
$\underline{a}.knot = a$	Knoten des zugrundeliegenden Datenflußprogramms	"
$\underline{a}.split = (n, k, mod)$	Aufspaltung eines Metaknotens: n = Anzahl der Teilknoten k = Anzahl der Phasen $mod \in \{fix, var, folgek\}$ (Änderbarkeit)	"
$\underline{a}.E_i = (part_i, pipe_i, pip_i)$	Modifikation des Operandenzugriffs: $part_i \in \{nopart, vorgk, partanz, parthash[(hA)]\}$ (erwartete Zerlegung) $pipe_i$: Pipelining wird eingesetzt pip_i : Pipelining ist möglich	"

Parallelisierung	Bedeutung	Definition
(SPLIT $\underline{a}$ n k**)**	Einsatz von Node Splitting	S. 173
(PIPE $\underline{D}^i$ $\underline{D}^j$**)**	Einsatz von Pipelining	S. 174
(NODES $\underline{a}$**)**	Generierung der Teil- und Partitionierungsknoten zu $\underline{a}$	S. 175

Literaturverzeichnis

[AhSU79] A.V. Aho, Y. Sagiv, J.D. Ullman: Equivalence among Relational Expressions. SIAM Journal on Computing, Vol. 8, No. 2, May 1979, pp. 218-246

[AHYa83] P.M.G. Apers, A.R. Hevner, S.B. Yao: Optimization Algorithms for Distributed Queries. IEEE Trans. on Software Engineering, SE-9,1, January 1983, pp. 57-68

[AlCo88] W. Alexander, G. Copeland: Process and Dataflow Control in Distributed Data-Intensive Systems. Proc. ACM SIGMOD, Chicago, June 1988

[ANSI85] ANSC X3H2, (draft proposed) American National Standard Database Language SQL. Washington, Feb. 1985

[Back78] J. Backus: Can Programming Be Liberated from the von Neumann Style? A Functional Style and Its Algebra of Programs. Communications of the ACM, Vol. 21, No. 8, August 1978, pp. 613-641

[BaYH87] T. Baba, S.B. Yao, A.R. Hevner: Design of a Functionally Distributed Multiprocessor Database Machine Using Data Flow Analysis. IEEE Trans. on Computers, C-36,6, June 1987, pp. 650-666

[BeMW82] A. Beetem, J. Milton, G. Wiederhold: Performance of Database Management Systems in VLSI Design. IEEE Database Engineering, Vol. 5, No. 2, June 1982, pp. 15-20

[BBKV97] F. Bancilhon, T. Briggs, S. Khoshafian, P. Valduriez: FAD, A Powerful and Simple Database Language. Proc. 13th Int. Conf. on Very Large Data Bases, Brighton, September 1987, pp.97-106

[BiDT83] D.Bitton, D.J. DeWitt, C. Turbyfill: Benchmarking Database Systems: A Systematic Approach. Proc. Int. Conf. on Very Large Data Bases, October 1983, pp. 8-19

[BILD88] G. v. Bültzingsloewen, C. Iochpe, R.-P. Liedtke, K.R. Dittrich, P.C. Lockemann: Two-Level Transaction Management in a Multiprocessor Database Machine. Proc. 3rd Int. Conf. on Data and Knowledge Bases, Jerusalem, June 1988, pp. 374-386

[BiWa88] R. Bird, P. Wadler: Introduction to Functional Programming. Prentice Hall, 1988

[BoDe82] H. Boral, D.J. DeWitt: Applying Data Flow Techniques to Database Machines. IEEE Computer, August 1982, pp. 57–63

[BoDe83] H. Boral, D.J. DeWitt: Data Base Machines: An Idea Whose Time Has Passed? In: H.-O. Leilich, M. Missikoff (eds.): Database Machines. Int. Workshop, Munich, September 1983, Springer-Verlag, 1983

[Bora90] H. Boral: Prototyping Bubba, A Highly Parallel Database System. IEEE Trans. on Knowledge and Data Engineering, Vol. 2, No. 1, March 1990, pp. 4-24

[BoRi88] P. Bodorik, J.S. Riordon: Distributed Query Processing Optimization Objectives. Proc. IEEE Data Engineering, February 1988, pp. 320-329

[Brat84] K. Bratbergsengen: Hashing Methods and Relational Algebra Operations. Proc. 10th Int. Conf. on Very Large Data Bases, Singapore, August 1984, pp. 323-333

[Bry89] F. Bry: Towards an Efficient Evaluation of General Queries: Quantifier and Disjunction Processing Revisited. Proc. ACM SIGMOD, Portland, June 1989, pp. 193-204

[Bült87] G. v. Bültzingsloewen: Translating and Optimizing SQL Queries Having Aggregates. Proc. 13th Int. Conf. on Very Large Data Bases, Brighton, September 1987, pp. 235-243

[Bült89] G. v. Bültzingsloewen: Optimizing SQL Queries for Parallel Execution. ACM SIGMOD Record, December 1989

[CABK88] G. Copeland, W. Alexander, E. Boughter, T. Keller: Data Placement in Bubba. Proc. ACM SIGMOD, Chicago, June 1988, pp. 99-108

[CaLu86] M.J. Carey, H. Lu: Load Balancing in a Locally Distributed Database System. Proc. ACM SIGMOD, 1986, pp. 108-119

[CeGo85] S. Ceri, G. Gottlob: Translating SQL into Relational Algebra: Optimization, Semantics and Equivalence of SQL Queries. IEEE Trans. S.E., April 1985, pp. 324-345

[CePe85] S. Ceri, G. Pelagatti: Distributed Databases: Principles and Systems. McGraw-Hill, 1985

[CePS85] F. Cesarini, F. Pippolini, G. Soda: A Technique for Analyzing Query Execution in a Multiprocessor Database Machine. Proc. 4th Int. Workshop on Database Machines, Grand Bahama Island, March 1985, pp. 68-90

[CFMT86] J.-P. Cheiney, P. Faudemay, R. Michel, J.-M. Thevenin: A Reliable Parallel Backend Using Multiattribute Clustering and Select-Join Operator. Proc. 12th Int. Conf. on Very Large Data Bases, Kyoto, August 1986

[Cham81] D.D. Chamberlin et. al.: Support for Repetitive Transactions and Ad Hoc Queries in System R. ACM Trans. on Database Systems, Vol. 6, No. 1, March 1981, pp. 70-94

[Chan76] P.Y. Chang: Parallel Processing and Data Driven Implementation of a Relational Database System. Proc. of the 1976 Conf. of the ACM, pp. 314-318

[Chan78] C.L. Chang: Deduce 2: Further investigations of deduction in relational data bases. Logic and Data Bases, H. Gallaire and J. Minker, Eds., Plenum Press, New York, 1978, pp. 201-236

[ChHa82] A.K. Chandra, D. Harel: Structure and Complexity of Relational Queries. Journal of Computer and System Sciences, Vol. 25, 1982, pp. 99-128

[ChMe77] A.K. Chandra, P.M. Merlin: Optimal Implementation of Conjunctive Queries in Relational Databases. Proc. Ninth Annual Symposium on the Theory of Computing, 1977, pp. 77-90

[Chri83] S. Christodoulakis: Estimating Record Selectivities. Information Systems, Vol. 8, No. 2, 1983, pp. 105-115

[Codd72] E.F. Codd: Relational completeness of data base sublanguages. In Data Base System, R. Rustin, Ed., Prentice Hall, Englewood Cliffs, N.J., 1972

[Coff76] E.G. Coffmann (ed.): Computer and Job-Shop Scheduling Theory. John Wiley & Sons, 1976

[DaGK82] U. Dayal, N. Goodman, R.H. Katz: An Extended Relational Algebra with Control over Duplicate Elimination. ACM Symposium on Principles of Database Systems, 1982, pp. 117-123

[Dani82] D. Daniels et al.: An Introduction to Distributed Query Compilation in R*. Proc. 2nd International Conference on Distributed Databases, Berlin, September 1982

[Date81] C.J. Date: An Introduction to Database Systems. 3rd Edition, Addison-Wesley, 1981

[Daya87] U. Dayal: Of Nests and Trees: A Unified Approach to Processing Queries That Contain Nested Subqueries, Aggregates, and Quantifiers. Proc. 13th Int. Conf. on Very Large Data Bases, Brighton, September 1987, pp. 197-208

[DeGe85] D.J. DeWitt, R. Gerber: Multiprocessor Hash-Based Join Algorithms. Proc. 11th Int. Conf. on Very Large Data Bases, Stockholm, 1985

[DeGS88] D.J. DeWitt, S. Ghandeharizadeh, D. Schneider: A Performance Analysis of the GAMMA Database Machine. Proc. ACM SIGMOD, Chicago, June 1988, pp. 350-360

[DeWi84] D.J. DeWitt et. al.: Implementation Techniques for Main Memory Database Systems. Proc. ACM SIGMOD, June 1984, pp. 1-8

[DeWi86] D.J. DeWitt et al.: GAMMA - A High Performance Dataflow Database Machine. Proc. 12th Int. Conf. on Very Large Data Bases, Kyoto, August 1986

[DeWi87] D.J. DeWitt et al.: A Single User Evaluation of the GAMMA Database Machine. Proc. 5th Int. Workshop on Database Machines, Karuizawa, October 1987, pp. 43–59

[DeWi90] D. J. DeWitt et al.: The Gamma Database Machine Project. IEEE Trans. on Knowledge and Data Engineering, Vol. 2, No. 1, March 1990, pp. 44-62

[Eber84] W. Eberlein: Architektur technischer Datenbanken für integrierte Ingenieursysteme. Dissertation, Arbeitsberichte des IMMD, Bd. 17, Nr. 1, Universität Erlangen, 1984

[EpSW78] R. Epstein, M. Stobebraker, E. Wong: Distributed Query Processing in a Relational Data Base System. Proc. ACM SIGMOD, Austin, May 1978, pp. 169-180

[Fisc83] W.E. Fischer: Datenbanksysteme für CAD-Arbeitsplätze. Informatik-Fachberichte, Bd. 70, Springer-Verlag, 1983

[FKTa86] S. Fushimi, M. Kitsuregawa, H. Tanaka: An Overview of The System Software of A Parallel Relational Database Machine GRACE. Proc. 12th Int. Conf. on Very Large Data Bases, Kyoto, August 1986

[FLWi84] D.H. Fishman, M.-Y. Lai, W.K. Wilkinson: Overview of the Jasmin Database Machine. Proc. ACM SIGMOD, 1984, pp. 234-239

[Frey87] J.C. Freytag: A Rule-Based View of Query Optimization. Proc. ACM SIGMOD, San Francisco, May 1987, pp. 173-180

[FrGo89] J.C. Freytag, N. Goodman: On the Translation of Relational Queries into Iterative Programs. ACM TODS, Vol. 14, No. 1, March 1989, pp. 1-27

[Gard83] G. Gardarin et al.: SABRE: A Relational Database System for a Multimicroprocessor Machine. In: D.K. Hsiao (ed.): Advanced Database Machine Architecture. Prentice-Hall, 1983

[GaJo79] M.R Garey, D.S. Johnson: Computers and Intractability — A Guide to the Theory of NP-Completeness. W.H. Freeman and Company, San Francisco, 1979

[GaWo87] R.A. Ganski, H.K.T. Wong: Optimization of Nested SQL Queries Revisited. Proc. ACM SIGMOD, San Francisco, May 1987, pp. 23-33

[Grae86] G. Graefe: Software Modularization with the EXODUS Optimizer Generator. IEEE Database Engineering 9(4), December 1986, pp. 37-45

[Grae89a] G. Graefe, Ed.: Workshop on Database Query Optimization. CSE Technical Report 89-005, Oregon Graduate Center, Portland, Oregon, May 1989

[Grae89b] G. Graefe: Relational Division: Four Algorithms and Their Performance. Proc. 5th Int. Conf. on Data Engineering, Los Angeles, February 1989, pp. 94-101

[Gray90] J. Gray: Parallelism and Data Management – Past, Present and Future. Vortrag, Prospect Workshop, Univ. Stuttgart, Mai 1990

[GrDe87] G, Graefe, D.J. DeWitt: The Exodus Optimizer Generator. Proc. ACM SIGMOD, San Francisco, May 1987, pp. 160-172

[GrKS87] M. Granski, I. Koren, G.M. Silberman: The Effect of Operation Scheduling on the Performance of a Data Flow Computer. IEEE Trans. on Computers, Vol. C-36, No. 9, September 1987, pp. 1019-1029

[GrWa89] G. Graefe, K. Ward: Dynamic Query Evaluation Plans. Proc. ACM SIGMOD, Portland, June 1989, pp. 358-366

[GuSt82] A. Guttmann, M. Stonebraker: Using a Relational Database Management System for Computer Aided Design Data. IEEE Database Engineering, Vol. 5, No. 2, June 1982, pp. 21-28

[HaOr87] J.G. Hanson, A. Orooji: Experiments with Data Access and Data Placement Strategies for Multi-Computer Database Systems. Database Machines and Knowledge Base Machines, M. Kitsuregawa, H. Tanake (Eds.), Kluwer Academic Publishers, 1988, pp. 429-442

[HaZd80] M. Hammer, S.B. Zdonik: Knowledge-Based Query Processing. Proc. 6th Int. Conf. on Very Large Data Bases, Montreal, 1980, pp. 137-146

[HäRa85] T. Härder, E. Rahm: Klassifikation von Mehrrechner-Datenbanksystemen. Interner Bericht Nr. 152/85, FB Informatik, Univ. Kaiserslautern, Dezember 1985

[HeHi83] X. He, M. Higashida et al.: The Implementation of a Multibackend Database System (MDBS): The Design of a Prototype MDBS. In: D.K. Hsiao (ed.): Advanced Database Machine Architecture. Prentice-Hall, 1983

[Hsia83] D.K. Hsiao et. al.: The Implementation of a Multibackend Database System (MDBS). Advanced Database Machine Architecture, D.K. Hsiao (Ed.), Prentice Hall, 1983, pp. 300-385

[Huda89] P. Hudak: Conception, Evolution, and Application of Functional Programming Languages. ACM Computing Surveys, Vol. 21, No. 3, September 1989, pp. 359-411

[IbKa84] T. Ibaraki, T. Kameda: Optimal Nesting for Computing N-relational Joins. ACM Trans. on Database Systems, Vol. 9, No. 3, September 1984, pp. 482-502

[IoWo87] Y.E. Ioannidis, E. Wong: Query Optimization by Simulated Annealing. Proc. ACM SIGMOD, San Francisco, May 1987, pp. 9-22

[JaKo83] M. Jarke, J.Koch: Range Nesting: A Fast Method to Evaluate Quantified Queries. Proc. ACM SIGMOD, San Jose, May 1983, pp. 196-206

[JaKo84] M. Jarke, J. Koch: Query Optimization in Database Systems. ACM Computing Surveys, June 1984, pp. 111-152

[Jarke85] M. Jarke: Common Subexpression Isolation in Multiple Query Optimization. In Query Processing in Database Systems, W. Kim, D. Reiner, D. Batory (Eds.) Springer, New York 1985, pp. 191-205

[JBBa81] J.R. Jordan, J. Banerjee, R.B. Batman: Precision Locks. Proc. ACM SIGMOD, 1981, pp. 143-147

[Jone87] S.L. Peyton Jones: The Implementation of Functional Programming Languages. Prentice Hall, 1987

[KAHL88] M.L. Kersten et. al.: A Distributed, Main-Memory Database Machine: Research Issues and a Preliminary Architecture. Database Machines and Knowledge Base Machines, M. Kitsuregawa, H. Tanake (Eds.), Kluwer Academic Publishers, 1988, pp. 353-369

[Kies85] W. Kiessling: On Semantic Reefs and Efficient Processing of Correlation Queries with Aggregates. Proc. VLDB 1985, pp. 241-250

[Kilg90] C. Kilger: Regelbasierte Strategien zur optimalen Parallelisierung relationaler Anfragen. Diplomarbeit, Fakultät für Informatik, Universität Karlsruhe, März 1990

[Kim 82] W. Kim: On Optimizing an SQL-like Nested Query. ACM TODS, Sept. 1982, pp. 443-469

[King81] J.J. King: Quist: A System for Semantik Query Optimization in Relational Databases. Proc. 7th Int. Conf. on Very Large Data Bases, Cannes, 1981, pp. 510-517

[Klug82] A. Klug: Equivalence of Relational Algebra and Relational Calculus Query Languages Having Aggregate Functions. Journal of the ACM, Vol. 29, No.3, July 1982, pp. 699-717

[Koch85] J. Koch: Relationale Anfragen: Zerlegung und Optimierung. Informatik-Fachberichte 101, Springer-Verlag, 1985

[Kohl75] W.H. Kohler: A Preliminary Evaluation of the Critical Path Method for Scheduling Tasks on Multiprocessor Systems. IEEE Trans. on Computers, Vol. C-24, No. 12, December 1975, pp. 1235-1238

[KrBZ86] R. Krishnamurthy, H. Boral, Z. Zaniolo: Optimization of Nonrecursive Queries. Proc. 12th Int. Conf. on Very Large Data Bases, Kyoto, August 1986, pp. 128-137

[LeFL88] M.K. Lee, J.C. Freytag, G.M. Lohman: Implementing an Interpreter for Functional Rules in a Query Optimizer. IBM Research Report RJ 6125, March 1988

[Lehn88] K. Lehnert: Regelbasierte Beschreibung von Optimierungsverfahren für relationale Datenbankabfragesprachen. Dissertation, Institut für Informatik der Technischen Universität München, Dezember 1988

[LeRo85] M.D.P Leland, W.D. Rome: The Silicon Database Machine. Proc. 4th Int. Workshop on Database Machines, Grand Bahama Island, March 1985

[LeVi85] C. Le Viet: Translation and Compatibility of SQL and QUEL Queries. Journ. Inf. Proc., Vol. 8, No. 1, 1985, pp. 1-15

[Lohm87] G.M. Lohman: Grammar-like Functional Rules for Representing Query Optimization Alternatives. IBM Research Report RJ 5992, December 1987

[Lori88] R. Lorie: Tutorial on Database Machines. 3rd International Conference on Data and Knowledge Bases, Jerusalem, June 1988

[Lori89] R. Lorie et. al.: Adding Intra-Transaction Parallelism to an Existing DBMS: Early Experience. IEEE Data Engineering, Vol. 12, No. 1, March 1989, pp. 2-8

[LuCa85] H. Lu, M.J. Carey: Some Experimental Results on Distributed Join Algorithms in a Local Area Network. Proc. 11th Int. Conf. on Very Large Data Bases, Stockholm, August 1985

[MaCS88] M.V. Mannino, P. Chu, T. Sager: Statistical Profile Estimation in Database Systems. ACM Computing Surveys, Vol. 20, No. 3, Sept. 1988, pp. 191-221

[Maie83] D. Maier: The Theory of Relational Databases. Pitman, London, 1983

[MuDe88] M. Muralikrishna, D.J. DeWitt: Equi-Depth Histograms For Estimating Selectivity Factors for Multi-Dimensional Queries. Proc. ACM SIGMOD, Chicago, June 1988, pp. 28-36

[Mura89] M. Muralikrishna: Optimization of Nested Tree Queries. Workshop on Database Query Optimization, CSE-Technical Report 89-005, Oregon Graduate Center, Portland, May 1989

[Müll82] J. Mülle: Entwicklung eines Modells zur Schätzung der Ergebnistupelzahl einer Anfrage an ein relationales Datenbanksystem. Diplomarbeit, Fakultät für Informatik, Universität Karlsruhe, November 1982

[Müll76] H. Müller-Merbach: Morphologie heuristischer Verfahren. Zeitschrift für Operations Research, Band 20, 1976, pp. 69-87

[Naka90] R. Nakano: Translation with Optimization from Relational Calculus to Relational Algebra Having Aggregate Funktions. ACM TODS, Vol. 15, No.4, December 1990, pp. 518-557

[Pear84] J. Pearl: Heuristics: Intelligent Search Strategies for Computer Problem Solving. Addison Wesley, 1984

[Quad88] G.Z. Quadah: Filter-Based Join Algorithms on Uniprocessor and Distributed-Memory Multiprocessor Database Machines. Int. Conf. on Extending Database Technology, Venedig, March 1988. Lecture Notes in Computer Science, Vol. 303, Springer-Verlag, 1988, pp. 388-413

[RaCG72] C.V. Ramamoorthy, K.M. Chandy, M.J. Gonzales: Optimal Scheduling Strategies in a Multiprocessor System. IEEE Trans. on Computers, Vol. C-21, No. 2, February 1972

[RiLM87] J.P. Richardson, H. Lu, K. Mikkilineni: Design and Evaluation of Parallel Pipelined Join Algorithms. Proc. ACM SIGMOD, San Francisco, May 1987, pp. 399-409

[RoHe86] A. Rosenthal, P. Helman: Understanding and Extending Transformation-Based Optimizers. IEEE Data Engineering, Vol. 9, No. 4, December 1986, pp. 44-51

[RoHu80] D.J. Rosenkrantz, M.B. Hunt: Processing Conjunctive Predicates and Queries. Proc. 6th Int. Conf. on Very Large Data Bases, Montreal, 1980, pp. 64-74

[RoRe84] A. Rosenthal, D. Reiner: Extending the Algebraic Framework of Query Processing to Handle Outerjoins. Proc. 10th Int. Conf. on Very Large Data Bases, Singapore, August 1984, pp. 334-343

[ScDe89] D.A. Schneider, D.J. DeWitt: A Performance Evaluation of Parallel Pipelined Join Algorithms. Proc. ACM SIDMOD, Portland, June 1989, pp. 110-121

[Schr86] M. Schryro: Klassifikation, Analyse und Bewertung von Multiprozessor-Joinalgorithmen. Diplomarbeit, Fakultät für Informatik, Universität Karlsruhe, November 1986

[ScSi90] E. Sciore, J. Sieg: A Modular Query Optimizer Generator. Proc. 6th Int. Conf. on Data Engineering, Los Angeles, Feb. 1990, pp. 146-153

[Seli79] P.G. Selinger et. al.: Access Path Selection in a Relational Database System. Proc. ACM SIGMOD, Boston, May 1979, pp 23-34

[Seli89] P.G. Selinger: Five Hard Problems in Query Optimization. Workshop on Database Query Optimization, CSE Technical Report 89-005, Oregon Graduate Center, Portland, Oregon, May 1989, pp. 19-22

[Sell88] T.K. Sellis: Multiple-Query Optimization. ACM TODS, Vol. 13, No. 1, March 1988, pp. 23-52

[Shan88] M.-C. Shan: Optimal Plan Search in a Rule-Based Query Optimizer. Proc. Int. Conf. on Extending Database Technology, Venedig, March 1988. Lecture Notes in Computer Science, Vol. 303, Springer-Verlag, 1988, pp. 92-112

[ShCo84] G.P. Shapiro, C. Connell: Accurate Estimation of the Number of Tuples Satisfying a Condition. Proc. ACM SIGMOD, June 1984, pp. 256-276

[Shap86] L.D. Shapiro: Join Processing in Database Systems with Large Main Memories. ACM TODS, Vol. 11, No. 3, Sept 1986, pp. 239-264

[SmCh75] J. M. Smith, P. Y.-T. Chang: Optimizing the Performance of a Relational Algebra Database Interface. Communications of the ACM, Vol. 18, No. 10, October 1975, pp. 568-579

[Smit89] M. Smith et al.: An Experiment on Response Time Scalability in Bubba. Proc. 6th Int. Workshop on Database Machines, Deauville, June 1989. Lecture Notes in Computer Science, Vol. 368, Springer-Verlag, 1989, pp. 34-57

[Stre75] H. Streim: Heuristische Lösungsverfahren: Versuch einer Begriffsklärung. Zeitschrift für Operations Research, Band 19, 1975, pp. 143-162

[Swam89] A. Swami: Optimization of Large Join Queries: Combining Heuristics and Combinatorial Techniques. Proc. ACM SIGMOD, Portland, June 1989, pp. 367-376

[SwGu88] A. Swami, A. Gupta: Optimization of Large Join Queries. Proc. ACM SIGMOD, Chicago, June 1988, pp. 8-17

[SZHL83] H. Schweppe et. al.: RDBM - A Dedicated Multiprocessor System for Database Management. Advanced Database Machine Architecture, D.K. Hsiao (Ed.), Prentice Hall, 1983, pp. 36-86

[Theo90] D. Theobald: Regelbasierte Strategien zur Optimierung von SQL-Anfragen. Diplomarbeit, Fakultät für Informatik, Universität Karlsruhe, Mai 1990

[Ullm82] J.D. Ullman: Principles of Database Systems. 2nd Edition, Pitman, 1982

[VaGa84] P. Valduriez, G. Gardarin: Join and Semijoin algorithms for a Multiprocessor Database Machine. ACM TODS, Vol. 9, No. 1, March 1984, pp. 133-161

[Wett83] H. Wettstein: Theorie der Warteschlangen in Betriebssystemen. Skriptum zur Vorlesung, Fakultät für Informatik, Universität Karlsruhe, April 1983

[Will84] D.E. Willard: Efficient Processing of Relational Calculus Queries Using Range Query Theory. Proc. ACM SIGMOD, June 1984, pp. 164-175

[WoYo76] F. Wong, K. Youssefi: Decomposition – A Strategy for Query Processing. ACM TODS, Vol. 1, No. 3, Sept. 1976, pp. 223-241

[Yao 79] S.B. Yao: Optimization of Query Evaluation Algorithms. ACM TODS, Vol. 4, No. 2, June 1979, pp. 133-155

[YHYM87] S.B. Yao, A.R. Hevner, H. Young-Myers: Analysis of Database System Archtectures using Benchmarks. IEEE Trans. on Software Engineering, Vol SE-13, No. 6, June 1987, pp. 709-725

[YuCh84] C.T. Yu, C.C. Chang: Distributed Query Processing. ACM Computing Surveys, Vol. 16, No. 4, December 1984, pp. 399-433